戦国武将列伝❖8

畿内編【下】

天野忠幸 編

戎光祥出版

はしがき

本書は、『戦国武将列伝』の畿内編にあたり、おおむね近畿二府四県と若狭で活躍した人物を取り上げる。主な活動期間が応仁・文明の乱から天文年間の人物を上巻に、天文年間から元亀年間の人物を下巻に収めた。

戦国時代は幕末維新期と並ぶ人気のある時代とされ、マンガや小説、大河ドラマ、ゲームの題材として取り上げられることも多い。駅前や城跡には戦国武将の銅像が立ち、郷土の英雄となっているところもある。しかし、そうした「恩恵」がなかった地域がある。それが首都京都を中心とする畿内近国である。戦前は皇国史観によって、足利《あしかが》将軍家や室町幕府《むろまちばくふ》は逆賊とされた。戦後になると織田信長革命児説がもてはやされ、畿内の武将は守旧勢力として滅ぼされるべき存在とみなされた。つまり、どんな研究成果が出ても、受け入れられなかったし、評価されてこなかったのである。

しかし、二十一世紀に入った頃から、状況は変わり始めた。一つは、戦国時代の畿内研究の先駆者で、衝撃的な研究成果を発表してきた今谷明氏の書籍が次々と復刊されたことである。もう一つは、そうした今谷氏の幕府像や畿内のイメージを超克する様々な研究成果、すなわち全国的な家格秩序の頂点に位置する足利将軍家とそれを支える側近や直臣たち、管領家《かんれい》として地域に大きな影響力を及ぼす細川《ほそかわ》氏や畠山《はたけやま》氏、新たに幕政に意見する六角《ろっかく》氏、京都との関係を絶やさない若狭武田《たけだ》氏、応仁・文明の乱を引きずりながらも生き残った赤松《あかまつ》氏と山名《やまな》氏、そして、足利将軍家なき世を示した三好《みよし》氏など、畿内近国の大名権力の研究が一書にまとめられ、書店の棚に並んだこと、インターネットで買えることである。私が学生や院生の頃からすると夢のようであるが、一部の大書店のみとはいえ、現在は日本中世史の書棚に「戦国期畿内」というコーナーが常設され、誰でも目にすることができるのだ。

その一方で新たな問題も出てきた。畿内の武将たちの名前は、後世の軍記物などに見えるものが慣用的に使われてきたが、実際はそのような名前は名乗っていないということがわかってきた。つまり、旧来の人名辞典が使えなくなってきたのだ。また、研究は進んだといえども、まだまだマイナーで、織田氏・羽柴《はしば》（豊臣《とよとみ》）氏・徳川《とくがわ》氏は別格としても、武田氏・上杉《うえすぎ》氏・毛利《もうり》氏の書籍と同数の人物を登場させても、畿内の場合は「みんな似たような名前ばかりで区別がつかない」「名前が何度も変わっていて誰かわからない」「よく知らない人物が羅列されている」という声が多い。そこで、本書では、どのような幼名・仮名《けみょう》・実名（諱《いみな》）・官途名《かんと》をいつ頃より名乗ったのかを、できるだけ記してもらうことにしたので、参考にしていただきたい。

また敵味方がすぐに変わるのが、畿内政治史の難解な点とよく言われる。それは細川氏と畠山氏がそれぞれ二つに分裂したためでもあるが、大まかには、澄元《すみもと》流細川氏（澄元、晴元《はるもと》、信良《のぶよし》）と義就《よしひろ》流畠山氏（義就、義豊《よしとよ》、義英《よしひで》、義堯《よしたか》、在氏《ありうじ》、尚誠《ひさまさ》）が手を結び、高国《たかくに》流細川氏（高国、晴国《はるくに》、氏綱《うじつな》）と政長《まさなが》流畠山氏（政長、尚順《ひさのぶ》、稙長《たねなが》、長経《ながつね》、晴熙《はるひろ》、晴満《はるみつ》、政国《まさくに》、高政《たかまさ》、秋高《あきたか》）が連携し、対決する構図となる。また、足利氏は義澄《よしずみ》流（義澄、義晴《よしはる》、義輝《よしてる》、義昭《よしあき》）と、義稙《よしたね》流（義稙、義維《よしつな》、義栄《よしひで》）に分かれ、「二つの将軍家」が生み出されるが、義澄流が圧倒的に優勢である。このあたりを踏まえておけば、多少わかりやすいと思う。

それでは現代に勝るとも劣らない混沌とした社会を、懸命に生きた人物の生き様を御覧ください。

二〇二二年十月

天野忠幸

目次

凡　例

一、本書では、戦国時代に主に畿内を基盤として活躍した武将四十人を取り上げ、各武将の事蹟や個性、そして彼らは何のために戦っていたのかをまとめた。

一、人名や歴史用語には適宜ルビを振った。読み方については、各種辞典類を参照したが、歴史上の用語、とりわけ人名の読み方は定まっていない場合も多く、ルビで示した読み方が確定的なものというわけではない。また、執筆者ごとに読み方が違う場合もあり、各項目のルビについては、各執筆者の見解を尊重したことをお断りしておきたい。

一、用語についても、それ自体が論点となりうるため、執筆者間で統一をしていない。

一、掲載写真のうち、クレジットを示していないものについては、戎光祥出版編集部撮影のものである。

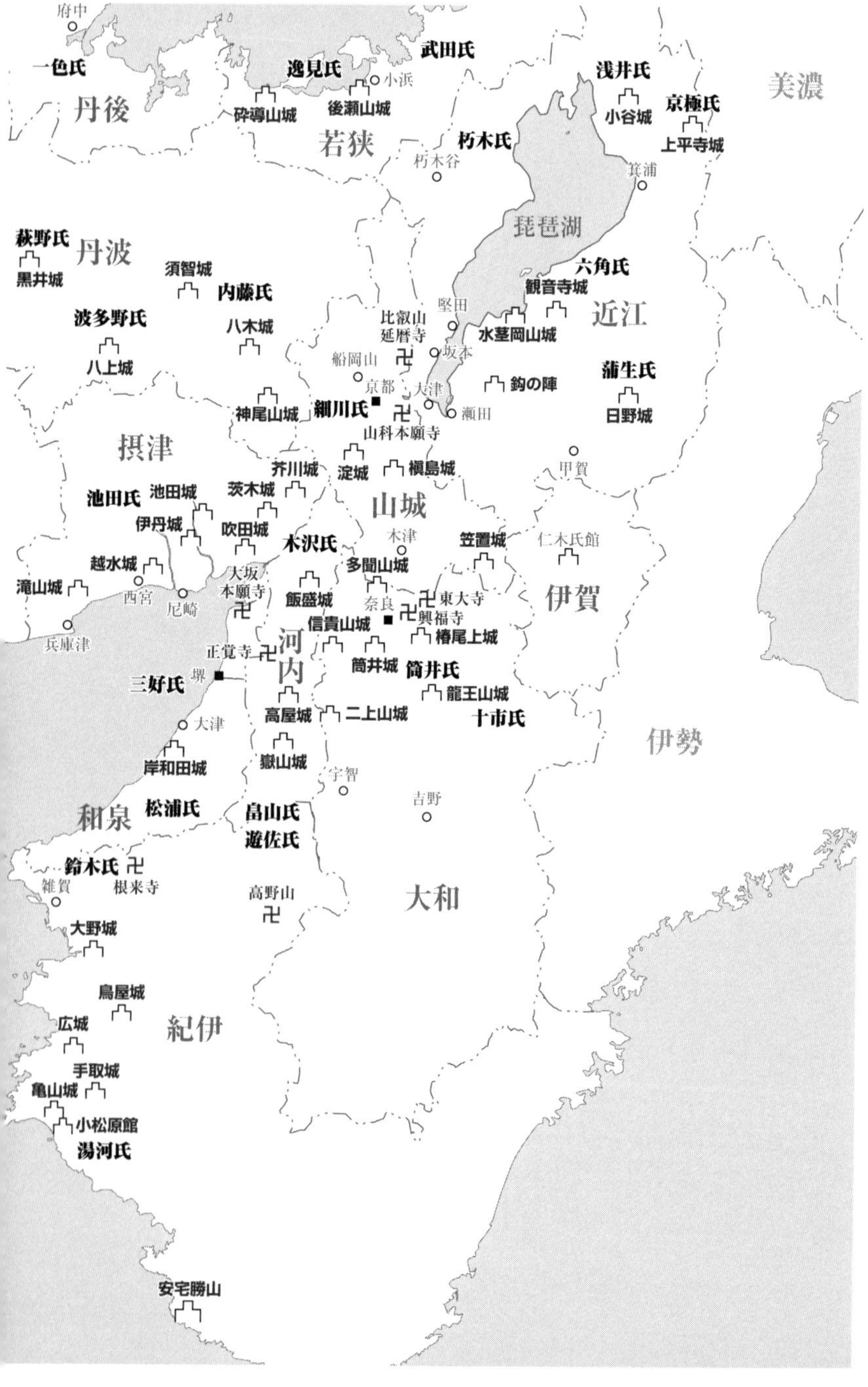

府中
一色氏
逸見氏
武田氏
小浜
浅井氏
美濃
丹後
砕導山城
後瀬山城
小谷城
京極氏
若狭
朽木氏
上平寺城
朽木谷
箕浦
琵琶湖
萩野氏
丹波
黒井城
須智城
内藤氏
六角氏
観音寺城
波多野氏
八木城
堅田
比叡山
延暦寺
水茎岡山城
近江
八上城
船岡山
坂本
蒲生氏
京都
大津
鈎の陣
神尾山城
細川氏
瀬田
日野城
山科本願寺
摂津
芥川城
淀城
槙島城
甲賀
池田氏
池田城
茨木城
山城
伊丹城
吹田城
木沢氏
木津
笠置城
仁木氏館
越水城
大坂
本願寺
多聞山城
滝山城
西宮
尼崎
飯盛城
東大寺
伊賀
奈良
興福寺
兵庫津
信貴山城
椿尾上城
正覚寺
河内
筒井城
筒井氏
三好氏
堺
龍王山城
高屋城
二上山城
十市氏
大津
伊勢
岸和田城
嶽山城
宇智
吉野
和泉
松浦氏
畠山氏
遊佐氏
鈴木氏
雑賀
根来寺
高野山
大和
大野城
鳥屋城
紀伊
広城
手取城
亀山城
小松原館
湯河氏
安宅勝山

戦国時代の畿内関係図（全体）

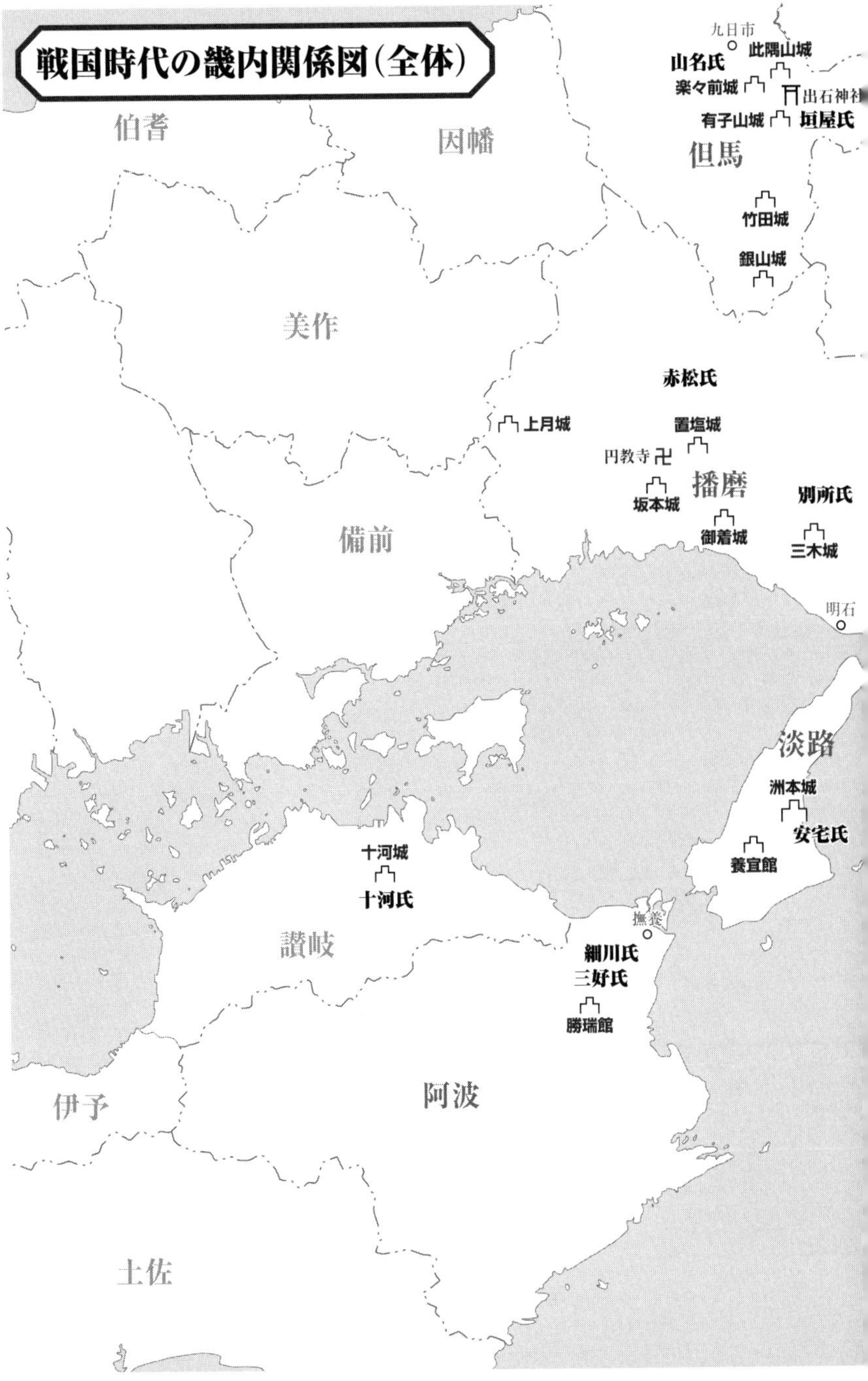

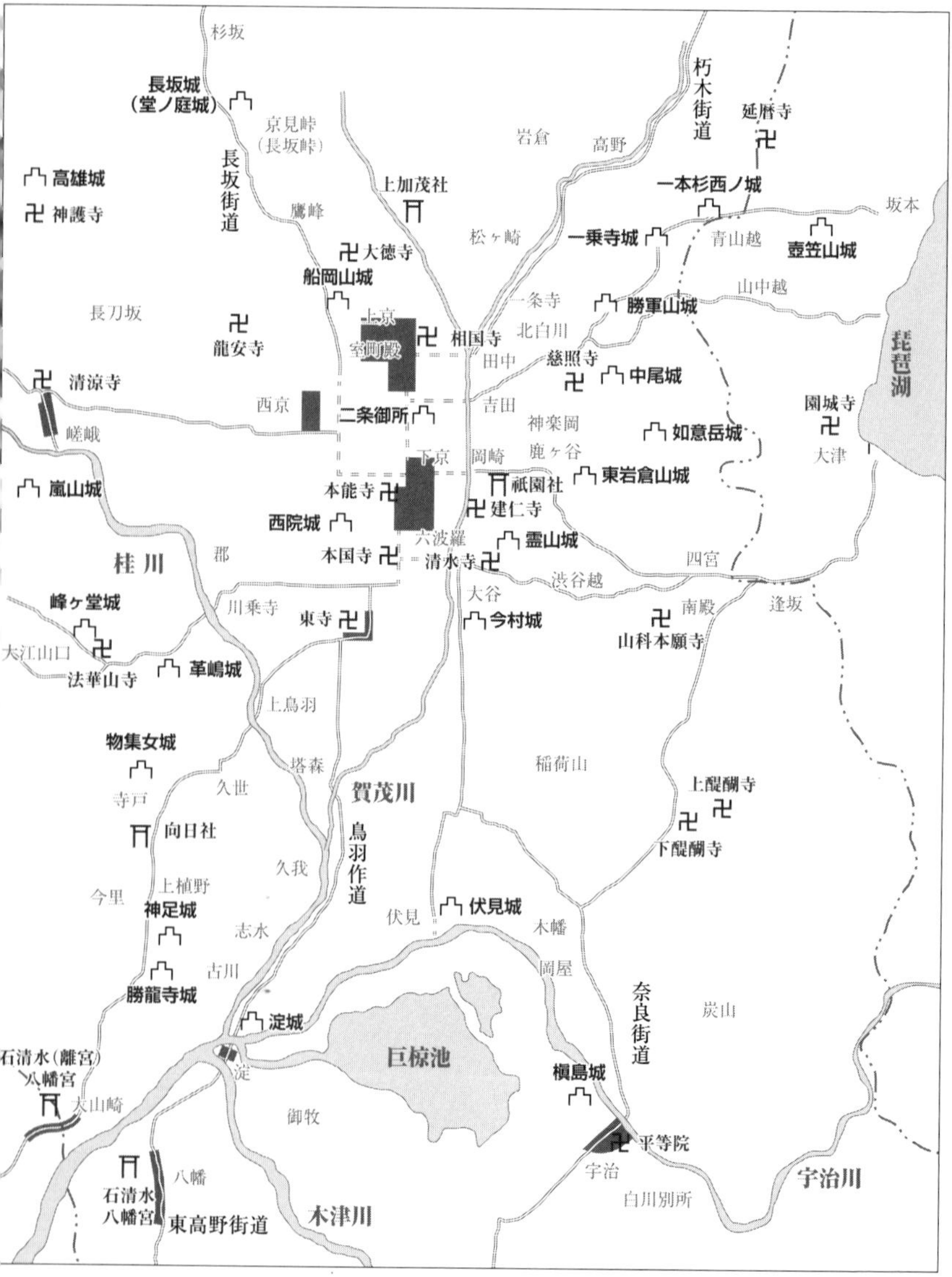

戦国時代の畿内関係図（京都周辺）

福島克彦『畿内・近国の戦国合戦』（吉川弘文館、2009年）掲載図をもとに作成

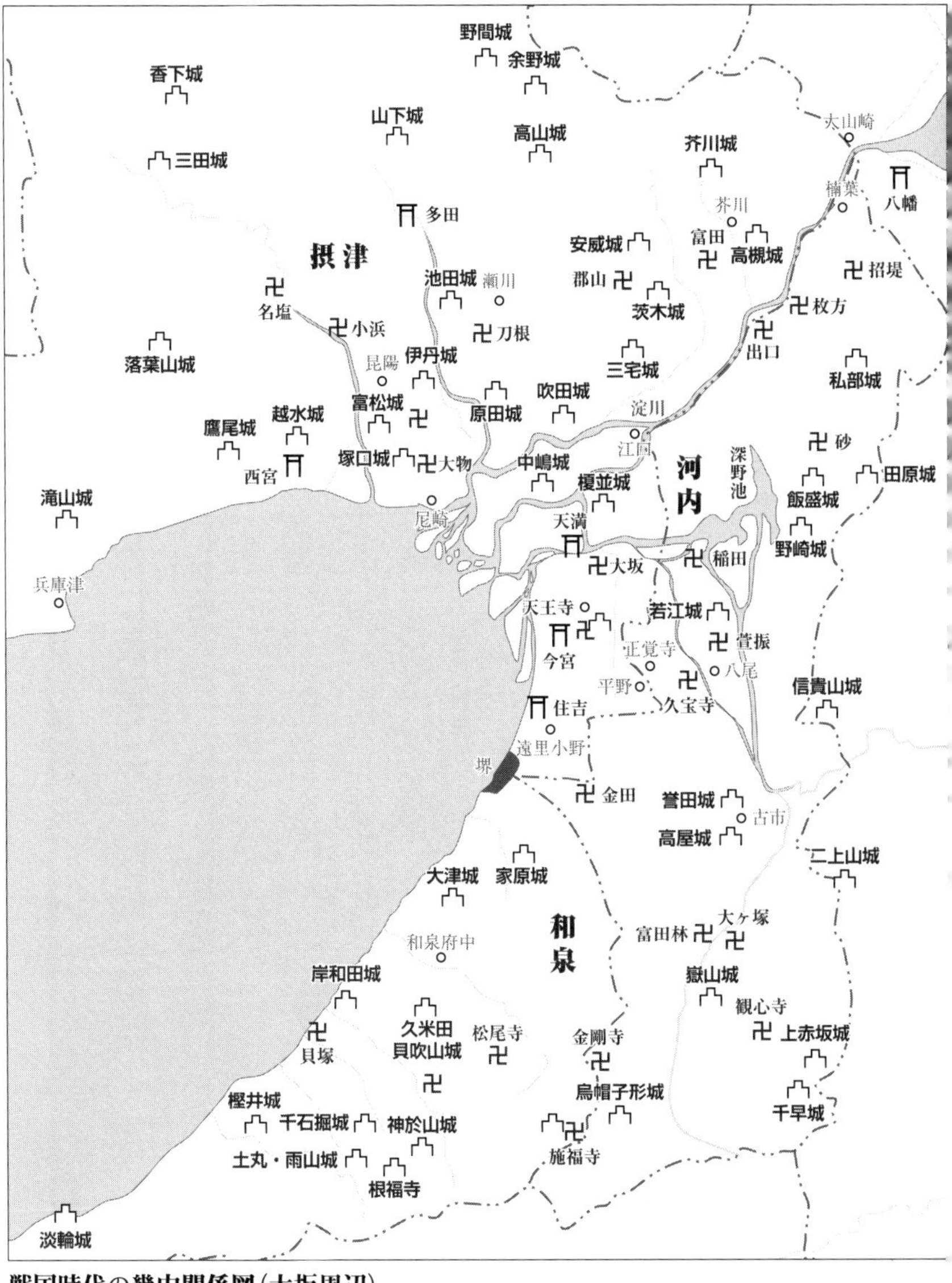

戦国時代の畿内関係図(大坂周辺)

中西裕樹「三好・松永権力の城郭と畿内の都市」(『松永久秀の城郭』戎光祥出版、2021年)掲載図をもとに作成

伊勢貞孝――将軍に反逆した、譜代の重臣

伊勢氏とはいかなる家か

伊勢貞孝《いせさだたか》は、戦国時代中頃に活躍した足利《あしかが》将軍直臣である。彼は十二代将軍義晴《よしはる》、およびその息である十三代将軍義輝《よしてる》に仕えた。また、将軍家の「政所方《まんどころがた》」の長である政所頭人《とうにん》の職にもあった。

政所方というのは、将軍家に関するさまざまな雑務の処理や、御料所《ごりょうしょ》（直轄領）の管理などを担当した機関である。そのうえ、京都内外で起きた、金銭貸借や売買地をめぐる訴訟などの裁判も管轄した。そのため、政所方の責任者である頭人は重職であった。加えて「実入りのよい」ポストでもあった。というのは頭人は、政所方での判決をほぼ独断で下すことを将軍に許されていたので、有利な判決をもらいたい者たち（京都の商人など）から、多くの付け届けがあったからである。貞孝は、そのような地位にあった。

貞孝が政所頭人となったのは、伊勢氏の当主が代々、この地位を世襲してきたからである。そもそも伊勢氏というのは、鎌倉時代より足利氏に仕えてきた譜代家臣の家であった。もっとも、当初はさほど有力な家門ではなかった。ところが三代将軍義満《よしみつ》の時代、伊勢貞継《さだつぐ》が幼い義満の傅育《ふいく》役となったことで、

家運が大きく開けることになった。貞継は将軍義満の信任を得て政所頭人に任じられ、これが先例となって、以後、伊勢氏歴代当主は頭人の職を世襲することになり、将軍家の有力直臣として活躍した。

とりわけ、室町時代中期に当主となった伊勢貞親《さだちか》は、政所頭人を継ぐとともに八代将軍義政《よしまさ》に信頼されてその側近となり、幕府政治を左右するほどの実力者となった。しかし、こうした貞親の活躍は、細《ほそ》川勝元《かわかつもと》や山名宗全《やまなそうぜん》といった有力諸大名の妬心を買うことになり、その結果、貞親は文正元年（一四六六）に諸大名によって失脚させられてしまった（文正の政変）。ちなみに貞親の没落後、権力を掌握した大名たちは、細川・山名を旗頭とする二つの派閥に分裂し、抗争をはじめた。これが、有名な応仁・文明の乱となっていく。

さて、こうして貞親は没落したが、その跡を継いだ息子の伊勢貞宗《さだむね》が、伊勢氏の家運を再び盛りかえした。貞宗は政所頭人となり、さらに九代将軍義尚《よしひさ》の養育を担ったことで、義尚やその生母・日野富子《ひのとみこ》の信任を手にした。そして、応仁・文明の乱後の混乱する幕政を主導する一人となった。

とりわけ明応二年（一四九三）に起きた明応の政変（十代将軍足利義稙《よしたね》が逮捕されたクーデター事件）では、貞宗は細川政元《まさもと》や日野富子とともに、義稙逮捕に主導的な役割を果たした。そのうえ、この政変で成立した十一代将軍義澄《よしずみ》の政権でもその中心となって、義澄をして「政治は伊勢貞宗に委《ゆだ》ねている」とまで言わしめるほど頼りにされた〔鹿苑日録〕。その後、義澄が失脚して再び義稙が将軍に返り咲くが（永正五年〈一五〇八〉）、貞宗は、うまく立ちまわって頭人の地位を維持した。そして、その息である伊勢貞陸《さだみち》、孫の貞忠《さだただ》もまた政所頭人として将軍家を支えた。

分家から本家を継ぐ

伊勢貞孝は、このような歴史を刻んできた伊勢氏の分家に生まれた。彼は『尊卑分脈《そんぴぶんみゃく》』によると、貞親の弟である貞藤《さだふじ》の曾孫であるという。これが正しいとすると、本家からはずいぶんと血縁が遠いことになる。ところが、伊勢氏本家の当主である貞忠が嗣子のないまま没し、その弟たちも僧籍にあったり討ち死にしたりしたことから、分家の貞孝が伊勢氏本家を継ぐことになった。時に天文四年(一五三五)のことである。同時に貞孝は、十二代将軍の足利義晴から先例にならって政所頭人にも任じられた。なお、このときまで貞孝は「又三郎《またさぶろう》」、次いで「兵庫助《ひょうごのすけ》」の官途名を称していたが、伊勢氏当主となってほどなくして、歴代当主にならって「伊勢守《いせのかみ》」と号している。

さて、こうして貞孝は伊勢氏当主・政所頭人となった。彼は将軍義晴から信頼されたようであり、例えば、義晴に嫡男が生まれると(後の十三代将軍義輝。天文五年三月)、その傅育を任された。また、自邸が一時、将軍御所になったりするなどの殊遇も受けている。もっとも貞孝は、将軍義晴の逆鱗にふれて失脚しかけたこともあった。

それは天文九年九月のことである。この少し前、朝倉景高《あさくらかげたか》という人物が京都にあった。彼は、越前の大名・朝倉孝景《たかかげ》の弟で、兄との政争に負けて国を出奔し、支援者を求めて京都に来ていた。

すると、貞孝はこの朝倉景高に近づいた。それは、貞孝がこのころ若狭の大名・若狭武田《たけだ》氏（武田信《のぶ》豊《とよ》）と親しかったからである。当時、若狭武田氏は隣国の越前朝倉氏と対立していた。そこで、貞孝は「朝倉一族の景高を味方に引きこめば、朝倉氏を内部から切り崩すことができる。それは若狭武田氏にとって有益だ」と計算したのだろう。彼は、やはり若狭武田氏と親しい本郷光泰《ほんごうみつやす》（将軍義晴の側近集団たる内《ない》談衆《だんしゅう》の一員）と語らい、朝倉景高を京都の自邸に招いて密談におよんだ。

ところがこのような貞孝の動きは、将軍義晴の激しい怒りを買うことになった。義晴は、将軍家を支援する重要な大名である朝倉氏と若狭武田氏とが対立しあうことを懸念していた。そこで、近臣たちに「京都にいる朝倉景高に近づいてはいけない」と厳命していたからである。にもかかわらず、貞孝は将軍の上意に背いて景高と接触した。それゆえ貞孝は義晴の怒りにふれ、義晴から「義絶《ぎぜつ》」の処分を受けてしまった〔常興日記〕。

ただし、この一件で貞孝が完全に失脚してしまったわけではない。彼は、義晴に誓紙《せいし》を提出して謝罪し、しばらくして赦免された。貞孝は何といっても政所頭人を世襲する有力直臣・伊勢氏当主である。それゆえ、義晴としてもそのような人物を排除するわけにはいかなかったのだろう。その後貞孝は、養育を担当した将軍世子・義輝が天文十五年末に十三代将軍となると、あらためてその「御親」（＝育ての親）に定められるなど、完全に復権した〔光源院殿御元服記〕。

足利義輝画像　京都市立芸術大学芸術資料館蔵

将軍義輝から離反する

ところが、そのあと貞孝は、とんでもない事件を引き起こす。将軍義輝を裏切ってしまったのである。時に天文二十年（一五五一）初頭のことであった。

このころ京都周辺では、有力大名の細川晴元《はるもと》と、その重臣・三好長慶《みよしながよし》とが激しく争っていた。こうしたなか、将軍義輝は細川晴元と手を組んで三好と戦ったが、天文十八年六月に大敗し、三好によって京都から近江に追い落とされてしまった。その後、義輝は細川晴元と連携して再び三好に挑んだ。しかし、三好兵は強く、義輝は天文十九年十一月にまたもや敗北を喫して近江に退いた。

するとこの直後の天文二十年初頭、伊勢貞孝は突然義輝から離反し、その宿敵である三好長慶の陣営に駆けこんだのだ。当時の記録によれば、貞孝は最初、義輝を拉致して三好のもとに向かわんとしたが、計画が露見し、そこで単独で三好のもとに奔ったという〔厳助往年記〕。なぜ貞孝がこのような行動をとったのか、その理由は定かではない。ただこの当時、三好長慶は義輝や細川晴元に連戦連勝し、旭日の勢いを見せていた。さすれば、貞孝はこのような状況を前にして「これからは三好の時代だ」と判断し、三好と手を組もうとしたのだろう。

さて、こうして将軍から離反した貞孝は、三好長慶に大いに歓迎され、当時三好の宿舎になっていた京都郊外の寺院に招かれて賓侍された。そこで、貞孝もその返礼として三好長慶を京都の自邸に招いて三好と友誼を深めた。ところが、ここで思いも寄らない事件が起きた。

三好長慶が、伊勢邸での酒宴のさなかに暗殺されかかったのだ（天文二十年三月十四日。三好長慶は斬りつけられて負傷したものの無事であった）。この事件の背後関係は不明だが、貞孝が関わっていたとは考えにくい。なぜならば、彼はその後も三好と親密な関係を保ち続けていたからである。事件直後、タイミングよく細川晴元の軍勢が京都に押し寄せているから、三好の政敵である細川晴元らが、おそらくこの暗殺未遂事件の背後にいたのだろう。

また義輝から離反する

その後、貞孝は将軍義輝のもとに帰参した。それは、彼の盟友・三好長慶が義輝と和睦したからである。時に天文二十一年（一五五二）正月のことであった。この結果、貞孝は再び政所頭人として義輝に出仕することになった。しかし、これですべてが丸く収まったわけではなかった。

義輝は三好長慶と和睦して帰京すると、これまで連携していた細川晴元とは断交し（細川は三好の宿敵だったからである）、代わりに三好を重臣に取りたてた。だが、義輝近臣たち（上野《うえの》信孝《のぶたか》ら）の間では三好長慶に反感をもつ者が多く、彼らは、ひそかに細川晴元と謀を通じて三好を討とうとした。一方、貞孝はこうした動きに反対し、三好長慶を擁護した。そして、親三好の将軍近臣たちを集め、反三好を主張する近臣たちと対立した。

義輝はこうした状況を前にして、「三好長慶と連携し続けるべきか、それとも、以前のように細川晴元と手を組むべきか」で迷った。ちなみにこのころ畿内では、細川から三好へと覇権がシフトしていく状況にあった。したがって義輝にとっては、貞孝が主張していたように「三好長慶と連携しつづける」というのが「正しい」選択であった。だが、細川晴元もいまだそれなりの勢威を保っていたことから、義輝は「三好か、細川か」で迷った。そして結局、彼は「三好長慶とは手を切り、再び細川晴元と連携する」ことを決断し、晴元方の諸将を近くに召すや、一緒に京都郊外における三好の拠点を攻め立てた。

三好長慶はこれを知って義輝に嚇怒し、ただちに二万五千の大兵を率いて京都に乗りこんだ。そして、義輝・細川晴元の軍勢を猛攻してこれを完膚なきまでに粉砕し、義輝らを近江に追い落とした。天文二十二年八月のことである。

このとき、貞孝はまたもや義輝から離反し、三好長慶のもとに駆けこんだ。「三好のほうが将来を託すに足る」と考えたのだろう。そのため、貞孝はこの直後、義輝から「御敵」（将軍の敵）とされ、政所頭人の職も解かれてしまった。もっとも、このとき義輝から離反した将軍直臣は、貞孝ばかりではなかった。近江に逃げる義輝のもとには多くの将軍直臣が扈従していたのだが、三好長慶が「将軍に従う者はその所領を没収する」と宣言するや、直臣の過半が義輝のもとから離れ、三好の支配する京都に舞いもどってしまった。

さて、これ以降、貞孝は三好長慶の陣営にあって、その京都支配を補佐した。すなわち、京都の諸政を差配し、寺社本所らに権利保障の文書等を下したり、三好長慶に対して京都支配等について助言を呈したりした。この助言は三好に影響力をもったから、朝廷や寺社本所は諸事について貞孝に相談し、三好になにか要求したいときには貞孝に口添えを頼んだ。このころの貞孝は、三好という強力な後ろ盾のもとで、最も政治的に安定した時期を過ごしたといってよい。しかし、それは長くは続かなかった。

義輝のもとに帰参したが

というのは、将軍義輝が、細川晴元とともに手勢を率いて京都に押しよせてきたからである。時に永禄元年(一五五八)のことであった。これを知った貞孝は、三好長慶とともに京都に邀撃の陣をしいた。だが、義輝に頑強に抵抗されて、その入京を阻止することができない。そこで、貞孝と三好は義輝と和睦することに決した。義輝とこのまま抗争し続けるよりも、これと手を組み、利用したほうが得だと判断したのだろう。この結果、義輝は五年ぶりに帰京を果たし、これ以後、三好一門と連携して自己の支柱とした。また、貞孝の帰参も許して政所頭人に復帰させた。

しかし、義輝と、これまで何度も背叛を繰り返してきた貞孝との関係がしっくりいくはずもない。とりわけ、貞孝は政所頭人として、京都内外で発生した金銭貸借などに関する訴訟の裁判を一手に引きうけ、それにともなう莫大な利権を手にしていた。それゆえ、義輝としては「裏切者」貞孝をそのような重職にいつまでも据えておくわけにはいかなかった。とはいえ、義輝が貞孝を排斥するのは簡単ではなかった。貞孝の背後には、その盟友・三好一門がいたからである。そこで、義輝と近臣たちは、貞孝と三好との離間をはかった。

こうしたなか、事件が起きた。近江の大名・六角氏《ろっかく》（六角義賢《よしかた》）が京都に攻めこんできたのである。六角は、畿内における三好の勢力伸長に脅威を抱いたのか、周辺の大名・諸豪族を味方につけて京都にせまった。これに対し、三好方は不意をつかれて大敗を喫し、やむなく義輝を奉じて京都を退去した。永禄五年三月のことである。

討ち死にした貞孝

しかし貞孝は、このとき三好に同行しなかった。そのまま京都に残り、三好から離れて六角方についたのだ（義輝側による貞孝・三好離間策が効いたのだろう）。だが、この決断は貞孝にとって痛恨の失策となった。なぜならばこの直後、三好はたちまち頽勢を立てなおし、六角から京都を奪還したからである。この結果、六角は近江に撤退し、貞孝もまた京都を脱出して近江坂本《さかもと》（大津市）に退いた。

それでも貞孝は、その後散兵を集めて京都をうかがった。だがこの直後、義輝の上意を受けた三好勢に邀撃され、京都の北・杉坂《すぎさか》（京都市北区）というところで討たれてしまった。時に永禄五年（一五六二）

九月十一日のことであったという〔御湯殿上日記〕。この結果、伊勢氏本家は没落した。すると、義輝はこの機に乗じ、政所頭人の職を伊勢一族から取りあげ、自分の近臣である摂津晴門《せっつはるかど》に預けた。これによって義輝は、念願だった政所方の掌握に成功したわけである。

さて、こうして貞孝は死んだ。彼は将軍家譜代の名門当主でありながら、しばしば将軍義輝から離反して三好長慶のもとに奔った。これが「三好の時代」を見越した行動であったとすれば、貞孝には先見の明があったということになろう。三好は畿内の覇者になったからである。しかし、その貞孝であっても、中途で斃死することを免れえなかった。彼の末路は、戦国という不確実な時代に家を保つことがいかに困難であったかを、我々に示してくれている。

（山田康弘）

【主要参考文献】

山田康弘『戦国期室町幕府と将軍』（吉川弘文館、二〇〇〇年）。

上野信孝――三好氏の申次をつとめた義輝の側近

足利義輝の寵臣

室町幕府第十三代将軍足利義輝《あしかがよしてる》といえば、近年特に注目される三好長慶《みよしながよし》との対立・確執が知られている。義輝の生涯の大半は、急速に畿内で台頭する三好氏との抗争に費やされた。義輝と長慶との決裂、和解など、対三好政策に強い影響を与えた存在が義輝の側近である上野信孝《うえののぶたか》であった。

義輝が登場した二〇二〇年の大河ドラマ『麒麟がくる』に彼は登場しなかったが、ドラマに登場した三淵藤英《みつぶちふじひで》や細川藤孝《ほそかわふじたか》より、実は彼こそが側近として登場するにふさわしい。彼は義輝に最も重用された側近であり、彼の存在を無視して義輝政権を知ることはできない。そこで、本項では三好氏との関係もふまえて、義輝政権における信孝の活動に注目してみたいと思う。

よくわからない出自

そもそも、信孝の出自はよくわからないところがある。上野氏は幕府の奉公衆であり、嫡流の「民部大輔家《ぶのたいふ》」は番衆のうち三番衆の「番頭《ばんがしら》」、そして将軍の「御供衆《おともしゅう》」をつとめた。十五世紀には御供衆・申次《もうしつぎ》として持頼《もちより》、尚長《ひさなが》が散見でき〔長禄二年以来申次記ほか〕、それは澄相《すみすけ》まで続く。ただ、『尊卑分脈《そんぴぶんみゃく》』によれば澄相は早世したとされ、それ以降の記載はない。信孝はその後、第十二代将軍足利義晴《よしはる》・義輝の時代に登場した。

しかし、信孝とこれ以前の尚長・澄相との血縁関係がはっきりしないのである。信孝は生涯「民部大輔」という官途であったから、上野氏の嫡流家の当主という位置づけであることは間違いないが、その出自（特に尚長や澄相との血縁関係）がわからないのである。さらに、これまでの当主が「持」「尚」「澄」などの将軍の偏諱《へんき》を得てきたにもかかわらず、彼は当時の将軍義晴・義輝の偏諱「晴」・「藤」「輝」などを得ていない点も事情はわからない。

将軍義晴時代の信孝

信孝はいつ頃より活動していたのであろうか。義輝の先代義晴期・天文初年より御供衆に「上野与三《よさぶ》郎《ろう》」が散見される〔言継卿記・大館常興日記など〕。そして天文十三年（一五四四）頃より御供衆「上野民部少輔信賢〔孝〕」〔言継卿記〕が現れ、次いで天文十五年の義輝の元服の際には「民部大輔信孝」が見られる〔光源院殿御元服記〕。御供衆という点、さらに時期を同じくして与三郎が現れなくなることを考えると、与三郎＝信孝（信賢）とみて問題ないだろう（当時与三郎以外に「上野」はいない）。だが、「与三郎」は嫡流民部大輔家の仮名《けみょう》「小太郎《こたろう》」ではなく、庶流の仮名であるから〔東山殿時代大名外様附ほか〕、与三郎＝信孝であれば、信孝はもとは庶流出身で、当時断絶していたであろう嫡流の民部大輔家を継承したものとみられる。

また、与三郎＝信孝であれば、彼は義輝の幼少期より御供衆として近侍していたこととなる。与三郎はたびたび幼少の義輝の御供をつとめており、義輝に近い存在であったと思しい。ただ当時、幕府の中心は大館常興《おおだちじょうこう》・晴光《はるみつ》父子ら「内談衆《ないだんしゅう》」とよばれる義晴の側近らであった。当時の信孝はこれには含まれない。つまり、信孝は御供衆として将軍父子に近侍するものの、政治的には特に重要な働きを行う存在ではなかったのである。それでも信孝は義輝に近侍していたことで、信頼される存在となっていったのであろう。なお通常、将軍に近侍する直臣は二十歳前後に任官することが多いので、天文十三年に任官したとすれば、誕生は一五二〇年前後（永正末から大永初め頃）となる。

畿内の動乱と義輝の帰洛

さて、義輝は天文十五年（一五四六）十二月に父義晴からの移譲をうけて、十一歳で将軍に就任した。しかし当時、義晴はそれまで協調関係にあった細川晴元《ほそかわはるもと》と断絶して対立状態にあったため（義晴は晴元の敵対者細川氏綱《うじつな》と連携しようとした）、近江の坂本《さかもと》（大津市）で将軍宣下をうけた。信孝も御供衆の一人としてこれに参列している。

翌年、六角定頼《ろっかくさだより》の仲介により、義晴と晴元は和睦し、幕府は旧に復した。ところが、それもつかの間、同十七年、三好長慶と同政長《まさなが》との対立をきっかけとして、畿内に動乱が再開した。晴元が政長を支援したため、今度は「足利義晴・義輝父子、細川晴元、三好政長《まさなが》　対　細川氏綱、三好長慶、遊佐長教《ゆざながのり》」という対立構図となった。

同十九年五月の義晴の死、翌年正月の将軍重臣伊勢貞孝《いせさだたか》らの離反などを経て、同二十一年正月、六角義賢《よしかた》の仲介により、義輝と長慶との和睦が成立した。もともと長慶らの目的は晴元の排除であり、義輝の排除ではなかった。これによって晴元は失脚し、新たに氏綱が新たな細川京兆家《けいちょうけ》当主として義輝より承認された。それだけではない。長慶は御供衆に新たに加えられ、それまでの京兆家被官という身分から、将軍直臣の身分を得たのだ。

この間の信孝の動向はわからない。あまり注目される存在ではなかったのだろう。だが、義輝の帰洛時の行列に御供衆として参列している。このとき百の兵を動員していたという〔言継卿記〕。最も多く動員したのは伊勢貞孝で、兵は五百。次いで朽木稙綱《くつきたねつな》の二百で、信孝は義晴以来の重臣大館晴光と同数であった。信孝の所領やその規模はわからないが、大館氏並の所領を有してはいたのだろう。さらに義晴の死の間際には、大館晴光ら他の重臣とともにその遺言の場に参加している〔万松院殿穴太記〕。つまり信孝はこの時点で、義晴時代の重臣と並ぶような存在となっていたのである。

反三好派の代表格

義輝と長慶との協調関係は長く続かなかった。義輝の周囲には三好長慶や細川氏綱を排除して、細川晴元との関係を復活させようと思う者がいたのである。杉原晴盛《すぎはらはるもり》や彦部晴直《ひこべはるなお》、細川晴広《はるひろ》などがいたが（惟房公記）、その代表格が信孝であった。

反三好派としてあった信孝は当時、殿中を反三好派で牛耳ろうとしていたらしい。反三好派は信孝のみではなく複数おり、どうやら義輝生母慶寿院《けいじゅいん》も反三好派であったと思しい。その義輝と長慶との緊張が特に高まったのが、天文二十二年（一五五三）正月である。このとき上洛した長慶は、義輝との和解のためとして、信孝ら反三好派に人質を提出させた。

しかし、事態は改善しなかった。二月に伊勢貞孝や長慶らが連署して同じ御供衆に宛てて、「殿中が乱れている」ことについて、義輝への諫言に賛同するよう書状を送ったのである（大阪歴史博物館所蔵伊勢貞孝等連署状）。しかも、長慶らに賛同したのは大館晴光、朽木稙綱らといった先代義晴時代の重臣らであった。ここでいう「殿中が乱れている」原因、それが信孝を中心とする反三好派の存在であった。彼らは義輝に寵用されるなかで、義輝に晴元との連携再開と長慶との関係断絶を示唆し続けたのだ。しかし、先代の重臣の多くは晴元との連携復活ではなく、長慶との協調を望んだのである。義輝の周辺は反三好、親三好で分裂状態に陥っていた。

三好氏との対決

なぜそこまで信孝らが三好氏を嫌悪したのか、実際のところはわからない。従来の秩序では陪臣でしかない長慶の台頭を快く思わなかったのかもしれないが、その理由の一つには長慶への不信があるだろう。前年、晴元ら牢人衆が京都に侵攻した際、義輝の籠城する東山霊山城《ひがしやまりょうぜん》(京都市東山区)を包囲したが、なかなか長慶はそれに援軍を送らなかった。落城の危機は脱したものの、いざというとき将軍を守れない長慶への不信が募ったことは間違いない。

一方、対三好協調派の思惑には所領がある。伊勢氏や大館氏などは、その所領が三好側の勢力圏に重なることもあり、関係悪化は所領の維持に直接影響していた。もちろん、これまで畿内騒乱の元凶でありつづけた晴元個人への不信もあるだろう。

幕府の安定に晴元と氏綱・長慶、どちらがよいか。義輝は選択を迫られた。結局、義輝は信孝ら反三好派の意見を取り入れ、勢力を復しつつあった晴元との連携再開を決めた。そして、天文二十二年(一五五三)七月に長慶を将軍の「御敵」としたのである。義輝は三好陣営への攻撃を開始したが、信孝も幕府軍の一員として、三好方の城を攻めている〔言継卿記〕。

長慶はこの事態をうけて大軍を動員して上洛し、八月一日に両軍が衝突した。結果は義輝方の惨めな大敗であった。晴元は軍勢を派遣できず、それまで将軍家の守護者としてあった六角氏も動かなかった。ほとんど孤立無援状態であった。これを聞いた公家衆の山科言継《やましなときつぐ》は、今回の義輝の敗北について、信孝の「悪興行の故」と強く非難している〔言継卿記〕。結局、義輝と長慶との協調関係は二年ももたずに崩壊したが、その元凶が信孝であった。

義輝の帰洛と信孝の転身

義輝はその後、近江の朽木谷《くつきだに》（滋賀県高島市）に移る。信孝は義輝に近侍していたはずだが、その動向はほとんど知られない。信孝の活動が再びうかがえるようになるのは、永禄元年（一五五八）の義輝の上洛戦からである。義輝は同年五月に上洛戦を開始するが、六月の三好方との交戦において、信孝父子らが幕府軍の一員として出陣している。その後、十一月に義輝と長慶との和睦が成立し、義輝は帰洛して幕府運営が再興したが、信孝も義輝に供奉して帰洛した。信孝は帰洛後も変わらず義輝の側近としてあったのだ。

義輝は帰洛後、三好長慶との関係改善と協調関係を再開した。畿内で圧倒的な勢力となった三好氏の排除は不可能とした現実的対応だろう。この政策転換に、もともとの反三好派であった信孝がどのように反応したのかはわからない。

ところで当時、将軍と大名との音信などには将軍側近が申次として仲介していた〔大名別申次〕。申次は担当となった大名家の利益のために、殿中でさまざまな工作などを行った。この申次は基本的には将軍による任命ではなく、相手側の大名からの指名制であった。大名側としては将軍への各種依頼を行うにあたって、将軍の側近を指名することで、将軍への影響力に期待したのである。

三好氏にもこのような申次がいた。それはこれまで義輝から離反してまでも京都に残り、親三好派として行動した伊勢貞孝である。三好氏からすれば当然の選択であろう。

ところが、永禄三年頃より、三好氏担当の申次に信孝が加わったのである。これは原則からすれば、三好方からの指名であろう。つまり、三好氏はそれまで反三好派として義輝に影響力があった信孝をあえて三好氏担当とさせて、取り込みを図ろうとしたといえる。

実は、前年に長慶の重臣松永久秀《まつながひさひで》が申請していた大饗正虎《おおあえまさとら》の勅免を信孝が取り持っていた。正虎は南北朝期の楠木正成《くすのきまさしげ》の末裔を称しており、当時朝敵であった楠木氏の復権を歎願していたのである。この時点で信孝は三好氏に強硬な姿勢ではなく、義輝と三好・松永方との仲介者となっている。

つまり、信孝は永禄二・三年と義輝が三好氏を幕府秩序に取り込もうとしているなかで、それまでの反三好派から三好氏との協調関係支持に転身したのであった。

三好担当の申次として

さらに、信孝とほぼ同時に進士晴舎《しんじはるいえ》も担当の申次に加わっている。晴舎も先代より出仕奉公していた直臣であるが、彼も信孝同様、義晴時代には政治的には特別な働きをしたわけではなく、義晴の死後、急速に義輝の側近として頭角を現していた。当時の晴舎の家格は「申次衆」であり、御供衆であった信孝よりはランクが下がるが、ともに義輝の側近として活動した（側近重用と家格は関係しない）。それだけではない。晴舎の娘は義輝の側室小侍従局《こじじゅうのつぼね》であった。『専修寺文書《せんじゅじ》』や当時の公家衆の日記から、彼女は永禄三年の後半には女房衆として殿中奥入りし、義輝の側室となったようだ。

義輝は帰洛以降、信孝と晴舎の両名を特に重用した。彼らによる連署奉書の発給がみられるようにもなり、彼らは共同で義輝の意志伝達の役割を担ったのである。

さて、これにより三好氏担当者は貞孝・信孝・晴舎の三名体制となった。これは同時に、それまで親三好派として幕府にあった貞孝の立場を揺るがすものでもあった。貞孝は義輝より何度も離反して三好方に付いたことで義輝よりの心証は悪かったが、三好氏との関係改善に必要な人材として帰参が赦されていたからである。その貞孝の存在価値が減じてしまった。また、それまでの「義輝―貞孝―長慶」というラインが、「義輝―信孝・晴舎―長慶」となることで、義輝を何度も裏切り続けた貞孝ではなく、義輝がより信頼でき、自身の意向をより正確に伝達できる信孝・晴舎を介して長慶と交渉することが可能になった。

永禄五年、貞孝が義輝へ謀叛を起こし挙兵した。義輝は「御敵」として貞孝を三好・松永に討伐させたことにより、対三好担当は信孝と晴舎となったのである。

松永久秀との関係

信孝と進士晴舎が三好方よりの義輝への取次をほとんど独占したことで、彼らと三好方に摩擦がおこることもあった。伊勢貞孝が再度離反した永禄五年（一五六二）とその翌年に、義輝による幕府政所《まんどころ》への介入や本国寺《ほんこくじ》と清水寺《きよみずでら》との相論など、訴訟手続きなどをめぐって義輝と長慶の重臣松永久秀との間で確執が発生した〔清水寺文書〕。信孝らは義輝の意向を代弁して久秀らを非難した一方で、久秀は彼らに対して、「義輝へきちんと話を披露していない」と非難したのである。信孝は三好・松永氏との窓口であると同時に、彼らの牽制役でもあったのだ。

三好氏の重臣であった久秀は御供衆という将軍直臣の身分となっていたが、彼は結局外部者同様、直接義輝への申し入れをすることはできず、担当の申次である信孝と晴舎を介さなければならなかった。親三好派であった貞孝が排除されたことで、三好方は都合のよい依頼を引き受ける存在（義輝への窓口）を失ってしまったのである。それでもなお三好・松永方は信孝らを申次担当者とし続けた。義輝に近すぎる彼らをいまさら担当から外せなくなったのだろう。

ただ、信孝が担当したのは三好氏のみではない。やはり永禄三年頃より、毛利《もうり》一門など中国の国人層などの申次も担当するようになっている〔毛利家文書ほか〕。これは義輝に最も近い存在である信孝に期待したためであろう。大名勢力からみれば、信孝が申次であれば、義輝へ話が通りやすいと思うのは当然である。当時は義晴以来の重臣大館晴光も豊後大友《おおとも》氏や越後長尾《ながお》氏をはじめとした各地方の大名の申次をつとめていたが、信孝は彼に次ぐほど担当をつとめていた（晴光の後任になることも）。大名側からみて、信孝は義輝への代表的な窓口としてあったのである。

その死が永禄の変に与えた影響

信孝は永禄六年（一五六三）四月二十九日に死去した。これ以前には危篤となっていたらしい。義輝はその治癒のために吉田《よしだ》社の神職吉田兼右《かねみぎ》に対して泰山府君祭《たいさんふくんさい》の挙行を命じたが、これは効力がなかったようだ〔兼右卿記〕。おそらく、没年はまだ四十代くらいだったろう。

信孝の跡は、息子であろう孫三郎量忠《まごさぶろうかずただ》が継いだ（信孝の死後に民部大輔となる）。量忠は信孝の死後、三好氏をはじめ信孝の担当していた大名家との申次を継承した。だが、若く経験の浅い量忠に対して、年配である進士晴舎の三好氏・松永氏との交渉窓口としての比重がより重くなった。そして、三好氏からの不満は晴舎に集中することとなった。

信孝の死より二年後の永禄八年五月十九日、義輝は長慶死後の三好氏の後継者である三好義継《よしつぐ》と松永久通《ひさみち》らに襲撃されて死去した（永禄の変）。このとき晴舎は担当申次として三好氏よりの訴訟に対応したが、自身や娘で義輝側室の小侍従局の排除要求を知って義輝への申次を拒否して自害したという〔日本史（フロイス著）〕。量忠はおそらく非番であったため、被害を受けずに済んだ。だが、この時点で担当が量忠より三好氏に近い伊勢貞助《さだすけ》に交替したともされる。貞助が本来取り次ぐ予定だったのかもしれない。いずれにしても、信孝がこのとき生存していたならば、彼も襲撃の対象となっていただろう。

信孝ははじめ反三好派としてあったが、後に協調関係に転身した。これは義輝の政策転換に従ったものであろうが、三好方の申次依頼による懐柔政策にもよるだろう。信孝は義輝に近侍するなかでも、特に義輝への影響力が大きい存在と見做されていたのである。実際に彼によって義輝と三好氏の対立が決定的になった。三好氏はこれを踏まえて信孝を取り込むことで、義輝との関係改善を目指したものの、義輝と三好氏は最終的には破綻していくのである。

（木下昌規）

【主要参考文献】

木下昌規『足利義晴と畿内動乱』（戎光祥出版、二〇二〇年）
木下昌規『足利義輝と三好一族』（戎光祥出版、二〇二一年）
木下昌規編著『足利義輝』（戎光祥出版、二〇一八年）
木下昌規「足利義輝側近進士晴舎と永禄の変」（『戦国史研究』七六、二〇一八年）
髙梨真行「将軍足利義晴・義輝と奉公衆―大和孝宗書状「兎ニ角ニ、一人之諸行、天下滅亡にて候」をめぐって―」（小此木輝之先生古稀記念論文集刊行会編『小此木輝之先生古稀記念論文集　歴史と文化』青史出版、二〇一六年）
馬部隆弘「足利義輝殺害前の三好義継」（『戦国史研究』七八、二〇一九年）

三淵藤英——足利義昭に従い続けた股肱の臣

三淵氏と藤英の生い立ち

三淵《みつぶち》藤英《ふじひで》は、室町幕府将軍足利義晴《あしかがよしはる》の側近であった三淵晴員《はるかず》（一四九九—一五七〇）の子として、弘治年間ないし天文初年頃に生まれた（金子二〇一五）。初名は「藤之《ふじゆき》」、通称は「弥四郎《やしろう》」、官途は「弾《だん》正左衛門尉《じょうさえもんのじょう》」、のち「大和守《やまとのかみ》」を名乗った（以下、呼称は藤英に統一する）。異母弟に細川藤孝《ほそかわふじたか》がいる。藤孝は天文三年（一五三四）生まれであり、藤英は同九年から十三年頃には幕府御部屋衆《おへやしゅう》としての活動が史料上確認されるからである。母は法名を養源院春芳紹意《ようげんいんしゅんほうしょうい》といい、天正十三年（一五八五）に没した。彼女は公家の徳大寺《とくだいじ》家に身を寄せていた徴証があり（言継卿記）、公家社会と何らかの接点を持っていたとみられる。

三淵氏は遠祖持清《もちきよ》が足利義満《よしみつ》の庶子だとの所伝をもち、山城の三淵（現在地未詳）を領したことから三淵を称するようになったとされる（寛政重修諸家譜）。室町中期には、奉公衆として一番衆に編成され、将軍出行時の供奉や御所での申次・使者などを務めていたことが知られる（福田一九九五・木下聡二〇一八）。父晴員（弥二郎・掃部頭）は前述のとおり義晴に従い、姉の室町殿女房清光院佐子局《せいこういんさこのつぼね》とともに、大坂本願寺《ほんがんじ》や播磨赤松《あかまつ》氏と将軍を結ぶ仲介役などを務めている。

晴員は義晴が天文十九年（一五五〇）五月に没したときに出家したと思われ、以降、掃部入道（のち伊賀入道）と名乗りを変え、藤英とともにひきつづき幕府に仕えた。

室町幕府奉公衆としての活動

「三淵弥四郎」の史料上の初見は天文九年（一五四〇）九月であり〔鹿苑日録〕、これが藤英を指すと思われる。その後御部屋衆あるいは奉公衆として、将軍に近侍した。初名の藤之は、将軍義藤《よしふじ》（のち義《よし》輝《てる》）の偏諱《へんき》を授けられてのものだろう。義藤は天文十五年に元服し、同二十三年に義輝に改名するので、この間に偏諱が授与されたことになる。

御部屋衆とは、定員二人、毎夜一人が将軍の御前で宿直を務めたという側近であり、「武家衆の中では特異な身分」とされている〔二木一九九九〕。藤英は御部屋衆として室町第に出仕し、御礼などの取次を行ったほか、公家清原《きよはら》家の邸宅で催された蹴鞠に参加するなど〔言継卿記〕、早くから公家社会と親交をもっていた。

三淵弥四郎の史料上の活動は天文十九年六月までが確認され、その後永禄元年（一五五八）五月・六月に三淵弾正左衛門尉を名乗る人物が将軍義輝側の申次として登場する〔惟房公記〕。別の史料から、弥四郎が弾正左衛門尉に名乗りを改めたと考えられる。

初名藤之時代の文書は二点確認される。ひとつは、永禄五年九月二日付の禁制《きんぜい》（大徳寺《だいとくじ》および門前境内での軍勢の乱妨狼藉を禁じる内容）である〔大徳寺文書〕。ここに「弾正左衛門尉藤之」の署判がある。残るひとつは、上野の国衆横瀬《よこぜ》（由良《ゆら》）成繁《なりしげ》が義輝から鉄砲を贈られたことに祝意を伝える年未詳九月六日付書状〔由良文書〕であり、封紙《ふうし》に「三淵弾正左衛門尉藤之」とある。藤之が藤英に改名した契機は判然としない。改名時期は、信頼できる史料から絞りこむと、永禄五年九月から同九年八月の間である。花押もこのとき同時に改めた可能性がある。

ところで、右の永禄五年九月の禁制について、柳本秀俊《やなぎもとひでとし》・薬師寺弼長《やくしじすけなが》や伊勢貞孝《いせさだたか》もまた同じ日付で同内容の禁制を大徳寺に発給している〔大徳寺文書〕。ちょうどこの直前、彼らは三好長慶《みよしながよし》に反旗を翻して北山辺（京都市北区）に陣取り、貞孝は九月十二日敗死した〔松村一九九九〕。

このときの抗争は、三好氏に反した伊勢貞孝が、近江六角《ろっかく》氏や河内畠山《はたけやま》氏と連携して挙兵したものであり、奉公衆の一部も貞孝に荷担していたという〔木下昌規二〇二一〕。いっぽうで、対立の背後に義輝がおり、伊勢氏の排除をはかるため長慶との対立を画策したという説もあって〔天野二〇一四〕、この抗争の歴史的評価は定まっていない。貞孝や、彼に味方した柳本氏・薬師寺氏らと同じ日付で同内容の禁制を出した藤英もまた、貞孝の側で三好氏に敵対した可能性がある。この出来事以降、永禄九年まで史料上に彼の活動があらわれないことは、敗れた側として一時的に逼塞していたゆえなのではあるまいか。

足利義昭の上洛に従う

　永禄八年（一五六五）五月に義輝が三好義継《よしつぐ》らによって殺害されたあと、彼の同母弟であった奈良興《こう》福《ふく》寺《じ》の一乗院門跡覚慶《いちじょういんもんぜきかくけい》（後に還俗して義秋《よしあき》・義昭《よしあき》。以下義昭とする）は一時幽閉されたものの、二ヶ月後に脱出して近江甲賀《こうか》郡（滋賀県甲賀市）の和田惟政《わだこれまさ》を頼った。藤英は、翌九年正月、弟藤孝らとともにこの義昭に従う側近の一員として史料上に再登場する〔言継卿記〕。

　近年、この永禄九年八月に、義昭が織田信長《おだのぶなが》と連携して上洛を計画し、伊賀・山城の国人たちに協力を要請した藤英と一色藤長《いっしきふじなが》の連署状十四通が紹介され話題となった〔熊本県立美術館二〇一四・村井二〇一四〕。上洛計画は六角氏の敵対により頓挫したため、この連署状は出されないまま医術書執筆の料紙として使われ、紙背文書として現在に残ったのである。ここからも藤英が上洛を目指す義昭のもとにいたことがわかる。

足利義昭画像　「古画類聚」　東京国立博物館蔵　東京国立博物館蔵　Image：TNM Image Archives

　同十一年七月、それまで越前一乗谷《いちじょうだに》（福井市）の朝倉《あさくら》氏に身を寄せていた義昭は、信長の招きによって美濃に入った。念願であった上洛に向け、再び信長との協力関係が構築されたのである。同年八月、美濃立政寺《りゅうしょうじ》（岐阜市）に滞在していた義昭のもとから、本国寺上人《ほんこくじしょうにん》に宛て、使者二人を近江佐和山《さわやま》（滋賀県彦根市）へ遣わす旨の書状が出された。このときの使者は「細兵」「三弾」の二人。すなわち細川兵部大輔藤孝・三淵弾正左衛門尉藤英兄弟である〔本圀寺文書〕。

義昭は、信長とともに九月に上洛を果たすことになる。藤英もこれに供奉していたと思われる。義昭上洛後の十月六日、藤英は、飯川信堅《いがわのぶかた》と連署して義昭参内のために必要な諸道具を公家山科言継《やましなときつぐ》に指示する書状を出したが、その差出書は「大和守藤英」である。八月時点では弾正左衛門尉の名乗りで呼ばれていたから、それから十月までのあいだに官途呼称を大和守に改めたことになる。義昭上洛を契機とした改称だろう。供奉に対する褒賞だろうか。

義昭の側近として

永禄十一年（一五六八）九月の上洛後、藤英は、寺領を安堵する幕府奉行人奉書の副状《そえじょう》を出したり〔金蔵寺文書ほか〕、年貢納入命令を発したり〔曇華院文書ほか〕、所領安堵の折紙を出す〔壬生文書〕、徳政令適用免除の信長朱印状の副状を出す〔醍醐寺文書〕など、義昭の側近として、信長権力と連携しながら幕府の政務に関与した。

軍事的には、元亀二年（一五七一）七月に摂津・大和方面に出陣し、敵対する三好三人衆らとの戦いに中心的な役割を果たしている〔言継卿記〕。こうした藤英の活動は、「義昭の直属軍」としてのものと捉えられる〔脇田一九七七〕。「義昭の直属軍」は、前代以来の奉公衆による将軍親衛軍の系譜を引くものであり、藤英は、父祖以来の三淵氏の将軍近侍の立場を濃厚に受け継いでいる。

三淵氏は、藤英の父晴員の時期には、加賀にあった幕府料所の一部を預けられたり、京都近郊の所領を宛行われることで将軍への奉公を果たしていた。晴員は天文七年（一五三八）、幕府に対し経済的困窮を理由に暇乞いをしたが、「松崎《まつざき》その外塩公事《しおくじ》ならびに柴公事《しばくじ》」「加州にても二三ヶ所」を賜っているはずだからと拒まれている〔大館常興日記〕。

近年の研究において、もともと三好氏一族の十河一存《そごうかずまさ》が保持していた塩合物《しおあいもの》（塩漬けの魚など）に対する課税徴収権について、永禄十二年に義昭・信長により天皇家料所とされ、堺の豪商今井《いまい》宗久《そうきゅう》が代わって管理者となったが、このとき実際に管理していた藤英が前年分の引き渡しを拒否したという事例が紹介された〔黒嶋二〇一二〕。もとより十河氏管下の得分《とくぶん》ではあるが、先に見たように、かつて晴員が「塩公事」を管掌していたことを思い起こさせる。

一方、藤英は義昭のもとで山城南部の領域支配を任されていたようである。その拠点が伏見《ふしみ》城（京都市伏見区）である。近世の地誌には、藤英が築いた伏見城は、のち豊臣秀吉《とよとみひでよし》が築いた伏見城（いわゆる指月《しげつ》伏見城・木幡山《こはたやま》伏見城のいずれなのかは不明）の前身であったとされる〔山州名跡志〕。ここを拠点に、醍醐《だいご》・伏見地域を支配していたことをうかがわせる史料が複数確認される〔兼見卿記、醍醐寺文書ほか〕。

義昭・信長の対立と藤英の行動

元亀三年（一五七二）末頃から生じたとみられ、翌四年（天正元年）には軍事的な衝突に発展した義昭と信長との対立のなかで、四年三月に信長に与した弟藤孝と袂を分かち、藤英は一貫して義昭のもとにあった。

同年七月、山城槇嶋《まきしま》城（京都府宇治市）に拠り信長に対して挙兵した義昭は、京都の御座所であった二条《にじょう》城（京都市中京区）を藤英に守らせた。義昭を攻めるため七月九日に上洛し妙覚寺《みょうかくじ》に入った信長は、老臣柴田勝家《しばたかついえ》を二条城に遣わし、開城のための交渉を行わせている。その結果、藤英は十二日に二条城を明け渡して居城伏見城に帰った〔以上、兼見卿記〕。この間、十日には藤孝が山城のうち桂《かつらがわ》川以西の地を信長より給されている〔細川家文書〕。槇嶋城の義昭は、信長の軍勢に攻められ、十八日に城を退出して河内へと逃れた〔兼見卿記〕。

その後信長は、藤孝・藤英・御牧景則《みまきかげのり》らをして、義昭に味方した三好三人衆の石成友通《いわなりともみち》が籠もる山城の淀城（京都府伏見区）を攻撃させ、八月二日に殺害したという〔年代記抄節〕。太田牛一《おおたぎゅういち》の『信長記《しんちょうき》』には淀城攻めの記事に藤英の名は見えず、慎重な検討が必要ではあるが、二条城退去直後の段階では、咎めを受けずに信長麾下として藤孝らと同陣していた可能性がある。

しかし、同じ『年代記抄節』の記事だが、翌天正二年（一五七四）五月、信長は伏見城を破却し、「櫓《やぐら》・塀《へい》」を解体したという。大和の守護には塙直政《ばんなおまさ》が命ぜられ槇嶋城に入ったとあって、この時点で藤英は、何らかの罪状を蒙り、山城（南部）の支配領域と居城を奪われていたことになろう。

藤英・秋豪父子の「生害」

子の秋豪《あきひで》とともに、身柄は明智光秀《あけちみつひで》の居城坂本城《さかもと》（大津市）に預けられた。彼らの死は天正二年（一五七四）七月六日のことである。『年代記抄節』『東寺光明講過去帳』『諸寺過去帳』では、彼らの死を「生害《しょうがい》」と表現し、江戸後期に末裔が提出した系図がもとになっている『寛政重修諸家譜』では「近江国坂本にをいて自殺す」とある。「生害」とは、他人より殺害されることと自害することのふた通りの意味があり〔日本国語大辞典第二版〕、信長の命により殺害された、信長の命により自害した、特に命を受けることなく自らの意思で自害したなど、いくつかの可能性が考えられ、真相は謎に包まれている。

藤英生害のとき、藤孝の家臣たちが藤孝の身上を心配して騒ぎとなり、居城勝龍寺城《しょうりゅうじ》（京都府長岡京市）を防備するに至ったことが、十八世紀後葉に熊本藩が編んだ細川家の家史『綿考輯録』巻二に見える。江戸時代に細川家の家臣諸家が藩に提出した由緒書上を編纂した『細川家先祖附』に収められた神足《こうたり》家の由緒書は、もう少し詳しい経緯を伝えている。

この由緒書の提出者神足又兵衛の高祖父掃部は、藤孝が長岡の地を給され勝龍寺城に入ってから仕えた者である。神足氏はもともと山城の国衆であった。藤英が坂本で切腹するとき、藤孝と子の忠興《ただおき》が信長から召されたので、勝龍寺城にいた者たちが騒ぎだした。そこで本丸の防備を米田求政《こめだもとまさ》（宗堅《そうけん》）が務めた。しかし、二の丸を守る者がいなかった。そこで掃部が名乗り出てこれを仰せつかり、地下人《じげにん》らを二の丸に集めて「堅め居り申した」のだが、藤孝・忠興はその後帰城したというのである。

藤英の切腹にあたって、弟・甥にあたる藤孝・忠興が信長に召喚され、残された家臣たちによる騒動となったという記事からは、このとき細川家、そして勝龍寺城に軍事的緊張が走っていたことがうかがえる。もとより先祖が主家に対して功があったことを示そうとする後世の書上であるため、ここに書いてあることすべてを事実とみなすことには慎重でなければならないが、家臣の家にそうした伝承があったことは興味深い。

神足家に伝わった話からは、藤英は罪を蒙って（この場合、信長に敵対したということになろうか）処罰を受け、切腹を命ぜられたとみられること、弟藤孝らの反発を恐れてのことか、信長は彼らを召喚してから藤英を切腹させたらしいことなどが推測される。実際のところは定かではないのだが、あまり知られていない記事であるため紹介した。

前述のように、藤英は長子秋豪とともに坂本城において没したが、次子藤利《ふじとし》が三淵家の名跡を継いで、徳川家康《とくがわいえやす》・秀忠《ひでただ》の旗本として仕えた。また藤英弟の好重《よししげ》は細川家に従い、細川藩の家老として肥後八代《やつしろ》（熊本県八代市）を領するなど、三淵氏は江戸時代にも存続している。

（金子拓）

【主要参考文献】

金子　拓「室町幕府最末期の奉公衆三淵藤英」（同『織田信長権力論』吉川弘文館、二〇一五年、初出二〇〇二年）
神田千里「室町幕府と本願寺」（同『一向一揆と戦国社会』吉川弘文館、一九九八年）
木下　聡『室町幕府の外様衆と奉公衆』（同成社、二〇一八年）
木下昌規『足利義晴と畿内動乱　分裂した将軍家』（戎光祥出版、二〇二一年）
熊本県立美術館編『重要文化財指定記念　細川コレクション　信長からの手紙』展図録（二〇一四年）
黒嶋　敏「足利義昭の代始め徳政」（『日本歴史』八八六、二〇二二年）
高梨真行「永禄政変後の室町幕府政所と摂津晴門・伊勢貞興の動向―東京国立博物館所蔵「古文書」所収三淵藤英書状を題材として―」（『MUSEUM』五九二、二〇〇四年）
福田豊彦「室町幕府の奉公衆体制」（同『室町幕府と国人一揆』吉川弘文館、一九九五年、初出一九八〇年）
二木謙一『中世武家の作法』（吉川弘文館、一九九九年）
村井祐樹「幻の信長上洛作戦―出せなかった書状　新出「米田文書」の紹介をかねて」（『古文書研究』七八、二〇一四年）
脇田　修「織田政権と室町幕府」（同『近世封建制成立史論』東京大学出版会、一九七七年、初出一九七五年）

真木嶋昭光 ――将軍義昭を最後まで支えた男

最後の将軍をもっとも支えた男

二〇二〇年、大河ドラマ『麒麟がくる』で珍しく足利将軍にスポットが当てられた。最後の将軍である足利義昭《よしあき》ももちろん登場したが、彼は元亀四年（一五七三）に織田《おだ》信長《のぶなが》に敗れて、京都を没落し、最終的に毛利《もうり》氏の領内である備後の鞆《とも》の浦（広島県福山市）に移った。その地にあって義昭を最も支えたのが真木嶋《まきのしま》昭光《あきみつ》である。彼は大河ドラマには登場しなかったが、常に義昭に近侍する存在であり、義昭を語るうえでは欠かすことができない存在である。なお、「槙島」「槙嶋」などの表記もみられるが、本人による表記は「真木嶋」であるため、本項ではこの表記を尊重する。

真木嶋氏はもとは宇治《うじ》神社の社官で、室町幕府の奉公衆となった。第九代将軍足利義尚《よしひさ》期の番帳である『常徳院殿《じょうとくいんでん》御動座《ごどうざ》当時《とうじ》在陣衆《ざいじんしゅう》着到《ちゃくとう》』には、五番衆のうちに真木嶋六郎《ろくろう》藤原《ふじわらの》光通《みつみち》もみられる。本姓は藤原氏で、その苗字の通り、本来は京都南郊の宇治にある槙島（京都府宇治市）を拠点としており、「宇治《うじ》代官《だいかん》惣領《そうりょう》」であるという〔慈照院殿年中行事〕。

義昭の側近たち

永禄十一年（一五六八）十月十四日に足利義昭は上洛して、同十八日に第十五代将軍に就任した。この時代、義昭の代表的側近としては一色藤長《いっしきふじなが》や三淵藤英《みつぶちふじひで》・細川藤孝《ほそかわふじたか》兄弟、飯川信堅《いがわのぶかた》、上野秀政《うえのひでまさ》、摂津晴門《つはるかど》らがあげられよう。

義昭の側近は、義輝時代の将軍側近衆らと、義昭時代に新規に登場するようになる側近衆が混在するものであった。義輝時代からの側近としては藤長、三淵晴員《はるかず》（宗薫《そうくん》）、同藤英・藤孝兄弟、信堅、晴門、大館晴忠《おおだちはるただ》らが代表であろう。新規の側近としては上野秀政、和田惟政《わだこれまさ》らなどがいる。一方で、義昭は将軍職を争った第十四代将軍足利義栄《よしひで》に出仕した直臣らは幕府より排除した。伊勢貞為《いせさだため》（虎福丸《とらふくまる》）、大館輝光《てるみつ》らである。

戦国時代、将軍に近侍して在京奉公する奉公衆や奉行衆などの将軍直臣は減少傾向にあった。それに拍車がかかったのが、義輝が殺害された永禄の変である。この事件によって、当時御所に出仕していた直臣らの多くが殺害された。そして、生き延びた直臣も次期将軍候補をめぐって、義昭派、三好三人衆《みよしさんにんしゅう》（三好長逸《ながやす》、三好宗渭《そうい》、石成友通《いわなりともみち》）に擁立される義栄派に分裂した。さらに、明確にどちらにも属さず中立的な立場にあったものや、将軍家への奉公自体をやめて牢人になるものもいた。

義昭は将軍に就任して幕府を再興したが、義栄支持派を排除したことにより、これまで従ってきた将軍直臣だけでは人員が足りず、幕府運営には支障があった。そのため、それまでに現れない出自不明の新たな直臣が多く登用されたのである。

義昭に近侍する存在として登場

そのなかで、義昭時代に側近として現れた一人が真木嶋昭光であった。真木嶋氏は昭光登場以前にもたびたび史料に現れるが、将軍側近として歴史の表舞台で活躍するのが昭光の代、つまり義昭の時代である。昭光の父は一色輝光《てるみつ》ともされるが、同時代の史料的な裏付けはない。実際の出自には不明な点が多いが、弟は「一色杢《もく》(木工)」というから、もとは一色氏出身であったのだろうか。

昭光の生年や義昭期の幕府に出仕奉公するようになった時期など、具体的な時期は不明であるが、永禄十三年(一五七〇)二月に「御走衆《おはしりしゅう》」の一人として「真木嶋孫六《まごろく》」と現れるのが史料での初見である(言継卿記)。それ以前には出仕したのであろう。さらに「御部屋衆《おへやしゅう》」として「真木嶋」が現れるが、ほかに真木嶋姓のものはいないため、これも昭光であろう(言継卿記)。「御部屋衆」という家格・役職から、昭光はすでに義昭に近侍する存在であることがうかがえる。また当初、「重利」という名であったが(細川家記)、義昭より偏諱を得たのだろう。このように、昭光は元亀年間(一五七〇~七三)に散見されるようになるが、この頃には「玄蕃頭《げんばのかみ》」の官途にある。ただし、対大名交渉の中心であった一色藤長や、三淵藤英、上野秀政と比較すると、昭光の幕府内での重要性は低く存在感はあまりない。

しかし、摂津晴門が元亀二年(一五七一)に失脚、長老格の大館晴忠もおそらくこの頃に死去か隠退、細川藤孝も義昭より事実上奉公を外されるなど、元亀年間には側近の構成にも変化が現れるようになる。特にこの時期、義昭の側近として権勢をもったのは秀政であった。

義昭と信長の対立

義昭は、反信長派筆頭であった側近上野秀政や武田信玄《たけだしんげん》らの影響もあり、元亀四年（一五七三）二月に織田信長と断交して蜂起した。信長は秀政らの謀略によるものとして、彼らの排除を狙い、御所巻《ごしょまき》（将軍御所を包囲して将軍に要求する行為）すら行った。さらに朝廷を動かし、義昭との和睦を四月に成立させたのである。これらの一連の蜂起には昭光の姿はみられないが、義昭が一時退去したのが宇治の槇島城であった。槇島城は昭光の父輝光の居城という（『細川家記』）。これ以前槇島城は、十五世紀後半に細川氏が真木嶋氏より奪取して城郭として整備していた。それが再び真木嶋氏の城館となっていたとみられている（藤岡二〇二二）。また和睦の際、義昭方、織田方の重臣等が連署で誓紙を交換したが、義昭方では一色藤長、秀政の名前はあるが、昭光の名前はない（『和簡礼経』）。この時点ではまだ昭光は義昭政権を代表する側近ではなく、義昭に近侍する直臣の一人でしかなかったのだろう。

義昭はこの和睦を破り、七月に二度目の挙兵をした。将軍御所である二条城（京都市中京区）には三淵藤英や昵近《じっきん》公家衆などを籠城させ、自身は槇島城に籠城した（『お湯殿の上の日記』ほか）ものの、義昭の二度目の蜂起も失敗した（『兼見卿記』）。昭光の時代にはより堅固な城郭として整備されていたものの（『信長公記』、信長勢の前に敗れたのであった。その後、同城には細川昭元《あきもと》（後の信元《のぶもと》、信良《のぶよし》）、塙直政《ばんなおまさ》が入って織田氏の支配下となった。

京都を没落した後、義昭の側近中筆頭となったのは一色藤長であったと思しい。藤長は義昭に近侍しつつ、その使者として活動したほか、御内書《ごないしょ》の副状《そえじょう》発給者としても、各地の大名勢力との音信を担っていたように、対外的に義昭側近を代表する存在であった。一方で、義昭没落の元凶ともいうべき秀政はなお義昭に近侍し続けるものの、その存在感は低下したようだ。

側近筆頭へ

義昭が京都を没落した後、昭光と一色藤長に宛てられた披露状がある〔顕如上人文案〕。これは、本願寺顕如《ほんがんじけんにょ》が義昭の御内書を受けて返信したものであるが、御内書には昭光単独の副状があったという。さらに翌天正二年（一五七四）には藤長と昭光連署の奉書が発給されており〔旧記雑録〕、義昭の京都没落以降、昭光が大名と義昭との交渉の舞台に現れはじめた。

義昭は畿内周辺にあって信長に対抗し続けたが次第に不利となり、天正四年に紀伊由良《ゆら》（和歌山県由良町）より毛利氏を頼って備後の鞆の浦へ移った。昭光はそれに従ったが、藤長は現地に残って反信長勢力の形成を期待されていたようだ。ところが、藤長は勝手に紀伊より鞆まで下向した。拠点を守れなかったのかもしれないが、これに義昭が激怒した。彼の鞆下向は、近畿での貴重な拠点の一つを失うこ

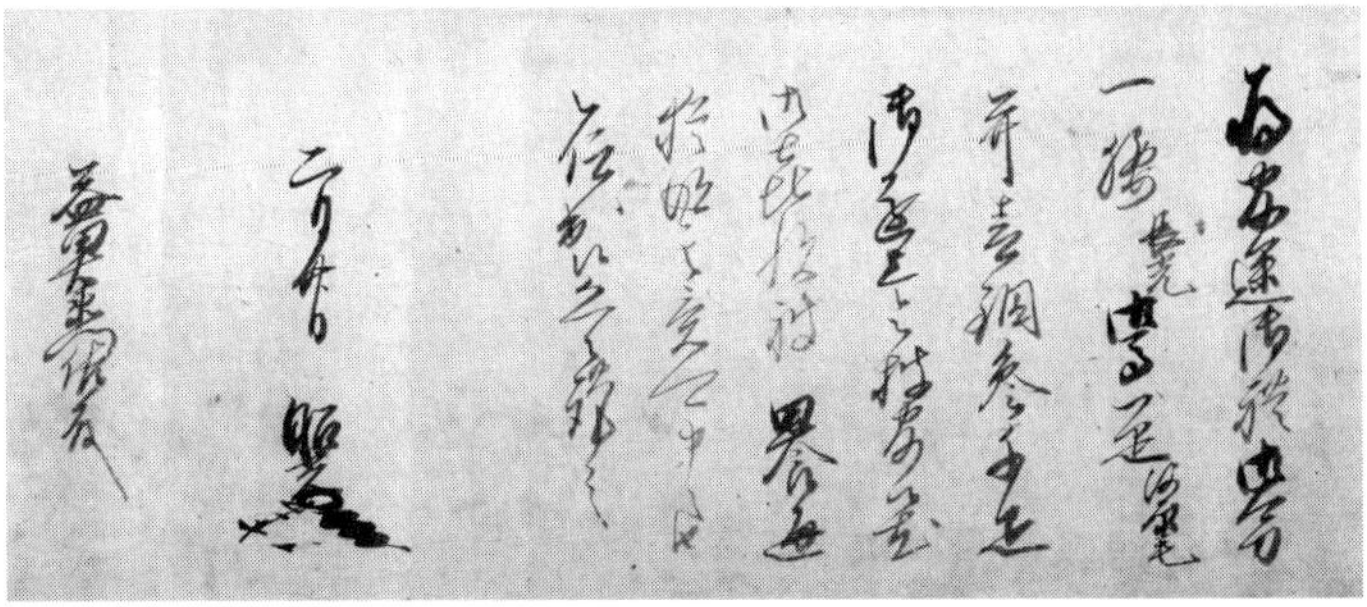

（天正５年ヵ）２月20日付真木嶋昭光奉書　「益田家文書」　東京大学史料編纂所蔵

とを意味していた。結局、藤長は毛利氏を介して義昭の怒りを解こうとしたが、それを果たすことができないまま、義昭への奉公から離脱することとなる〔吉川家文書〕。

昭光はこれをきっかけに、それまでの藤長の役割の一切を継承した。昭光は義昭に近侍して、御内書の副状や奉書の発給をほとんど一手に担うこととなった。昭光が名実ともに側近の筆頭となったのだ。なお、義昭のもとには昭光以外にも上野秀政、細川輝経《てるつね》、武田信景《のぶかげ》、柳沢《やなぎさわ》元政《もとまさ》、一色昭秀《あきひで》、同昭孝《あきたか》、小林《おばやし》家孝《いえたか》、奉行衆の飯尾《いいのお》昭連《あきつら》、松田《まつだ》秀雄《ひでかつ》、大名家の六角《ろっかく》氏や丹後一色氏などもいた。彼らも義昭の奉書を発給したが、昭光の比ではない。

義昭に供奉した人々は次第に政治的、経済的な問題で離散していくが、昭光は義昭の側に残った。特に昭光はほかの側近と異なり、ほとんど義昭の側を離れなかったと思しい。側近の多くは直接諸大名への使者として派遣されることが多いが、昭光が義昭の使者として派遣された事例は極めて少ないからである。それだけ昭光は義昭に常日頃より必要とされたのであった。

鞆での生活

鞆での昭光の立場がわかるのが、『小早川家文書』に残る「礼銭《れいせん》遣《づかわし》方《かた》注文《ちゅうもん》写《うつし》」である。小早川《こばやかわ》隆《たか》景《かげ》からの礼銭は義昭へは一〇〇貫文《かんもん》（約一〇〇〇万円）、側室である春日局《かすがのつぼね》は一〇貫文、ほかの側近はおおよそ五貫文から三貫文であるが、昭光のみ春日局と同じ一〇貫文であった。これは昭光が義昭に近侍する側近のなかでも筆頭の立場にあったと隆景が認識していたことを意味しよう。

義昭に近侍する昭光の一番の役割は、大名との音信である。特に御内書の「猶～」のほとんどは昭光の名前となり、副状や奉書の多くを担当している。つまり、対外的には義昭への音信には昭光を通じて行うしかなく、彼は義昭の意向を代弁する存在とみなされていた。それだけはなく、相国寺《しょうこくじ》関係者を通じて京都との音信も継続していたようだ〔光源院文書〕。

しかし、最大で一〇〇名近くの御供を従えたこともあってか、義昭一行の鞆での生活は楽ではなかった。毛利氏からの援助もあったがそれだけでは足りず、中国の国人らに「預置《あずけおく》」というかたちで事実上の暇《いとま》（奉公を解く）を与えることで対応せざるをえなかった。一色昭孝や城行長《じょうゆきなが》、伊勢左京亮《さきょうのすけ》、水主長門守《みずしながとのかみ》らが確認される。これにより複数の供奉者らは奉公から離脱した。昭光も例外でなく、「預置」の対象となっている〔萩藩閥閲録毛利伊勢〕。ただし、昭光は吉見《よしみ》氏のもとに預けられたが、彼は短期間で義昭のもとに復帰している（一色昭孝も復帰）。

この「預置」は事実上の暇ではなく、経済難解消のための一定期間の処置であったのだろう。もちろん、再び史料に登場しなくなった行長や伊勢、水主のように再出仕しなかったであろうものもいた。

義昭に従い帰京

天正十年（一五八二）六月、本能寺《ほんのうじ》の変《へん》によって織田信長が明智《あけち》（惟任《これとう》）光秀《みつひで》に討たれた。光秀の謀叛には義昭が関与していたという指摘もあるが、立証されているわけではない。義昭は信長死去の情報を得て、この好機を逃さず上洛を目指したものの結局、毛利氏による上洛戦は開始されなかった。義昭の擁立も視野に入れていた光秀も山崎《やまざき》の合戦で敗北したことで、義昭の帰洛はまた遠のいた。

だが本能寺の変後、政情は大きく変化した。義昭は早速羽柴秀吉《はしばひでよし》や柴田勝家《しばたかついえ》らに対して帰洛を支援するように命じた。しかし、織田家中で秀吉と勝家が対立するに及んだ。翌十一年三月に勝家は秀吉との対立の大義名分としても義昭の擁立を図ろうとし、昭光に書状を出した〔古証文〕。勝家は昭光に毛利氏の出馬を促すよう依頼したのである。義昭はこれをうけて勝家との連携を決した。昭光も積極的に勝家方を支持したが〔石谷家文書〕、賤ヶ岳《しずがたけ》の合戦での勝家の敗北と、続く自害によってこれも失敗してしまう（勝家は四月二十四日に自害）。

昭光はこのなかでも変わらず、外部から義昭への窓口をつとめた。昭光は毛利家中や、島津《しまづ》氏などに宛てた義昭の御内書の副状を発給し続けたのである（島津宛は昭光と一色昭秀の連名）。

秀吉の勝利によって義昭の立場は微妙なものとなるが、義昭はその後、秀吉の九州征伐の際、秀吉と島津氏との和睦の仲介を行うことで〔島津家文書〕、秀吉との関係改善も進んだようだ。この頃、義昭の帰洛が本格的に進むこととなる。

最終的に義昭は天正十六年正月、新たに天下を握った羽柴秀吉に御礼臣従した。義昭はこのときに出家して「昌山《しょうざん》」と号し、「准三后《じゅさんごう》」となった。ここに足利将軍家が名実ともに終焉することとなるが、昭光もこの主人に従った。

義昭の葬儀を取り仕切る

当初は義昭主従は京都にあり、天正十六年（一五八八）の毛利輝元《てるもと》の上洛記である『輝元公上洛日記』にはこの主従が登場する。同記によれば、八月十七日には妙顕寺《みょうけんじ》（京都市上京区）に滞在していた輝元のもとに昭光らが訪問しているほか、九月十日には輝元らが義昭のもとを訪問した際に、奏者として昭光が登場する。義昭主従はその後、大坂に居住を移したようだ。出家して政治の表舞台より去った義昭のもとには、女房衆のほか、二、三十名ほどの奉公衆がなお奉公していたようだが、昭光はそのなかでも変わらず筆頭であったと思しい。帰洛後も、旧将軍直臣の大和宗恕《やまとそうじょ》（晴完《はるみつ》）の御供衆加入承認についての奉書を発給しているなど〔平成二十二年度古典籍展観大入札会出品目録〕、義昭の意志伝達の役割は変わらない。

また、義昭は槇島城に滞在していたこともあるようだから〔鹿苑日録〕、昭光はなおこの地に地縁があったと思しい。さらに義昭は、文禄《ぶんろく》・慶長《けいちょう》の役《えき》の際に肥前の名護屋《なごや》（佐賀県唐津市）まで出陣したことが知られるが、昭光もこれに同道しただろう。

義昭は、慶長二年（一五九七）八月二十八日に死去した。義昭の遺体は京都に上らせられ、将軍家ゆかりの等持院《とうじいん》（京都市北区）で葬儀が行われた。当時、これまで従っていた一色昭秀、同昭孝や小林家孝、柳沢元政、上野秀政の子息（勘左衛門と御吉）らも義昭に近侍していたようだが、義昭の葬儀を事実上取り仕切ったのは昭光であった。昭光は葬儀に際して九月一日に剃髪している〔鹿苑日録〕。

将軍家の再興はならず、長く苦楽をともにしてきた主人を失った昭光は、このとき何を思っていたのであろうか。そもそも彼がなぜそこまで義昭に奉公したのかはわからないが、義昭への個人的な忠誠にあったことに間違いないだろう。

子孫は肥後細川氏の家臣として存続

義昭の死によって、昭光の生涯が終わったわけではない。おそらく当時、五十歳代前後であったろう。昭光の生涯はまだ続く。

昭光は義昭の葬儀を終えた後、秀吉に仕官したようだ。一次史料にはその活動はほとんど現れないが、肥後細川家の家譜『綿考輯録《めんこうしゅうろく》』に昭光の活動が断片的に確認できる。

それによれば、秀吉死後は豊臣秀頼《とよとみひでより》に仕え、大坂の陣にも参加したという。だが、昭光は義昭に近侍し続けたこともあって、これまで実戦を経験したことはほとんどなかったのではないかと思われる。夏の陣で昭光は討ち死にしたと思われていたが、実際は生き延びており、豊前の細川忠興《ただおき》（藤孝の子）に千石で仕官した。旧室町幕府関係者も多く奉公していた細川家を再々仕官先に選んだのは不思議ではない。昭光は大坂の陣後は出家していたようで「云庵《じあん》」と号している。ここでは「御留守居衆《おるすいしゅう》」となっている。また、昭光の弟である「一色杢（のち内匠《たくみ》）」も同じく細川家に千石で仕官している。昭光は正保三年（一六四六）正月に死去したという。前年の十二月に忠興が死去しているため、殉死《じゅんし》した可能性も否定できない。ただ、当時すでに高齢であったことは間違いなく、単純に寿命であったかもしれない。子孫はそのまま細川氏の家臣「槙嶋」氏として続いた。

昭光の生涯をみると、戦国の世から太平の世へと移り変わるなかでも、仕えた主人への忠節を果たし続けた姿が印象的である。昭光が主人を変えるのは、主人が死去したときのみであった。このような実直な忠誠心こそが、義昭が昭光を重用した理由であろう。昭光は義昭死後も約半世紀ほど生きながらえたが、彼の歴史的役割は義昭の死によって終わったといえる。

（木下昌規）

【主要参考文献】

木下昌規『戦国期足利将軍家の権力構造』（岩田書院、二〇一四年）

木下昌規「足利義昭の栄典授与と大和宗恕」（『戦国史研究』七二、二〇一六年）
木下昌規「足利義輝・義昭期における将軍御供衆一色藤長」（戦国史研究会編『戦国期政治史論集』西国編、岩田書院、二〇一七年所収）
久野雅司『足利義昭と織田信長――傀儡政権の虚像』（戎光祥出版、二〇一七年）
源城政好「真木嶋昭光―流浪将軍義昭を支え続けた側近―」（同『京都文化の伝播と地域社会』思文閣出版、二〇〇六年）
藤岡琢矢「山城国槇島城と真木嶋氏」（『市大日本史』二五、二〇二二年）

逸見昌経――主家武田氏に「反乱」した若狭西部の押さえ

逸見氏の出自と若狭

逸見昌経《へんみまさつね》は戦国時代後期、若狭守護・武田《たけだ》氏の家臣として活躍した武将である。後世には武勇を誇った人物として描かれることが多いが、実際はどのような人物であったのだろうか。

昌経個人の前に、まずは逸見氏がどのような一族であったのか確認しておこう。逸見氏はもともと武田氏の一族で、甲斐国巨摩《こま》郡逸見郷（山梨県北杜市）が名字の地とされている。逸見氏の出自については決め手を欠くが、甲斐の逸見氏が武田氏に従って安芸、そして若狭へと移ったことは確かなようである〔河村二〇二一〕。

武田氏が若狭守護となる永享十二年（一四四〇）以降、若狭国内で逸見氏の活動が確認できるようになる。当時の武田氏当主・信賢《のぶかた》の側近的立場にあったようで、発給文書にその名前が認められる。このころは駿河入道真正《しんせい》なる人物が惣領《そうりょう》の立場にあったらしく、史料に登場するのは真正である。なお真正は若狭だけでなく、安芸でも活動していた。

さて、この真正とほぼ同時期に宗見《そうけん》なる人物が登場する。この宗見が誰であるかは、論者によって理解が異なっている。

まず、須磨千頴氏や大森宏氏は、真正と宗見を同一人物とする〔須磨一九九四・大森一九九六〕。また、やや遅れて登場する繁経《しげつね》・国清《くにきよ》は真正の子としている（繁経が兄、国清が弟）。名乗る官途は弾正忠、ついで駿河守であり、いずれも嫡流が名乗るという。一方、河村氏は真正と宗見は別人で、宗見と繁経を真正の子としている。さらに、兄・宗見の系統は駿河守を名乗る嫡流、弟・繁経の系統は弾正忠を名乗る庶流と理解している。これらの実否についてここでは論じないが、戦国後期にかけて昌経や経貴《つねたか》のような「経」の付く人物と、高清《たかきよ》のような「清」の付く人物が現れることからも、繁経と国清の二系統が存在したことは確かそうである。

ところで、現存する逸見氏系図には先に述べたような人名がまったく登場しないのも興味深い。厳密には国清が登場するが、昌経の十代以上前の人物として記録されており、同一人物ではないだろう。この系図の内容については後に詳しく触れる。

やや脇道に逸れてしまったが、ここまでに登場した逸見一族の没年について整理しておこう。まず宗見は、真正と同一人物であるかどうかにかかわらず文明六年（一四七四）の丹後出兵で、繁経はそれより四年早い文明二年、京都の勧修寺《かじゅうじ》合戦で戦死したとされている。国清はやや下って永正四年（一五〇四）の丹後合戦以降、ほどなくして没したようである。

昌経が登場するまではやや間があるが、永正十四年には逸見美作守高清、逸見豊前守、逸見弾正忠らが現れているから、彼らが昌経までの間に活動していた逸見一族なのだろう。

系図からみる昌経の系譜

昌経は、その知名度に比して謎の多い人物である。まず、生年はわからない。没年ははっきりしているが、その当時の年齢が不明で逆算も難しい。加えて、幼名や仮名《けみょう》も明らかではない。

ここで、先に触れた系図の内容について紹介しておこう。現在、昌経の菩提寺である園松寺《えんしょうじ》（福井県高浜町）には「逸見氏系図」が残されている。これは元禄十一年（一六九八）に丹後宮津《みやづ》藩士・逸見久長《ひさなが》が奉納した系図で、始祖を清和《せいわ》天皇の子・貞純《さだずみ》親王とし、そこから久長に至る系譜が記録されたものである。もちろん昌経の名前も含まれているので、昌経自身とそれ以前の系譜についてみてみよう。

昌経は官位が従四位下、官職は侍従兼駿河守とある。「駿河守」を武田氏から認められたことは史料から確認できるが、従四位下や侍従であったかどうかはわからない。父の遺領である砕導山《さいちやま》城（福井県高浜町）に住んでいたが、理由があって八穴山《やな》に築城して移り住んだ。『若狭郡県志《わかさぐんけんし》』によると、高浜《たかはま》城跡の周辺を「八穴」と呼んでいたらしく（現在も高浜八穴として景勝地である）、高浜城を築いて移ったという意味だろう。大飯《おおい》郡七十三ヶ村で一万九八七〇石を領したという。天正九年（一五八一）三月二十六日没、法名は前駿州太守天周宗登大居士。高浜の園松寺に葬られた。昌経には継嗣がいなかったため、遺領は武田元明《もとあき》と溝口竹丸《みぞぐちたけまる》（後の秀勝《ひでかつ》）に与えられている。

これらの内容は、どの程度史実を反映しているだろうか。まず城を移ったという話は、現在、一般に昌経の経歴として語られているものである。残念ながら、同時代史料にこれを示すものは残っていないが、江戸時代の記録には永禄八年（一五六五）に砕導山城から高浜城に移ったことを示す記述があるし、地誌類でも砕導山城と高浜城両方が逸見の城とされている。また、砕導山城も高浜城も城郭としての痕跡が残されているので（後者はほぼ失われているが）、史実として問題ないだろう。

次に、大飯郡七十三ヶ村を領したという点について。逸見氏が高浜を中心とした若狭西部に基盤を有したことは間違いないが、若狭西部には逸見氏以外にも武藤《むとう》氏や本郷《ほんごう》氏といった武士が拠点を置いていた。正保三年（一六四六）成立の郷帳《ごうちょう》によれば大飯郡内にはおよそ七十ヶ村があり、七十三ヶ村というのはこの数に匹敵する。郡内すべてを逸見氏が押さえていたとは考えにくく、やや誇張が含まれるだろう。

没年は、『信長公記《しんちょうこうき》』天正九年（一五八一）四月十六日条に「若州逸見駿河病死仕る」とあり、確かそうである。日付に差異があるが、情報が伝わるまでのずれだろう。

では、昌経が「父の遺領を継いだ」すなわち、若狭での活動を始めたのはいつ頃であろうか。この点に関わって、昌経の父と祖父の経歴を系図で確認しよう。

昌経の父は昌長《まさなが》で通称は又三郎、左京亮・越前守を名乗り法名は宗元《そうげん》である。昌長には父の遺領を継ぎ砕導山に住んだこととしか記されておらず、具体的な経歴はわからない。昌長の父、つまり昌経の祖父にあたるのが貞長《さだなが》で、通称は同じく又三郎。越中守を名乗り法名は宗善《そうぜん》である。貞長は山城国久世《くぜ》郡の西郷を領していたが、「二条殿下」の御料であった大飯郡の大嶋（福井県おおい町大島か）・高浜を与えられて大嶋城に移住したという。その後、砕導山に移ったと記している。系図では貞長から若狭と関係を持ち、砕導山に拠点を置いたということになっているのだ。

以上のように、この系図は現在明らかにされている逸見氏の経歴とはまったく異なる記述がなされている。江戸時代、先祖に関する情報が失われる中でなんとか自身から昌経までたどり、若狭との結びつきを記したのだろう。現在でも逸見氏の系譜は不明な点が少なくないが、江戸時代には著名な昌経や作成者に近い世代以外、すでに情報が失われつつあったのかもしれない。

結局、系図からは昌経の活動時期はあまりよくわからないことがわかった。ではいよいよ、同時代史料から昌経の足跡を追ってみることにしよう。

昌経の登場と武田氏への「反乱」

享禄元年（一五二八）、「逸見弾正忠」が駿河守の官途を武田元光《もとみつ》から認められた。仮にこの弾正忠が昌経だとすると、没年から逆算して当時五十三歳となる。成人しているだろうから（しかも一度官途を名乗っている）、さらに年齢を加算するとなるとやや高齢すぎるようにも思われるので、この弾正忠は昌経の父にあたる人物なのかもしれない。

次いで天文前期頃に比定される史料に、「逸見入道」「逸見駿河入道宗全」なる人物が登場する。この出家した人物が昌経であるかが問題となるが、これもはっきりしたことがわからない。ただし、昌経が入道を自称することはないし、記録からもうかがえないので、これも父にあたる人物かもしれない。

その後、年未詳の史料（『福井県史』は永禄年間に比定）に「逸見駿河守昌経」「昌経」の署判が見られる。そのうちの一通は永禄四年（一五六一）に比定されているから〔馬部二〇一二〕、少なくとも永禄初年には昌経が活動していた。この時期は逸見氏にとって大きな出来事が生じた頃である。

永禄元年七月、若狭国は「当国引別レ」と呼ばれた状態に陥った。弘治年間から武田信豊《のぶとよ》・義統《よしむね》父子の間で対立があったが、それが再燃したためである。このとき義統が身を寄せたのが、高浜の逸見氏（おそらく昌経）である。義統は早い段階で小浜へ戻ったようだが、父子の対立は三年後の永禄四年まで解消しなかった。昌経が具体的にどのような行動をとったのかはわからないが、義統に頼られるような立場にあったといえる。

同じ年、丹波方面でも動きがあった。この頃、畿内では勢力を伸ばす三好長慶《みよしながよし》と細川晴元《ほそかわはるもと》が対立しており、若狭では武田義統、丹波では内藤宗勝《ないとうそうしょう》（長慶の家臣・松永《まつなが》

逸見昌経坐像　福井県高浜町・園松寺蔵
画像提供：高浜町郷土資料館

久秀《ひさひで》の弟長頼《ながより》）が長慶方にあった。一方、義統と対立する武田信豊と、宗勝によって丹波を失った波多野《はたの》氏は晴元方にあった〔天野二〇一四ほか〕。つまり、若狭・丹波それぞれの国内に対立する勢力が存在したのである。

永禄三年、これらの勢力は武力衝突を起こす。丹波を逐われた牢人たちが、若狭から丹波へと侵攻したのである。これに対抗し、宗勝・義統・昌経は軍事行動を開始する。一族の逸見経貴が大成寺《だいじょうじ》に宛てた書状によると、丹波の野々村《ののむら》で合戦があったという。宗勝は若狭や丹波だけでなく丹後方面にも兵を出し、逸見氏もこれに参加していたようだ。同じく経貴の書状には「（軍役で）一日も時間がなく迷惑だ」とあり、相当の負担になっていたことがうかがえる。昌経もこうした軍事行動に参加していたのだろう。

翌四年六月、『厳助往年記《げんじょおうねんき》』に宗勝や粟屋《あわや》・逸見らが合戦に敗れて撤退し、逸見の城が攻められたという記録が見える。この合戦には信豊方として朝倉《あさくら》氏も助力しており、朝倉景紀《かげのり》を大将とする一万一千の軍勢を若狭に派遣した。陸海でそれぞれ合戦になり、景紀は複数の城や高浜城下を焼き払ったという。朝倉氏の記録では八月十五日に逸見氏が城を退散したとあり、昌経を筆頭とする逸見氏が砕導山城を放棄したという意味であろう。ただ景紀が「逸見駿河守の落所《らくしょ》（逃げ延びた先）がわからない」と言っているように、城を出てただちに武田氏のもとに下ったわけではないようだ。同時期に宗勝や粟屋氏も「ことごとく引退」しこの乱は終結した。

従来はこの記述によって、昌経が武田氏に対し反乱を起こしたといわれてきた。ところが最近、馬部氏によって新しい見解が示されている。馬部氏によると、対立していた信豊と義統の和睦が進むのが永禄四年の初頭で、六月には和睦が完了していたという〔馬部二〇二二〕。よってその過程で、信豊方と和睦を結ぶことに抵抗した昌経が「反逆者」になってしまったと解する（昌経は宗勝と共闘していたため）。

どちらの見解が正しいのかは今後の研究を待つ必要があるが、いずれにせよ、昌経が武田氏から討伐される対象となり、攻撃され没落したことは事実である。ところが数年後、昌経は再び記録上に姿を現すようになる。

織田信長への接近

没落後の昌経は動向がつかみにくいが、永禄八年（一五六五）には高浜城を築いたという記録が残っている。城を大規模に破壊されたわけでもなく、砕導山城を放棄した理由はわからない。水軍を意識した築城ではないかとの見方もある〔大森一九九六〕。現に、永禄四年の合戦では水軍を用いた海戦が行われているから、理由の一つといえるかもしれない。あるいは高浜の集落や街道に近づくことで、交通の要所を掌握しようとした可能性もある。

翌九年八月頃、若狭国内が再び不安定化し始める。義統に対し、その子・孫犬丸《まごいぬまる》（後の元明）を立てて一部の家臣が反乱を起こしたためである。このとき、昌経は武藤氏や白井氏とともに義統方につき、小浜近辺で合戦に及んだようだ。なおこの頃、足利義昭《あしかがよしあき》が上洛の援助を求めて若狭を訪れていたが、国内の混乱状態を目の当たりにして越前へと移動している。

この反乱はどうにか鎮圧されたが、永禄十年には武田氏当主・義統が没してしまう。しかも、その後継者となる元明までもが同十一年、朝倉義景《よしかげ》によって越前に移され、武田氏による若狭支配は終わりを告げた。

その後、若狭に影響力を伸ばしたのが織田信長である。信長は同年に足利義昭を奉じて上洛すると、若狭に残った武田氏家臣たちにその権利を保障した。『国吉城籠城記《くによしじょうろうじょうき》』によると、元亀元年（一五七〇）の敦賀攻めの際、若狭に入った信長を昌経ら武田氏家臣たちが熊川（福井県若狭町）まで迎えに出たといい、その大半が信長を支持していたと考えられる。また、この年には信長に背いた武藤友益《ともます》と粟屋右京亮が討伐され、没収した領地が昌経に与えられた。

天正元年（一五七三）に朝倉氏が滅ぼされると、若狭は信長家臣の丹羽長秀《にわながひで》に与えられた。これ以降、昌経ら武田氏家臣たちは「若狭衆」として信長の軍事行動に参加している。例えば天正三年に越前へ侵攻した際には、水軍として逸見駿河（昌経）や粟屋氏、内藤氏らの名前が見える。また、天正九年に京都で行われた馬揃えでは、丹羽長秀率いる「一番衆」に加わっている。馬揃えが行われたのは二月二十八日で、昌経が没したのは翌月末であるから、まさに最後の足跡ということになる。武田元明が殺害されるのは翌天正十年だから、形だけとはいえ、主家である武田氏の存続中に没したことになる。

ここまで見てきたように、逸見昌経その人に関する記録は極めて少なく、またその足跡もあまりはっきりとはしていない。家に伝わる文書群が存在しないことが大きな要因だが、他家と比べると武田氏関係の文書にあまり登場しないこともその一つだろう。京都の文化人との交流が見られないことも含め、「武の逸見、文の粟屋」などと評されることも、あながち否定しがたいだろうか。

これほどまでに「わかりにくい」人物が、ともすれば主君（たとえば元明）に比べて知名度が高いらしいという理由はわからないが、没落や主家の交代を経ても若狭西部の「押さえ」として活躍した、いわゆる「武人らしさ」が人々を惹きつけているのかもしれない。

（徳満悠）

【主要参考文献】
天野忠幸『三好長慶』（ミネルヴァ書房、二〇一四年）
大森　宏『戦国の若狭―人と城―』（私家版、一九九六年）
河村昭一『若狭武田氏と家臣団』（戎光祥出版、二〇二一年）
杉原丈夫・松原信之編『越前若狭地誌叢書　下』（松見文庫、一九七三年）
須磨千頴「武田氏の領国支配」（『福井県史』通史編二、一九九四年）
高浜町郷土資料館『戦乱の高浜城主　逸見昌経展』（高浜町郷土資料館、二〇〇〇年）
馬部隆弘「内藤宗勝の丹後・若狭侵攻と逸見昌経の乱」（『地方史研究』四一五、二〇二二年）

浅井久政——六角氏に立ちはだかった北近江の支配者

家督相続の謎

浅井久政《あざいひさまさ》は、大永六年（一五二六）に亮政《すけまさ》の子として生まれた（幼名は「猿夜叉《さるやしゃ》」）。母寿松は尼子《あまご》氏の出身で、亮政の側室である。久政が生まれる前、亮政は娘の鶴千代《つるちよ》の婿として、高島《たかしま》郡海津《かいづ》（滋賀県高島市）の田屋《たや》氏より明政《あきまさ》を迎えていた。当初はこの明政が亮政の跡を継ぐ予定だったようである。亮政は天文十一年（一五四二）正月に亡くなるが、本願寺《ほんがんじ》はその香典を明政へ渡している〔天文日記〕。明政が対外的にも亮政の後継者とみなされていたことがここからうかがえる。

しかし、明政は家督を継がなかった。天文十一年八月には早くも久政の文書発給が確認できる〔永源寺文書〕。そこでの名乗りは「新九郎《しんくろう》」であった。久政は天文十三年四月には徳昌寺《とくしょうじ》で亮政の三回忌の法要を営み、名実ともに亮政の後継者となる。徳昌寺（のち徳勝寺）は、亮政が浅井家の菩提寺として小谷《おだに》城（滋賀県長浜市）の山麓に取り立て、浅井氏の滅亡後に長浜城下へ移転された。亮政夫妻像など浅井氏ゆかりの文化財を今に伝えている。

明政と久政の間に家督をめぐる争いがあったとする見解もあるが〔高橋一九八七〕、史料上はっきりとは確認できない。宮島敬一は、久政と六角定頼《ろっかくさだより》の花押形が酷似していることと、後述する政治情勢を踏まえて、久政の家督継承の背景に定頼の存在を想定している〔宮島二〇〇八〕。実際に久政の時期には、前後の亮政・長政《ながまさ》と比べて、六角氏との関係は比較的落ち着いていた。そのことが、久政の軍事的な才覚の乏しさを強調する後年の評価〔浅井三代記など〕につながっていく。

久政の政治的立場

北近江を治めていた京極《きょうごく》家では、高清《たかきよ》の後継者をめぐる内紛が大永三年（一五二三）に勃発し、重臣の浅見《あさみ》貞則《さだのり》が京極高広《たかひろ》を擁立して存在感を発揮する。大永五年には浅井亮政が浅見にとって代わり、高清を擁して六角方と戦うが、敗北して美濃へ逃れた。亮政はやがて帰国し、享禄四年（一五三一）には箕浦河原《みのうらがわら》（滋賀県米原市）で六角方と戦っている。天文三年（一五三四）八月には小谷城で高清・高広父子を饗応し、自らの権勢を誇示している〔天文三年浅井備前守宿所饗応記〕。天文七年、高清が亡くなると、六角定頼は高広と敵対する京極高慶《たかよし》とともに北近江を攻めた。佐《さ》和山《わやま》城（同彦根市）・鎌刃《かまは》城（米原市）などが六角方の手に落ち、亮政は小谷城へ退いた〔鹿苑日録〕。

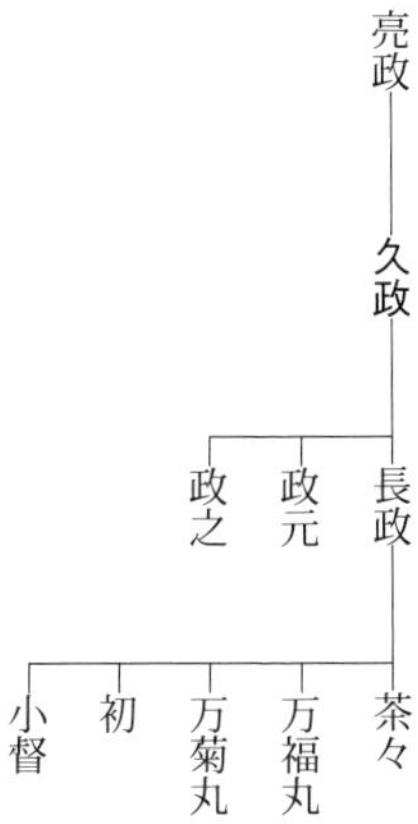

浅井氏略系図

　こうして六角氏の軍事的な優位が確立すると、亮政は表立って六角氏に敵対しなくなる。これを受けて、高広は亮政と袂を分かち、天文十年に北近江で挙兵した〔林文書〕。高広は天文十三年八月にも兵を挙げ、長澤《ながさわ》（米原市）や加田《かだ》（滋賀県長浜市）で戦闘が起きている〔下坂文書、垣見文書〕。これに先立って、高広方の牢人が高島郡で徘徊しているとの風聞があり、久政は六角方からその取り締まりを命じられている〔朽木文書〕。ここから、久政が六角方に属していたことがわかる。

六角氏との関係だけをみれば、亮政と久政は異なる立場をとったようにも映る。しかし、亮政も最末期には六角方との衝突を避けており、久政の外交方針もその延長線上で捉えられる。この頃の六角方への従属を、久政独自の判断とみるべきではないだろう。

小谷城跡　滋賀県長浜市

六角氏への敵対、服属

天文十九年（一五五〇）十一月、京極高広は美濃より北近江へ進出し、多賀《たが》（滋賀県多賀町）・四十九院《しじゅうくいん》（同豊郷町）などを放火した〔厳助往年記〕。このとき、三好長慶《みよしながよし》は京都奪還を目指す足利義輝《あしかがよしてる》を中尾城《なかお》（京都市左京区）に攻めており、六角方は細川晴元《ほそかわはるもと》と連携して三好勢に備えていた。それゆえ、高広の軍事行動は三好方に呼応したものといえる。なお、久政は天文十九年には高広の意向を受けて所領の安堵を行っており〔郷野文書〕、高広のもとに帰参していたことがうかがえる。

天文二十一年正月、六角定頼が死ぬと、京極・浅井両勢はさらに攻勢を強める。久政は一向一揆を自陣に引き入れようと画策し、本願寺と交渉した〔天文日記〕。このとき、久政は「左兵衛尉」を名乗っている。左兵衛尉の名乗りは天文二十年六月にはすでに確認でき、高広への帰参と前後して官途を改めたことがわかる。

浅井久政画像　東京大学史料編纂所蔵模写

定頼の跡を継いだ義賢《よしかた》は、三好氏と和睦し、北近江での戦闘に備えた。天文二十一年十月、久政は今井定《いまいさだ》清《きよ》に対し、太尾《ふとお》城（滋賀県米原市）が陥落した暁には所領を与えると約束している〔島記録〕。太尾城は当時六角方の手にあり、佐治《さじ》太郎左衛門尉らの在番が確認できる〔小佐治文書〕。京極・浅井方は緒戦には勝利したものの〔天文日記〕、形勢を維持できず、天文二十二年十一月の地頭山《じとうやま》（米原市）の陥落をもって六角方の勝利が確定した〔今堀日吉神社文書〕。

これにより、久政は六角氏と半ば従属的な関係を結ぶこととなる。久政の嫡男は、義賢の偏諱《へんき》を得て「賢政《かたまさ》」と名乗り、義賢の家臣平井定武《ひらいさだたけ》の娘と結婚した（後の長政《ながまさ》）。その時期は明らかではないが、このたびの和睦にともなう措置とみられる。また、弘治三年（一五五七）、義賢の伊勢侵攻に際して、久政は飯福寺（現鶏足寺《けいそくじ》、滋賀県長浜市）へ陣僧を割り当てており（南部文書）、六角方の軍事行動への協力姿勢がみてとれる。

ただし、六角氏が北近江の統治に直接乗り出した形跡はうかがえない。北近江の武士に対する知行宛行や安堵は久政が行っており、後述するように領内での相論の裁定も久政が実施している。このような北近江の情勢を、小和田哲男は「六角氏保護国」と表現している〔小和田一九七三〕。

久政の行政手腕

戦前の『東浅井郡志《ひがしあざいぐんし》』は、久政を「軍事的無能」とこき下ろしつつ、「太平の世に生れしめなば、守成の良主として、その名声を四海に馳せたりしならん」とし、その行政手腕を高く評価している〔黒田一九二七〕。実際に久政の時期には、領国支配に関する文書が増え、浅井氏が北近江で着実に地歩を固めていった様子がうかがえる。

久政の領国支配を物語る事例として、用水相論の裁定がよく知られている。農業生産に不可欠な水資源の利用をめぐっては、在地で複雑な慣行が定められていたが、渇水時などにトラブルが生じた場合は、戦国大名が利害の調整にあたることがあった。天文二十二年（一五五三）には、姉川《あねがわ》水系における用水の配分をめぐる相論が起き、久政は、現地の領主である上坂氏の申し出を受けて裁定にあたっている〔宮川文書、上坂文書〕。また、弘治三年（一五五七）の高時川《たかときがわ》流域における用水相論では、久政は当事者に登城して事情を説明するよう求めている〔富田文書〕。ここから、小谷城の法廷としての機能をうかがうことができる。

小谷城周辺の村々を灌漑する餅の井は、高時川の用水では最も上流に取水口をもつ。これに関して、久政が地元の有力者であった井口経元《いぐちつねもと》を説得して、取水口を下流から上流へと変更したこと、その代わりに渇水時には一時的に他の用水へ水を流す「餅《もち》の井落《ゆおと》し」を許可したことが伝承されている。いずれも確実な史料では裏づけられないが、こうした特異な用水慣行を強行できる主体は浅井氏以外には考えられず、歴史的な事実を反映しているとみられる〔長浜市長浜城歴史博物館二〇〇八〕。浅井氏は相論では当事者の意向を聞くことを重視しつつ、本拠域の開発に関しては強権的な一面もみせたのである。

小谷城の機能に関して、六坊の存在が注目される。小谷城内の大嶽と山王丸の間の鞍部に六坊の伝承地があり、領内の寺院の出張所を集めた場所とされている。久政が浄信寺《じょうしんじ》（滋賀県長浜市）に宛てた書状には、小谷城の搦手に諸山から一坊ずつ建立させたことが記されている〔浄信寺文書〕。また、飯福寺には懸銭を「当城出坊」まで持参するよう命じており〔飯福寺文書〕、実際に出張所が機能していたことが確認できる。近江では、山寺の坊院跡を利用した城郭は少なくないが、城内に寺院の出張所を設ける事例は他に見当たらない。近世城下町の寺町と同等にみなすことはできないが、領国支配の核として、地域社会の主要な要素を城内に集約していく方向性のあらわれとみることができよう。

長政への家督相続

浅井賢政は永禄二年(一五五九)に元服するが、その直後に平井定武の娘と離縁している。このことは、六角方との断交を宣言することに他ならない。翌年、六角義賢・義弼《よしすけ》は高野瀬《たかのせ》氏の肥田《ひだ》城(滋賀県彦根市)を攻め、野良田《のらだ》(彦根市)で浅井方と戦った(江濃記)。この戦いでは浅井方が勝利したとされるが、確実な史料からは勝敗をうかがうことができない。

永禄三年十月頃、久政は賢政に家督を譲り、小谷城内の小丸に隠居した(黒田一九二七)。この家督相続は重臣たちの意向を受けたものとされるが(江濃記など)、詳細は不明である。ただし、浅井氏と六角氏の関係が、賢政の台頭を機に変化していくことを考慮すると、外交方針をめぐる意見の食い違いが権力内で生じていたことは十分に想定できる。

賢政は永禄四年正月、新九郎から「備前守」へと名乗りを改めている。このとき、久政の名乗りも「下野守」となっている。さらに、同年五月には「長政」と名を改めた。長政が織田信長の妹市《いち》を嫁にもらっていることから、長政の長は信長の偏諱《へんき》であると考えられている(宮島二〇〇八)。

家督相続を機に、文書発給の主体は長政に代わり、久政の動向は見えづらくなる。隠居後の久政の動向として、竹生島《ちくぶしま》(滋賀県長浜市)への関わりが注目される。竹生島には都久夫須麻《つくぶすま》神社や宝厳寺《ほうごんじ》が建ち、北近江の宗教的な聖地として古来崇敬を集めてきた。浅井氏も代々竹生島を信仰していたが、特に久政と生母寿松の信仰は厚く、永禄九年には久政、同十年には寿松が蓮華会の頭役をそれぞれつとめている。このときに奉納された弁財天像が現存している。竹生島では永禄元年に火災が起きているが、このときに久政が島に預けていた品を僧たちが救出し、小谷城へ届けた〔竹生島文書〕。竹生島が久政から貴重な品を預り、責任をもって保管していたことから、両者の親密な関係をみてとることができる〔竹生島宝厳寺・長浜市長浜城歴史博物館二〇一一〕。

織田信長との対戦

元亀元年（一五七〇）四月、織田信長は越前の朝倉義景《あさくらよしかげ》を攻めるため敦賀《つるが》（福井県敦賀市）へ進軍するが、その際に浅井長政の離反の知らせを受け、京都へ引き返した。この唐突な離反の要因として、小和田哲男は①浅井氏と朝倉氏が父祖の代から同盟関係にあったこと、②朝倉討伐の次は浅井討伐ではないかと疑心暗鬼に陥ったこと、③信長との同盟が主従関係に近いものへと変化したこと、④信長の排除に向けた足利義昭の策謀に踊らされたこと、の四点を挙げている〔小和田一九七三〕。宮島敬一は、このうち①・②を否定した上で、天下統一を目指す信長と在地社会への対峙を重視する長政の志向性のズレが離反の背景にあったのではないかとする〔宮島二〇〇八〕。大嶋紫蓮は、③を踏まえた上で、信長が京極氏を重視する従来の家格秩序を押し付けるなかで、親六角派の久政が復権を遂げたとみている〔大嶋二〇二二〕。上洛後の信長が浅井氏を軽くみており、そのことへの不満が浅井氏権力内で高まっていたことは確かだろう。

同年六月、織田・徳川《とくがわ》連合軍は姉川の戦いで浅井・朝倉両勢を破るが、大きな損害を与えることはできなかった。九月から年末にかけて、両陣営は滋賀郡で対峙する。この間、宇佐山《うさやま》城（大津市）の森可成《もりよしなり》が討ち死にするなど、織田方は大きなダメージを受けた。加えて、大坂本願寺が織田方への敵対を宣言し、反信長包囲網が顕在化していった。本願寺の顕如《けんにょ》は、浅井久政父子に協力を求める内容の書状を九月に送っている〔顕如上人書札案〕。久政は、永禄十一年十二月、高島郡の朽木《くつき》氏に新地の宛行と守護不入の特権を承認する旨の起請文を長政と連名で出しており〔朽木文書〕、政治活動への復帰が確認できる。六角氏や信長との戦闘が相次ぐなかで、再び存在感を発揮していったものとみられる〔大音一九九五〕。

将軍足利義昭と関白二条晴良《にじょうはるよし》の意向を受け、両陣営は勅命での講和を結ぶこととなる。そこでは、北近江の浅井方の知行のうち三分の二が信長方とされ〔尋憲記〕、浅井方に不利な内容であった。翌年二月には長政の家臣で佐和山城を守備していた磯野員昌《いそのかずまさ》が信長に降るなど〔言継卿記〕、織田方の北近江での調略が進んでいく。信長は横山《よこやま》城（滋賀県長浜市）に木下《きのした》（後の豊臣《とよとみ》）秀吉《ひでよし》を配備し、元亀三年七月から虎御前山《とらごぜやま》（長浜市）に築城を開始し、小谷城を包囲した。そのような中で、久政は若狭の武田信由《たけだのぶよし》と通交するなどして〔別本前田家所蔵文書〕、反信長包囲網の維持に努めた。

天正元年（一五七三）八月、信長は小谷城に総攻撃を仕掛けた。久政は大嶽の下の焼尾に砦を築き、浅見対馬守に守備させたが、浅見が織田方に寝返ったため、まず大嶽が陥落する。二十七日、秀吉は京極丸へ攻め上って久政・長政父子の勢力を分断し、まず久政の居所を制圧した。久政は小丸にて切腹する。久政が目をかけていた鶴松大夫《つるまつたいふ》は、久政の介錯をつとめた後、自刃した。秀吉は久政の首を取り、虎御前山で信長にみせた。二十八日、信長は京極丸を攻め、長政と家臣の赤尾清綱《あかおきよつな》を自刃に追い込む。久政父子の首は、京都で獄門にかけられた後、義景の首とともに薄濃《はくだみ》（金泥などの彩色）を施され、翌正月に岐阜《ぎふ》城（岐阜市）での馬廻りの酒宴に供された（『信長記』）。

浅井氏３代の墓　滋賀県長浜市・徳勝寺

浅井氏の滅亡は、そのドラマティックな展開から、信長をテーマとしたドラマや小説などで盛んに取り上げられている。そこでは、もっぱら長政に焦点が当てられるが、実際には久政および長政の代で浅井氏は滅亡したのである。この時期の当主は長政だが、久政も軍事・外交面で一定の役割を果たしていた。長政の家督相続に先立って、南近江の六角家でも義賢が義弼に家督を譲っているが、義賢はその後も家臣らの要請を受けて政治的な諸活動に従事している。隠居した前当主の権力内での役割については、正当に評価されるべきだろう。

（新谷和之）

【主要参考文献】

大嶋紫蓮「浅井氏の滅亡にみる家臣団の構造」（『史文』二四、二〇二二年）
大音百合子「近江浅井氏発給文書に関する一考察」（『古文書研究』四一・四二、一九九五年）
小和田哲男『近江浅井氏の研究』（清文堂、二〇〇五年、初版一九七三年）
黒田惟信『東浅井郡志』二（東浅井郡教育会、一九二七年）
髙橋昌明『増補　湖の国の中世史』（中公文庫、二〇〇八年、初版一九八七年）
竹生島宝厳寺・長浜市長浜城歴史博物館『戦国武将の竹生島信仰』（サンライズ出版、二〇一一年）
長浜市長浜城歴史博物館『戦国大名浅井氏と北近江―浅井三代から三姉妹へ―』（サンライズ出版、二〇〇八年）
宮島敬一『浅井氏三代』（吉川弘文館、二〇〇八年）

六角義賢——時代のうねりに翻弄された近江の名族

由緒正しい後継者

六角義賢《ろっかくよしかた》（初名は「四郎」）は、大永元年（一五二一）に定頼《さだより》の長男として生まれた。母は、美濃土岐《とき》家出身の慈寿院《じじゅいん》である。天文二年（一五三三）四月の元服には、当時桑実寺《くわのみでら》（滋賀県近江八幡市）に寓居していた足利義晴《あしかがよしはる》が御成《おなり》している（公方様御成之次第）。翌九月には義晴の帰洛に付き従い、その功により、義晴の「義」の一字を拝領して義賢と名乗りはじめた（兼右卿記）。天文八年六月には、能登の畠山義総《はたけやまよしふさ》との婚儀がなり、同十月には「従五位下」・「左京大夫」に叙任されている。

父定頼は相国寺《しょうこくじ》で僧籍の身にあったが、病弱の兄氏綱《うじつな》に代わって政務をとるようになる。そして、義晴政権の諮問役として幕政に関与し、畿内の政局に大きな影響力を与えた（西島二〇〇六）。これに対して、義賢は六角家の家督継承を生まれながらに背負っており、それに見合った家格や婚姻関係を定頼はお膳立てしたものと思われる。義賢は定頼の背中をみながら、有力大名としての軍事・外交上のノウハウを学んでいった。

天文七年、定頼は京極高慶《きょうごくたかよし》とともに京極高広《たかひろ》・浅井《あざい》亮政《すけまさ》を攻め、佐和山《さわやま》城（滋賀県彦根市）や鎌刃《かまは》城（同米原市）などを攻略する。この戦いに義賢も出陣した。天文九年には伊勢北部の領主たちの間で争いが起き、義賢は関《せき》氏らを支援するため出陣する。定頼の弟が同地の梅戸《うめど》氏に入嗣しており、六角氏は北伊勢方面への影響力を徐々に強めていた。この出陣時に、義賢は義晴から御内書《ごないしょ》を得るとともに〔大館常興日記〕、北伊勢の国人に自ら感状《かんじょう》を出して戦功を賞している〔佐八文書〕。

天文十八年六月の江口《えぐち》の戦いで、三好長慶《みよしながよし》は三好宗三《そうさん》を滅ぼし、細川晴元《ほそかわはるもと》は足利義晴・義輝《よしてる》父子を連れて近江に逃れた。このとき、六角方は晴元を支援するため、京都の東山《ひがしやま》（京都市東山区）に在陣していた。晴元方の敗報を受けて、義賢と大原高保《おおはらたかやす》（定頼の弟）は山崎《やまざき》（京都府大山崎町）方面へ兵を進めるが、戦況が決したため帰国する〔厳助往年記〕。義賢が一軍を率いる立場にあったことがうかがえるが、このときの六角方の軍事関与は概して消極的であった。

義賢の政治手腕

天文二十一年（一五五二）正月、定頼が亡くなると、義賢は敵対していた三好長慶と和睦する。当時、足利義輝は朽木《くつき》（滋賀県高島市）にいたが、この和睦を受けて上洛を果たし、長慶を御供衆《おともしゅう》に任じた。しかし、翌七月には晴元と結んで三好方と敵対した結果、大敗を喫し、再び朽木に逃れている。この頃、義賢は北近江で京極高広・浅井久政《ひさまさ》と対戦しており、京都での紛争に関与する余裕はなかったものと思われる。

弘治二年（一五五六）から翌三年にかけて、義賢は観音寺城《かんのんじ》（滋賀県近江八幡市、東近江市）の石垣普請を金剛輪寺《こんごうりんじ》に命じている〔金剛輪寺下倉米銭下用帳〕。観音寺城は全山にわたり石垣を施しており、矢穴《やあな》による採石や高石垣《たかいしがき》の構築など、中世の城石垣ではトップクラスの技術を誇っている。これらの石垣は、六角氏権力の展開に応じて段階的に整備されていったと考えられるが、確実な史料で構築時期を押さえられるのはこのタイミングに限られる〔新谷二〇一八〕。義賢期を、六角氏の拠点形成における一つの画期とみなすことができよう。

弘治三年、義賢は再び伊勢に侵攻する。その際、今堀郷《いまぼり》（滋賀県東近江市）は物資を運搬するための人足を出すよう命じられるが、百姓たちはみな六角氏の与力・被官として出陣していると宮木賢祐《みやぎかたすけ》に返答している。宮木は当時、六角氏権力の強制執行を担う御中間《おちゅうげん》をとりまとめる立場にあり、太尾城《ふとお》（同米原市）に在番していた（今堀日吉神社文書）。今堀郷は宮木を説得することで、強制的な賦課を免れようとしたのである。御中間による強制執行はこれ以前からみられるが、義賢期にはその組織化や統制が進んでいく様子がうかがえる〔新谷二〇一八〕。このことは、惣村《そうそん》や地

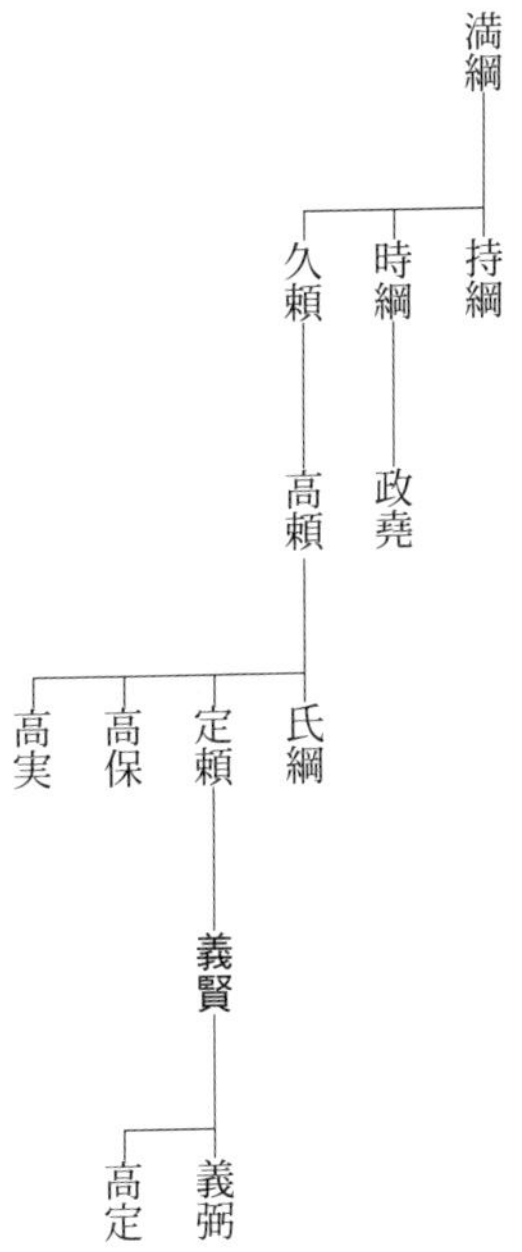

六角氏略系図

六角義賢画像　「太平記英雄伝」　東京都立中央図書館蔵

域社会の諸階層の自立性の高まりと裏腹の関係にあり、後年の六角氏式目にみえる領主と領民のせめぎ合いにも通じるものといえよう。

家督継承のつまずき

義賢は永禄元年（一五五八）頃に出家し、「承禎《じょうてい》」と名乗るようになる（煩雑を避けるため、以下義賢で統一）。歴代当主の動向をみると、出家してからも政治の実権を掌握し続けるケースが多く、六角氏の場合、出家は政界からの引退を意味するものではなかった（新谷二〇二二）。ただし、嫡男義弼《よしすけ》の文書発給がこの頃からみられるようになる点は注目される。義賢は義弼を後見しつつ、段階的な権力の移行を目指したのだろう。

ところが、義弼は義賢とは異なる路線を志向し、そのことが権力内に亀裂をもたらすこととなる。永禄三年七月、義賢は義弼を補佐する宿老衆五名を叱責した。義弼が、美濃の一色《いっしき》（斎藤《さいとう》）義龍《よしたつ》の娘と婚姻関係を結ぼうとしたことが原因である（春日家文書）。義龍の父道三《どうさん》は、六角氏と代々重縁であった土岐氏を美濃から追放した人物であり、義賢としては斎藤氏との縁組は決して容認できるものではなかった。義賢は斎藤氏の出自の低さもあげつらっており、六角氏との家格の差も縁組に反対する理由の一つであった。義弼は義賢に詰問され、永源寺《えいげんじ》（滋賀県東近江市）へいったん逼塞している。

この後、分国外の勢力との対立が深刻化する。北近江では、浅井賢政《かたまさ》が永禄四年五月に長政《ながまさ》と名を改めた。賢政の賢は義賢の偏諱《へんき》であり、この改名は六角氏との決別を宣言する行為に他ならない。これに先立って、賢政は義賢の家臣平井定武《ひらいさだたけ》の娘を離縁し、永禄三年八月に野良田《のらだ》（滋賀県彦根市）で六角方と対戦している〔江濃記〕。

一方、畿内では畠山高政《はたけやまたかまさ》と結び、三好長慶を挟撃する作戦をとっている。永禄四年七月、義賢は細川晴元の次男晴之《はるゆき》を擁して勝軍山城《しょうぐんやま》（京都市左京区）に入った〔細川両家記〕。同十一月には白川口《しらかわぐち》（京都市左京区）にて三好方との対戦があり、永原重澄《ながはらしげずみ》らが討ち死にしている〔長享年後畿内兵乱記〕。永原氏には六角氏の家臣となった重隆《しげたか》や重虎《しげとら》がいるが、重澄は晴元の近習であったことが最近明らかにされた〔馬部二〇一二〕。両勢の小競り合いはその後も断続的に行われたが、永禄五年五月の教興寺《きょうこうじ》（大阪府八尾市）の戦いで畠山方が敗北すると、義賢父子は帰国する。この間、六角氏は多数の禁制や徳政令を発給しており、洛中を軍事的に制圧していたことがわかる。

なお、この六角方の上洛と前後して、浅井長政は太尾城の奪還を試みている〔宮島二〇〇八〕。北近江での軍事行動が、畿内中枢の政治動向と連動していたことがうかがえ、興味深い。

観音寺騒動の衝撃

永禄六年（一五六三）十月、六角義弼は重臣の後藤賢豊《ごとうかたとよ》父子を誅殺した。その理由は明らかではないが、戦国大名の当主が家臣を粛清し、家中の引き締めを図ることは珍しくない。実際に、六角氏も過去に伊庭《いば》氏や九里《くのり》氏といった有力な家臣を放逐している。

だが、この凶行に主だった家臣たちは猛烈に反発する。永田《ながた》・三上《みかみ》・池田《いけだ》・進藤《しんどう》・平井らは観音寺城内の屋敷を焼き、各々の本拠に戻ってしまった〔長享年後畿内兵乱記〕。観音寺城内には、六角氏の分国支配を支える家臣たちが在城しており、彼らが当主と日常的に顔を付き合わせることで権力の一体性が維持されていた。したがって、今回の騒動は六角氏の支配体制を根底から揺さぶるものであった。騒動に乗じて、浅井氏は愛知《えち》郡の四十九院《しじゅうくいん》（滋賀県豊郷町）辺りまで兵を進めており、離反した家臣たちが浅井氏と内通していたこともわかる。

観音寺城伝淡路丸跡の石垣　滋賀県近江八幡市・東近江市　撮影：筆者

彼らはやがて帰参するが、騒動の原因をつくった義弼は信頼を失うことになる。そうした立場の変化もあってか、義弼は永禄八年頃から「義治《よしはる》」と名を改めている（以降、煩雑を避け義弼で統一）。その結果、義賢は政務を主導せざるをえなくなる。永禄十年、後藤高治《たかはる》の進藤賢盛《かたもり》に対する借銭が契機となって芦《あし》浦安国寺相論《うらあんこくじ》が起きるが〔村井二〇一二〕、そこで義賢は「大御屋形様」として問題の解決を家臣たちから求められている〔芦浦観音寺文書〕。騒動後の実質的な当主は、義賢であった。

永禄八年五月、足利義輝が三好義継《よしつぐ》らにより暗殺されると、弟の一乗院覚慶《いちじょういんかくけい》（後の足利義昭《よしあき》）は大和を脱出し、甲賀《こうか》郡を経て矢島《やじま》（滋賀県守山市）に逃れた。義賢は当初これを黙認していたが、翌八月に捕縛のための兵を遣わしている。結局、義昭は北陸へ逃れるが、義賢は三好方と協議を進めており、義昭のライバルである義栄《よしひで》を支持していたことがうかがえる〔村井二〇一九〕。

永禄十年四月、義賢父子と家臣二十名とが起請文を交わす形で、六角氏式目が制定された。式目は全六十七ヶ条からなり、年貢の収納に関する取り決めが多いことから、自治を強める村落への対峙が課題となっていたことがわかる〔勝俣一九七九〕。制定の経緯からは、義賢父子の地位が家臣たちにより大きく制約されている様子がうかがえるが、観音寺騒動後の混乱を考慮すれば致し方ないだろう。権力の再建に向けて、当主と家臣が共同歩調をとったことは評価すべきである。

織田信長との対抗

永禄十一年（一五六八）八月、織田信長は足利義昭の上洛への協力を義賢に要請する。しかし、義賢がこれを拒んだため、翌月、信長は上洛の途次に六角氏を攻めた。六角氏は、数ヶ所の砦を構えて本拠の防衛を図るが、信長はそれらには目もくれず、義賢父子が籠もる観音寺城と箕作《みつくり》城（滋賀県東近江市）に照準を定めた。箕作城があっけなく落城すると、義賢らは観音寺城を捨てて没落した（信長公記）。このとき、主だった家臣たちが織田方になびいている。

観音寺城を出て甲賀郡などに逼塞し、再起を図るのは、六角氏の常套手段である。義賢もそのつもりだったのだろう。だが、結果として六角氏が観音寺城に返り咲くことはなかった。

永禄十三年四月、浅井長政が朝倉義景《あさくらよしかげ》に味方し、信長と断交すると、義賢もこれに呼応して反信長の軍事行動を展開する。元亀元年（一五七〇）六月、信長は姉川《あねがわ》の戦いで浅井・朝倉方を破るが、その直前に義賢は近江南部で一揆を扇動し、野洲河原《やすがわら》（滋賀県野洲市）で柴田勝家《しばたかついえ》・佐久間信盛《さくまのぶもり》らの軍勢と戦っている。この頃、義賢は甲賀郡西部（現在の同湖南市域に相当）を主な拠点としており、石部《いしべ》城や菩提《ぼだいじ》寺城での活動が確認できる。甲賀郡西部には、家臣の三雲《みくも》氏が城館を構えていた。義賢は観音寺騒動に際して、三雲氏の館に一時逃れている。義賢を甲賀郡西部に引き入れたのも三雲氏であろう〔新谷二〇二〇〕。

同年十一月、義賢は信長といったん和議を結ぶ。だが、義昭と信長の仲が悪化し、義昭に呼応する勢力が近江で兵をあげると、六角方の軍事行動も活発化していく。元亀四年三月、義弼（当時は改名して「義堯《よしたか》」）は、浅井方との連携も視野に入れ、愛知郡の鯰江《なまずえ》城（滋賀県東近江市）に布陣した〔水口宿池田文書〕。しかし、同八月に浅井久政父子が小谷《おだに》城（同長浜市）にて自刃すると、織田勢は鯰江城に攻めかかり、義弼を没落させた。

義賢は、その後も石部城にて抵抗を続けた。だが、織田方の付城《つけじろ》に包囲されて猛攻を受け、天正二年（一五七四）四月に退城し、伊賀方面へ逃れる〔山中文書〕。これにより、六角氏は近江国内での基盤を完全に失うことになった。

名族の末路

近江を退去した義賢は、甲斐の武田《たけだ》方と連絡をとっている〔本堂平四郎氏所蔵文書〕。当時、武田氏は東日本では最も有力な大名の一人であり、信長に対抗できる存在として義賢は期待をかけていたのだろう。しかし、信玄《しんげん》の跡を継いだ勝頼《かつより》は、長篠《ながしの》の戦いで織田・徳川《とくがわ》方に大敗し、天正十年（一五八二）三月に滅亡する。この直後、恵林寺《えりんじ》（山梨県甲州市）が「佐々木次郎《ささきじろう》」をかくまったとして織田勢の焼き討ちに遭うが、この佐々木次郎は義賢の息子大原高定《たかさだ》である。

一方、義弼は義昭の御内書に副状を副えており、京都を逐われた義昭と行動を共にしたことがわかる。義弼は上杉《うえすぎ》氏や吉川《きっかわ》・小早川《こばやかわ》氏らと通信しながら、義昭の上洛を画策した。義昭は天正四年より毛利《もうり》氏を頼って鞆《とも》（広島県福山市）に滞在しているが、義弼は鞆での義昭の権力を支えるメンバーの一人であった。

義賢は後に京都へ移り、豊臣秀吉《とよとみひでよし》に召し抱えられる。慶長三年（一五九八）三月、義賢は宇治《うじ》（京都府宇治市）で七十八年の生涯を閉じた。義賢は死後ほどなく酬恩庵《しゅうおんあん》（同京田辺市）に葬られたようで、慶長八年にはすでに大原高定夫妻が墓参りに訪れている。

義弼は豊臣秀次《ひでつぐ》の弓の師範をつとめた後、秀吉・秀頼《ひでより》父子に仕え、慶長十七年に賀茂《かも》で亡くなった。義弼には男子がいなかったため、弟の大原高定の息子定治《さだはる》が義弼の娘と結婚し、後継者となる。定治は寛永七年（一六三〇）に加賀の前田《まえだ》家に仕え、その家が加賀藩士として江戸時代を通じて存続した〔村井二〇一九〕。

義賢の父定頼は、六角氏の全盛を築いたことで高く評価されている。六角氏式目では、「江雲寺殿《こううんじどの》（定頼）」の裁許が重んじられており、定頼期のあり方が回帰すべき先例として位置づけられている。また、織田信長の安土城《あづち》（滋賀県近江八幡市）内には、定頼を祀る「江雲寺御殿」があった。信長は六角氏による近江支配の実績に敬意を払っていたとみられるが、その対象は、自らが放逐した義賢ではなく父定頼であった。このことは、義賢に対する一般的な認識を示していると考えられる。端的にいうと、「偉大な父とダメな息子」となろうか。

たしかに、戦国大名六角氏の歴史は義賢の代で終焉を迎えた。だが、それは義賢が単に暗愚であったためではなかろう。幕府や将軍のあり方、近隣大名との外交関係、分国内の地域秩序など六角氏を取り巻く内外の環境が大きく変化し、義賢は複雑な課題に直面していた。そのなかで、分国支配の体制を整え、安定的な家督継承を目指したことは評価すべきである。

（新谷和之）

【主要参考文献】

勝俣鎮夫『戦国法成立史論』(東京大学出版会、一九七九年)
新谷和之『戦国期六角氏権力と地域社会』(思文閣出版、二〇一八年)
新谷和之「戦国期近江三雲氏の動向―大名権力と惣国一揆の接点―」(『市大日本史』二三、二〇二〇年)
新谷和之「南北朝・室町期における六角氏の家督交替と文書発給」(川岡勉編『中世後期の守護と文書システム』思文閣出版、二〇二二年)
西島太郎『戦国期室町幕府と在地領主』(八木書店、二〇〇六年)
馬部隆弘「六角定頼の対京都外交とその展開」(『日本史研究』七一〇、二〇二一年)
宮島敬一『浅井氏三代』(吉川弘文館、二〇〇八年)
村井祐樹『戦国大名佐々木六角氏の基礎研究』(思文閣出版、二〇一二年)
村井祐樹『六角定頼―武門の棟梁、天下を平定す―』(ミネルヴァ書房、二〇一九年)

蒲生定秀――軍事・外交に活躍した六角氏重臣

蒲生氏と六角氏の関係

蒲生《がもう》氏は藤原秀郷《ふじわらのひでさと》の流れをくむとされ、現在の滋賀県日野町一帯に勢力をもった。南北朝・室町期には六角《ろっかく》氏の郡奉行として現地での命令伝達などにあたったが〔下坂一九七八〕、十五世紀前半の秀貞《ひでさだ》の代に室町幕府への直属を志向し、六角氏との関係を相対化していく。十五世紀後半から十六世紀前半に活躍した貞秀《さだひで》は、自ら歌集を編むほど和歌に造詣が深く、三条西実隆《さんじょうにしさねたか》や連歌師《れんがし》の宗祇《そうぎ》とも交流がみられる。

貞秀の息子秀行《ひでゆき》が早世すると、秀行の遺児秀紀《ひでのり》と弟の高郷《たかさと》との間で家督争いが勃発する。六角定頼《さだより》は高郷を支持し、大永二年（一五二二）七月、音羽《おとわ》城（滋賀県日野町）へ兵を向けた。八ヶ月余りの籠城戦の末、秀紀は降伏し、城は破却された〔経尋記〕。これにより、高郷が家督を継ぐこととなる。この一件を機に、蒲生氏は六角氏の家中に取り込まれたとみられる〔村井二〇一二〕。

高郷は、ほどなく家督を子の定秀《さだひで》に譲った。高郷の隠居所の跡地に建立されたという摂取院《せっしゅいん》（日野町）には、高郷の墓がある〔日野町二〇〇九〕。

六角定頼の軍事・外交活動への参画

享禄三年（一五三〇）、蒲生定秀は三雲資胤《みくもすけたね》とともに足利義晴《あしかがよしはる》の先勢として京都へ進出した。このとき、定秀は資胤と連名で東九条《ひがしくじょう》（京都市南区）宛に禁制《きんぜい》を出しているが〔九条家文書〕、そこでの名乗りは「藤十郎《とうじゅうろう》」である。この後、蒲生氏と三雲氏は、六角定頼と足利義晴の関わる京都での軍事行動にたびたび参加しており、その軍事的な力量が大いに期待された〔新谷二〇二〇〕。

享禄四年四月、六角定頼は箕浦河原《みのうらがわら》（滋賀県米原市）で京極《きょうごく》・浅井《あざい》方と戦い、勝利をおさめた。このとき、定秀は同名・被官人を数名失いながら、敵の首二十九をとる活躍をみせ、定頼より太刀一腰を拝領している〔興敬寺文書〕。摂取院の過去帳《かこちょう》には、このときに討ち死にした蒲生方の人名が記されている。

天文三年（一五三四）、定秀は朝廷より「左兵衛大夫」に任官された。これは、後奈良天皇《ごならてんのう》の母豊楽《ぶらく》門院《もんいん》を通じて申請したものであり、先代の高郷も同じ官職にあったという〔後奈良天皇宸記〕。こうした朝廷への働きかけは、蒲生氏の中央とのつながりを示すものといえる。また、家督が同じ官職につくことを強く意識していた点も興味深い。

蒲生氏略系図

天文五年七月、定頼は延暦寺《えんりゃくじ》とともに京都の法華一揆《ほっけいっき》を攻めるが、六角方の軍勢の中に定秀の姿もみえる〔鹿苑日録〕。天文八年十月、定頼は細川晴元《ほそかわはるもと》と三好長慶《みよしながよし》の仲裁を足利義晴より求められ、上洛するが、その先勢として蒲生・三雲の軍勢が派遣された。定秀ら六角方の武将たちは、相国寺《しょうこくじ》（京都市上京区）の塔頭に寄宿した〔鹿苑日録〕。天文十一年には、木沢長政《きざわながまさ》の軍事行動に備えて、六角方は北白川《きたしらかわ》（京都市左京区）へ布陣した。このときには、蒲生氏と三雲氏が交替で在番している〔親俊日記〕。

天文十八年六月、三好長慶は江口《えぐち》の戦いで三好政長《まさなが》を滅ぼし、晴元は義晴父子を連れて近江に逃れる。このとき、定頼は娘婿である晴元を支援するため、京都近郊に諸将を駐留させていた。定秀は、馬淵《まぶち》氏とともに上鳥羽《かみとば》（京都市伏見区）に布陣している〔東寺百合文書〕。定秀と息子の賢秀《かたひで》は、信楽院《しんぎょういん》（滋賀県日野町）へ陣中見舞いに対する礼状を五月一日付で出しているが〔信楽院文書〕、いずれも天文十八年に比定できる〔日野町二〇〇九〕。結局、六角方は戦闘に加わることなく撤退した。

六角義賢・義弼父子と定秀

六角定頼は天文二十一年（一五五二）正月に死去する。家督を継いだ義賢《よしかた》は、三好長慶と講和を結び、北近江の京極・浅井方との対戦に備えた。永禄二年（一五五九）二月、野良田《のらだ》（滋賀県彦根市）での戦いでは、定秀の家臣結解《けちげ》十兵衛の郎党が浅井方の大将とみられる百々《どど》内蔵助を討ち取った。しかし、味方の損害も多く、六角方は敗北を喫したという〔江濃記〕。

義賢は永禄元年頃に出家して承禎《じょうてい》と名乗り、息子の義弼《よしすけ》に家督を譲った。永禄三年七月、義弼は美濃の一色《いっしき》（斎藤《さいとう》）氏との縁談を画策したことを義賢に咎められ、永源寺《えいげんじ》（滋賀県東近江市）に逼塞してしまう。義賢は年寄衆《としよりしゅう》（宿老）五名に対して、義弼へ適切な意見をしなかったことを叱責する内容の条書を発給した〔春日家文書〕。この年寄衆には定秀も含まれており、当時定秀が当主に意見できるほど重要な立場にあったことがうかがえる。

なお、ここでの名乗りは「下野入道」となっており、出家していたことがわかる。検討を要する史料だが、永禄二年五月六日付の六角氏家臣条書〔蒲生文武記〕では、定秀は「下野守」を名乗っている。これを踏まえると、出家の時期は永禄三年頃となろう。

永禄四年七月、六角氏は再び長慶と敵対し、京都に攻め寄せた。六角氏は河内の畠山高政《はたけやまたかまさ》と連携し、三好勢を挟撃する戦略をとる。これ以降、京都および近郊では六角方の禁制や掟書が多数発給されており、六角氏の軍事的な影響力がうかがえる。定秀も六角氏に従軍し、こうした文書発給に携わった。

六角氏の禁制は、二名の家臣が連署して出すパターンが多い。この形式は、奉行人奉書とほぼ同様である。六角氏の公的な文書はもともと当主の直状《じきじょう》であったが、戦国期には奉行人奉書が中心となった。六角氏の奉書では、奥に署判する人物が軍事的・政治的な力量の高い重臣、前に署判する人物が実務官僚であったとされている〔村井二〇一二〕。この時期の禁制において、定秀はいずれも奥に署判している。先の奉書署判の原則に当てはめると、定秀は重臣クラスとなる。この評価は、従前述べてきた定秀の活動や権力内での位置とも矛盾しない。なお、定秀は永禄五年三月に奉行人奉書と徳政令にも署判しているが、そこでも奥に署判している〔田中光治氏所蔵文書、蜷川家文書〕。

また、定秀は六角氏の書状に副状《そえじょう》を副えている。永禄四年八月、六角義弼は法華宗の諸寺代に対して、贈り物に対する礼状を送っているが、その文末に「猶蒲生下野入道申すべく候」とある。これに対応する形で、定秀の副状が残されている〔頂妙寺文書〕。こうした書状と副状のセット関係は六角氏では一般的で、室町幕府の御内書《ごないしょ》との類似性が指摘されている〔今岡二〇〇四〕。義賢も同じタイミングで諸寺代に礼状を送っているが、副状は三雲賢持《かたもち》が出しており、父子で窓口を分けていた様子がうかがえる。ただし、大山崎惣中《おおやまざきそうちゅう》宛の義賢の書状では定秀が取次となっており、担当がはっきり分かれていたわけではないようである。

なお、永禄四年七月には賢秀が四条道場《しじょうどうじょう》に書状を出し、六角氏より制札を発給する旨を伝えている〔金蓮寺文書〕。ここから、賢秀も定秀とともに従軍し、六角方の命令伝達の一端を担っていたことがわかる。ただし、禁制や掟書の発給は定秀がつとめており、この時点での蒲生氏の主力は定秀であった。

以上、定秀が永禄四・五年の軍事行動に際して、六角方の文書発給に携わったことを確認した。定秀はこれ以前から六角方の軍事行動に参画してきたが、文書発給への関与が明確になるのは永禄四年以降である。その意味では、このたびの上洛戦は、定秀が六角氏の政務に深く関わっていく一つの転機になったといえるかもしれない。

だが、六角氏は教興寺《きょうこうじ》（大阪府八尾市）の戦いでの畠山方の敗北を受けて、永禄五年六月に帰国する。

この一年後、権力の根幹を揺るがす事件が起き、六角氏権力は崩壊の道を歩むこととなる。

観音寺騒動の衝撃

永禄六年（一五六三）十月、六角義弼が重臣の後藤賢豊《ごとうかたとよ》父子を殺害したことに対して、永田《ながた》・三上《みかみ》・池田《いけだ》・進藤《しんどう》・平井《ひらい》ら主だった家臣たちは、観音寺城《かんのんじ》（滋賀県近江八幡市・東近江市）内にあった自らの屋敷を焼き、それぞれの本領に戻ってしまう。彼らは北近江の浅井氏と通じており、浅井方の軍勢が愛知《えち》郡にまで進出し、観音寺城をうかがった。この事態を受けて、義賢は三雲氏の館、義弼は蒲生氏の館へそれぞれ逃れた〔長享年後畿内兵乱記〕。

「観音寺騒動」と呼ばれるこの事件は、六角氏当主と家臣の関係の脆弱さを物語るものとして評価されてきた。ただし、ここでの両者の関係性を、六角氏権力の特質としてどこまで一般化できるかは検討を要する。先年の対三好戦の失敗や義賢・義弼の二重権力状態など、この時期に特有の事情をまずは考慮すべきだろう。

また、すべての家臣が六角氏を見限ったわけではない点にも注意が必要である。義賢父子をかくまった三雲氏と蒲生氏は、天文期以来、京都での軍事行動にたびたびセットで登場している。こうした活動を経るなかで、次第に当主家との信頼関係が構築されていったのであろう。さらに、蒲生氏に関しては、その永禄四・五年の軍事行動を機に六角氏の文書発給への関与を増していた。騒動への反応の仕方は、その当時の当主との関係性によって異なり、家臣の側も一枚岩ではなかったのである。

義弼をかくまった「日野の蒲生館」は、中野城《なかの》（滋賀県日野町）に比定されている。中野城は、音羽城が六角方に破却された後、蒲生氏の居城として整備された。城は日野川が形成する河岸段丘上に位置し、主郭は土塁囲みの方形であった。同様のプランは日野町域で普遍的に認められ、伊賀・甲賀などとの類似性が指摘されている〔日野町二〇〇九〕。

騒動後まもなく、義賢父子は観音寺城へ戻り、権力の再建を進めていく。離反した家臣たちも徐々に復帰していったが、領内ではしばらく不穏な情勢が続いた。騒動の直後には、佐久良《さくら》（日野町）を本拠とする小倉《おぐら》氏に内紛が生じ、永源寺を含む飯高六ヶ寺が小倉右近大夫によって放火されている。この騒動に関わって、永禄七年三月には和南山《わなみやま》（滋賀県永源寺町）に小倉源兵衛が籠もり、速水《はやみ》勘解由左衛門尉がこれを討ち取っている〔西田文書〕。同五月には佐久良でも合戦があり、寺倉《てらくら》吉六が義弼から感状《かんじょう》を得た〔井上泰次郎氏文書〕。

賢秀の弟で、小倉家へ養子に入った実隆《さねたか》は、右近大夫らの鎮圧に乗り出すが、永禄七年四月に死去した〔瑞石歴代雑記〕。永禄八年六月、定秀は右近大夫を降し、佐久良も手中におさめた。なお、佐久良城は、土塁囲みの方形の曲輪に馬出《うまだし》状の虎口《こぐち》空間をもち、一部に石垣もみられることから、織豊権力による改修の可能性が指摘されている〔日野町二〇〇九〕。

六角氏の滅亡と蒲生氏

永禄十年（一五六七）四月、六角氏の分国法《ぶんこくほう》として六角氏式目《しきもく》が制定される。義賢父子は、重臣二十名と起請文を交わして式目の遵守を誓約した。この二十名のなかには、蒲生定秀と賢秀も含まれている。賢秀は左兵衛大夫を称しており、高郷・定秀の名乗りが継承されていることが確認できる。

永禄十年九月、定秀は隠岐《おき》賢広《かたひろ》とともに、永源寺領である熊原《くまはら》村に対する六角氏の奉行人奉書に署判している。内容は年貢の減免に関するものだが、そのなかに「今度御法定め置かれ候条」とあり、式目の趣旨に則って命令を下していることがわかる。翌十一月、両名は小倉忠長《ただなが》・和南実隆から永源寺領の経営に関する訴願を受け付けているが、そこでも式目の規定が持ち出されている〔永源寺文書〕。式目の内容が短期間のうちに周知されたことがわかるとともに、定秀がそれを司る立場にあったことがうかがえる。

永禄十一年九月、織田信長《おだのぶなが》は、足利義昭《あしかがよしあき》を奉じて上洛する途中に六角義賢父子を観音寺城から追いやった。このとき、後藤・永田・進藤・永原《ながはら》・池田・平井・九里《くのり》・山岡《やまおか》らの諸将が信長についている〔言継卿記〕。蒲生氏も織田方についたようで、永禄十二年八月の大河内《おかわち》城（三重県松阪市）攻めには蒲生賢秀の姿がみえる〔信長記〕。元亀元年（一五七〇）五月には、賢秀は息子の氏郷《うじさと》とともに、信長からこれまでの所領の支配を認められるとともに、小倉氏などの旧領を新たに与えられた〔蒲生文武記、氏郷記〕。

信長の上洛以後、定秀の活動はみえなくなる。新しい時代の舵取りを息子の賢秀に委ねたのだろう。

定秀は、定頼・義賢・義弼と三代にわたって六角氏に仕え、主に軍事・外交の分野で六角氏をサポートし続けた。観音寺騒動後は行政的な活動にも従事し、義賢父子からその活躍を大いに期待されていたものと思われる。だが、六角氏が近江支配の実権を失うと、定秀は政治の表舞台から姿を消すこととなる。六角氏とともにあった政治人生であった。

（新谷和之）

【主要参考文献】

今岡典和「守護の書状とその副状」（矢田俊文編『戦国期の権力と文書』高志書院、二〇〇四年）
下坂　守「近江守護六角氏の研究」（新谷和之編著『近江六角氏』戎光祥出版、二〇一五年、初出一九七八年）
新谷和之「戦国期近江三雲氏の動向—大名権力と惣国一揆の接点—」（『市大日本史』二三、二〇二〇年）
日野町編『近江日野の歴史　第二巻　中世編』（日野町、二〇〇九年）
村井祐樹『戦国大名佐々木六角氏の基礎研究』（思文閣出版、二〇一二年）

和田惟政——足利義昭を支えた摂津の重臣

戦国甲賀を代表する土豪

徳川幕府が編纂した『寛政重修諸家譜《かんせいちょうしゅうしょかふ》』によれば、和田惟政《わだこれまさ》は天正元年（一五七三）に四十二歳で討ち死にした。実際は元亀二年（一五七一）の間違いだが、没年が正しければ享禄三年（一五三〇）の生まれとなる。永禄三年（一五六〇）に「弾正忠《だんじょうのちゅう》」、少なくとも同八年以降は「伊賀守《いがのかみ》」を称した。同十三年以降の『言継卿記《ときつぐきょうき》』には「紀伊守《きいのかみ》」「紀伊入道」ともあるが、本人が伊賀守で文書を出すため、これは誤認だろう。

永禄八年以降、惟政は一乗院覚慶《いちじょういんかくけい》（後の足利義昭《あしかがよしあき》。以下、義昭）の入京と将軍任官に奔走し、同十一年以降は摂津の芥川《あくたがわ》城（大阪府高槻市）に入った。この惟政を摂津国人の池田《いけだ》・伊丹《いたみ》氏と「摂津三守護」とし、織田信長の家臣とすることもあるが適切ではない。キリスト教に入信したともされるが、これも誤りである。惟政を知るためには、そのルーツと戦国時代の摂津の情勢をふまえなければならない。

惟政は、近江国甲賀《こうか》郡和田（滋賀県甲賀市）の土豪出身である。戦国の甲賀では「甲賀衆」という土豪が割拠し、一揆（甲賀郡中惣《こうかぐんちゅうそう》）を結んだ。和田氏もその一員である。甲賀は畿内東縁部の高原地帯で山々に囲まれ、幾重の谷筋が入り組む。このような地勢から、甲賀には再三、外部の権力者が逃げ込んだ。長享元年（一四八七）と延徳三年（一四九一）の将軍足利義尚《よしひさ》・義材《よしき》（後の義尹《よしただ》、義稙《よしたね》。以下、義材）による「六角征伐《ろっかくせいばつ》」では、近江国守護の六角高頼《たかより》が潜み、やがて本拠を回復した。永正四年（一五〇七）と同五年には、幕府管領家で摂津・丹波等の守護細川京兆家《ほそかわけいちょうけ》の抗争に敗れた細川澄元《すみもと》が逃げ込み、その京都奪還戦には一部の甲賀衆が従う。また、将軍家に仕える「甲賀奉公衆」と呼ばれた土豪がおり〔下坂二〇一二〕、永正十年には将軍足利義材が京都を出奔、彼らを頼って甲賀に入っている。これらを契機に、甲賀の外で立身を遂げる甲賀衆が現れた。細川氏に従った山中《やまなか》氏は、摂津の欠郡《かけのこおり》（大阪市）の守護代となっている。

また、甲賀は東海地方の西縁部にもあたり、織田信長の家臣・滝川一益《たきがわかずます》は郡内の大原谷を本拠とした大原氏の一族で、尾張国知多《ちた》郡の佐治《さじ》氏（浅井長政《あざいながまさ》の娘・江《ごう》を妻とした佐治一成《かずなり》の一族）には甲賀の土豪出身説がある。

このような動きを示す、甲賀衆の代表が惟政である。『寛政重修諸家譜』によれば和田氏は清和源氏《せいわげんじ》で、六角氏の一族とする説もある。その初見は、永禄三年に将軍足利義輝《よしてる》が伊勢国司北畠《きたばたけ》氏に上洛を促した際の使者で「弾正忠」を称していた〔古簡雑纂〕。近世の「家伝《かでん》并《ならびに》附録《ふろく》」でも、惟政は義輝に仕えたとする〔久保一九八四〕。義昭以前から、惟政が将軍家と結び付いていた可能性は高い。

足利義昭の入京を目指して

永禄八年(一五六五)五月十九日、京都で三好義継《みよしよしつぐ》らが将軍足利義輝を殺害する永禄の変が起こる。宣教師ルイス・フロイスが記した一五七一年九月の書簡によれば、この数日前の惟政は京都におり、後に家臣となる高山飛騨守《たかやま》(右近《うこん》の父)に会ったが、急いで近江へ帰ったという。家伝では、このとき惟政は義輝の勘気を蒙り、甲賀で蟄居の立場にあった。

奈良の興福寺《こうふくじ》にいた義輝弟の義昭は、松永久秀《まつながひさひで》に幽閉される。しかし、内々で細川藤孝《ほそかわふじたか》ら義輝の旧臣と惟政との間で脱出準備が進み、七月十八日付で惟政は伊賀守護の一族・仁木長頼《にっきながより》から協力受諾の書状を入手した。彼らは奈良からの伊賀越えで、伊賀に近い甲賀の和田に義昭を移そうとしたのだろう。そして二十八日に脱出(図1)、無事に義昭は惟政の城に入った。和田に残る複数の城館跡の一角には「公方屋敷跡」と呼ばれる場所がある。

以降の惟政は義昭の家臣として表舞台に登場し、各地の大名と音信を図った(久保一九八四、尾下二〇一二)。八月には、朝倉義景《あさくらよしかげ》家臣の前波吉継《まえばよしつぐ》が惟政の行動を称え、義昭を越前の一乗谷《いちじょうだに》(福井市)へ迎えるとの返事をしてきた。十月には上杉謙信《うえすぎけんしん》家臣の河田長親《かわだながちか》から、「協力するが、すぐの上洛は難しい」との返事があった。河内の畠山尚誠《はたけやまひさまさ》、三河の松平家康《まつだいらいえやす》からも書状が届いている。

惟政は同僚の大草公広《おおくさきみひろ》と尾張の織田信長《おだのぶなが》を直接訪問し、信長は十二月に藤孝に義昭の供奉を伝えている。惟政の尾張滞在は長く、この間に三好・松永の分裂に乗じた義昭は琵琶湖岸に近い近江の矢島《やじま》(滋

図１　義昭を背負う錦絵の和田惟政「新撰太閤記」高槻市立しろあと歴史館

賀県守山市）に移った。惟政は不満を抱き、義昭は弁明している。

翌永禄九年六月頃、再び惟政は信長の下に向かった。『信長公記《しんちょうこうき》』によれば、信長には「和田新介」という家臣がおり、『寛政重修諸家譜』では惟政の弟に「新助定《さだ》利《とし》」がいる。甲賀衆の和田一族に信長被官がいても不自然ではなく、惟政は弟を介して信長につながったのかもしれない。信長は上洛に前向きだったが、翌永禄九年八月に美濃の一色《いっしき》（斎藤《さいとう》）龍興《たつおき》と交戦状態となった。畿内でも敵対する三好三人衆が優勢となり、義昭は若狭武田《たけだ》氏を頼った後、越前の一乗谷に移った。

三人衆と対立する松永久秀は信長との連携を画策し、永禄十年十二月に信長が大和の武士らに宛てた書状では、惟政が義昭入京と久秀への加勢を説いている。永禄十一年二月に三人衆が推す足利義栄《よしひで》が将軍となるものの、信長らは入京ルートにあたる近江周辺で調略を進め、四月に信長は甲賀の土豪に惟政の派遣を伝えた。八月に惟政は大草公広と甲賀に入り、そして翌九月、義昭を美濃に迎えていた信長の軍勢が岐阜《ぎふ》城(岐阜市)を発つ。

信長は、近江の六角承禎《じょうてい》らを駆逐して義昭と合流し、一足先の二十三日に近江の武士たちを率いた惟政と藤孝が入京した。一方、義昭と信長は京都南郊を通過し、三人衆方の勢力を駆逐していく。そして三十日、畿内における三好氏の本拠・芥川城に入った。

「摂津三守護」と義昭の支配構想

芥川城には河内の畠山氏や三好義継、松永久秀らが訪れ、義昭は新たな畿内支配の構図を示した。摂津は惟政と池田勝正《いけだかつまさ》、伊丹忠親《いたみただちか》が知行するとの噂が流れる。六日に義昭へ勅使が派遣され、十日に惟政と藤孝、信長家臣の佐久間信盛《さくまのぶもり》らが久秀の援軍に大和へ出陣した。そして十四日、義昭は上洛を果たし、十八日に征夷大将軍となった。この後、義昭は惟政と忠親、勝正を呼び、入魂を命じたという。

ここで、戦国摂津の状況を確認しておきたい。摂津は東西に長く、千里《せんり》丘陵を境に東を「上郡」、西を「下郡」、淀川以南を「欠郡」と呼んだ。それぞれが地域性を持ち、上郡では守護細川氏の力が強く、下郡では地元国人が勢力を伸ばして伊丹・池田氏が「二強」となった。両氏は長らく対立状態にあり、三人衆方であった勝正は直前に信長勢の猛攻を受け、忠親は上洛前から義昭に通じていた。

惟政と勝正、忠親は『続応仁後記《ぞくおうにんこうき》』で「三守護」と表現された。しかし、惟政に注目するとその関係はフラットではない。武将としては駆け出しだが、すでに惟政は義昭の信頼厚い重臣であり、在京して京都周辺の支配を担った。義昭は惟政を芥川城主に大抜擢し、フロイスは「山城および津の国の執政官、もしくは副王」と評している。

いくつかの自分の城を訪ねるため、惟政は永禄十二年（一五六九）の五月下旬、京都を発った。そして下郡の越水城《こしみず》（兵庫県西宮市）に入り、港町の兵庫津（神戸市兵庫区）を経て上郡の高槻城（大阪府高槻市）に戻ったとフロイスは記す。惟政は居城を高槻城に移し、三好氏が拠った越水城と兵庫津も掌握したのだろう。

同年八月、堺の町人今井宗久《いまいそうきゅう》は、池田・伊丹両氏に摂津での権益を脅かされたとし、高槻城でこの旨を惟政に申し入れた〔今井宗久書札留〕。また、惟政は下郡の寺院に文書を出している〔禅昌寺文書〕。惟政の行動は、池田・伊丹氏が本拠を置く下郡に及んだ。

「三守護」の一人という評価は、惟政には馴染まない。義昭の権威と信長の武力をバックに、惟政は摂津を統括するような立場にある。足利将軍家による重臣の摂津への配置は初であり、これは惟政を軸とした将軍義昭による新たな摂津支配構想だと理解したい〔中西二〇一三・二〇一九〕。

同じく八月、毛利《もうり》氏の要請を受け、木下秀吉《きのしたひでよし》らの信長の武将と池田勝正と伊丹忠親らの軍勢が但馬に向かう〔細川両家記〕。勝正と忠親は義昭配下という位置付けだろう。すでに勝正は播磨でも活動していた。義昭は十月、播磨の赤松政秀《あかまつまさひで》への援軍に勝正と忠親、そして惟政を派遣し、敵対する浦上《うらがみ》氏の城を落としたが状況は好転しなかった。この軍勢のリーダーは、立場的に惟政がふさわしい。

再びフロイスによれば、この時期に惟政は信長から疎まれ、「立派な城の一つ」が破壊された。この城は、下郡の越水城であったのかもしれない。義昭と信長の間にも隙間風が吹き、惟政は出家に追い込まれている。

キリスト教の擁護姿勢

永禄十二年（一五六九）二月、義昭や信長は三人衆に加担した堺へと配下の武将を派遣する。ここで惟政は新たに家臣としたキリシタン・高山飛騨守の手引きで、京都を逐われていたフロイスと面会する。飛騨守は、フロイスの復帰と信長への取り成しを請い、惟政は承知した。以降、惟政は調整に奔走し、義昭の御所（旧二条《にじょう》城跡。京都市上京区）の工事現場で信長との対面が実現する。そして神仏を軽蔑する等々、有名な信長評をこのときにフロイスが残すことになった。

惟政はキリシタンを守ることを自らの名誉に関わるとし、すでに心中はキリシタンだと語っている。先の出家も、キリシタンを擁護できなかったことが一つの理由だった。また、下郡から高槻城に戻った際、家臣の前で城外の神社を破壊して教会を作ると宣言したという。

一五七〇年十二月のフロイス書簡によれば、惟政は必ずすべての説教を聴き、キリシタンになると述べたが、多忙を理由に入信は先送りになっていた。一方で、フロイスは惟政を有力な禅宗の大身とし、出家後には禅の言葉を意味する「伝廮斎鈔任」と号していた。結局、惟政は入信せぬまま、元亀二年（一五七一）に戦死した。宣教師との交流期間は約三年と、他の入信者に比べるとはるかに長い。

惟政のキリシタン擁護の姿勢は、摂津の支配者としての方便であったと思われる。甲賀の土豪出身の惟政は摂津に基盤がなく、家臣の数も少ない。そこで、地元の武士を家臣として抱える必要があった。その代表が高山飛騨守であり、留守中は城を任せるなど支配を託す場面が多かった。飛騨守は、かつて三好長慶《ながよし》の家臣であり、その中には多くのキリシタンがいた。惟政が多くのキリシタン武士を新たに家中へ迎えたことは想像に難くない。惟政は、彼らをコントロールする必要があり、摂津掌握のためにキリシタンの要求に応じる必要があったと考えるべきだろう。

惟政の勢力拡大と郡山合戦

元亀元年（一五七〇）三月、信長は惟政を赦し、翌四月に若狭攻めへと出陣した。その矛先は越前朝倉氏に向かうが、近江の浅井長政の離反で窮地を迎えた。六月には近江で織田・徳川勢と朝倉・浅井勢による姉川《あねがわ》の合戦が起こり、敵対する三好三人衆が摂津上郡の吹田《すいた》（大阪府吹田市）へ進出した。惟政は小曾根春日社《こそねかすがしゃ》（大阪府豊中市）に禁制《きんぜい》を出すが〔今西家文書〕、この前後に花押の形を変えている（図2）。一時、大病による死去説も流れており、その理由は出家と復帰という心境の変化であったように思う。

七月の末、再び三人衆の軍勢が摂津へ進み、八月末には義昭・信長勢が出陣した。惟政は天満《てんま》（大阪市北区）に陣を置き、甥が養子に入った上郡の茨木《いばらき》氏も参陣した。しかし、九月に大坂本願寺《ほんがんじ》が敵対して「大坂本願寺合戦」が始まり、朝倉・浅井勢の一部が入京すると、義昭らは京都に戻り、惟政と柴田勝家《しばたかついえ》が殿軍をつとめた。十月には京都に迫る三人衆方を惟政と藤孝、秀吉らが反撃し、十二月には惟政が大山《おおやま》崎《ざき》（京都府大山崎町）と石清水八幡宮《いわしみずはちまんぐう》（同八幡市）に徳政等を免除している。

翌元亀二年になると、三好・松永氏が離反し、二月には惟政も本願寺に通じた節があるものの〔顕如上人文案〕、義昭・信長の方針を受けて摂津上郡の三ケ牧《さんがまき》（大阪府高槻市）で徳政を命じ〔榊原文書〕、五月に松永氏が安見《やすみ》氏の交野《かたの》城（同交野市）を攻めると軍勢を出す。六月には吹田へ出陣、原田《はらだ》神社（同豊中市）に禁制を発給した〔原田神社文書〕。七月に三好・松永勢は高槻城攻めの付城《つけじろ》を設け、対する惟政は二十一日の宵に上洛、すぐに高槻へと戻り、二十三日には義昭の家臣三淵藤英《みつぶちふじひで》が摂津へ出陣した。そして敵方となった池田氏を警戒し、軍勢を下郡へ進めていく。

八月には和田・伊丹の軍勢が多数の戦死者を出し、惟政は合戦への備えに忙殺された。そして二十八日、千里丘陵の北東近くの砦を守る

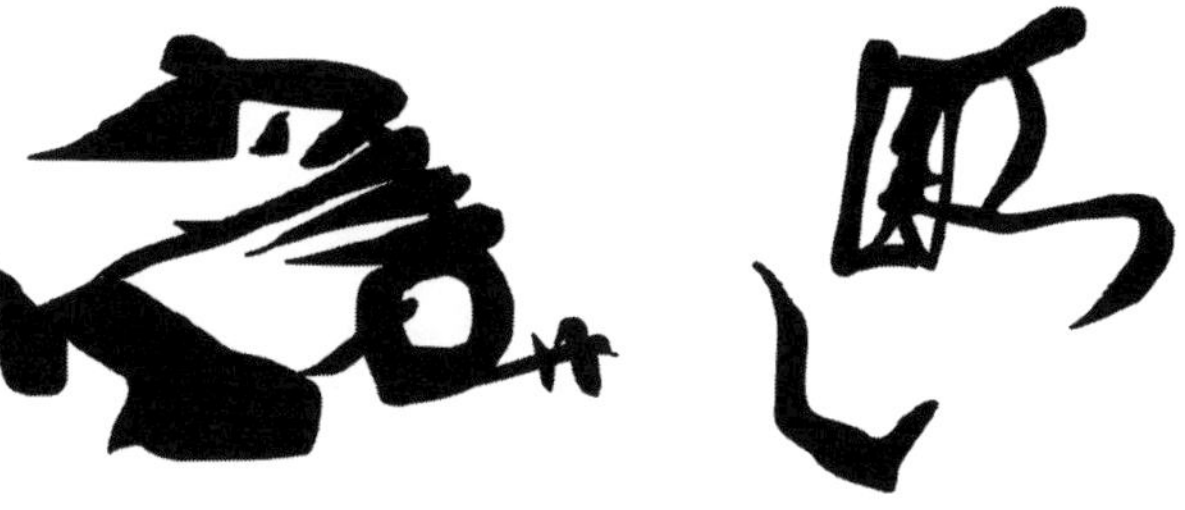

図２　和田惟政の花押（左がおおむね永禄13年〈1570〉以降、右が以前）

図3　郡山合戦場の惟政供養塔（大阪府北部地震前）　大阪府茨木市

高山飛騨守・右近が池田勢の出陣を確認し、惟政に急報する。ビロードの帽子の上に帽子形の兜を被る出で立ちで、惟政は二百の軍勢を率いて高槻城を発った。そして、十六歳の子・惟長《これなが》が率いる五百の後続を待たずに一千の池田勢へと攻めかかる。しかし潜んでいた二千の別部隊に包囲され、鉄砲傷を受けた惟政は乱闘の後に首を取られた（一五七一年九月二十八（十八）日付けフロイス書簡）。この郡山《こおりやま》合戦（白井《しらい》河原《がわら》の合戦）において、和田一族や茨木兄弟らの多くが討ち死にし、和田方は敗北した（図3）。

合戦の原因は、上郡・下郡の境目（千里丘陵周辺）に惟政の勢力が及んだことにある。池田方の中川《なかがわ》清秀《きよひで》は、後に子孫が豊後岡藩主となり、その岡藩編纂の『諸士系譜《しょしけいふ》』によれば、周辺の土豪出身で惟政、もしくは以前の高槻城主入江《いりえ》氏に所領を奪われたとする家臣に粟生間谷《あおまだに》（大阪府箕面市）の粟生氏、萱野《かやの》（同箕面市）の萱野氏らがいる一方、平尾《ひらお》（同箕面市）の平尾氏には入江氏の養子が入ったとする。戦場となった郡山（同茨木市）の郡氏は、惟政に従っていた。入江氏の勢力が千里丘陵周辺に及ぶことはないため、この来歴の多くは惟政段階を示す可能性が高い。

戦国時代には、永禄三年（一五六〇）の桶狭間《おけはざま》の戦いのような大名による勢力境の領主層の確保に起因する合戦が知られ、郡山合戦に通じる。高槻城主となった惟政は、茨木氏を一族化するなど上郡を基盤とすることに成功し、その勢力の伸長が千里丘陵周辺で池田氏の勢力と交錯したのだろう。これに義昭と三好・松永の対立が加わり、合戦に至ったとみられる。

惟政の没後、和田家中では高山氏が勢力を拡大し、元亀四年三月の小規模な武力衝突の末、惟長は城を逐われた。『兼見卿記《かねみきょうき》』には惟長が「天主」に逃げたとあり、これは現時点で三番目に古い天主の記載となっている。おそらく、惟政が高槻城を大きく改修していたのだろう。惟長は伏見（京都市伏見区）で死去とも噂されたが生き延びたようで、子孫は旗本となった（譜牒余録）。なお、「惟長」という名は当時の記録に確認できず、自身の文書では「惟」だけの署名、記録には幼名の「愛菊」「太郎」で登場している。

（中西裕樹）

【主要参考文献】

尾下成敏「織豊政権の登場と甲賀」（『甲賀市史』第二巻、二〇一二年）

久保尚文「和田惟政関係文書について」（『京都市歴史資料館紀要』創刊号、一九八四年）

下坂　守「甲賀郡中惣の活動」（『甲賀市史』第二巻、二〇一二年）

谷口克広『織田信長家臣人名辞典』第二版（吉川弘文館、二〇一〇年）

中西裕樹「高槻城主　和田惟政の動向と白井河原の合戦」（『しろあとだより』七、二〇一三年）

中西裕樹『戦国摂津の下克上　高山右近と中川清秀』（戎光祥出版、二〇一九年）

細川氏綱・藤賢・勝国
——細川高国残党を再結集させた三兄弟

三兄弟の出自

細川氏綱《ほそかわうじつな》・藤賢《ふじかた》・勝国《かつくに》の三兄弟は、細川京兆家《けいちょうけ》当主にあたる細川高国《たかくに》の治世下において、次代の担い手と期待されて生を受けた。三兄弟の父は細川尹賢《ただかた》である。尹賢は細川家第二位の家格にあたる典《てん》厩《きゅう》家《け》の当主であった。京兆は右京大夫《うきょうだいぶ》、典厩は右馬頭《うまのかみ》の唐名で、両家は代々これに任官していた。

氏綱の幼名は「宮寿」で〔大永四年細川亭御成記〕、永正十年（一五一三）の生まれであることがはっきりしている〔後法成寺関白記〕。藤賢の幼名は伝わらないが、永正十四年の生まれとされる〔細川系図〕。勝国に至っては幼名も生年も不詳である。ただし、永正十七年に尹賢の弟にあたる細川左衛門佐（出家後は宗寅《そういん》）が、尹賢の息子三人を伴って近衛尚通《このえひさみち》のもとへ挨拶に訪れていることから〔後法成寺関白記〕、当時四歳の藤賢よりもさらに年少とは考えがたい。成人後の動向をみると氏綱・藤賢に比して勝国が前面に出てくることはあまりないことから、氏綱・藤賢が正妻の子で、勝国は異母兄弟と考えられる。

なお、尹賢は細川家第三位の家格にあたる野州《やしゅう》（下野守《しもつけのかみ》）家《け》のさらに分家出身で、本来ならば典厩家を継ぐ立場にない。彼の地位を向上させた理由の一つは、細川政春《まさはる》の嫡子として野州家の次期当主と

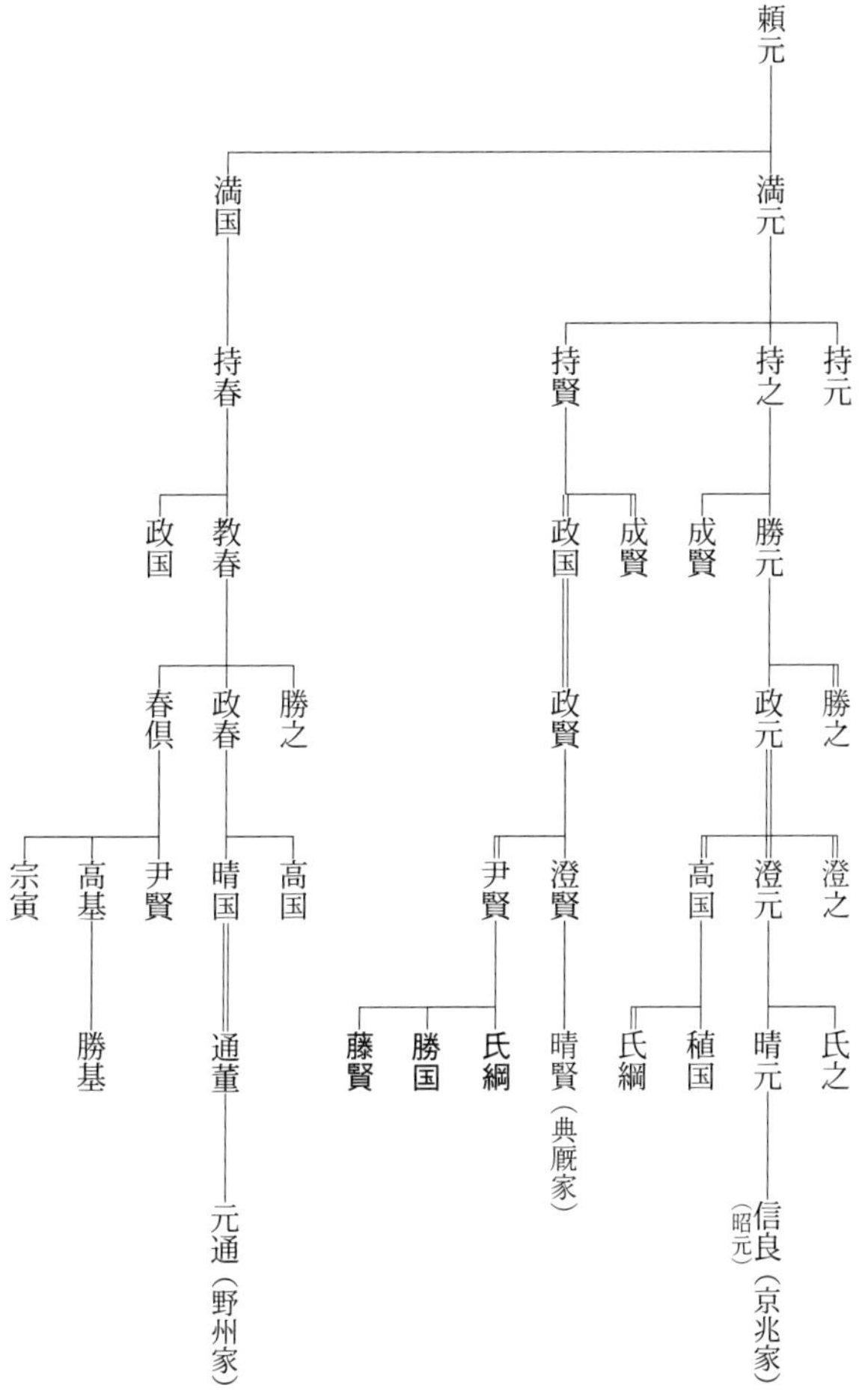
頼元
満国
満元
持春
持賢
持之
持元
政国
教春
政国
成賢
成賢
勝元
春倶
政春
勝之
政賢
政元
勝之
宗寅
高基
尹賢
晴国
高国
尹賢
澄賢
高国
澄元
澄之
勝基
通董
藤賢
勝国
氏綱
晴賢（典厩家）
氏綱
稙国
晴元
氏之
元通（野州家）
信良（昭元）（京兆家）

細川氏略系図

なる予定だった高国が京兆家を継いだことにある。これによって地位が高まった野州家は、政春が安房《あわの》守《かみ》を称したため房州《ぼうしゅう》家《け》とも呼ばれるようになる。また、尹賢が典厩家当主となったのは、かつての典厩家当主である細川政国《まさくに》の孫を妻としていたためとされる〔細川系図〕。それが正しければ、氏綱と藤賢の母は政国の孫ということになる。

氏綱の元服は、大永六年（一五二六）十二月に高国の弟である細川晴国《はるくに》と同時に行われた〔後法成寺関白記〕。当時氏綱は十五歳、晴国はまだ十二歳であった。前年に高国から家督を譲り受けたばかりの稙国《たねくに》が急死しており、その一周忌が明けるとすぐさま実施されていることから、二人揃っての元服式には高国権力の世代交代を世に知らしめる狙いもあったと思われる。

元服後の氏綱は「次郎」と称した。次郎は歴代の典厩家当主が用いる仮名《けみょう》なので、氏綱は尹賢の後継者として元服したことになる。また、晴国も房州家の後継者という立場にあった。高国はまだ四十二歳だったので、京兆家の次期当主を定めるのは先送りにしたのである。この選択が、のちに混乱を生むこととなる。

氏綱の元服にあたって注意したいのは、父尹賢が当代一流の知識人であった清原宣賢《きよはらのぶかた》に対し、出家した者が加冠《かかん》する前例があるかどうか尋ねていることである〔実隆公記〕。高国は稙国に家督を譲ると同時に出家していたことから、高国の「国」の字をもらい受けて氏綱の諱《いみな》に加えたかったのであろう。それが実現しなかったことは、元服後の氏綱が「清」という諱を用いていることからうかがえる。細川一族が一字名を称する例はないことから、清は然るべき偏諱《へんき》を得るまでの仮の名と考えられる。

桂川合戦後の動向

高国と京兆家の家督をめぐって対立していた細川晴元《はるもと》は四国に在国していたが、氏綱が元服する直前に手勢を堺に送り込んでいた。これも、氏綱と晴国の元服が急がれた背景に想定できよう。そして、大永七年（一五二七）二月の桂川《かつらがわ》合戦で高国方は敗北し、晴元方が畿内を席巻していく。

その時期に、清と署名した発給文書の初見事例が確認できる（和田文書）。大永七年に比定しうる十月十三日付のそれは、和泉国人の和田《みきた》氏に対し、同国の所領を安堵したものである。直前の高国治世下では細川晴宣《はるのぶ》が和泉上守護の立場にあったが、彼は桂川合戦を機に姿を消しているので、氏綱はその代わりの役割を担ったようである。ただし、典厩家より格下の和泉上守護家当主となるわけはないので、あくまでも臨時的な措置として和泉上守護の権限を行使していたのであろう。後に氏綱は和泉でたびたび挙兵することから、ここを地盤として固めていたようだが、天文七年（一五三八）までは史料上に姿を現さない。

以後も高国と晴元の抗争は続くが、享禄四年（一五三一）六月に高国は摂津大物《だいもつ》（兵庫県尼崎市）にて自害に追い込まれる。高国と行動をともにしていた尹賢はその場を切り抜けるが、翌七月に潜伏先の富《とん》田寺内町《だじないまち》（大阪府高槻市）から枚方《ひらかた》寺内町（同枚方市）へ移動する路程で晴元勢に追い込まれて自害する。

高国残党は丹波にいる晴国のもとに集結してなお晴元方と戦うが、晴国も天文五年に自害に追い込まれている。

丹波の晴国と和泉の氏綱が連携すれば、高国残党が勢力を回復する見込みはより確実になったはずだが、氏綱はここでは一切動かなかった。この段階で高国残党の頭目となっている晴国に合流すれば、氏綱がその下位に位置づけられるのは目にみえていたからである。晴国は高国の実弟とはいえ、あくまでも細川家第三位の家格にあたる。晴国より年長で細川家第二位の家格にあたる氏綱にとって、晴国の下位に位置づけられるのは我慢ならなかったのであろう。つまり、高国が後継者を定めずにこの世を去ったため、高国残党は一枚岩とならなかったのである。

晴国のもとで奉行人として活動していた斎藤国富《さいとうくにとみ》は〔尊経閣文庫所蔵大覚寺文書〕、晴国没後に氏綱の奉行人に立場を変えると、斎藤春隆《はるたか》と改名している〔真乗院文書〕。晴国からの偏諱を捨てて、晴国の父である政春からの偏諱に戻しているのである。このように、氏綱陣営では晴国の名はタブーとされていた。氏綱をさしおいて頭目となった晴国に対して、批判的な意見が多かったのであろう。

晴国没後の氏綱は、紀伊に在国する畠山稙長《はたけやまたねなが》のもとに身を寄せていた〔天文日記〕。稙長は守護代の遊佐長教《ゆざながのり》と対立して河内を離れていたが、出雲の尼子《あまご》氏と連携して上洛する機会を虎視眈々とうかがっていた。その上洛戦を遂行するにあたって、晴元に代わる京兆家当主として氏綱を擁立することは格好の大義名分となったに違いない。また、氏綱にしても、稙長の力なくして京兆家当主の座につくのは難しかったであろう。このように、水面下では氏綱擁立の準備が着々と進められていた。

そうしたところ、天文七年に晴国残党の細川国慶《くによし》と内藤国貞《ないとうくにさだ》が、宇治と丹波で同時に挙兵する〔厳助往年記〕。稙長上洛の呼び水とするためと思われるが、このときの稙長は時期尚早と考えたようで反応せず、国慶と国貞の挙兵はあえなく失敗に終わった。

氏綱の挙兵

天文十年（一五四一）に木沢長政《きざわながまさ》が河内にて晴元に対する乱を起こすと、それを討つという名目で畠山稙長は遊佐長教と和し、細川晴元と友好関係を保ちながら畿内に戻ることとなった。そのころの氏綱は、長教の提案に従って和泉の槇尾山《まきおさん》（大阪府和泉市）に滞在していたようである〔興福院蔵鷹山文書〕。しかし、晴元と連携し始めた稙長にとって、氏綱の存在意義は薄れてくる。これに焦りを覚えた氏綱は、天文十二年に最初の挙兵をする。槇尾山を出た国慶ら氏綱勢は堺を攻撃するが、頼みの綱である稙長は反応することなく、最初の挙兵は失敗に終わった〔多聞院日記〕。なお、この挙兵に先立って諱を清から「氏綱」に改めている〔天文日記〕。

また、この挙兵時から、成人した藤賢が氏綱と対となって活動していることも確認できる。藤賢が元服した時期を示す史料はないが、氏綱の元服から四年後の享禄三年（一五三〇）頃とみてよかろう。仮名は「四郎」で、当初の諱は「和匡《まさただ》」であった〔天文日記〕。

そして、天文十四年に氏綱は二度目の挙兵をする。天文七年と同様に宇治方面には細川国慶が、丹波方面には内藤国貞が、京都を挟み込むように布陣するのである〔厳助往年記〕。稙長を誘い込もうとする狙いも天文七年と同じであろう。ところがこの直後に稙長が没し、今回も作戦は失敗した。

天文十五年に入ると、氏綱は稙長亡きあとの河内を実質的に支配していた遊佐長教の支援を取り付けることに成功する。その情報を得た晴元は三好長慶《みよしながよし》の手勢を堺へ送るが、そこに氏綱と長教の連合軍が攻撃を加える〔細川両家記〕。これが氏綱三度目の挙兵となった。その後、長慶が四国から援兵を呼ぶと、摂津・河内の各地で戦闘が繰り広げられる。

その戦闘から抜け出した細川国慶は京都へ進軍し〔私心記〕、九月には晴元を丹波へ追いやって京都の制圧に成功した〔後奈良天皇宸記〕。それから翌年にかけて国慶による京都支配が継続するが、この時期から藤賢や勝国の発給文書も若干みられるようになり、彼らが京都方面に進出した形跡も残る〔興福院蔵鷹山文書〕。ところが、天文十六年十月に国慶が晴元勢に討たれてしまうと、それとともに氏綱ら三兄弟の動向も途絶え、三度目の挙兵も失敗に終わった。

しかし、没落したのも束の間で、氏綱のもとに改めて好機が訪れる。晴元方内部における三好長慶派と三好政長《まさなが》派の対立が顕著になると、天文十七年末に長慶は遊佐長教と結び、氏綱を推戴するのである〔細川両家記〕。そして、四度目の挙兵ともいえる天文十八年六月の江口《えぐち》合戦にて氏綱方は晴元方に勝利し、改めて京都を制圧するに至った。

氏綱方の京都支配

江口合戦が決着すると、早速天文十八年（一五四九）のうちに氏綱方が段米《たんまい》を賦課している〔広隆寺文書、東寺百合文書〕。このときは桂川より西の西岡《にしのおか》が賦課対象で、京都には賦課されなかったが、翌天文十九年には京都も賦課対象に加わっている〔大徳寺文書、室町頭町文書〕。また、同じ頃に京都周辺を対象として棟別銭《むなべつせん》を賦課した形跡もある〔東文書〕。これらは、必ずしも徹底したものではなく、免除も認められていた。ただし、免除と引き換えに荘園領主たちは礼銭を支払わなくてはならなかったため、実質的には広範囲にわたって公事《くじ》（税）を賦課したようなものであった。このように、氏綱方による京都支配は比較的順調に始まる。

これまで動向がほとんどわからなかった細川勝国も、江口合戦後に各地で知行を確保することができたため、史料上の所見が多少確認できるようになる。例えば、摂津の欠郡《かけのこおり》や京都九条《くじょう》のうち宇賀辻《うがのず》子《し》（京都市南区）に知行を有していたことが判明する〔九条家文書、清水寺成就院文書〕。それらから、当時の勝国は「三郎」という仮名を称していたこともわかる。その仮名をいつまで用いていたのかははっきりしないが、永禄七年（一五六四）の松永久通《まつながひさみち》書状では「左衛門佐」の名で登場する〔九条家文書〕。この一例は、史料上で確認できる勝国の最後の所見にもあたる。

ここで改めて確認したいのは、永正十七年（一五二〇）に近衛邸を訪問した三兄弟を引率していたのが細川尹賢の弟である細川左衛門佐ということと、藤賢が四郎の仮名を用いていたことである。細川左衛門佐は細川駿州《すんしゅう》（駿河守《するがのかみ》）家《け》を継承していたが、この家の歴代当主は四郎の仮名を用いている。よって、仮名を同じくする藤賢は、元服した頃は駿州家を継承する予定であった可能性が高い。ところが、元服直後の享禄四年（一五三一）に高国が没すると、氏綱の京兆家継承が視野に入ってくる。そうなると、自ずと藤賢が典厩家の当主に繰り上がる。その結果、勝国が駿州家の当主に収まったため、長じて養父の左衛門佐を継承したのであろう。なお、三郎の仮名には特定の家の含意はなく、氏綱より年少で藤賢よりも年長だからこの呼称が与えられたのだと思われる。

江口合戦後に能登畠山氏の重臣温井総貞《ぬくいふささだ》が、氏綱の内衆《うちしゅ》に対して氏綱・藤賢・勝国三者への取次を依頼している事例もみられるように〔燈心文庫所蔵文書〕、高国のもとにおける京兆家・典厩家・房州家の三家体制は、氏綱のもとでは京兆家・典厩家・駿州家と呼称を変えて再現されている。勝国を房州家の当主に据えなかったのは、たび重なる挙兵の過程で各地から協力者を募る際に、備中にいた細川通董《みちただ》を房州家の家督として認定したためである〔長府細川系図〕。

さて、天文十八年の江口合戦後、将軍足利義晴《あしかがよしはる》と細川晴元は京都を逐われていたが、翌天文十九年に義晴は没してしまう。その子義輝《よしてる》は、天文二十一年正月に氏綱と和解して京都に戻ってくる。ついで三月に氏綱はようやく「右京大夫」に任じられ、正式に京兆家当主と認められた。藤賢も「右馬頭」に任じられ、典厩家当主の座に収まった。それと同時に当時「義藤《よしふじ》」と称していた義輝から二人は偏諱も得たとされるので〔言継卿記〕、このときに和匡から「藤賢」に改名したことになる。ただし、氏綱が実際に改名することはなかった。

かくして、氏綱の地位が定まったことをうけて、天文二十二年には京兆家の分国である摂津に代替わりの棟別銭が賦課された〔多田神社文書、本興寺文書〕。また、同年には京都周辺にて再度段米が賦課されている〔大徳寺文書、遍照心院文書〕。注目されるのは、天文十九年までと天文二十二年とで、公事を賦課する方法が異なっていることである。天文十九年までの公事は氏綱の家臣が賦課していたが、天文二十二年になると三好長慶の家臣と共同で賦課するようになるのである。しかも、天文二十二年を最後に、氏綱方が公事の賦課に関与することはなくなっていく。

天文十八年に京都の支配を始めて以降、氏綱では治安維持などを全うできないことが露わとなってきたため、荘園領主たちの期待はその代わりとなる長慶に徐々に集まっていった。公事の賦課方法が徐々に変化したのも、そのためと考えられる。それに加えて、天文二十一年には三好長慶が幕府の御供衆《おともしゅう》となり、将軍の直臣という意味では氏綱と肩を並べたことも長慶が京都支配に関与できるようになった理由の一つであろう。さらに天文二十二年には、氏綱の右腕ともいうべき内藤国貞が晴元勢に討たれただけでなく、義輝が晴元方に戻ったため、氏綱による畿内支配に危機が訪れる。その結果、氏綱も自身では現状を支えきれないことを自覚したため、一切の支配権を長慶に委ねたのだと思われる。

それ以後の氏綱は京都を離れて淀《よど》城（京都市伏見区）に移るが、細川千句などの儀礼は通例どおり継続している。氏綱による支配は終わりを告げるが、長慶との連携のもとで儀礼における京兆家当主の務めはなお継続し、畿内の秩序を維持する役割を担うのである。永禄六年（一五六三）も例年通り二月二十五日に細川千句を実施しているが〔言継卿記〕、この年の十二月二十日に氏綱は没した。享年は五十一で、院号は「見桃院《けんとういん》」、道号は「悟峯《ごほう》」、法名は「宗勤《そうきん》」とされる〔大雲山誌稿〕。

氏綱没後の藤賢

氏綱晩年の畿内は比較的安定していたが、永禄七年（一五六四）に長慶が没すると状況が一変する。永禄八年には、長慶の跡を継承した三好義継《よしつぐ》の家臣たちが三好三人衆方と松永久秀《ひさひで》方に二分し、翌年以降戦闘が激化するのである。この対立のなか、細川藤賢が存在感を発揮することとなる。

永禄九年五月に久秀は大和の多聞山《たもんやま》城（奈良市）を出て摂津中島《なかじま》（大阪市淀川区）まで進軍しているが〔細川両家記〕、これは藤賢との連携を確認するための出陣だったようである。そのあと久秀は摂津喜連《きれ》（同平野区）から堺へと移るが、ここに藤賢の手勢も同行したらしく、六月一日に堺の久秀勢が三人衆方に包囲されて退却すると、藤賢の手勢も河内長堂《ちょうどう》（大阪府東大阪市）での戦闘を経て中島に戻っている〔諸士系譜〕。

その後も久秀方の淀城・勝龍寺《しょうりゅうじ》城（京都府長岡京市）・西院小泉《さいいこいずみ》城（京都市右京区）では籠城を継続しているが、長慶の葬儀に合わせて六月二十四日に開城している〔細川両家記〕。淀城は氏綱の側近であった多羅尾綱知《たらおつなとも》が守っており、勝龍寺城は氏綱の右腕ともいうべき細川国慶の後継者が守っていた。また、西院小泉城はもともと細川国慶の家臣で氏綱のもとに合流していた小泉氏の居城である。このように、久秀は藤賢と連携することで、旧氏綱陣営を味方に付けることに成功したようである。そして、中島城（堀城、大阪市淀川区）にいた藤賢はなお籠城を続けたが、本願寺《ほんがんじ》の仲介で八月十四日に城を明け渡して大坂へと入っている〔細川両家記〕。

永禄十一年に藤賢は再度久秀と連携しており、大和の信貴山《しぎさん》城（奈良県平群町）に入っている。しかし、三人衆方の三好康長《やすなが》から攻撃を受け、またもや本願寺の仲介にて六月二十九日に城を明け渡し、大坂に戻っている〔細川両家記〕。このように藤賢は久秀方の立場を貫いていた。

それと関連して注意したいのは、永禄十一年に三人衆が将軍として擁立した足利義栄《よしひで》の御供衆のなかに、細川駿河入道の名がみえることである〔蜷川家文書〕。勝国の養父にあたる人物は、大永三年（一五二三）八月まで左衛門佐の呼称でみえるが〔後法成寺関白記〕、大永三年九月以降は駿河守と呼称される〔大永三年室町殿護摩記〕。また、高国が没すると入道して「雪樵斎宗寅」と称した〔実隆公記〕。勝国は藤賢とともに行動していたので、義栄の御供衆に加わるとは考えがたい。よって、勝国が氏綱方として駿州家当主を継承し、彼の養父はそれとは別行動をとっていたとみられる。勝国が最後まで駿河守を称さないのは、養父が健在だったためであろう。

久秀と行動をともにすることが多かった藤賢は、永禄十一年に足利義昭《よしあき》と織田信長《おだのぶなが》が上洛してくると、やはり久秀らと同様に義昭に従っている。そして、翌永禄十二年正月に本国寺《ほんこくじ》の義昭が三人衆勢に囲まれたときも、藤賢は防戦している〔信長公記〕。

それ以後も、阿波から三人衆勢が上陸してくることが予想されたため、元亀元年（一五七〇）六月頃の藤賢は、摂津国人たちの協力を得ながら人足を大量に動員して中島城に改修を加えていた〔狩野文書〕。そうしたところ、予想に違わず三人衆勢が上陸してきて、七月二十七日には中島城間近の野田《のだ》・福島《ふくしま》城（大阪市福島区）に陣取った。それ以降、義昭方と三人衆方の戦闘は続き、八月二十六日には信長自身も野田・福島城攻めに着陣し、九月に入ると義昭も着陣して中島城を在所とした。ところが、後背を突くように浅井長政《あざいながまさ》と朝倉義景《あさくらよしかげ》が兵を挙げたため、九月二十三日に藤賢は義昭・信長らとともに帰洛している〔細川両家記、信長公記〕。

以後の藤賢の動向は断続的にしかわからないが、義昭と信長が対立すると藤賢は信長方に残ったようである。例えば、天正四年（一五七六）正月には藤賢の在京を確認でき〔言継卿記〕、天正九年に信長が実施した馬揃えにも参加している〔信長公記〕。そして、藤賢は天正十八年（一五九〇）七月二十三日に京都で没している。享年は七十四で、院号は「春光院《しゅんこういん》」、道号は「清月《せいげつ》」、法名は「宗円《そうえん》」とされる〔細川系図〕。

（馬部隆弘）

【主要参考文献】

岡田謙一「細川右馬頭尹賢小考」（阿部猛編『中世政治史の研究』日本史史料研究会、二〇一〇年）
馬部隆弘「信長上洛前夜の畿内情勢―九条稙通と三好一族の関係を中心に―」（『日本歴史』七三六、二〇〇九年）
馬部隆弘「織豊期の茨木」（『新修茨木市史』第二巻、二〇一六年）
馬部隆弘『戦国期細川権力の研究』（吉川弘文館、二〇一八年）

細川晴元——澄元の後継者にして高国のライバル

晴元の生い立ち

細川晴元《ほそかわはるもと》は、永正十一年(一五一四)、細川澄元《すみもと》の息として生まれた。母は清泰院《せいたいいん》。幼名は「聡明丸《そうめいまる》」、仮名《けみょう》は「六郎《ろくろう》」。弟に氏之《うじゆき》(かつては持隆とされていた)がいた〔森脇二〇二二〕。嫡男は信良《のぶよし》(昭元《あきもと》)。正妻は三条公頼《さんじょうきんより》の娘であり、その縁から武田信玄《たけだしんげん》や本願寺顕如《ほんがんじけんにょ》の義兄にあたる。永正十七年、父澄元が細川政元《まさもと》の後継者争いで高国《たかくに》と戦い、死没したことを受けて後継者となった。実名の「晴元」を名乗るのは天文二年(一五三三)末から翌年頃に将軍足利義晴《あしかがよしはる》より偏諱を受けてから、さらに天文四年の末頃には「右京大夫《うきょうだいぶ》」に任じられ、名実ともに京兆家《けいちょうけ》の家督を相続することとなった〔馬部二〇一八〕。

細川高国との対立

晴元の前半生は、細川京兆家家督をめぐる細川高国との対立であった。晴元の父澄元は政元の後継をめぐって澄之《すみゆき》を破った後、高国と対立し、戦いの中で没した。幕政における最有力な存在とはいえ、本来、細川京兆家という一武家の家督争いであった澄元およびその息晴元と高国との対立は、高国が将軍義晴を擁立したことで、あたかも幕府対反幕府勢力との戦いに擬せられることになった。澄元が死亡したとき晴元はいまだ七歳で、高国に対抗する状況にはなかった。高国は将軍足利義材《よしき》（後の義尹《よしただ》、義稙《よしたね》）を追放した後、義晴を擁立して幕政の実権を握っていたのである。

大永六年（一五二六）七月、この状況に変化が生じる。従弟の細川尹賢《ただかた》の言を容れた高国は、被官の香西元盛《こうざいもともり》を討った〔実隆公記、後法成寺関白記〕。これを受けて元盛の兄弟である波多野元清《はたのもときよ》・柳本賢治《やなぎもとかたはる》らが離反し、高国権力は内部分裂を起こした。同年十月、晴元はこの機に乗じて阿波の被官である三好元長《みよしもとなが》に擁されて挙兵した〔尊経閣文庫所蔵文書、波多野文書〕。足利義維《よしつな》（義澄《よしずみ》の息）を奉じて阿波から堺に上陸した晴元は、翌大永七年二月に京都桂川《かつらがわ》の戦いで高国方を破り、義晴を擁したままの高国を近江に逐った。晴元は堺を拠点とし、義維を奉じて「堺幕府」ともいえる権力拠点を形成した〔今谷一九八五〕。

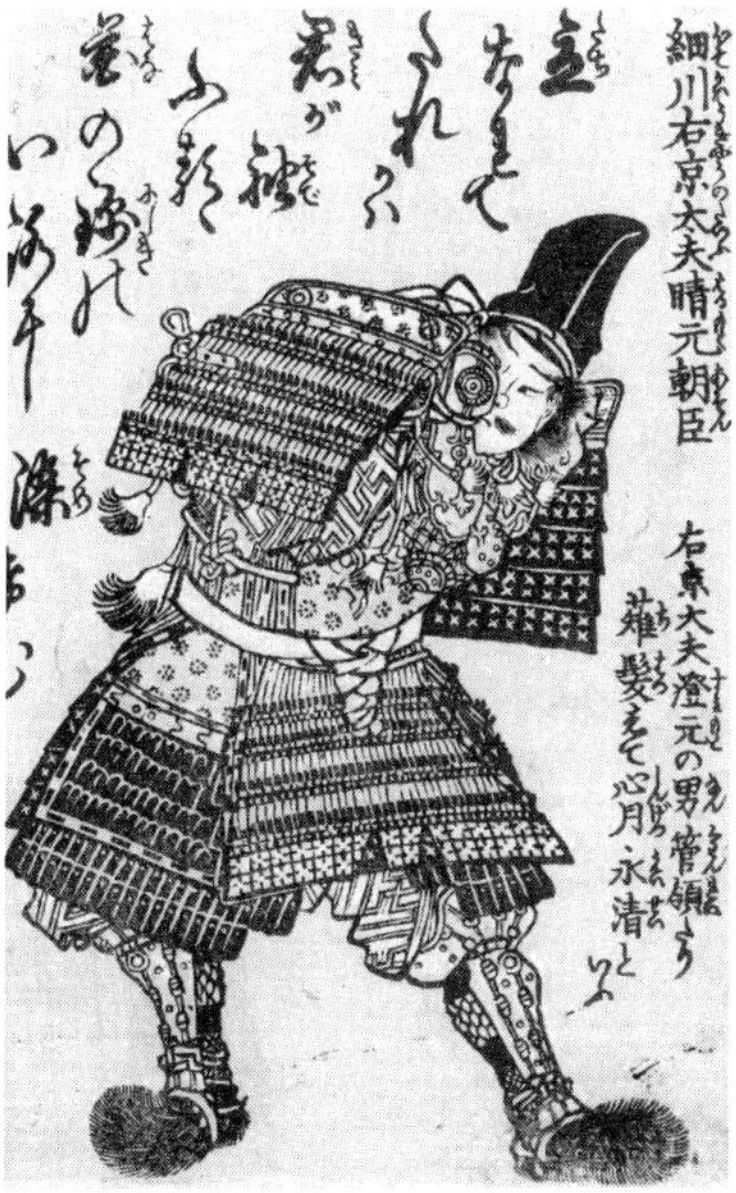

細川晴元画像　「英雄三十六歌仙」　当社蔵

細川京兆家を支える勢力は、政元段階では内衆《うちしゅう》であった。しかし、政元の後継をめぐる澄之と澄元の戦いによって内衆の一部が失われた。澄之方の勢力には高国を支持する者もいたが、高国が澄元を逐い、京兆家家督を継いだ段階では澄元を支持する内衆勢力が弱体化したため、大内義興《おおうちよしおき》との連合によって幕政を担うことになる。晴元はその高国と対抗するために、阿波の勢力である三好元長や可竹軒周聡《かちくけんしゅうそう》らを用いることになったのである。その後、高国方であった柳本賢治が参候し、三好元長とともに晴元権力を支えることになる。

足利義維を奉じ、三好元長・柳本賢治らによって支えられた晴元権力であるが、晴元に従って義維を奉じる三好元長と、足利義晴の存在を踏まえ将軍権力の一元化を模索する柳本賢治との間に路線対立が生じてくる。享禄二年（一五二九）にはこの状況を受けて元長が阿波に下向し、晴元の堺幕府はいったん弱体化する。翌享禄三年、柳本賢治が高国との戦いのなかで死亡する。高国は備前で勢力を持っていた浦上村宗《うらがみむらむね》と結んで摂津に侵攻し、晴元方を攻撃したのである。そのため、晴元と三好元長は享禄四年二月に和睦した。元長は高国攻撃に加わり、三月に中島《なかじま》（大阪市淀川区）、六月に天王寺《てんのうじ》（大阪市天王寺区）で高国方を破った。さらに、尼崎《あまがさき》（兵庫県尼崎市）に潜伏した高国を捕らえて自害させた。これが「大《だい》物崩れ《もつくずれ》」で、晴元は父澄元の段階から対立していた高国を廃することに成功した〔細川両家記〕。

晴元権力の姿

高国を廃することに成功した晴元であるが、その周囲の勢力には変化が生じる。柳本賢治の後継は子の甚次郎《じんじろう》となったが、享禄五年（一五三二）に三好元長が殺害してしまう〔細川両家記〕。この元長の行動が、一向一揆《いっこういっき》や木沢長政《きざわながまさ》ら、晴元のもとに結集する勢力の姿勢を変化させ、元長は同年六月、堺の顕本寺《けんぽんじ》で自刃を余儀なくされる。一方、義維は自らを支える元長が死亡したことを受けて義晴と対抗できなくなり、阿波に没落することになる。この後、晴元は自らが奉じる将軍権力を義晴に転換し、摂津を中心に活動する一向一揆に対応することになる。一向一揆と対立している法華宗《ほっけしゅう》と連携して法華一揆を誘発させ、近江の六角定頼《ろっかくさだより》と結んで山科本願寺《やましなほんがんじ》を攻撃した〔二水記〕。天文三年には足利義晴が近江の六角義賢《よしかた》（定頼の息）を伴って上洛した。晴元が上洛するのは天文五年九月である。

新たに細川京兆家を継ぎ、将軍義晴を支えることになった晴元の権力は、それまでの細川京兆家のそれとは異なった様相を見せる。政元以降、室町幕府を支えていた主体は細川京兆家であったが、この段階に至って近江六角氏の存在感が高まってくる。将軍義晴は帰洛後、政務案件について六角定頼の「意見」を求めることが多くなった。定頼自身は近江に在国したまま対応することが多かった。在京して将軍に近侍して幕政を担うという、それまでの幕政の担い手のあり方が転換してきているといえよう。一方、晴元権力を支える存在として、三好氏の存在感も高まっている。天文二年には三好長慶《ながよし》（元長の息）を家臣に加えている。このような点から、晴元、もしくは細川京兆家の幕政運営における機能の相対的低下が指摘されることがある。

晴元権力の特徴

たとえば天文七年（一五三八）、住吉浄土寺《すみよしじょうどじ》（大阪市住吉区）と桑原道隆《くわはらみちたか》の相論が京兆家にもたらされた際、晴元（担当は飯尾《いのお》元運・同為清《ためきよ》・茨木長隆《いばらきながたか》）は幕府の「御法」を幕府政所《まんどころ》の蜷川親俊《にながわちかとし》に尋ねている。担当の三名が幕府の「御法」をよく知らなかったから、とされるが、在地勢力として登用された茨木長隆はともかく、飯尾元運・為清は幕府奉行人一族で京兆家奉行人であるため、「御法」を知らないとは考えづらい。政元以降の京兆家の後継者争いの結果、それぞれに結合する内衆ら被官が減少し、京兆家権力を支える人材が失われた。この状況への対応として、それまで政権中枢には入っていなかった在地勢力（茨木長隆など）が登用されてくる。その結果、晴元権力の機能が低下していったとみたほうがよいかもしれない。

あわせて天文十五年の将軍足利義輝《よしてる》の元服時、本来なら管領が加冠《かかん》役を務めるが、京都が物騒なので近江坂本《さかもと》（大津市）で行われることになった。当時は管領が任じられていなかったため、義晴は六角定頼に依頼した。先例にないことを理由に定頼は拒んだものの、最終的には折れ、加冠役を務めることになった。当時、京都周辺においては、細川高国の後継者と称する細川氏綱《うじつな》が攻勢を強めており、晴元はこれへの対応で将軍義晴に近侍していなかった。そのため、義輝の元服時の加冠役を務めることができなかった。本来、六角氏は管領に就く家格ではないため、その役割を担うことはありえない。しかし、管領を務めうる細川京兆家の当主（晴元）不在を受け、幕府の儀式などへの姿勢も現実的に対応することが求められている。家格による幕政機能の遂行という原則が、十六世紀中葉になって、実態に即した方法に大きく転換してきているのである。

晴元を支える被官

晴元権力を支える被官の特徴は、京兆家の重要な支配領域である摂津において、有力な存在を把握することと、自らを支える根本被官の重用である。前者の代表が茨木長隆であり、後者の代表が三好元長・長慶といえる。

茨木長隆の本拠は、摂津守護所が置かれた茨木（大阪府茨木市）である。細川政元が京都から摂津に下向する際に所在した拠点でもあった。摂津支配を貫徹するためには必ず押さえなければならない地であり、ここを拠点とする茨木氏は、内衆を失った細川京兆家権力を支える存在としての地位を確立していった。もちろん茨木周辺の北摂地域を中心に、荘園等の給人として実質的な都市支配を行っている。京兆家内衆は必ずしも在地の勢力がそのまま分国支配を分担したのではなく、京兆家の他の分国へ移されて守護代や荘園、港湾などの代官、奉行人などを務めた。出身地と任地が交差することで、細川氏としての支配のまとまりが実現していた。しかし、内訌を経て内衆が失われたことをうけ、在地勢力を登用する必要に迫られた。このような状況のなかで適任とされたのが茨木氏であった。

後者の代表である三好氏は、阿波守護細川氏の被官である。同じく京兆家の内訌によって澄元・晴元に従って畿内に入った。澄元・晴元からすれば根本被官ともいえる存在であり、軍事上も政治支配上も頼りうる存在であった。

いずれにせよ、従来の京兆家とは異なる権力構造によって、晴元の権力は構成されていた。

晴元の戦い

内衆を紐帯として形成されていた京兆家の権力機構が、晴元段階に至り在地勢力と自身の本国の被官によって構成されることになった。それにより、晴元権力を支える勢力が自立的な行動をとるようになった。さらに、被官同士で主導権をめぐって争うことになる。

天文八年(一五三九)に上洛した三好長慶は、同族の三好政長《まさなが》(後の宗三《そうさん》)と河内十七箇所をめぐって争った〔大館常興日記〕。晴元が政長を支持したことで、長慶との関係は悪化した。このときは義晴と六角定頼の仲介で和睦している。しかし、このような被官衆をめぐる争いは継続し、天文十年には木沢長政《きざわながまさ》が三好政長の排除を訴え、晴元から離反する。長政は京都岩倉《いわくら》(京都市左京区)から摂津に攻め込んだため、晴元は芥川城《あくたがわ》(大阪府高槻市)に移って戦った。そして翌年太平寺《たいへいじ》(大阪府柏原市)にて三好長慶・政長、そして河内の遊佐長教《ゆざながのり》らが長政を討ち取っている。さらに天文十二年には高国の跡を継ぐ細川氏綱が、天文十四年には山城で氏綱方の細川元治《もとはる》・国慶《くによし》ら、および丹波の内藤国貞《ないとうくにさだ》らが挙兵した。このような動きは、晴元方の三好長慶・政長らが鎮圧した。氏綱は天文十五年の再挙兵によって、摂津のほとんどの地域を押さえることに成功し、晴元を丹波に逐った〔細川両家記〕。

同年、将軍義晴は嫡男菊童丸《きくどうまる》（後の義藤《よしふじ》、義輝《よしてる》）を元服させる。加冠役が管領ではなく家格の下がる六角定頼が務めたことは先述したが、このことが義晴と晴元との関係を悪化させる契機となった。

氏綱に対して晴元は、三好長慶の居城である摂津越水城《こしみず》から神呪寺《かんのうじ》（ともに兵庫県西宮市）などに移りながら、長慶と連携して戦い、天文十六年に長慶が舎利寺《しゃりじ》（大阪市生野区）の戦いで氏綱・遊佐長教らを破った。そして義晴・六角定頼を介して和睦し、氏綱との争いを終わらせた。

ここまで長慶ら三好氏は晴元の軍勢として戦ってきた。しかし天文十七年、かつて細川氏綱方に加わった池田信正《いけだのぶまさ》を誅したことで、晴元と長慶や他の摂津国人との関係が悪化する。また、三好氏内での対立により、長慶が政長を討伐することを求める要請を認めなかったことなどから、長慶らの離反を受ける。同年十月、挙兵した長慶が三好政長息の政勝《まさかつ》（後の政生《まさなり》、宗渭《そうい》）が籠もる榎並城《えなみ》（大阪市城東区）を包囲した。見捨てるわけにはいかない晴元は挙兵し、翌天文十八年、江口《えぐち》（大阪市東淀川区）の戦いに臨むことになった。この戦いで敗北した晴元は、将軍義輝らと近江坂本へ没落する〔厝仁以来年代記、厳助往年記〕。

この江口の戦いは、細川京兆家の家督継承者が将軍を奉じて幕府を運営しようとしてきた政治状況を新たな段階に導くことになる。三好長慶が、将軍を奉じることなく自ら畿内政治体制の事実上の実権を握っていく大きな流れをつくった。もちろん、将軍権力をまったく排除して権力を維持し、運用できるわけではなく、後には将軍や細川氏権力との連携も行われるが、十六世紀中葉に、まずはそういった既

細川晴元の墓　大阪府高槻市・普門寺

存の権力を奉じることなく、自ら権力化を遂げたことの意味は重要である。

晴元の最期

　このような状況下、晴元は天文十九年（一五五〇）に義晴が死去すると義輝を擁立し、晴元を支持してきた勢力（香西氏など）とともに丹波などで軍事行動を起こすが、京都に戻ることはできなかった。天文二十年、相国寺《しょうこくじ》で晴元方の香西元成《もとなり》・三好政勝が破れ、翌二十一年に将軍義輝が長慶と和睦して上洛する。細川氏家督は氏綱となり、その息聡明丸《そうめいまる》（後の昭元《あきもと》、信良《のぶよし》）が長慶の人質となっても晴元は和睦を認めず出家し、若狭へ没落する。この際、「永川」と一時名乗ったが、後に「晴元」に復した。その後も丹波への派兵を繰り返すが、天文二十二年、義輝が長慶と袂を分かったため、義輝と再度結び長慶と戦うことになる。

　しかし同年八月、義輝方の霊山《りょうぜん》城（京都市東山区）が落城すると、晴元は義輝とともに近江朽木《くつき》（滋賀県高島市）に没落する。永禄元年（一五五八）、上洛を図って将軍山《しょうぐんやま》城（京都市左京区）で三好方と戦うが、六角義賢の仲介で義輝と長慶が和睦すると、坂本にとどまった。永禄四年に長慶と和睦し、永禄六年に

普門寺《ふもんじ》（大阪府高槻市）で死去した。戒名は龍昇院殿心月清公大居士である。（古野貢）

【主要参考文献】

天野忠幸『戦国期三好政権の研究』（清文堂出版、二〇一〇年）
馬部隆弘『戦国期細川権力の研究』（吉川弘文館、二〇一八年）
馬部隆弘「江口合戦後の細川晴元」（石井伸夫・重見高博・長谷川賢二編著『戦国期阿波国のいくさ・信仰・都市』戎光祥出版、二〇二二年）
森脇崇文「戦国期阿波守護細川家関係者「氏之」の素性について」（『史窓』五二、二〇二二年）
山下真理子「細川晴元」（平野明夫編『室町幕府全将軍・管領列伝』星海社、二〇一八年）
山田康弘『戦国期室町幕府と将軍』（吉川弘文館、二〇〇〇年）

細川信良——実権を失った京兆家最後の当主

信良の生い立ち

細川信良《ほそかわのぶよし》は、天文十七年（一五四八）、細川晴元《はるもと》の息として誕生した。幼名は「聡明丸《そうめいまる》」、仮名《けみょう》は「六郎《ろくろう》」。母は六角定頼《ろっかくさだより》の娘。細川京兆家《けいちょうけ》最後の「右京大夫《うきょうだいぶ》」である。元亀二年（一五七一）、将軍足利義昭《あしかがよしあき》の偏諱《へんき》を受けて「昭元《あきもと》」と称すが、天正二年（一五七四）、織田信長《おだのぶなが》の偏諱を受けて「信元《のぶもと》」、ついで「信良」と改名した〔橋詰二〇〇七、尊経閣古文書纂〕。

天文十八年、細川晴元は江口《えぐち》（大阪市東淀川区）の戦いで対立していた三好長慶《みよしながよし》に敗れ、京都を逐われた。それまで室町幕府を支える中心的存在として活動してきた細川氏がその地位を失い、被官である三好氏が主導する段階に入った。このことをもって、細川京兆家が事実上崩壊したとの見方もある。

天文二十一年正月、三好長慶と対立していた父細川晴元が和睦し、晴元の息信良は、将軍足利義藤《よしふじ》（後の義輝《よしてる》）とともに近江堅田《かたた》（大津市）から帰洛した。晴元は剃髪して若狭に没落した。以後、信良は三好長慶の居城である越水城《こしみず》（兵庫県西宮市）で人質としての時間を過ごすことになる。

翌天文二十二年、芥川城《あくたがわ》（大阪府高槻市）の芥川孫十郎《まごじゅうろう》が三好長慶に味方する安見宗房《やすみむねふさ》に降って退城したことを受け、信良は長慶とともに芥川城に入城した。そして永禄二年（一五五九）二月、信良は元服し、「六郎」と号した。永禄六年、摂津富田《とんだ》（同高槻市）の普門寺《ふもんじ》で没した父晴元の跡を継いだ。

畿内での動向

永禄八年（一五六五）、将軍足利義輝が殺害された。永禄九年になると、細川信良は三好三人衆によって管領として処遇されたとされるが、実際には就任していない。ただ奉行人の飯尾為清《いのおためきよ》を介して、洛中洛外に撰銭《えりぜに》を指示している。また、松尾《まつお》社神主に対し神領を安堵している。永禄十年には、山城の諸関役銭を今村《いまむら》氏に沙汰して押領しようとしたため、山科言継《やましなときつぐ》が三好三人衆に訴えている。これらのことから、信良は摂津や山城などの畿内諸国に対して、幕府機構や守護的存在として分国支配を行う存在であったことがわかる。しかしその支配については、三好三人衆による承認が必要となっており、この段階において、すでに細川氏と三好氏の支配権力としての立場が逆転していることがわかる。

織田信長の動向とともに

永禄十一年（一五六八）九月、足利義昭を奉じて織田信長が挙兵した。信良は三好三人衆の一人、三好長逸《ながやす》とともに芥川城に籠城していた。しかし、越水城や滝山城《たきやま》（神戸市中央区）など、三好方の諸城が落ち、同三十日には義昭が芥川城に入城したため、同城から退いた。その後阿波に逃れ、敵対的行動を続けることになる。

永禄十三年（元亀元年、一五七〇）三月には、三好三人衆や篠原長房《しのはらながふさ》ら四国勢が摂津中嶋《なかじま》（大阪市淀川区）に上陸して信長・義昭方への軍事行動を展開し（野田《のだ》・福島《ふくしま》の戦い）、丹波など各地の勢力にも助力要請を行っている。

しかし、元亀二年十二月、信長は朝倉義景《あさくらよしかげ》・浅井長政《あざいながまさ》と和睦し、朝倉・浅井と同盟していた本願寺顕如《ほんがんじけんにょ》・三好三人衆とも和議を結んだ。これを受け、三好方の旗頭となっていた信良は、同十七日に上洛して義昭に臣従し、義昭の偏諱を受けて「昭元」を名乗った。

信長麾下としての動向は、元亀三年頃から確認できる。同年三月、信良は三好三人衆の一人である石成友通《いわなりともみち》を伴って上洛し、信長の居所である妙覚寺《みょうかくじ》に参候した。同年に摂津国内で本願寺勢力（下間頼龍《しもつまらいりゅう》・頼純《らいじゅん》ら）と交戦して破れた。また当時中嶋城にいた信良は、対立していた三好義継《よしつぐ》と和睦し、人質を交換した。しかし、この和睦は破れ、翌四年（天正元年）二月には義継・松永久秀《まつながひさひで》らに攻撃されて中嶋城が落とされた。信良は堺に逃れている。

同年七月、足利義昭が信長に対して山城の槇島城《まきしまじょう》（京都府宇治市）で挙兵した。しかし義昭は敗れ、諸国を流浪した後、毛利《もうり》氏を頼って備後の鞆《とも》（広島県福山市）に下った。信良は義昭が去った槇島城を任されて入城した。義昭追放後の信長権力にとって、細川氏の存在は意味があったと考えられる。近年信長は、特に前半生においては、革命的な変革者というよりも、むしろ朝廷や幕府の権威などを尊重する常識的な行動原理を持っていたと評価されてきている。信良を槇島城へ入れたとされる点は、室町幕府を前提とした政治体制を踏襲しようとする姿勢を示していると考えられる。このことは、天正五年（一五七七）、羽柴秀吉《はしばひでよし》の尽力によって信良が信長の妹、お犬を娶ったことにも表れている〔翠竹院道三手簡、大雲山誌稿〕。この婚姻により、信良は織田家の一員となった。一方、信長も室町幕府における名族である細川京兆家当主の義兄という立場を得た。細川京兆家を継いだ信良は、そのような存在として認識されていた。

天正二年、信良は信長からの偏諱を受けて「信元」、次いで「信良」と改名し、翌天正三年には信長の推挙により、「右京大夫」に任じられた。そして天正九年の京都御馬揃にも参加している。また、所領として丹波の桑田《くわた》・船井《ふない》両郡が信長から与えられているが、後に丹波支配の実権は明智光秀《あけちみつひで》に移ることになる。

中世の終焉に向けて

天正十年（一五八二）の本能寺の変後、信良は阿波に逃れた。天正十三年、信長の後継者となった羽柴秀吉は四国攻撃を行うが、それに対して信良は長宗我部元親《ちょうそかべもとちか》と連携し、秀吉に対抗した。元親と織田信雄《のぶかつ》との連携を図り、反秀吉勢力の結集を目指していたらしい。

その後、義妹（三条公頼《さんじょうきんより》の娘で晴元の養女、本願寺顕如室）の所縁により、本願寺顕如のもとにあったとされる。それは、天正十七年に京都聚楽第《じゅらくてい》の壁に落書がなされ、その犯人が本願寺寺内に逃げ込んだ事件で、斯波義銀《しばよしかね》・蜂屋謙入《はちやけんにゅう》・尾藤知宣《びとうとものぶ》とともに逮捕され、後に釈放されたことからわかる。

没年は定かではないが、天正二十年（文禄元年、一五九二）（細川系図、武徳編年集成）、元和元年（一六一五）〔寛政重修諸家譜〕など複数の記録が残る。

信良は、細川京兆家、右京大夫の系譜を引く最後の人物といえる。室町幕府で大きな影響力を行使した細川京兆家は、幕府を相対化し新しい政治体制の構築を目指した秀吉によって克服されたといえよう。子孫は陸奥の三春《みはる》藩秋田氏の家老職を務めた。

（古野貢）

【主要参考文献】
野沢隆一「細川昭元考」（『栃木史学』二、一九八八年）
橋詰　茂『瀬戸内海地域社会と織田権力』（思文閣出版、二〇〇七年）
宮本義己「曲直瀬一渓道三と茶道」（一）（二）（三）（『茶道雑誌』三五―八・九・一〇、一九七一年）
宮本義己『誰も知らなかった江』（毎日コミュニケーションズ、二〇一〇年）
森田恭二『戦国期歴代細川氏の研究』（和泉書院、一九九四年）
山下知之「天正後期の細川信良と長宗我部氏との関係―細川信良書状の分析を通じて―」（『戦国史研究』七六、二〇一六年）
吉井功兒「細川昭元について」（『政治経済史学』二六三、一九八八年）
吉井功兒「細川晴元・昭元父子に関する若干の基礎的考察」（『ヒストリア』一二〇、一九八八年）

波多野秀忠・元秀
――丹波の覇権を握った京兆家被官

波多野秀忠と細川京兆家の抗争

波多野秀忠《はたのひでただ》は、多紀《たき》郡八上《やかみ》城（兵庫県丹波篠山市）を中心に、戦国期丹波において覇権を握った武将である。通称「孫四郎《まごしろう》」、官途は「備前守《びぜんのかみ》」を称し、父波多野元清《もときよ》の後継者と推定されている。

元清は、永正四年（一五〇七）の細川政元《ほそかわまさもと》による丹後攻めの際、「加屋《（悦）》ノ城」（京都府与謝野町）を攻撃しており、すでに細川京兆家《けいちょうけ》被官として活躍していた。当初「孫四郎元清」と名乗っていたが（細川大心院記）、永正十七年頃「波多野孫右衛門尉元清」として登場する（十念寺文書）。当時は京兆家の抗争に勝利した細川高国《たかくに》に服属していた。

しかし、大永六年（一五二六）七月、高国が元清の弟香西元盛《こうざいもともり》を謀殺したため、元清および柳本賢治《やなぎもとかたはる》（元盛の弟）が阿波の細川晴元《はるもと》（六郎）と結び、高国に反旗を翻した。以後、大永・享禄・天文初期における畿内近国の政争のなかで、波多野氏は次第に頭角をあらわしてくる。ただ当時の記録には、実名、通称名を伴わない「波多野」という記述が多いため、人物比定が難しい点がある。以下、可能な限り史料に即して見ていきたい。

賢治は神尾山城《かんのおさん》（京都府亀岡市）、元清は八上城にそれぞれ籠城した。高国方は、神尾山城を攻めるため軍勢を送ったが、氷上郡《ひかみ》の赤井氏《あかい》による後巻《うしろまき》もあり、返り討ちにあう。翌大永七年二月、晴元方の反撃が始まり、「波多野孫三郎」（孫四郎カ）が賢治や阿波衆と連携して桂川《かつらがわ》で高国軍を破って入京した〔実隆公記〕。この人物が元清の後継者の孫四郎秀忠であろう。同じく入洛を果たして賢治とともに「孫四郎」名で上賀茂社《かみがも》において禁制《きんぜい》を出した〔賀茂別雷神社文書〕。このとき花押は、後の秀忠と一致し、すでに秀忠が表舞台に立っていたことがわかる。

秀忠らの上洛時、彼の「父」の「孫右衛門」（元清）は「所労」であり、上洛が噂されつつも、実行されなかった〔二水記〕。その後、「波多野孫左衛門尉」は上洛したようであるが、四月三日には、やはり「所労」のため「板輿」に乗り、賢治らと阿波衆が上陸した堺へ下向した〔二水記〕。なお、秀忠とは別に、五月二十七日には晴元が「波多野次郎」に対して、神尾山城や川勝寺《せんしょうじ》合戦の戦功を賞しており、別系統の波多野一族も晴元方として参陣していたことがわかる〔波多野文書〕。

ところで、京都を占拠していた丹波・阿波衆は、次第に下国を進めるようになり「京中一人無之」という状態となった〔二水記〕。この機に高国は反攻に転じ、同八月に避難先の近江から上洛戦を試みると、九月三日に「柳本・波多野」の「披官人」が京都周辺の打ち廻りを実施し、これに対抗しようとした〔二水記〕。十月に高国が将軍足利義晴《あしかがよしはる》を奉じて入洛を果たすと、改めてこれと対決するため、晴元方の主力三好元長《みよしもとなが》らが「柳本・波多野・赤井」とともに、十一月に川勝寺・下京《しもぎょう》周辺で高国方と戦い、再びこれを撃破した〔二水記、実隆公記〕。十二月、柳本衆が京都へ入ると濫妨狼藉を繰り返したため、朝廷は「波多野」に、こうした活動を制止するよう伝えている〔実隆公記〕。

その後、翌八年正月に、一転して高国と元長の間で和睦が結ばれ、波多野方は、再び丹波へ下向した。この和睦を快く思わない元長の一族三好政長《まさなが》と柳本賢治は、晴元に元長への讒言を繰り返したため、和睦を破談する。ここで、再び義晴・高国とも京都から近江へ奔り、晴元と元長の間で亀裂が走った。

こうした阿波勢の分裂は波多野氏にも波及し、元清と秀忠の間でも不和が生じた。享禄三年(一五三〇)五月、元清と考えられる「孫衛門」が死去しているが〔厳助往年記〕、一方で波多野孫八郎(孫四郎秀忠カ)が京都から三〇〇の兵で丹波へ出陣し「孫衛門」の党派と対峙しており〔二水記〕、父の党派との対立は続いたようである。

一方、元長との和談が成立しなかった高国は、越前を経て播磨まで逃れ、赤松政村《あかまつまさむら》の後援を受け、改めて上洛の機会をうかがった。同三年六月、柳本賢治は機先を制して播磨へ攻撃をしかけたが、逆に浦《うら》上村宗《がみむらむね》の謀略で暗殺されてしまう〔二水記〕。このとき、賢治とともに「波多野」「赤井」が播磨に侵入したと報じられている〔荻野文書〕。これを契機に、再び高国が播磨から畿内各地へ攻勢をかけるようになった。摂津や京都周辺では高国方と晴元方の激しい戦闘となったが、同四年三月、「波多野孫四郎」なる人物が高国方に敗れ、山田(大阪府吹田市)で切腹した〔細川両家記〕。この「孫四郎」は元清と考えられてきたが、前述したように享禄三年五月頃に「孫衛門」が没しており、別の人物を当てる必要がある。

勢いを盛り返した高国であったが、同年六月、天王寺《てんのうじ》合戦で再び結束した晴元・元長の連合軍に敗れ、尼崎《あまがさき》（兵庫県尼崎市）で自害した〔二水記、細川両家記〕。しかし、翌五年正月には再び晴元・元長が対立し、それぞれが堺北荘、南荘に入って対峙する。このとき「丹波の波多野」は元長方に味方して、南荘に入っている〔細川両家記〕。苦境に立った晴元は本願寺と連携し、彼らに一揆を起こさせ、元長を奇襲して自害せしめた。元長方にいた「丹波国波多野」は堺から引き揚げ、丹波へ没落している〔言継卿記〕。この段階で、波多野氏は少なくとも阿波衆とはいったん距離をあけることになる。

細川晴国の擁立と離反

天文元年（一五三二）八月、今度は晴元と本願寺との対立が表面化し、晴元方の柳本信堯《のぶたか》が法華一揆《ほっけいっき》とともに山科本願寺《やましなほんがんじ》（京都市山科区）を焼き討ちしている〔二水記〕。晴元方と本願寺の対立が鮮明となると、同年十月には、再び高国系として、その弟八郎晴国《はるくに》が挙兵した。彼は「波多野同意」を取り付け、若狭から丹波へ入った〔二水記〕。晴国は「波多野」が帰参したことで、丹波は大略支配下に入ったことを報じ、西岡の野田《のだ》弾正忠に参陣を促している〔尊経閣文庫所蔵文書〕。同二年五月、「波多野」は晴国を「取立ル体ニテ候」と評され、丹波より京都をうかがう軍事行動に出ている〔祇園執行日記〕。これらの「波多野」は秀忠のことと考えられ、丹波において存在感が増したことを示す。

また、同年十月にも、京都において晴元方と晴国方の本格的な戦闘が始まったが、丹波穴太（京都府亀岡市）の合戦では、秀忠膝下の波多野与三右衛門秀長《ひでなが》が桑田《くわた》郡の国衆長尾《ながお》蔵介らを統率したことが確認でき、秀長も添状を出している〔雨森善四郎氏所蔵文書〕。同年六月、秀忠が大山崎惣中《おおやまざきそうちゅう》に対して晴国に対する贈物に対する感状を出したが、やはり秀長が取次を行っている〔離宮八幡宮文書〕。当初、一族の秀長の活躍が目立っている。同二年十二月の京都における戦いでは「波多野以下足軽等出之」とあり、彼らの軍勢が晴国方の主力となっていた〔兼右卿記〕。

天文三年四月、晴国ら丹波衆は西岡へ出張し、さらに七月には晴国と京都の木沢《きざわ》氏、法華一揆と戦っていた。ところが、丹波では波多野方とその与力衆との間で対立が起こり、与力衆が多数「打死」した〔兼右卿記〕。この頃から秀忠独自の動向がみられるようになる。

天文三年七月二日、秀忠は一族の波多野与兵衛尉秀親《ひでちか》を船井《ふない》郡代に任命した〔能勢文書〕。この段階で、秀忠は事実上の丹波守護代として権限を行使し始めた。波多野秀親と相談するよう小畠《こばたけ》七郎に伝えている十月十九日付の晴国書状が天文三年と比定されていることから、この判物《はんもつ》が晴国方の守護代として発給されている〔馬部二〇一八〕。また、翌四年七月頃、秀忠の五歳の子息「太藤丸」が一族の秀親とともに丹波御料所代官就任の礼として上洛しているが〔後奈良天皇宸記〕、この頃には、秀忠は自らが担いだ晴国を見限り、再び晴元方に帰属したものと思われる。当時、元長の子千熊丸《せんくまる》（長慶《ながよし》）のもと、三好氏が結束し、彼らが晴元と大坂本願寺の間を仲介した。そのため、晴元を中心に戦乱を鎮める契機となりつつあり、秀忠は、そうした状況を機敏に察知したようである。同五年八月、晴国は摂津国衆の三宅国村《みやけくにむら》によって謀殺されている。

秀忠と丹波

秀忠は、すでに阿波衆と連携して戦っていた段階から、丹波の敵対勢力への対処をめぐり、権限を行使するようになっていた。大永八年（一五二八）六月、秀忠は秀親に、口人村《くちうど》（京都府南丹市）の「森村分」、雀部村《ささいべ》（同南丹市）の「宗信分」、熊崎（同南丹市）三十石を替地として与えている〔能勢文書〕。年未詳十二月九日付の書状では、天田郡《あまた》の土豪細見《ほそみ》山城守に対して丹後の野山《のやま》・田辺《たなべ》両氏が帰路の際、改めて路次通行の協力を要請し、その際の連絡を求めている〔細見文書〕。その際「上」が祝着すると認識するだろうと記している。これは細川晴国の丹波入国とも関連する可能性があるが、秀忠が天田郡の土豪まで音信を交わしていたことがわかる。

その後、秀忠は天文二年（一五三三）二月から六月の間に「備前守」を名乗るようになった。備前守は、内藤氏《ないとう》が十五世紀中葉から代々使用していた官途であり、秀忠が丹波守護代職の継承を強く意識していたことがわかる。すでに晴国段階から、丹波守護代相当の地位を認識していたことになる。同二年正月には桑田郡の大西《おおにし》弥四郎に対して、その忠節を賞して太田村（京都府亀岡市）の松井公文《まついくもん》分の所領を認めている〔雨森善四郎氏所蔵文書〕。前述したように同三年七月から判物を発給するようになっており、丹波における上位権力に成長することになる。実力をつけた段階で、晴国方から離脱し、晴元方へと帰参することになる〔馬部二〇一八〕。

天文五年九月、晴元が幕府に出仕した際、「三好仙熊（長慶）」・「波多野（秀忠）」・「木沢（長政）」の三名が騎馬で従った〔鹿苑日録〕。同七年八月、やはり晴元が出仕した際、秀忠が一人出仕しており、彼が晴元から信頼を得ていたことがわかる〔親俊日記〕。

前述した秀親を船井郡代に任命した同日の天文三年七月二日には、その管轄する桑田郡姫宮御領山内本所分、崩山下司分の代官職、多紀郡籾井（兵庫県丹波篠山市）の龍安寺《りょうあんじ》分などを替地として与えている〔能勢文書〕。秀忠は「上」からの指示として、籾井名主百姓中に対し本所の龍安寺へ寺納するよう命じている〔個人文書〕。年未詳十月十六日付秀忠書状では、片岡右衛門尉に対して、氷上郡の石清水《いわしみず》八幡宮《はちまんぐう》領柏原荘（同丹波市）について疎意に扱わない旨を伝えている〔石清水文書〕。こうした権門に配慮する一方、秀忠は土佐《とさ》刑部大輔光茂《みつしげ》が保持する大芋《おくも》社領を押領し、同四年八月には幕府から返付指令を受けている〔土佐文書〕。

こうしたなか、丹波国衆との関係も強化していった。同五年二月には、秀親、多紀郡の酒井《さかい》左衛門助、中沢《なかざわ》新兵衛尉の同心に際し、今後疎意がないよう起請文を交わしている〔能勢文書〕。同六年正月には、桑田郡の金輪寺《こんりんじ》（京都府亀岡市）興隆のため、三千疋を寄進している。これは丹波国衆が多数奉加しているなかで、最も高額である〔金輪寺文書〕。ちなみに、この奉加には晴元も花押を据えている。年未詳だが、秀忠は船井郡和知《わち》（同京丹波町）の片山《かたやま》甚三郎・出野弥二郎・足立《あだち》右馬允に対して丹波山内の成敗について事後処理を委ねている〔片山文書〕。

秀忠の積極的な動向に対して、次第に権限を侵害された守護代の内藤国貞《くにさだ》は、同七年十月、高国系の細川氏綱《うじつな》方に投じ、晴元から離反した。国貞は拠点八木城《やぎ》（京都府南丹市）に「諸牢人衆」を集め、籠城を始めた〔鹿苑日録〕。秀忠・三好政長らはこれを攻撃し、十一月には陥落せしめている。

実力行使で内藤氏を制圧せしめた秀忠は、後に「京兆披官」にして「丹波守護」と評されるようになった〔大館常興日記、言継卿記〕。言うまでもなく、丹波守護は細川京兆家が兼ねていたため、実際には守護代と言ってよいだろう。八木城が陥落した天文七年十一月、桑田郡太田の智東院見光寺《けんこうじ》分について小沢千千代丸《おざわせんちよまる》の継承を認めている〔能勢文書〕。同八年五月、須智《しゅうち》氏による懇望によりこれと和睦し、係争地の本梅（京都府亀岡市）・小山・木崎（同南丹市）における秀親の知行を認めている〔能勢文書〕。秀忠は改めて内藤氏膝下の地域でも権限を振るうようになる。同九年五月には「波多野」が「八木志万地頭方」（同南丹市）を押領したため、幕府はこれを制止しようとしている〔大館常興日記〕。さらに七月には、宇津《うつ》氏と並び、山国荘《やまぐに》（京都市右京区など）を押領した人物として名前があがっており、やはり幕府は晴元をして、これを制止させようとしている〔大館常興日記〕。

天文十年九月、摂津の塩川国満《しおかわくにみつ》が故高国系の党派に属し、一蔵城《ひとくら》（兵庫県川西市）に籠城した。秀忠は、晴元方としてこれを攻めたが、塩川方へ援軍として河内の木沢長政《ながまさ》、摂津の伊丹親興《いたみちかおき》、三宅国村が後巻《うしろまき》したため、秀忠は一時撤退した〔細川両家記〕。晴元は、この木沢長政の謀反を鎮めるため、大和の鷹山弘頼《たかやまひろより》や上山城衆に出陣を促したが、その際三好長慶や秀忠からも通達させている〔興福院蔵鷹山家文書〕。以後、同十一年にかけて、細川・三好氏は木沢長政への対処に追われるが、秀忠は同年三月、三好政長とともに宇津城（京都市右京区）を攻めている〔親俊日記〕。

同十三年十一月、秀忠は秀親に対し、禁裏御料所上村荘（京都府亀岡市）の「御公用」が万疋免除され、残る一五〇貫文の納入を命じている〔波多野文書〕。このとき、実際に禁裏にも年貢が到来している〔御湯殿上日記〕。

天文十四年五月、内藤国貞は丹波世木（京都府南丹市）に「山城」を構えて再び籠城した。このとき、秀忠は三好長慶らに支援を要請したが、長慶は「婿の事なれば」として、軍勢を率いて駆けつけている。七月に世木城は陥落し、目的を達した秀忠は八上城へ帰城している〔細川両家記〕。この点から秀忠は長慶を娘婿とするなど、中央政界との人脈を固めていたことが確認できる。

そして十二月には、晴元は奉行人飯尾元運《いのおもとゆき》をして、摂津能勢《のせ》郡の「西郷」の「諸侍等」が細川氏綱方に属したことを重く見て、彼らの所職を没収し、御料所として波多野秀親が担当するよう命じた。しかし、氏綱方は急速に勢いを取り戻し、同十五年十月には晴元は京都を出て、丹波神尾寺（京都府亀岡市）へ撤退している〔証如上人日記〕。このとき、秀忠は秀親に対して調略をもって対応するよう命じている〔能勢文書〕。

　秀忠の存在感が増した要因は幕府御料所の桐野河内（京都府南丹市）、美濃田保（同亀岡市）の権益が認められたことが契機となっている。年未詳の三月二十日付の秀忠書状では政所《まんどころ》執事《しつじ》の伊勢《いせ》氏に対して、上洛後には幕府御料所の桐野河内、美濃田保の上納分を納入することを誓っている〔蜷川家文書〕。また、四月十四日の秀忠書状では、桐野河内の「四分一」の代官職を秀親に授けており、同地に強い権限を持っていたことがわかる〔能勢文書〕。天文七年（一五三八）十月に八木城が陥落した際、細川晴元は桐野河内における内藤方の知行地を幕府に還付させている〔蜷川文書、古蹟文徴〕。

　幕府に対し年貢徴納入を進めるとともに秀忠による桐野河内への影響力も強まってくる。同八年三月、秀忠の被官人が美濃田保において夫役《ぶやく》を課していたため、幕府は晴元を通じて停止するよう命じている〔披露事記録〕。同年十一月、秀忠は荒木清長《あらききよなが》に桐野河内の年貢について将軍の「御下知」に従い、沙汰するよう命じている〔親俊日記〕。同十年五月十三日には桐野河内、美濃田保に対して荒木清長が新儀の役「牛別」を賦課したため、譴責使を派遣した。細川晴元は奉行人茨木長隆《いばらきながたか》をして、これを停止するよう、秀忠へ奉書を送っている。ほぼ同時期と推定される五月十九日付の晴元書状にも、下知したにもかかわらず、「牛別」役が課せられている現状を伝え、やはり停止するよう指令している〔蜷川文書〕。

　同十二年二月、茨木長隆は、秀忠に対して桐野河内の年貢を伊勢貞忠《さだただ》に皆済するよう命じている〔古蹟文徴、蜷川文書」)。同十三年十月には、長隆は同荘の年貢減少を秀忠に伝えている(同)。

このように秀忠は、少なくとも天文四年頃から十五年にかけて幕府御料所桐野河内に影響力を持っていた。特に新儀の「牛別」役を課していること、さらに一族秀親にも「四分一」の権益を付与している点は注目される。

秀忠と京都

秀忠は晴元を支えていたことから、在京している記事が散見される。天文七年(一五三八)三月、細川晴元の奉行人飯尾元運は万部経会《まんぶきょうえ》につき、秀忠に対して国中に推挙を求めている(清涼寺文書」)。同年七月、秀忠は「九条買徳分」について下知が下されたことが伝えられている(親俊日記」)。同九年三月には、京都西陣において、観世大夫《かんぜだゆう》による勧進猿楽《かんじんさるがく》を主催し、細川晴元も参席した。一方で、同十三年六月、秀忠は奉行衆の飯尾上野介との間で喧嘩となったという事案もみられた(言継卿記」)。

彼は禁裏との関係も重視しており、同年十月には、丹波の人数を動員し、波多野秀親らに内裏の西の築垣を構築させている(御湯殿上日記」)。翌十一月には、秀忠は秀親に対して、禁裏御料地上村荘の公用銭一五〇貫文を納入するよう命じた(波多野文書」)。実際に効果があり、朝廷に年貢が到来している(御湯殿上日記」)。

天文五年の法華一揆《ほっけいっき》によって、一時堺へ避難していた妙蓮寺《みょうれんじ》は、天文十一年頃、京都上京《かみぎょう》において復興の準備を進めていた。その前後、同寺に対して秀忠が関わっている。天文十年八月、晴元は奉行人飯尾為清《ためきよ》をして同寺における寄宿免除を命じたが、これについては秀忠が取り次いでいる。秀忠も晴元側近垪和道祐《はがどうゆう》を通じて、寄宿免除を伝えたことを妙蓮寺に報じている。同十一年三月、妙蓮寺の境内拡張の際、晴元の奉行人飯尾元運は百姓の下作職について下知するよう秀忠に命じた。同年頃、妙蓮寺は京都北小路に取り立てられたが、その際秀忠は一族の秀親の寄宿免除を伝えている。このとき、秀親は秀忠に服属し、「家中」のうちと称している〔妙蓮寺文書〕。

また、年未詳の四月十日付の秀忠書状によると、大坂本願寺が京都汁谷越《しぶたにごえ》の権限を持っていた今村《いまむら》弥七に対して、寺への参詣のため、塩合物、高荷・諸商売の通行を認めるよう依頼があり、将軍足利義晴、細川晴元の下知を受けて、これを隣接する山科七郷中や東福寺《とうふくじ》に認めさせている〔今村家文書〕。その際、秀忠は今村弥七政次《まさつぐ》を「拙者与力」と位置づけている。他にも晴元側近で秀忠とも関係の深い垪和道祐も、十二月二十七日付書状において、政次の父今村浄久《じょうきゅう》が「成敗」されたにもかかわらず、一族の政次は「波多野備前守与力」であるので問題ないと述べており〔今村家文書〕、秀忠と政次の深い関係がうかがえる。秀忠が山科から下京へ続く汁谷越の権益についても影響下に置いていたことが理解できよう。同十五年九月には、広隆寺《こうりゅうじ》〔京都市右京区〕において禁制を出しているが〔広隆寺文書〕、以後、秀忠の文書は確認できないため、天文十五年末頃に亡くなった可能性がある。

元秀の時代

波多野元秀は天文～永禄年間頃に活躍した人物で、仮名《けみょう》は父秀忠と同じく「孫四郎」である。妙蓮寺宛の寄宿免許の秀忠文書のことを「親候者折紙旨」と記しており、やはり秀忠の嫡男と考えられる〔妙蓮寺文書〕。天文四年（一五三五）七月、「波多野子息五歳」の「太藤丸」が人数三千を率いて上洛し、蘆山寺《ろざんじ》を「陣所」にした〔後奈良天皇宸記、厳助往年記〕。これが元秀であろう。天文七年、細川晴元邸に将軍義晴《よしはる》の御成があった際、「波多野孫四郎」が大門役等を担当している〔天文七年細川亭御成記〕。また、桐野河内の年貢を運上していた「孫四郎」も元秀のことであろう〔親俊日記〕。

しかし、天文十六年頃、細川氏綱と細川国慶《くによし》が連携し、晴元方と戦うようになった。内藤氏の一族永忠が高雄《たかお》（京都市右京区）まで進軍するようになった。氏綱方の蜂起は丹波の桑田郡にも波及したため、同年閏七月、三好政長は波多野秀親に対して、口丹波における活躍を賞している。このとき、元秀も計略をもって龍沢要害（兵庫県丹波篠山市）を陥れたと報じられている。さらに、元秀は某紀伊守に対して芦山口（京都府亀岡市）の合戦で勝利を得られたことについて感状を与えている〔波多野文書〕。同年頃から父秀忠の文書が見られなくなるので、この頃から家督を継承したと考えられる。

この天文十六年の高国系の蜂起は国慶の敗死によって、いったん鎮まった。翌十七年には畠山《はたけやま》方の実力者遊佐長教《ゆざながのり》が晴元と和睦し、氏綱の軍事活動はいったん収束した。同年八月、「はた野」は代替わりの御礼に朝廷に参上し、馬・太刀を進上している〔御湯殿上日記〕。

しかし翌十八年、晴元の重臣三好長慶は、晴元から離反して氏綱方と気脈を通じた。同年七月、三好長慶は江口《えぐち》合戦によって晴元方の三好政長を撃破し、これによって晴元の政権は崩壊する。この合戦の直前、元秀は晴元の命令として、かつて父秀忠も影響下においていた今村政次の知行分等を秀親・次郎父子に領知せしめるよう命じている〔能勢文書〕。逆境の中、何とか秀親父子を味方に留めておきたい元秀の意図が反映されている。しかし結果として、晴元方の敗北により、元秀は窮地にたった。同十九年閏五月、「波多野孫四郎」が「山崎口」(京都府大山崎町)で打ち破った記事が出ており、晴元と長慶の抗争に積極的に関わっていた〔増野春氏所蔵文書〕。

今まで秀忠に二度も苦杯を舐めていた内藤国貞が氏綱・長慶と連携して、丹波国衆を糾合し始めた。内藤氏の反撃という事態に際し、元秀にとって喫緊の課題は一族だった波多野秀親・次郎父子の帰趨だった。前述したように秀親は父秀忠に従い、同じ「家中」と称されていた。しかし船井郡代に任じられた後も、桑田郡南西部で権限を振るい、本梅・上村荘(京都府亀岡市)、「三郡」(桑田・船井・多紀)の当知行等を有していた〔波多野家文書〕。天文十九年七月には桑田郡の井出村、東加舎村(京都府亀岡市)の山野相論の際、地元の土豪中沢正綱《なかざわまさつな》は、秀親に裁定を依頼しており〔数井卓男文書〕、地元では土豪の上に立つ存在になっていた。そのため、秀親は惣領家の元秀から独立性の高い存在でもあった。

天文二十一年正月、将軍足利義輝《よしてる》が晴元と離別し長慶との和睦が成ると、義輝の帰京が実現した。その際、丹波の秀親や内藤彦七らは、入洛して京都の辻堅の警護を実施した〔言継卿記〕。長慶はその勢いに乗り、同年五月に「前の小じうと」にあたる元秀の八上城を攻撃した〔言継卿記、細川両家記〕。反撃に転じたい晴元は同二十一年十一月、桑田郡の秀親に対して忠節を誓うよう命じた。同じく元秀も丹波桑田郡・船井郡、山城の西岡、下京の知行の安堵を持ちかけている。さらに秀親父子に対しては、その当知行を認める起請文も提出し〔波多野文書〕、秀親の帰参に腐心していた。

これらが奏功し、秀親は数掛山城《かずけやま》（京都府亀岡市）に籠もり、三好長慶方に抵抗の意思を示した〔細川両家記〕。長慶方の内藤国貞らは、攻城戦で敗死している。しかしその後、三好方の松永長頼《まつながながより》が内藤氏の家中に入って「宗勝《そうしょう》」を名乗るようになり、丹波には直接三好権力が入るようになった。以後の戦局は不明だが、年未詳十二月九日付の三好宗渭《そうい》・香西元成《もとなり》の連署状で元秀と詳細に連絡をとっている〔大村家史料〕。永禄元年（一五五八）閏六月、幕府御料所桐野河内について宗勝が伊勢貞孝《さだたか》と権限について契約を結び、現地に城も築かれた〔蜷川家文書〕。一方、晴元方の三好宗渭も、ほぼ同時期に能勢氏に対して、荻野《おぎの》・赤井《あかい》氏と連携し多紀郡の「畑、波々伯部其外敵城下」を放火したことを報じている。その際「八上表」は元秀の本意を遂げるだろうと述べている。宗渭は元秀が八上城を死守することが、今後の戦局の鍵となると強く認識していたことになる〔能勢文書〕。その直後の経過は不明だが、翌二年十二月には宗勝が秀親父子に対して、八上以下、多紀郡の知行地を与えている〔波多野文書〕。つまり、長慶方は秀親父子を再び味方につけ、元秀は居城八上城から追われた模様である。

以後、永禄五年まで元秀の活動は明確ではない。内藤宗勝の丹波席捲により、雌伏の時期が続いたのであろう。しかし永禄五年（一五六二）十二月、多紀郡の酒井松鶴に対して、味間伊豆守に関わる人夫役の徴集免除を伝えており〔波多野芳野文書〕、再び多紀郡の地域権力として復帰したものと思われる。同七年十一月に桑田郡の和田寺《わでんじ》（兵庫県丹波篠山市）に対して陣僧を容赦した書状では、「上総守」を名乗っている〔和田家文書〕。以後は「上総介」の表記も見られる。

永禄八年八月、宗勝が敗死すると、丹波の「ハタノ」は京都まで進撃した〔多聞院日記〕。同十年四月には丹波保津《ほづ》（京都府亀岡市）の長尾弥四郎の知行地を求めている〔雨森善四郎氏所蔵文書〕。五月四日付の長尾大和守宛の感状では余部城《あまるべ》（亀岡市）合戦の忠節を賞しており、桑田郡まで影響下においていた様相がみえる。以後、元秀の文書は見られず、右衛門大夫秀治《ひではる》の代となっていく。（福島克彦）

【主要参考文献】

大山崎町歴史資料館『国衆からみた光秀・藤孝』（二〇一九年）
馬部隆弘『戦国期細川氏の研究』（吉川弘文館、二〇一八年）
福島克彦「丹波波多野氏の基礎的考察（上）」（『歴史と神戸』二二六、一九九九年）
福島克彦「丹波波多野氏の基礎的考察（下）」『歴史と神戸』二二九、二〇〇〇年）
八上城研究会編『戦国織豊期城館論』（和泉書院、二〇〇〇年）
渡邊大門「波多野氏の丹波国支配をめぐって」（『鷹陵史学』三七、二〇一一年）

荻野直正（赤井直正）
——明智光秀の前に立ちはだかった〝名高キ武士〟

荻野氏と赤井氏の連携

荻野《おぎの》直正《なおまさ》は、丹波国氷上《ひかみ》郡赤井《あかい》郷（兵庫県丹波市）の国衆赤井時家《ときいえ》の次男で、幼名を「才丸《さいまる》」という。後に丹波の名族荻野氏の猶子《ゆうし》となり、「荻野悪右衛門《あくえもん》直正」と名乗った。

荻野氏は、十四世紀、天田《あまた》郡を中心に活躍していた荻野朝忠《ともただ》の子孫と考えられる。十五世紀後半、丹波守護職の細川京兆家《ほそかわけいちょうけ》に服属していたが、十六世紀前半の同家の分裂で荻野一族も両方に派を属し分裂したようである。すなわち、大永六～七年（一五二六～二七）に、細川高国《たかくに》と阿波の細川晴元《はるもと》が対立した際、前者の荻野六郎左衛門尉と後者の同左衛門大夫に分裂している。当時の荻野氏の拠点は不明だが、大永三年（一五二三）付の荻野氏十八名による「交名注進状《きょうみょうちゅうしんじょう》」には「朝日村武士荻野氏」とあり〔荻野努文書〕、春日《かすが》盆地の朝日《あさひ》村（兵庫県丹波市）であったと考えられる。この史料は検討を要するが、天正六年（一五七八）においても複数の荻野氏一族（荻野豊後守、ゆふ助、悪七郎）の在住が確認できること〔丹波御祓日記〕、さらに平地城館跡が複数残存していることから、十六世紀前半には春日盆地の朝日村に在住していた可能性が高いと言えよう〔春日町編一九九三〕。

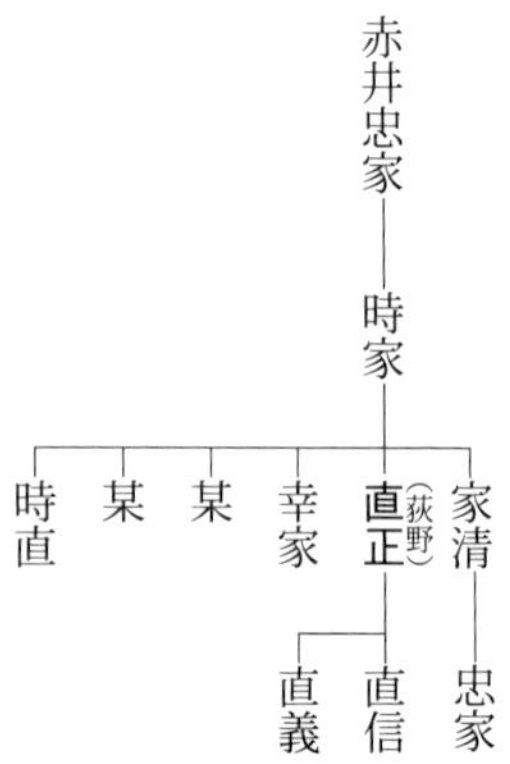

赤井氏略系図

一方、赤井氏は、氷上郡新郷の赤井野（兵庫県丹波市）を本貫地とした勢力である。永正十七年（一五二〇）三月、赤井兵衛大夫が御料所栗作荘（同丹波市）を押領した記事が初見と言われている〔守光公記〕。大永六年（一五二六）十月、細川高国に反旗を翻した柳本賢治《やなぎもとかたはる》が神尾山城《かんのおさん》（京都府亀岡市）に籠城した。賢治の蜂起は阿波の細川晴元に呼応した動向であったが、これに氷上郡の赤井五郎も加勢している〔細川両家記〕。前述したように、高国方と晴元方の対立は丹波の国衆たちを二分し、双方の抗争は一進一退が続いた。同七年には「赤井」が夜久《やく》氏や但馬衆とともに但馬方面に在陣している〔荻野文書〕。

こうしたなか、赤井氏が氷上郡の地域権力として頭角を現すのが直正の父、赤井時家の頃からである。十六世紀中葉、時家は次男の才丸を猶子として荻野氏同名中に対して送り込んでいる〔荻野勉文書〕。これは、前述した朝日村の荻野氏十八人の間で「大将がましき人なくては諸事治りがたし」という結論に達したため、武勇優れた才丸を迎えたと伝えられている〔赤井伝記〕。ただし、当時の時家書状には、荻野氏内部で「雑説《ぞうせつ》」があり、才丸の継承に反発する一派もいたと推定される。結果として、これを契機として荻野氏と赤井氏は連携することになり、両者は氷上郡における最大勢力となった。なお、才丸の荻野氏継承は天文二十三年（一五五四）と推定されているが〔芦田一九七三〕、残念ながら一次史料では確認できない。ただし、永禄元年（一五五八）と確定し得る閏六月六日付の三好政生（後の宗渭）書状〔真如寺所蔵能勢家文書〕によれば、「丹州之儀」において「芦田・荻野」がその他の面々と相談し、六月二十一日に「多人数」で多紀郡を攻めて、敵方の「城下」を放火したと報じている。これは、後に頻出する芦田（赤井）・荻野の連携を示す、最も早い徴証といえる。この時期には、芦田（赤井）時家と荻野直正の父子が連携し、多紀郡への軍事活動を展開し、後述する内藤宗勝《ないとうそうしょう》と対峙していたと思われる。その後、才丸は猶子を受け入れた黒井《くろい》城主（兵庫県丹波市）の荻野秋清《あききよ》を殺害した。彼は黒井城を居城として「悪右衛門直正」と名乗った〔春日町編一九九三〕。

赤井・荻野の連携以後、父赤井時家と直正が連署する文書が発給されている。永禄七年（一五六四）七月には味間《あじま》伊豆守に対して「味間之内中村分」の知行を認めている〔波多野芳野文書〕。さらに年未祥であるが、安村千世菊《やすむらちよぎく》に対しては父平兵衛討ち死ににあたり跡職を認める五月二十七日付宛行状を発給している〔荻野直人文書〕。また、永禄八年と想定される正月二十八日付、六角承禎《ろっかくじょうてい》書状〔白井家文書〕によれば、丹波の情勢を、時家・直正が調略を進めていると記し、やはり両者をセットで捉えている。こうした動きは、時家の跡を継いだ五郎忠家《ただいえ》（直正の甥）段階に入っても継承されていた。以後、直正は、事実上氷上郡の戦国期権力として、戦国大名や本願寺《ほんがんじ》などとの外交を担っていたが、常に実家である赤井氏当主の立場を尊重し、これを後見していた。

内藤宗勝との戦い

直正が登場してきた頃は、丹波守護代内藤宗勝が丹波を席巻した時期と重複する。宗勝は、松永久秀《まつながひさひで》の弟長頼《ながより》のことで、天文二十二～二十三年（一五五三～五四）、三好《みよし》権力から丹波に派遣されてきた武将であった。彼は、永禄二年（一五五九）頃に、多紀《たき》郡八上《やかみ》城（兵庫県丹波篠山市）の波多野《はたの》氏を影響下に置いた。さらに荻野氏の拠点だった黒井城も、一時期宗勝方の管轄下に置かれ〔小林家文書〕、荻野氏一族のなかには宗勝に帰属した荻野摂津守などの武将がいたようである〔南丹市立文化博物館所蔵文書〕。これに対して、赤井時家は「内藤某」に追われ、いったん播磨の三木《みき》（兵庫県三木市）に身を寄せたという〔寛政重修諸家譜〕。直正の動向は不明だが、やはり実父時家と行動を共にした可能性がある。

後に時家は丹波の天田郡に戻り、永禄五年九月および同八年四月には、何鹿《いかるが》郡の十倉《とくら》九郎左衛門入道に対して上林下村（京都府綾部市）の知行を認めるなど、郡域を越えて権限をふるうことになる〔阪根家文書〕。こうした動向によって再び宗勝との関係が緊迫化し、烏帽子山《えぼしやま》や豊富谷（同福知山市）等で戦っている〔夜久文書〕。

一方、荻野直正も宗勝との戦いを開始し、永禄八年八月には宗勝以下七百人の軍勢を討ち捕っている。この機に乗じて、荻野・赤井勢は波多野・柳本・須智《しゅうち》氏らを糾合して、京都長坂口《ながさかぐち》まで進撃し、丹波より三好・松永勢力を追った。こうした直正・時家の軍事行動は足利義昭《あしかがよしあき》（一乗院覚慶《いちじょういんかくけい》）を将軍に据えようとする大覚寺義俊《だいかくじぎしゅん》らの画策の一環でもあった〔上杉家文書〕。義俊は直正を通じて、天田郡夜久郷

（京都府福知山市）の「夜久一族中」に対して、京都へ進撃し、擁立された義昭を支えるよう伝えている〔金沢市立図書館所蔵文書〕。同九年、松永孫六が八上城を退くことになり、三好・松永勢力は丹波より駆逐されることになる。

その後、松永久秀と三好三人衆との間で対立が深まると、同十年七月に「柳本・波多野・赤井」は松永方に属して京都方面へ再び進撃し、西岡衆と戦っている〔言継卿記〕。なお、時家は、この頃から文書に登場せず、替わりに彼の孫の忠家が現れる。以後、赤井忠家と直正が連立する段階となる。

足利義昭・織田信長への服属と離反

永禄十一年（一五六八）、足利義昭と織田信長《おだのぶなが》が上洛を果たすと、丹波国衆の大半は、これに服属したといわれている〔永禄以来年代記〕。同十三年三月には信長が直正の甥赤井五郎忠家の丹波「奥三郡」（氷上・天田・何鹿）の当知行を認めている〔寛永諸家系図伝〕。また、但馬の山名韶熙《やまな》（祐豊《すけとよ》）が信長の本国美濃へ下り、但馬一国の支配を認められたが、信長と堺衆今井宗久《いまいそうきゅう》が但馬と国境を接する丹波の荻野直正に祐豊の帰国にあたり、その協力を求めている〔今井宗久書札留〕。

こうした点から直正や赤井忠家は、義昭・信長の政権から、少なくとも丹波奥三郡における権限を認められていたことが理解できる。しかし、永禄十二年と推定される三月二十三日付直正宛、内藤貞虎《さだとら》書状に、荻野氏が細川京兆家に対して「数代御忠節」の「御家」とも位置付けられている。信長と対立していた細川京兆家の昭元《あきもと》（後の信元《のぶもと》、信良《のぶよし》）とも気脈を通じていたことになる〔赤井文書〕。これは、直正が旗幟を鮮明にしなかったというよりも、種々の上級権力と懇を通じて自らの勢力を温存しようとしていたとみるべきだろう。

この当時、直正は夜久郷の夜久長左衛門尉に対して、尼子《あまご》方の山中幸盛《やまなかゆきもり》（亀井鹿介《かめいしかのすけ》）からの使僧の但馬から丹波への路次警固について、礼を述べている〔赤井文書〕。また、直正は片岡《かたおか》藤五郎に対して「領主分とは別に「小畑之内関分」の本役、山林役を認める書状を出している〔南丹市立文化博物館所蔵文書〕。また、直正は摂関家とも通じ、永禄十一年に京都を出奔した近衛前久《このえさきひさ》が黒井に滞在していた。その際、前久の息女（あるいは妹）を娶っている〔赤井家譜〕。

元亀二年（一五七一）十一月、但馬の磯部豊直《いそべとよなお》が山垣城《やまがき》（兵庫県丹波市）に襲来した際、直正・忠家は、終日これと戦っている〔岡村文書〕。この戦闘を契機に荻野氏と但馬山名氏との対立が始まり、天正三年（一五七五）頃まで両者の緊張が続くことになる。元亀四年に信長と将軍義昭との対立は激化し、同年四月、双方の対決は不可避な状態となった。このとき、大坂本願寺の顕如《けんにょ》は丹波勢に対する期待と不安を越前の朝倉義景《あさくらよしかげ》に語っている。これによれば、直正による京都進撃の計画を聞いているが、丹波の奥郡と口郡（桑田《くわた》・船井《ふない》・多紀）の間で対立があり、「不和之国」で信用できないと評している〔顕如上人文案〕。直正ら丹波勢に期待しようとする義景に対し、逆に辛辣に評する顕如との温度差が感じられる。当時、直正らの戦いは、あくまでも個別の領域拡大にとどまり、織田信長権力への対抗といった段階には到達していなかったものと思われる。

義昭の反信長戦線へ投じる

天正三年（一五七五）頃、荻野直正は但馬へ侵入し、山名氏方の太田垣《おおたがき》氏の籠もる竹田《たけだ》城（兵庫県朝来市）を攻撃した。このとき、山名氏から来援を求められた信長は、当時丹波攻略を進めていた家臣の明智光《あけちみつ》秀《ひで》に対して、直正への攻撃を命じた。これを察知した直正は但馬の戦いを収束して丹波に退き、黒井城に籠城した。光秀は十一月頃から、黒井城周辺に十二、三ヶ所の「相陣」を構えて、これを攻囲した。このとき、但馬の八木豊信《やぎとよのぶ》は、毛利《もうり》方の吉川元春《きっかわもとはる》に対して、近畿地方の情勢を詳細に伝えているが、黒井城は兵粮が続かず、来春には陥落するだろうと報じている。当時「丹波国衆過半」が明智方に服属しており、明智方の圧倒的優位と評されていた〔吉川文書〕。ところが、翌四年正月、明智方として黒井城攻めに参陣していた八上城の波多野秀治《ひではる》が突然反旗を翻した。そのため、明智方は退却を強いられた〔兼見卿記〕。

窮地を脱した直正は、その後現実策を採り、赤井忠家とともに信長・光秀に詫言を懸命に伝えたようである。一方、信長も裏切った波多野秀治討伐に攻撃対象を絞り込むため、天正四年四月、あえて直正・忠家の赦免を決定している〔兵庫県立歴史博物館所蔵文書〕。

しかし、直正は反信長戦線の要であった大坂本願寺とも音信を交していた。天正四年九月、本願寺坊官の下間頼廉《しもつまらいれん》は直正に対して、鞆浦《とものうら》（広島県福山市）に滞在する将軍足利義昭の上洛戦が間近だと伝え、毛利方の吉川元春が丹波・丹後・出雲・伯耆方面への戦役を画策しているため、協力を依頼している〔赤井文書〕。顕如は直正を元亀四年段階においてはあてにならないと評していたが、この天正四年段階には大いに期待していたことになる。当時、義昭は直正に対して使者梅仙軒《ばいせんけん》の西国下向の通行を保障への礼状を出しており、直接音信を交わす関係となっていた〔赤井文書〕。

この頃、直正は主に外交に撤する一方、忠家は領域内の支配に関わっていたと思われる。天正五年九月、赤井忠家が夜久郷の「酒屋和泉」に対して、諸公事・臨時課役・徳政令を免除し、商業活動を保護していた〔妙龍寺文書〕。また、忠家は夜久主計介に対して、天田郡の当知行を認め、親類・寺庵・家来らを治めるよう指令している〔夜久文書〕。

直正の死とその後

前述した光秀との戦いの前後、直正は本願寺のみならず、甲斐の武田勝頼《たけだかつより》や中国地方の毛利方の吉川元春などと密接に連絡を取り、反信長戦線を続けていた。勝頼は直正に対して、信長に「怨敵の色を顕された」たと記しており、その戦いを評価している〔赤井文書〕。また、吉川元春との交渉では、西国からの足利義昭の上洛戦が予定されていること、信長に遺恨を持つ丹後の石川繁が直正および弟の赤井幸家《ゆきいえ》ともども、元春の出張を促していることが確認できる〔吉川家文書〕。このように直正は、信長との間で和睦を装いながらも、本願寺、武田勝頼、毛利方の吉川元春などと音信を交わし、積極的に外交交渉を進めていた。しかし、光秀による丹波攻略が再燃し始めた天正六年（一五七八）三月九日、直正は没する〔兼見卿記〕。

　直正亡き後は、赤井氏の当主忠家、直正の長子荻野悪七郎直信《なおのぶ》が継承したと伝えられる〔赤井先祖細記〕。同年六月、元春は古志《こし》重信《しげのぶ》に対して「赤井、波多野、荻悪七」が相談し、丹波の「明智領分」での戦いで勝利を得たと述べている〔牛尾家文書〕。この段階で、波多野秀治と赤井忠家・荻野直信が連携して、丹波攻略を再開した明智光秀と戦っていたことがわかる。この直信は、翌七年六月に黒井城の北の城下にあたる白毫寺《びゃくごうじ》に諸役免除等の条々を発給しており〔白毫寺文書〕、地域においても権限を持っていたことがわかる。やはり、赤井忠家と荻野直信という、赤井・荻野氏のセットの体制で継承されたとみるべきだろう。

　こうした赤井・荻野氏の対応にもかかわらず、光秀の丹波攻略は進展して、同七年六月に波多野氏の八上城が、八月には荻野・赤井氏の黒井城が陥落した。光秀は赤井忠家を成敗した旨を氷上郡の寺庵中らに伝達している〔富永文書〕。

　ただ、以後も荻野・赤井氏は氷上郡において、勢力基盤を保持して

黒井城跡石垣　石垣は織豊期　兵庫県丹波市

いた。天正十二年、羽柴秀吉《はしばひでよし》は織田信雄《おだのぶかつ》・徳川家康《とくがわいえやす》と対立し、小牧《こまき》・長久手《ながくて》合戦へと発展した。その際、直正の弟の芦田時直《あしだときなお》は、家康に呼応して、黒井城・余田《よでん》城（兵庫県丹波市）を占拠し、秀吉に抵抗した。同年五月、本多忠勝《ほんだただかつ》は、時直が故直正の子息を取り立てる計画を立てていることを支持している（譜牒餘録後編）。これは、時直によって、直正の直系の子息を取り立てようとする動向があったことを示す。死後も直正の存在感が際立っていたことも想定できるであろう。

武田勝頼は、直正による信長との戦いを「武勇」「戦功」として高く評価していた（赤井文書）。そのためか、十七世紀前半の『甲陽軍鑑』では直正を「名高キ武士」の一人として位置付けている。

なお、赤井忠家は、後に徳川家康の麾下となり、大和の十市《といち》郡を領した。また、直正の次子直義《なおよし》は、伊賀の藤堂《とうどう》家に仕え、再び赤井を名乗っている（寛政重修諸家譜）。

（福島克彦）

【主要参考文献】
芦田確次他『丹波戦国史』（歴史図書社、一九七三年）
芦田岩男「丹波赤井氏の初期的動向」（『歴史と神戸』一三八、一九八六年）
大槻準「戦国期における丹波の豪族・赤井氏の盛衰」（『史泉』九四、二〇〇一年）
福島克彦「天正十二年小牧・長久手合戦と丹波国衆」（『丹波』一九、二〇一七年）
春日町編『史跡黒井城跡保存管理計画策定報告書』（一九九三年）
南丹市立文化博物館編『八木城と内藤氏』（二〇二〇年）

今村慶満——武家政権と京都をつなぐ潤滑油

京郊の土豪としての今村家

戦国期の京都とその周縁部では、旧来の権益を保持するために奮闘する勢力、これを新たに掠め取ろうと暗躍する勢力、さまざまな勢力が跋扈していた。当然ながら、前者に分類される人々の多くは京都に出自を持つ。一方で、後者側の人々、とりわけ実際に京都支配を成し遂げ得た新興の勢力は、京都の外部に出自を持つケースが多い。そのような中で、本項で取り上げる今村慶満《いまむらよしみつ》は、京都近傍に本拠を持ちながら、新たに出現した勢力として京都支配に携わっていた点で重要な人物である。

これまでの慶満の位置づけを考えると、名乗りに「慶」の字を共有することもあってか、漠然と三好《みよし》長慶《ながよし》の重臣として捉えられてきた。しかしながら、近年では研究の進展によってその前歴や本来の主従関係が明らかになってきた。それらの成果に学びつつ、この特徴的な人物を述べていきたい。

慶満を輩出した今村家は、京都の南口であった法性寺《ほっしょうじ》および柳原《やなぎはら》（京都市下京区・東山区）と、そこから北上した汁谷口《しるたにくち》（京都市東山区）を地盤とする問屋《といや》（金融業者）の一族である〔河内二〇〇〇〕。その中でも本来の拠点は柳原一帯であり、汁谷口への進出は天文十一年（一五四二）以降のことだという〔馬部二〇一七〕。今村家の居城については、『雍州府志《ようしゅうふし》』に「今村城址」が立項され、泉涌寺道と大和大路との交点の東南に所在したと説明されることが知られる。貞享三年（一六八六）に黒川道祐《くろかわどうゆう》が刊行した『雍州府志』は、山城に関する総合的な地誌のさきがけであり、実証性には疑問が残るものの、江戸期の地理的認識をよく反映している。当時の人々の記憶の中に、戦国期にこの地域で活躍した今村一族の姿が刻み込まれていることは興味深い。

慶満について述べる前に、慶満以前の今村家の様子に触れておきたい。慶満以前で活動が明確に追えるのは、慶満の父と考えられている今村弥七《やしち》なる人物からである〔馬部二〇一七〕。史料上には「浄《じょう》久《きゅう》」という名でも現れる弥七（以下では浄久に統一）は、東寺《とうじ》領柳原の住人として、九条《くじょう》家に伝わった東山の毘沙門谷《びしゃもんだに》（京都市東山区）一帯の土地の開発を行っていたという。いわゆる土豪的な存在の形態である。さらに浄久は、当時の畿内に君臨していた細川政元《ほそかわまさもと》の京都方面部隊長とも言える香西元長《こうざいもとなが》の配下として、永正元年（一五〇四）の薬師寺元一《やくしじもとかず》の反乱鎮圧に一役買っている。讃岐に本拠を持つ元長は、その出自ゆえ京都近郊にさしたる基盤を持たなかったのだが、そのような元長の軍事力の一翼を浄久は担っていたようだ。このように戦国初頭の今村家は、京都の統治を目論む勢力に編成されつつ、主に東山周辺で権益の拡大を図っていたと言える。このような前提の上に、今村慶満の登場を迎えるのである。

細川国慶の被官として登場

まずは慶満の登場時を見てみたい。慶満の初見史料は『大徳寺文書《だいとくじもんじょ》』に残される本人の書状である。ここでは「今村源介《げんすけ》慶満」と署名する。この文書は天文二年（一五三三）に比定されており、宛所は大徳寺の管理下にあった龍翔寺《りょうしょうじ》領安井《やすい》（京都市右京区）の百姓中である。

内容を見てみると、慶満は百姓たちに対して、先ごろに出された細川国慶《くによし》の命令を遵守するよう命じている。国慶の命令というのは、当年の地子銭《じしせん》を誰にも支払わないよう求めたものである。他者への納入を禁じる形式の書状発給は、自身への納入を確実にすることを目的としたものであり、新参の支配者層が用いた常套手段である。

ここに現れる細川国慶は、享禄四年（一五三一）の大物《だいもつ》崩れにおいて細川晴元《はるもと》勢によって落命した細川高国《たかくに》に近い人物であり、高国の後継者である細川晴国《はるくに》とともに晴元勢に対して頑強に抵抗することになる武将である。天文二年は、大坂の本願寺《ほんがんじ》と晴元勢との関係が悪化した時期であり、大坂攻めに縛られた晴元の留守を狙って、国慶ら旧高国勢が一時的に京都に迫ったのであった。そして前述の書状より、慶満が国慶の命を京都の在地社会に伝達する役割を担っていたことがわかるのである。おそらくは、京郊地域の出身であった慶満に、当時の京都でもしぶとく残り続けていた複雑な権利関係の対処を委ねたのであろう。このように慶満の登場は、旧高国派である細川国慶の有力内衆《うちしゅう》としてのものであった。高国を討って勢いに乗っていた晴元勢ではなく、劣勢とも見なせる国慶に仕官したのである。

なお、この時点では、慶満の代表的な主人として語られる三好長慶との関係は見出せない。長慶のみとの関係に縛られると、「慶満」の名乗りは長慶の偏諱《へんき》を受けたようにも思えてしまうが、むしろ国慶との近さを想定すべきであろう。

その後の慶満は、一貫して国慶配下にあったと考えられるが、残念ながら活動の徴証は少ない。一方、主人である国慶は、天文五年には盟主である晴国が配下の三宅国村《みやけくにむら》に謀殺されるという一大事に見舞われるものの、畿内での勢力回復を狙う畠山稙長《はたけやまたねなが》や、高国の後継者を標榜して挙兵した細川氏綱《うじつな》らとの連携を深めつつ、晴元方との覇権争いを繰り広げていた。そして天文十五年には、堺の周辺に兵を寄せていた晴元勢の隙を衝いて、国慶勢は一気呵成に京都を制圧したのであった。

慶満もこのとき、京都支配に臨む国慶勢の一角として再登場する。特に、国慶による安堵を領主に伝達し、その見返りとして国慶への礼銭を徴収するという、言わば安堵状の押し売りのような手法を用いて、京都に基盤を持たない国慶の軍費を調達していたようだ。年が明けて国慶の勢いに陰りが見え始めてもなお、慶満は国慶内衆の津田経長《つだつねなが》らとともに京都支配の最前線に立っており、領主側も彼らによる支配をある程度容認していた点は注目に値しよう〔馬部二〇一四〕。

慶満の一族とその活動

さて、この時期の慶満が旧高国派としての旗印を鮮明にする一方で、先に触れた慶満の父や後に触れる慶満の弟もそれぞれに畿内で活動していることが明らかになっている。父の今村浄久が細川政元内衆である香西元長の配下にあったことは述べた通りだが、細川京兆家《けいちょうけ》の家督が高国に移り、さらに高国と晴元との戦いが本格化した後にも、浄久と考えられる人物が高国方に従軍している。高国亡き後も浄久は旧高国勢に留まっていたようで、柳原一帯の有力者としての活動を続けつつ、天文十四年（一五四五）に決行されるも失敗に終わった国慶の上洛作戦に加担したために、当地での権益を晴元方に没収されてしまったという〔馬部二〇一七〕。

あわせて慶満には、弟と考えられる「政次《まさつぐ》」なる親類も見える。政次は浄久と同じく「弥七」を通称としており、今村家の後継は慶満ではなくこの政次であった可能性が指摘される。晴元方に押されていた旧高国方に肩入れしていた慶満とは異なり、政次は晴元の有力内衆となっていた波多野秀忠《はたのひでただ》に接近したようだ〔今村家文書〕。これは今村家としての生存戦略と評価できよう。このような晴元方とのコネクションの中で、政次は天文十一年に「先祖相伝」の権益として東山汁谷口の商業上の権益を幕府と晴元方に認めさせている。さらに翌十二年には、秀忠の下代《げだい》として、京郊から大坂方面へ向かう運送業の利権を委ねられている。政次は、上位権力に巧みに取り入りつつ、本拠地周辺での権益を伸ばしていったのである。そして天文十四年に父の浄久が柳原を追放された折にも、政次は波多野秀忠の与力であるという理由で不問とされており、今村家の存続を考える上でも決して小さくない働きをしていたことがうかがえよう。

国慶の戦死と氏綱への帰属

話を慶満に戻したい。天文十六年（一五四七）十月、慶満は大きな転機を迎えていた。前年より京都支配を本格化させていた主君細川国慶であったが、晴元方の強い反撃に遭って京都を逐われ、この年の十月六日には京都の北部、大将軍《たいしょうぐん》（京都市北区）で戦死してしまったのである。この年の慶満は、一転劣勢に追い込まれた国慶の代理として、極めて不安定な政情にあった京都の支配を担っていたため、たちまちにその立場を危うくしてしまった。

国慶の没後、晴元の有力な対抗馬として躍り出たのが細川典厩家《てんきゅうけ》の氏綱であった。本来は反晴元という点で共闘こそすれ、完全に歩調が合っていたわけではない両者であったが、国慶の戦死を受けて、慶満ら国慶の内衆は氏綱方に吸収されたようである。短い期間とはいえ国慶のもとで京都支配に臨んだ慶満らのノウハウが、京都の掌握を目指す氏綱方にも重宝されたのであろう。氏綱方へと帰属した際に、慶満は名乗りを源介から「紀伊守《きいのかみ》」に改めており、これ以降は没時まで紀伊守の官途を用いている〔馬部二〇一四〕。

その後の氏綱は、晴元から離反した三好長慶を味方に付け、天文十八年六月、摂津の江口《えぐち》（大阪市東淀川区）で晴元方に対して大きな勝利を挙げる。この戦いの結果、晴元のみならず将軍足利義輝《あしかがよしてる》までも近江に逐うこととなり、京都の支配権は氏綱と長慶の手に委ねられたのである。その傍らには慶満の姿があり、これ以降の慶満は武家政権と在地とを取り結ぶ役割を縦横に果たしてゆく。

さて、このように再び支配者側として京都に臨むことになった慶満であったが、自身の経済基盤を強化するために目を付けたのが、当時は山科《やましな》家が相伝・管理していた御料所内蔵寮領率分所《ごりょうしょくらりょうりつぶんしょ》の関銭《せきせん》収入であった。事の子細は山科言継《ときつぐ》が日記に書き留めていたために知ることができるわけだが、慶満は強引に山科家の代官を現地から追放し、その権益を収奪し始めたのである〔言継卿記〕。発端は天文十八年の秋なので、江口の戦いに勝利した氏綱と長慶が入京してまもない頃である。

自家の重要な経済基盤を奪われた山科言継は、すぐさま慶満の主家である氏綱と、氏綱配下の最有力者であった長慶に、慶満の違乱停止を求めて訴えを起こした。その結果、慶満に対して山科家領から手を引くよう命じた下知状を言継は氏綱方と長慶方から獲得したようだ〔馬部二〇一八〕。しかしながら、慶満の側も率分関の権益を手放すことはなく、この後も数年間にわたって率分所をめぐる訴訟が繰り広げられることになる。

三好長慶の与力として

ここまでの慶満の立場を改めて整理しておくと、あくまでも当初は細川国慶の被官であり、国慶の没後はそれを継承した細川氏綱の配下であった。これまでは漠然と三好長慶の重臣のように語られてきたが、評価の見直しが必要であろう。そして慶満に求められた役割は、京都支配の最前線として在地と向き合うことであり、これは京都近郊に本拠を持つという慶満の出自も多分に影響していると考えられる。

また、国慶や氏綱の軍事編成を考えると、国慶にしても氏綱にしても、慶満と近い性格を持つ京郊の土豪を積極的に登用したことが明らかにされている。それら土豪たちの中で慶満は、その利害をまとめ上げる役割をも担っていたという〔馬部二〇一七〕。一例を挙げるならば、天文二十二年(一五五三)に勝龍寺城《しょうりゅうじ》(京都府長岡京市)の臨時普請が東寺に命じられた際、この命令が慶満はじめ八名の土豪衆の連名によって出されていることなども象徴的である〔東寺百合文書〕。

さて、ここまでは氏綱の配下として活動を続けていた慶満であったが、主君である氏綱は天文二十二年頃から徐々に政治の表舞台から後退してゆく。そしてこれに代わって畿内政治の実権を握ったのが、三好長慶であった。事実上の氏綱の隠棲を受けて、ここに慶満は三好長慶の与力となったのである。これ以降は、長慶に属して活動を続けることになる。

長慶の与力となった後は、氏綱配下であった慶満といえども長慶の政治的決定には抗えなかったようだ。例えば、先に触れた山科家領の押領をめぐっては、山科言継の求めによって再三、慶満の非法行為を糾弾する判決が氏綱や長慶側から示されていた。それでも慶満による押領は収まらなかったのであるが、天文二十三年の二月に至ってようやく慶満は率分所から手を引いたのであった。この背景には、公家衆との関係構築を目指す長慶の強い意図も指摘されている〔天野二〇〇六〕。なお、下って永禄七年(一五六四)に長慶が没するや否や、今村一族は再び同所の押領を開始したようで、山科家は三好長逸《ながやす》らに再びの安堵を求めている。長慶の存在こそが彼ら一族にとっての抑止力になっていたのである。

あわせて、この頃の慶満は、長慶方の軍事力の一端としても評価できる。例えば、慶満が大きな活躍をした出来事として、天文二十二年の霊山城《りょうぜん》（京都市東山区）の戦いが挙げられよう。三好長慶との対立を深めた将軍足利義輝は、軍勢を東山の霊山城に置いていたが、これを慶満の軍勢が攻め、今村一族に戦死者を出しながらも霊山城を陥落させたのである〔言継卿記〕。まさに大手柄と言えよう。また、永禄三年頃に繰り返された三好軍による大和攻めでは、大和方面を任されていた松永久秀《まつながひさひで》に属して慶満が出陣しており、幕府奉公衆でありながら同じく久秀の与力となっていた結城忠正《ゆうきただまさ》らとともに大和の支配にも関与している〔天野二〇一八〕。当時の記録類にも見えるこれら慶満の活動は、紛れもなく長慶の配下としてのものであり、慶満の活動を考える上ではやはり三好家の軍事力としての一面は軽視できない。

興味深いことに、長慶による畿内支配の確立後では、一見すると慶満は三好家に取り込まれたかに思えるのだが、一方で、名目的とは言いながらも旧主である細川家との関係も失ってはいなかった。例えば、宣教師ルイス・フロイスの記録には、永禄三年に京都を逐われた宣教師に対して、慶満が勝龍寺城に留まるよう伝えていることが記される〔日本史〕。勝龍寺城に関しては、その性格から慶満が城主であるとは考えにくく、城代として慶満が拠っていたとされている。信長上洛時の記録では、勝龍寺城には「細川玄蕃頭《げんばのかみ》」と石成友通《いわなりともみち》が籠もったとあるから、玄蕃頭を名乗った旧主国慶の名跡の残る勝龍寺城の管理を慶満は代行していたのであろう〔馬部二〇一七〕。慶満が勝龍寺城を預かったという記憶は近世の今村家にも受け継がれており、江戸期に編纂された系譜類には、慶満の代表的な事績としてこの城を守ったことが記されている〔今村家文書〕。

慶満の死没と今村家

一代にして、細川国慶・氏綱の内衆と、三好家の部将として名を上げた慶満であったが、永禄五年（一五六二）九月、その生涯を閉じる〔馬部二〇一七〕。生年がわからないため、享年は不詳である。

慶満の後継に触れると、慶満の実子と考えられる一慶《かずよし》も永禄九年を最後にその姿が見られなくなる。その翌年には、慶満の執心した内蔵寮率分所が、細川晴元の後継者である昭元《あきもと》（後の信元《のぶもと》、信良《のぶよし》）によって領有を主張されるに至っているため〔言継卿記〕、おそらくこの頃には慶満の嫡流が途絶えたのであろう。なお、慶満三男の明 詔《みょうしょう》は泉 涌 寺《せんにゅうじ》に迎えられていたとされる〔今村家文書〕。その後の今村家は、慶満の弟である政次が継承し、政次の系統に近世以降の今村家が連なるという〔馬部二〇一七〕。この政次は、明智光秀《あけちみつひで》に与同した咎により所領を没収されるも、豊臣秀長《とよとみひでなが》の知遇を得て本拠地である柳原に復帰したとされている〔今村家文書〕。

さて近年、京都市東山区に続いていた慶満のご子孫、今村家に伝わった文書群が、『今村家文書』として紹介・刊行された。総数約六七〇〇点にものぼる膨大な文書群が、所蔵者と研究者との手によって整理され、一部とは言いながらもその粋を結集させた史料集として世に出されたのである。慶満が生きた時代の史料をも含むたいへん貴重な史料群が、平成の世に「再発見」されたという事実をまず率直に喜ぶとともに、慶満を含め今村家の研究が今後ますます進展することを願ってやまない。その先に、京郊に生まれ京都で活躍した慶満の生涯が、より一層豊かに描かれるのであろう。

（佐藤稜介）

【主要参考文献】

天野忠幸「三好政権と将軍・天皇」（同『戦国期三好政権の研究』清文堂出版、二〇一〇年、初出二〇〇六年）
天野忠幸『松永久秀と下剋上』（平凡社、二〇一八年）
今谷　明『戦国時代の貴族』（講談社、二〇〇二年）
今村家文書研究会編『今村家文書史料集』上下巻（思文閣出版、二〇一五年）
尾下成敏・馬部隆弘・谷徹也『戦国乱世の都〈京都の中世史6〉』（吉川弘文館、二〇二一年）
河内将芳「中世京都「七口」考」（同『中世京都の民衆と社会』思文閣出版、二〇〇〇年、初出二〇〇〇年）
長江正一『三好長慶』（吉川弘文館、一九六八年）
馬部隆弘「細川国慶の上洛戦と京都支配」（同『戦国期細川権力の研究』吉川弘文館、二〇一八年、初出二〇一四年）
馬部隆弘「細川京兆家の内訌と京郊の土豪」（右所掲同氏著書、初出二〇一七年）
馬部隆弘「内衆からみた細川氏綱と三好長慶の関係」（右所掲同氏著書）

多羅尾綱知——河内北部を統治する若江三人衆筆頭

ルーツをめぐって

多羅尾綱知《たらおつなとも》は、畿内戦国史においてもやや特殊な位置を占める人物である。綱知は細川《ほそかわ》・三好《みよし》・織田《お だ》・豊臣《とよとみ》という畿内権力を渡り歩き、その畿内統治で重要な役割を果たし続けたという経歴を持つ。

綱知の出自を直接的に示す史料はないが、近江国甲賀郡信楽《こうかしがらき》（滋賀県甲賀市）の多羅尾を名字の地とする多羅尾氏出身と見て間違いないだろう。近江の多羅尾氏は摂関家である近衛《このえ》家に仕えており、三河守や四郎兵衛（尉）を名乗る人物が、室町中期から後期にかけて近衛家に出仕している〔後法興院記〕。これが多羅尾氏嫡流の通称と見られる（なお、後に登場する多羅尾光俊《みつとし》も通称は四郎兵衛尉である）。

多羅尾綱知は、細川氏綱《うじつな》の家臣として立身を果たすことになるが、綱知以前の多羅尾氏は細川家臣として確認できない。よって、綱知がどのようにして氏綱に仕えることになったのかも不明である。ただし、氏綱は細川氏の嫡流である京兆家《けいちょうけ》の嫡男として生を享けたわけではなく、細川典厩家《てんきゅうけ》の尹賢《ただかた》の長男として生まれている。そして、その典厩家と近江国人には関係性が見出せる。甲賀郡の山中《やまなか》氏は典厩家細川政国《まさくに》の家臣となり、その子孫は摂津の欠郡《かけのこおり》（大阪市）の守護代を務めている。また、近江多羅

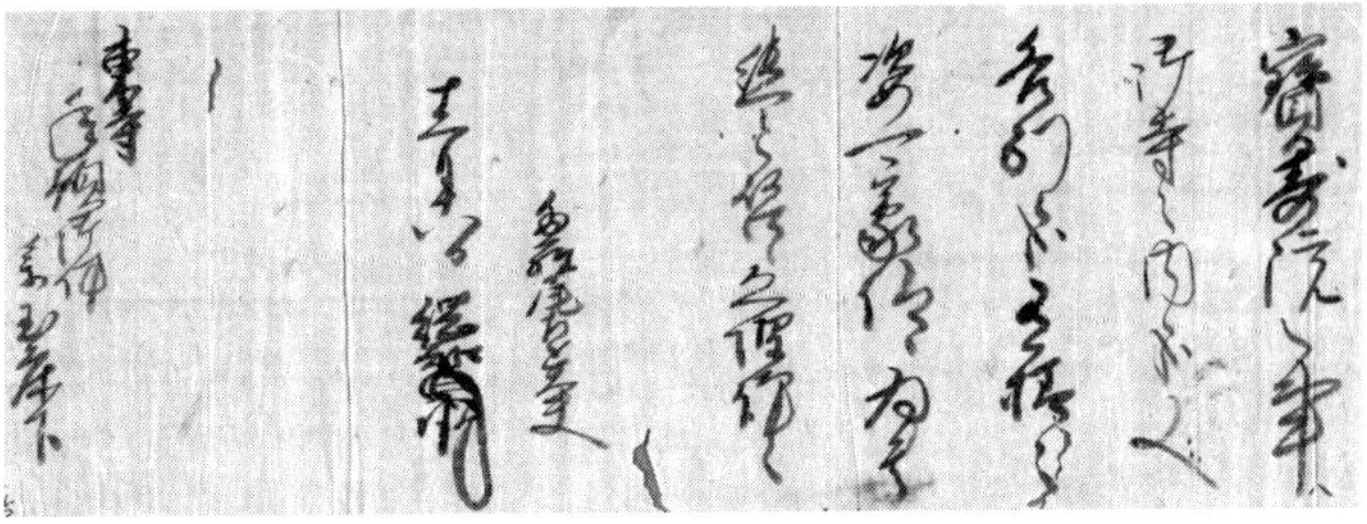

（年未詳）12月18日付多羅尾綱知書状　「東寺百合文書」　京都府立京都学・歴彩館蔵

尾氏の主君にあたる近衛家と細川尹賢は家族ぐるみで交流していた。直接的な確証を欠くものの、多羅尾氏の一族が細川尹賢と関係を結び、それが氏綱へ継承された可能性が想定できよう。

細川氏綱寵臣としての台頭

細川氏綱は、天文八年（一五三九）頃より細川高国《たかくに》残党のリーダーとしての活動が確認できるようになる。しかし、多羅尾綱知の名前が見えるようになるのは天文十六年頃からである。初登場時の綱知は仮名《けみょう》「孫十郎《まごじゅうろう》」で、天文十八年より「左近大夫《さこんのたいふ》」を称するようになる〔馬部二〇一八〕が、外部からも氏綱配下の有力者とは見なされていない。綱知は若年の上、伝統的な細川家臣ではなかったため、細川権力の中に確固とした地位があるわけではなかった。

ところが、対立する細川晴元を逐うことによって細川氏綱が京兆家当主となると、氏綱は綱知を積極的に起用、綱知は寺社との取次を務め、山城・摂津の行政に携わるようになる。綱知にある程度の能力があったのがこうした抜擢の前提であるのはもちろんだが、綱知の存在によって、例えば氏綱と甲賀郡や近衛家との関係が深まるなどといったことは起きていない。氏綱の配下で「綱」の偏諱《へんき》を受けたのが綱知のみであることからすると、綱知の起用は細川氏綱の個人的な寵愛に由来すると考えられる。

ただし、細川権力内部に存立基盤が希薄なことはデメリットだけではなかった。天文末より細川権力はその家臣であった三好長慶《みよしながよし》に主体が移り、三好権力が成立することになる。しかし、氏綱が排斥されることはなく、三好氏の名目的な主君として儀礼的に役割を果たし、また氏綱の居城となった淀城《よど》(京都市伏見区)周辺の統治権を保持していた〔馬部二〇一八〕。

こうした中で氏綱の覚えがめでたく、新参で比較的家格秩序に囚われない綱知は三好氏から注目されたと見られる。綱知の妻は長慶の末弟である十河一存《そごうかずまさ》の娘(三好義継《よしつぐ》の妹)で、その間の子の孫九郎善元《まごくろうぜんげん》は三好義継の死後、三好本宗家の家督を継いだという〔広島藩士三好家系図〕。綱知の妻が十河一存の実の娘であったかどうかは世代的に不審だが、善元が後に三好名字を名乗り、織田信長《のぶなが》や豊臣秀吉《ひでよし》から一定の配慮を受けていることは事実で、三好氏の血を引いていた蓋然性はある。永禄八年(一五六五)以降、綱知が一時三好義継と敵対していることや、善元の活動時期から推すに、永禄前期には綱知と三好氏の娘の婚姻が成立していたのではないだろうか。三好氏としては、氏綱の寵臣を自身の縁戚とすることで、権力の委譲の円滑化を狙ったのだろう。また、氏綱としても寵臣を三好氏の縁戚とすることで、自身が排斥されることを避けた。綱知の婚姻はこのような両者の意図の一致がもたらしたものではないだろうか。

永禄五年に三好氏から離反した伊勢貞孝《いせさだたか》が京都で討たれた際、綱知は松永久秀《まつながひさひで》に従って戦いに加わっている〔長享年後畿内兵乱記〕。氏綱に属していた今村慶満《いまむらよしみつ》は永禄年間には久秀の与力として働いており、綱知も久秀の与力となっていたのだろう。元亀年間には綱知の子・久三郎が松永名字を与えられていることが確認でき〔多聞院日記〕、綱知は松永氏との関係性も強めていった。

永禄六年十二月に細川氏綱は淀城で五十年の生涯を閉じる。氏綱に子はいなかったので、遺臣たちが周辺の統治権を引き継いだ。その中で綱知は「守護代」と呼ばれ〔細川両家記〕、事実上の淀城主となった。氏綱の寵愛と三好氏・松永氏との縁戚関係が、綱知を氏綱遺臣筆頭の地位まで引き上げたのである。

三好重臣としての再起

永禄七年（一五六四）の三好長慶の死、そして永禄八年の足利義輝《あしかがよしてる》殺害（永禄の変）と内藤宗勝《ないとうそうしょう》の戦死による丹波支配の崩壊を経て、三好権力は大きく動揺する。その結果、松永氏を排除する形で三好三人衆が結成され、三好権力は三人衆方と松永方の二つの陣営に分裂する。さらに前者には足利義栄《よしひで》を擁する阿波三好家が味方し、後者が足利義昭を擁して幕府再興を図る諸大名と連携することで、畿内に留まらない争いが展開される。こうした中、細川氏綱の遺臣たちはそれまでの与力関係を受けてか松永方に与した。綱知も淀城に籠城して三人衆方と戦ったが、永禄九年七月に淀城は対岸の勝龍寺城《しょうりゅうじ》（京都府長岡京市）とともに落城し、城は三人衆に引き渡された〔永禄九年記〕。
その後、永禄十一年十月には織田信長が足利義昭を奉じて上洛、三人衆方を畿内から駆逐して幕府を再興する。新たに成立した義昭幕府を構成する大名として、長慶の養嗣子である三好義継は北河内の領有を認められることになった。綱知の動向は永禄九年の淀城落城以降の一定期間不明となるが、元亀頃から三好義継の配下として再び現れるようになる。

なお、幕府再興に関して松永久秀が信楽の多羅尾光俊に信長の上洛を報じていることが注目される〔大阪城天守閣所蔵文書〕。そして、永禄十三年二月には久秀の重臣・竹内秀勝《たけうちひでかつ》の娘が多羅尾光俊の子・光《みつ》太《もと》に嫁ぐ〔二条宴乗記・寛政重修諸家譜〕。一方の多羅尾光俊も、子の光広《みつひろ》を宇治田原《うじたわら》（京都府宇治田原町）の国人山口秀景《やまぐちひでかげ》に養子として送り込んでいるが、この山口氏出身と見られる山口秀勝《ひでかつ》は信貴山《しぎさん》城（奈良県平群町）を任されるほどの久秀の重臣であった〔中川二〇一二〕。久秀は義昭陣営と連携、また義昭幕府を支える中で南近江から南山城、北河内へと通じていくルート沿いの領主の人的結合を図っていた。多羅尾氏出身で山城にも縁深く、三好氏・松永氏と血縁を結んでいた綱知もこの人的ネットワークに噛んでいたはずで、三好義継に仕えるようになったのもこの一環ではなかろうか。

しかし、元亀の争乱が始まると、三好義継・松永久秀は当初は義昭幕府に従っていたが、元亀二年（一五七一）五月に三好三人衆と結んで幕府から離反する。この中で綱知は池田教正《いけだのりまさ》と連署して牧郷（大阪府枚方市）から八尾《やお》（同八尾市）へ人夫を徴収したり〔河端昌治氏所蔵文書〕、三好氏の制圧下に置いた四天王寺《してんのうじ》（大阪市天王寺区）に掟書を出す〔四天王寺文書〕など、軍事にも積極的に関与していた。元亀四年には義昭を交えた和睦交渉のため、金山信貞《かなやまのぶさだ》とともに本願寺《ほんがんじ》に派遣され〔顕如上人書札案〕、義継の重臣として重きをなしている。

ところが、天正元年（一五七三）十一月に織田信長が三好義継を討つべく佐久間信盛《さくまのぶもり》を派遣すると、綱知は池田教正や野間康久《のまやすひさ》とともに信盛の軍勢を引き入れ義継を自害に追い込んだ〔信長公記〕。綱知らは義継の側近である金山信貞を先立って殺害しており、信貞に責任を負わせることで、義継の助命を図ったのかもしれないが、結果的に義継も滅ぼすことになった。もっとも、綱知にとって義継は長年仕えた主君ではなく、運命を共にする存在とは思っていなかっただろう。

なお、『信長公記《しんちょうこうき》』ではこのときの綱知を「多羅尾右近《うこん》」と呼んでいるが、綱知の通称は「左近大夫」であった上、元亀三年には確実に受領名《ずりょうめい》「常陸介《ひたちのすけ》」を名乗っている。『信長公記』は通称の変更に敏感で、誤った通称は後に書き直している形跡もあるが、天正元年の綱知の通称については二重に誤謬を犯したままだったようである。

若江三人衆筆頭になる

三好義継は滅んだが、畿内の反織田勢力が一掃されたわけではない。天正二年（一五七四）には三好氏の遺臣松山《まつやま》氏が本願寺と結んで蜂起し、北河内で織田軍と交戦している〔細川家文書〕。しかし、天

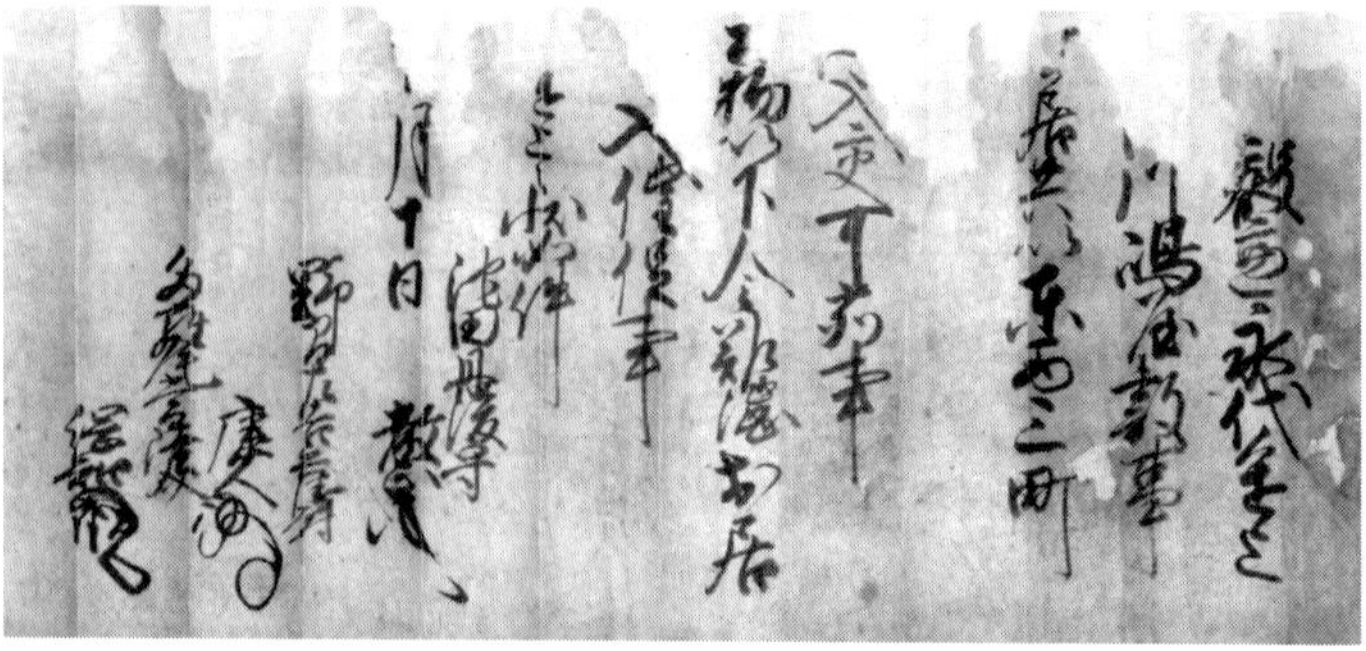

若江三人衆連署状　「立入家文書」　京都市歴史資料館蔵

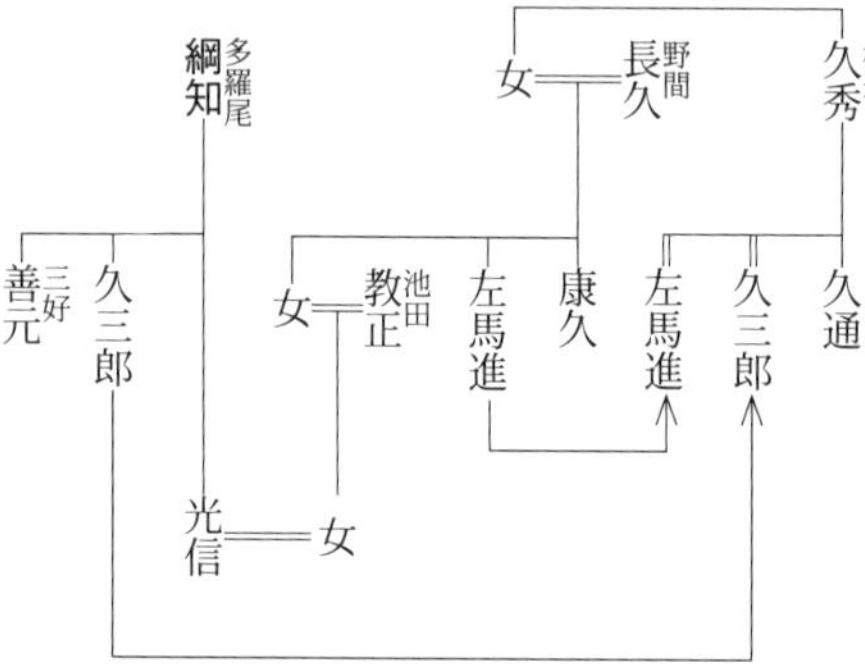

若江三人衆関係系図（一部推定含む）

正三年に南河内の三好康長《やすなが》と織田氏が和睦すると、河内情勢も安定していったようだ。天正三年の末には多羅尾綱知、池田教正、野間康久の三人が揃って津田宗及《つだそうぎゅう》の茶会に出席している〔天王寺屋会記〕。この三人を構成員とする若江《わかえ》三人衆の北河内統治体制が固まったのもこの頃だろう。

　若江三人衆は北河内の統治公権を受け継ぎつつ、佐久間信盛の与力となって織田氏の対本願寺戦線に従軍した。書札礼《しょさつれい》の上では綱知→康久→教正の順序にあり、拠点となる若江城（大阪府東大阪市）でも本丸に綱知が、二の丸に康久が、三の丸に教正が居住していたという伝承が江戸時代初期に見える〔若江三人衆由緒書上〕。綱知は若江三人衆筆頭の地位にあった。綱知が重視されたのは細川・三好の重臣であった経歴もさることながら、自身の子である三好善元が名目上三好本宗家を継承していたという事情が大きいと思われる。

若江三人衆の他の二人について述べると、野間康久は初名を「長前《ながさき》」といい、通称を「左橋（吉）兵衛尉」あるいはこれを略して「左吉」という。野間氏は摂津国下郡の国人で、康久の父右兵衛尉長久《ながひさ》は天文年間に三好長慶に抜擢されて立身した。康久は三好家臣としては二代目にあたり、義継の下でも軍事や行政を担っている。織田信長から名物茶器を下賜されており、その文化的技量も認められていた。康久の子・勘介《かんすけ》は後に小早川秀秋《こばやかわひであき》、池田輝政《てるまさ》に仕え、子孫は鳥取藩士として続いた。また、尾張徳川《とくがわ》家の奥医者を務めた野間氏も康久の子孫を称している〔天野二〇一六〕。

池田教正は摂津池田氏の一族と見られ、受領名を「丹後守」とする。教正は洗礼名「シメアン」を名乗る熱心なキリシタンである。教正は結城《ゆうき》ジョアン（忠正《ただまさ》の孫）や畠山《はたけやま》重臣のキリシタン（碓井定仙《うすいじょうせん》か）の息子、綱知の子である光信《みつのぶ》に娘を嫁がせており、畿内のキリシタンや三好人脈を結合する存在でもあった。後には豊臣秀次《ひでつぐ》に仕え、秀次が敗走した長久手《ながくて》の戦いでは、教正は金の十字架を掲げて徳川軍と唯一互角に渡り合い武名を挙げたという。その後も秀次統治下の尾張清須《きよす》（愛知県清須市）で町奉行を務めるなど重用されたが、秀次事件後に追放され消息不明となった〔天野二〇一八〕。

野間長久の妻は松永久秀の姉妹であり、康久の姉妹は池田教正に嫁いでいる。こうした縁戚関係によって、康久や教正は三好氏の分裂にあたっても松永方であり、その流れで義継の重臣となっていた〔嶋中二〇二一〕。

ところで、同僚の教正と異なり、綱知は反キリシタンで、謀判や偽証によってキリシタンの河内国人三ヶ伯耆守《さんが》（サンチョ）の毛利《もうり》氏内通をでっち上げて失脚させようとしたこともあった（このときは佐久間信盛が織田信長を翻意させ、伯耆守は殺害されずに済んだ）〔十六・七世紀イエズス会日本報告集〕。こうした不祥事を受けてか、天正七年頃より若江三人衆の多羅尾氏は綱知から光信に交代している。ただし、天正九年の京都馬揃えには「多羅尾父子三人」（綱知・光信・三好善元の三人か）が招来されており、綱知個人が厳罰を受けることはなかった。織田権力の北河内の統治にあたって、多羅尾綱知は排除するわけにはいかない存在であったと言えるだろう。

「神君伊賀越え」に関与したか

天正十年（一五八二）六月、明智光秀《あけちみつひで》が織田信長・信忠《のぶただ》父子を殺害する（本能寺の変）。その後、光秀は三ヶ氏を調略して味方につけ、牧・交野《かたの》の有力領主である津田氏や安見《やすみ》氏も光秀に味方したようである〔馬部二〇一九〕。北河内の少なくない国人が光秀に呼応する中、北河内の「三人の領主」は三ヶ（大阪府大東市）をいち早く襲撃し、三ヶ氏を没落させたという。また、明智光秀は織田信孝《のぶたか》・羽柴《はしば》秀吉によって討たれることになるが、その軍勢には「多羅尾」が加わっている〔兼見卿記〕。変直後から綱知は反光秀勢力として主体的に動き、光秀の敗北に重要な役割を果たしていたのである。

本能寺の変直後から反光秀であった多羅尾綱知について重要なのは、徳川家康《いえやす》のいわゆる「神君伊賀越え」を支援した可能性があることである。家康は堺から上洛の途上、飯盛城《いいもり》（大阪府大東市、四條畷市）で変を知り、本国の三河へ戻るべく北河内から南山城を経由して甲賀・伊賀へと向かったという。この途上で多羅尾光俊やその子・山口光広が家康を支援したとされるが、出発点は何より北河内であり、かつて松永久秀が多羅尾氏や山口氏を巻き込んで北河内〜南近江ルートを構想していたことを考えると、綱知がまったく関与していなかったとは考えにくい。山口光広や多羅尾光俊の協力には、先だって綱知の後援があったのではないだろうか。

光秀が討たれた後の清須会議で、河内は羽柴秀吉の勢力圏となった。秀吉は若江三人衆から人質を徴集して自らの与党として確保しつつ、十二月には若江三人衆に行政指示を出している。秀吉が河内の統治権を確保する一方、その執行にあたっては若江三人衆の存在はいまだ重要であった。しかし、天正十一年三月、対立する柴田勝家《しばたかついえ》を排除する（賤ケ岳《しずがたけ》の戦い）と、秀吉は畿内の直轄に乗り出し、若江三人衆は河内の外に移封された〔天野二〇一三〕。その後の綱知の動向ははっきりしなくなるが、多羅尾光信と三好善元が七月二日付で秀吉側近の宮木豊盛《みやぎとよもり》に「常陸入道」が亡くなったと連絡している。書状に登場する山崎片家《やまざきかたいえ》は天正十九年三月に死去するので、綱知が死去したのは天正十八年以前であろう。綱知の初見からは四十年以上が経過しており、六十歳前後での死去と見られる。

多羅尾綱知は細川氏から三好氏、三好氏から織田氏、織田氏から豊臣氏の政権交代に直接的に関与した。また、徳川家康の「神君伊賀越え」を支援した可能性を認めるならば、江戸幕府の成立にも大きな影響を及ぼしたことになる。細川氏綱が登用した人物が近世の誕生に寄与したとすれば、まさに細川権力最大の「遺産」であった。

（嶋中佳輝）

【主要参考文献】

天野忠幸「三好氏遺臣の若江三人衆と豊臣氏」（『戦国史研究』七一、二〇一三年）
天野忠幸「戦国野間氏の興亡」（『地域研究いたみ』四五、二〇一六年）
天野忠幸「池田教正の活躍」（『大阪春秋』一六九、二〇一八年）
天野忠幸『三好一族』（岩波書店、二〇二一年）
嶋中佳輝「松永久秀の甥・左馬進の出自」（『戦国史研究』八一、二〇二一年）
中川貴皓「松永久秀被官に関する一考察」（『奈良史学』三〇、二〇一二年）
馬部隆弘『戦国期細川権力の研究』（吉川弘文館、二〇一八年）
馬部隆弘「牧・交野一揆の解体と織田権力」（同『由緒偽文書と地域社会』勉誠出版、二〇一九年）
平山敏次郎「多羅尾氏に就いて」（『史林』二四―四、一九三九年）
『広島藩士三好家文書展』（広島県立文書館、二〇一五年）

三好長慶――足利将軍を擁さない畿内の〝覇者〟

畿内への渡海

三好長慶《みよしながよし》は、大永二年(一五二二)に三好元長《もとなが》の嫡子として阿波で生まれた〔足利季世記、三好家譜〕。幼名は「千熊丸《せんくままる》」で、天文六年(一五三七)九月より仮名《けみょう》の「孫次郎《まごじろう》」を名乗る〔天文日記〕。実名は最初「利長《としなが》」で〔成就院文書〕、天文九年十二月までに「範長《のりなが》」と改めた〔椎井文書〕。天文十六年正月頃より父と同じ「筑前守」の官途を称し〔天文日記〕、閏七月には「長慶」の名で書状を発給している〔早稲田大学図書館所蔵諸家文書〕。永禄三年(一五六〇)正月、正親町天皇《おおぎまちてんのう》の口宣案《くぜんあん》により、「修理大夫」に叙せられた〔賜蘆文庫文書〕。

享禄三年(一五三〇)末、父元長と細川晴元《ほそかわはるもと》の和睦の証人として、阿波より堺へ渡海したのが活動の始まりである。長慶は幼少ながら、「三好殿年寄中」と呼ばれる加地為利《かじためとし》(伊予出身の他国衆)・塩田一忠《しおたかずただ》(阿波北部の国人)・三好家長《いえなが》とともに、寒川氏に上久世庄《かみくぜ》(京都市南区)の公文職《くもんしき》を安堵した〔東寺百合文書〕。しかし、元長は晴元が差し向けた一向一揆により、享禄五年六月二十日に堺で自害し、長慶は阿波へ落ち延びた。なお、母の出自は不明で、天文八年六月十四日に死去する。法名は「明室保公大姉」であっ

三好長慶画像　東京大学史料編纂所蔵模写

た〔如意寺過去帳〕。
天文二年、一向一揆によって淡路に追い落とされた細川晴元は、長慶に恥も外聞もなく救援を求めた。これに応じた長慶は、しばらく一向一揆との戦いに駆り出されるが、本願寺《ほんがんじ》との和睦が成立する天文五年には、晴元の有力部将として、河内北部から大和や山城を支配する木沢長政《きざわながまさ》、丹波を押さえる波多野秀忠《はたのひでただ》と肩を並べる存在になり、将軍足利義晴《あしかがよしはる》に出仕した。この頃の長慶の軍勢は、千五百から二千五百ほどで、その他は国人らで構成された。

越水城主へ

長慶は天文八年（一五三九）に細川晴元の側近で長慶の父元長が補任されていた山城下五郡（乙訓《おとくに》、葛野《かどの》、愛宕《あたご》、紀伊《きい》、宇治《うじ》）守護代を継承しようと目論む三好宗三《そうさん》（政長）と対立し、挙兵した〔馬部二〇二二a〕。ただ、六角定頼《ろっかくさだより》の調停を受け入れ、晴元や宗三と和睦し撤兵した。

そして、その和睦条件として、越水城《こしみず》（兵庫県西宮市）を獲得する。越水城は摂津下郡（大阪府吹田市から神戸市須磨区）の要衝である西宮《にしのみや》を守る役割を担っており、越水城の東麓には神祇伯《じんぎはく》の白川伯王家《しらかわはくおうけ》との関係が深い廣田《ひろた》神社が鎮座し、その境外摂社である西宮神社〔西宮戎〕の門前町が西宮という関係にあった。また、下郡の郡代が西宮代官を兼任したため、徴税業務を担う商人橘屋が所在し、年貢米を加工した酒が名産となっていた。摂津において、西国街道の宿場町と港町という二つの性格を兼ね備えた唯一の都市である西宮を、弘治二年（一五五六）に日本に派遣された明使《みんし》の鄭舜功《ていしゅんこう》も「摂津司牧居処」と評している〔日本一鑑〕。

天文九年十二月には、丹波より波多野秀忠の娘を室に迎えた〔天文日記〕。長慶は段銭《たんせん》の賦課を通じ、下郡の守護代として勢力を伸長していく〔馬部二〇二一a〕。

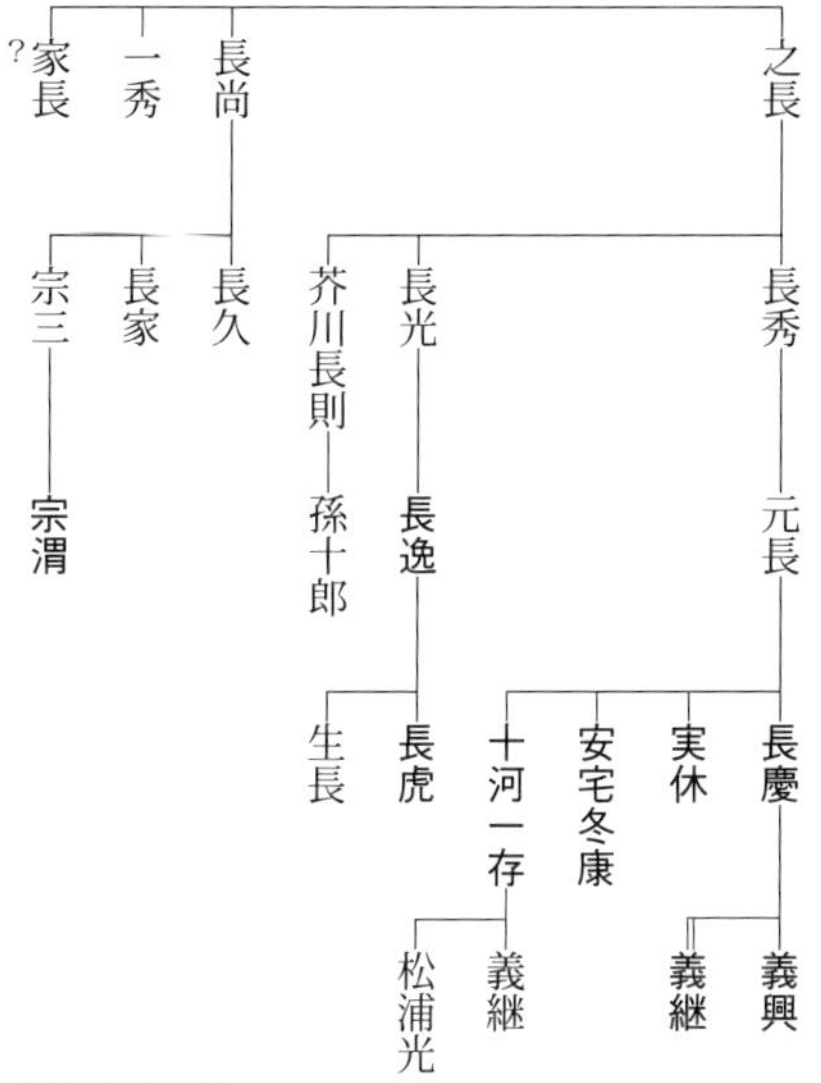

三好氏略系図

長慶はこの後、父元長のように阿波に撤退することはなく、摂津を本国とした。そして、土豪の松永久秀《まつながひさひで》・長頼《ながより》兄弟をはじめ、書札礼《しょさつれい》に通じた鳥《とり》養《かい》貞長《さだなが》、後に郡代を務める野間《のま》長久《ながひさ》や、大坂本願寺の番仕であったという松山重治《まつやましげはる》など摂津出身者を次々と登用する。彼らは独自の領地や家臣を持たないゆえに、長慶に忠節を尽くすことで、その信頼を勝ち取り活躍していく。

江口の戦い

天文十年代になると、河内守護代の遊佐《ゆざ》長教《ながのり》が擁立する細川氏綱《うじつな》が台頭し、足利義晴・義輝《よしてる》親子も彼らに与同するようになる。その結果、細川晴元を支えているのは、三好長慶・三好実休《じっきゅう》・安宅冬康《あたぎふゆやす》・十河一存《そごうかずまさ》兄弟や、晴元の義父六角定頼のみとなっていった。

そして、天文十七年（一五四八）五月には事件が起きる。晴元が摂津国人の池田信正《いけだのぶまさ》を殺害し、三好宗三がその財産を押領したのである。七月には宗三の主導により、将軍義輝の晴元邸御成《おなり》が行われるが、宗三と対立する長慶はこれを拒否し〔馬部二〇二一b〕、八月に宗三・宗渭《そうい》（政勝、政生）親子の誅罰を求め挙兵する。長慶は宗三を君側《くんそく》の奸《かん》として喧伝し、自らを国人の利益を守る代表者として位置づけた。

これに対して、晴元は越水城を築城した瓦林《かわらばやし》一族の春信《はるのぶ》を取り立て、長慶への対決姿勢を強める。このため、長慶は晴元方の波多野秀忠の娘を離縁すると、十二月には遊佐長教と同盟し、その養女を迎えることに決した。細川氏綱を擁することで主家への謀反という汚名を回避するだけでなく、より広範な地域の領主の支持を得ていく。

天文十八年三月、長慶・長教方と晴元・宗三方の戦いが激化した。晴元は六角定頼や足利義晴・義輝親子との連携を強化し、河内十七箇所に隣接する榎並《えなみ》城（大阪市城東区）の宗三を支援するため、五月には三宅《みやけ》城（大阪府茨木市）に入って、淀川沿いに補給路を確保した。晴元は定頼の援軍を待つ作戦であったが、六月二十四日に淀川の川港であった江口《えぐち》（大阪市東淀川区）に陣取る宗三が欠郡（大阪市）南郡代の山中橘左衛門尉を殺すという内輪揉めが起こった。そこに長慶と長教が攻めかかり、宗三・高畠長直・同与三郎・一宮佐渡守・平井直信・波々伯部元家・同右衛門尉ら晴元の馬廻衆をはじめ千余人を討ち取った〔兼右卿記〕。晴元は義晴・義輝親子と近江へ逃れ、七月九日に長慶と細川氏綱が入京する。

江口の戦いについては、長慶が父の仇の晴元から独立を成し遂げる画期となったという見解の他に、すぐに京都を制圧したわけでもなく局地戦にすぎなかったとする見解や〔村井二〇一九〕、京兆家の当主が細川氏綱に代わっただけとする見解〔田中二〇一九〕、あくまでも三好一族の内紛という見解もある〔馬部二〇二一c〕。

この合戦後、摂津の長慶、河内の遊佐長教、丹波の内藤国貞《ないとうくにさだ》、和泉の松浦《まつら》守《まもる》という四人の守護代が、細川氏綱を擁する体制が成立した。その中でも、三好実休を阿波に、安宅冬康を淡路に、十河一存を讃岐にと、弟たちを瀬戸内に配した長慶と、弟を紀伊の根来寺《ねごろでら》杉坊《すぎのぼう》に送り込み、大和の筒井《つつい》順昭《じゅんしょう》を婿にして南近畿を押さえた長教の地位が突出していた。また、長慶のもとでは松永久秀ら摂津で取り立てられた被官が、公家や寺社の贈答の対象となり、阿波譜代に代わる家臣団の中核となっていく

京都では政所《まんどころ》執事《しつじ》伊勢《いせ》貞孝《さだたか》や侍所《さむらいどころ》開闔《かいこう》松田《まつだ》盛秀《もりひで》らが、在京できない義輝を見限り、長慶と連携していく。義輝はそうした状況を打開するため、天文二十年三月に二度も長慶の暗殺を目論んだ。しかし、天文二十一年正月に主戦派の六角定頼が死去したことで、長慶と義輝の和睦が成立する。その中で長慶

は、父元長と関係の深い足利義維《よしつな》の擁立にこだわらず、義輝を将軍として承認し、明応の政変以来の将軍家の分裂を解消した。また、晴元の長男信良《のぶよし》（聡明《そうめい》、昭元《あきもと》）を人質に取り、細川氏綱の次の家督とすることで、永正の錯乱以来の細川氏の分裂も解消する。そして、長慶は御供衆《おともしゅう》、すなわち将軍の直臣として、足利氏と細川氏を後見する体制を目指す。

氏綱を支える守護代のうち、長慶を除く三人も暗殺や討ち死にによって次々と世を去ったが、長慶は河内諸勢力を調停し、父元長と連携した畠山義堯《はたけやまよしたか》の甥尚誠《ひさまさ》ではなく、遊佐長教が擁した畠山高政《たかまさ》と同盟している。また、大和では筒井順慶《じゅんけい》を支援した。内藤氏には松永久秀の弟長頼（内藤宗勝《そうしょう》）を、松浦氏には弟十河一存の次男松浦光《ひかる》を送り込み、両家を後見していく。公家や村落はもはや氏綱ではなく、長慶に安堵や裁許を求めた。

十六世紀前半の畿内近国の戦争の原因であった将軍家や管領家の分裂に起因する家督争いは、一応の解決を見たのである。

足利将軍家を擁さず京都を支配

天文二十二年（一五五三）二月、三好長慶は伊勢貞孝らとともに、足利義輝に上野信孝《うえののぶたか》ら側近を排除するなど幕政改革を訴えたが、義輝は拒否すると、細川晴元を迎えて挙兵し和睦を破った。このとき、朝廷は長慶を義輝と同じ従四位下に叙し、長慶支持の姿勢を明らかにする。八月に長慶は義輝を京都より追放すると、朽木《くつき》（滋賀県高島市）に没落した義輝に従う者の領地を没収すると厳しい処置に踏み切った〔言継卿記〕。そして、かつて管領細川高国《たかくに》が築き、晴元が居城とした芥川城《あくたがわ》（大阪府高槻市）に移る。

天文二十四年（弘治元年、一五五五）二月、足利義維の子義栄は三好実休の助力を得て、阿波より上洛せんと長慶にも協力を求めたが、長慶はこれに応じなかった〔天野二〇一二〕。むしろ、七月には、松永久秀が六角氏被官の永原重興《ながはらしげおき》に対して、天道思想《てんどう》に基づき、繰り返し和睦を破った不誠実な義輝に天罰が下ったと批判して、長慶が単独で首都京都の静謐を守るとその正当性を主張する〔阿波国徵古雑抄所収三好松永文書〕。長慶は義輝の弟の鹿苑院周暠《ろくおんいんしゅうこう》や一乗院覚慶《いちじょういんかくけい》（足利義昭《よしあき》）を推戴しなかった。足利将軍家を擁さず、首都京都の支配に乗り出すのは、戦国時代で初めてのことだった。これはかつて大内義興《おおうちよしおき》が上洛する際には前将軍足利義稙《よしたね》を擁立していたことや、東国では北条氏綱《ほうじょううじつな》・氏康《うじやす》親子や上《うえ》杉謙信《すぎけんしん》、武田信玄《たけだしんげん》、佐竹義重《さたけよししげ》らが古河公方《こがくぼう》家を推戴して戦っていること、後に織田信長《おだのぶなが》が足利義昭を追放する際に子の義尋《ぎじん》を擁し、信長に対抗する毛利輝元《もうりてるもと》は義昭を迎えたこと、賤ケ岳《しずがたけ》の戦いに際して、羽《は》柴秀吉《しばひでよし》や徳川家康《とくがわいえやす》、柴田勝家《しばたかついえ》が義昭の上洛を認めていることを踏まえると、極めて画期的なものであった。

長慶は京都周辺で義輝の裁許を破棄するだけでなく、遠国である出雲の千部法華経読誦《せんぶほけきょうどくじゅ》の座次をめぐる相論も管掌し存在感を示していく。弘治二年には、後奈良《ごなら》天皇も長慶に禁裏の修理を命じたり、倭《わ》寇《こう》の取り締まりを求め来日した明使へ対応させたりした。長慶はこれに応え、足利将軍家に代わり、天皇を守護する姿勢を明確にする。

弘治四年二月、正親町天皇は自身の践祚《せんそ》にともない、年号を永禄に改めた。室町時代の改元は、天皇と将軍が合意し、将軍が費用を献上して行うものであった。そのため、足利義晴は近江に没落しても大永や天文の改元に関与していた。ところが、義輝は弘治や永禄の改元に関与せず、通知すらされなかった。無視された義輝は激怒して、天皇に背き、弘治の年号を使い続ける異常事態となった。将軍が北朝の天皇の年号を使用しないのは、南北朝時代以来である。義輝が関与していない以上、改元の費用を調達できるのは長慶のみである。将軍としての権威を取り戻すため、義輝は丹波衆を糾合する細川晴元と再び結び〔馬部二〇二一b〕、京都奪還の兵を起こす。

「大日本六十余将　阿波　三好修理大夫長慶」徳島県立博物館蔵

領国拡大と家格の上昇

永禄元年（一五五八）十一月、三好長慶と足利義輝の和睦が成立した。翌年には、多くの大名が揃って上洛し義輝に謁見した。その大名とは、越後守護代長尾《ながお》氏の出身でありながら守護上杉氏並の待遇を受けていた長尾景虎《かげとら》(上杉謙信)や、美濃守護土岐《とき》氏を追放した斎藤道三《さいとうどうさん》の子高政《たかまさ》(一色義龍《いっしきよしたつ》)、管領家の一つで尾張守護斯波《しば》氏を追い出した織田信長であった。越前を斯波氏から奪った朝倉義景《あさくらよしかげ》は使者を遣わすが、主家大内氏を滅ぼした毛利元就《もとなり》は尼子《あまご》氏との戦争により上洛を断念した。すなわち、下剋上により国主となった彼らの地位は不安定で、将軍義輝に公認されることを強く望んでいたのである。

そうした大名らを従わせる論理を持たなかった長慶は、さらなる権力と権威を求めた。永禄三年、畠山高政を追放すると、大阪平野と京都を睥睨する飯盛《いいもり》城(大阪府大東市、四條畷市)に居城を移す。松永久秀は大和を平定し、伊勢にまで侵攻する構えを見せ、内藤宗勝は丹後や若狭に進み、武田氏や朝倉氏と戦うなど、長慶は畿内近国の主になる覚悟を示した〔醍醐寺文書〕。

また、長慶は美濃源氏土岐氏や足利一門の尾張石橋《いしばし》氏など永禄二年に上洛した下剋上組の大名に追放された者を保護し、一色氏や織田氏を牽制するだけでなく、同族の信濃小笠原《おがさわら》氏や本姓を藤原氏から源氏に改めた松永久秀などを率い、家祖源義光《よしみつ》に由緒のある新羅《しんら》社を飯盛城に祀ろうとするなど、義輝に切り捨てられた源氏の受け皿となり、新たな棟梁足らんとする思惑も見せる。

細川・畠山両管領家の分国を併せ持つに至った三好氏に対して、義輝も対応を改めざるをえなくなる。長慶の嫡男義興《よしおき》(当時は義長)に将軍家の通字を偏諱として与え、長慶・義興・実休を、北条氏康・氏《うじ》政《まさ》親子や尼子晴久《はるひさ》に続き、地域の有力大名の身分表象となっていた御相伴衆《ごしょうばんしゅう》に任命する。その上、長慶・

義興・久秀には、かつて足利尊氏《たかうじ》が後醍醐《ごだいご》天皇より拝領した桐御紋《きりのごもん》の使用も許した。朝廷も長慶の宿老である三好長逸《ながやす》と松永久秀を、従四位下に昇らせている。三好氏は約十年で陪臣の身から将軍家並へと家格上昇を成し遂げたのである。こうした三好氏への栄典授与は一族や重臣にまで及んでいるのが異例であり、一色義龍が足利一門で侍所所司《しょし》、上杉謙信が関東管領《かんとうかんれい》、北条氏綱が鎌倉幕府執権など高位の家の名跡を継承したのに対し、そうした改姓を経ず、家格秩序そのものを改変した点が特徴的である。

長慶は四職相当の修理大夫に任官し、同官の陸奥の蘆名盛氏より書状が送られるなど交流が見えるが、同官の豊後の大友宗麟は長慶に反発しており、受け止め方には大きな差があった。

教興寺の戦いを契機に対立が先鋭化

三好義興と足利義輝の蜜月関係が醸成されていく中で、粘り強く戦い続けた細川晴元も永禄四年（一五六一）にはついに抗戦を諦め、普門寺《ふもんじ》（大阪府高槻市）に隠棲した。六角承禎《じょうてい》は晴元の次男晴之《はるゆき》を擁して挙兵し、畠山高政とともに三好長慶を挟撃したが、永禄五年五月十九日から翌日の教興寺《きょうこうじ》（大阪府八尾市）の戦いで、畠山・根来寺連合軍を破る大勝利を収めた。これにより、長慶は畿内の覇者としての地位を確定させる。

この戦いでは、畠山高政が上杉謙信と結んだり、義輝の叔父の大覚寺義俊《だいかくじぎしゅん》が朝倉義景のもとに、義輝の直臣が六角承禎のもとに逃亡したりするなどした〔大舘記〕。義輝の親族や側近が長慶に敵対したことで、蜜月関係は終焉を迎える。永禄六年には、房総半島で起こった法華宗の末寺奪い取り事件を裁許するなど、義輝追放期と同様に遠国に関心を示すだけでなく、三月に義輝の八歳の娘（総持寺殿《そうじじどの》）を人質とし衝撃を与えた〔言継卿記〕。この頃の長慶は、将軍再任を果たした足利義稙や四国室町殿と呼ばれた足利義維が御座所とした堺の四条道場引接寺《いんじょうじ》を、自分の御座所に指定するなど〔開口神社文書〕、自らを将軍に擬す動きを示す。

義輝との対立が先鋭化する中、長慶を悩ませたのが後継者問題である。三好義興が八月に夭折したため、足利氏と近衛《このえ》氏の血をひく義輝に対抗できる貴種として、末弟十河一存と九条稙通《くじょうたねみち》の養女の子である重存《しげまさ》（三好義継《よしつぐ》）を養子に迎えた。

永禄七年には、松永久秀が正親町天皇に讖緯説《しんいせつ》に基づく改元を執奏した。義輝が辛酉《しんゆう》年の永禄四年も、甲子《かっし》年の永禄七年も改元を執奏しなかった点を突き、将軍の専権事項を代行しようとしたのである。永禄四年時は義輝と協調関係にあったため問題化しなかったが、教興寺の戦い後に緊張が高まる中、長慶は義輝の怠慢を殊更批判した。これに対し、天皇は武力衝突を恐れ改元しなかったが、義輝の懈怠が再び全国に示された。

そうした最中の七月四日に長慶は死去した。かつて長慶は義興の死により、覇気を失い、久秀に実権を奪われたとされてきたが、長慶はむしろ義輝との対決に意欲的で、久秀もこの頃、裁許にあたっては長慶の意向が最優先であると賀茂別雷《かもわけいかづち》神社に伝えるなど壟断した形跡は見えない。長慶の病気が重篤であることを石成友通《いわなりともみち》から伝えられた久秀は、死去したら秘匿し、小姓《こしょう》も殉死しないように念押しする一方、回復に一縷の希望を託したが、その願いが叶うことはなかった〔村井二〇二一〕。

長慶と連歌

長慶は連歌《れんが》を愛好したことで知られ、その生涯で三十回以上の連歌会に参加した。また、千句連歌を三度催したが、天文二十年（一五五一）の「天文三好千句」は後妻の養父遊佐長教が暗殺された直後、弘治二年（一五五六）の「瀧山《たきやま》千句」は父元長の二十五回忌千部経法要を催した後に松永久秀の居城滝山城（神戸市中央区）に御成した際、永禄四年（一五六一）の「飯盛千句」は弟十河一存の死去の直後で、哀悼の意を示す気持ちがあったろう。瀧山千句では摂津の名所が、飯盛千句では畿内五か国の名所が詠み込まれ、長慶の治世が言祝がれている〔鶴崎一九八九〕。このように長慶の連歌は、精神性と政治性を兼ね備えたものであった。

特に長慶は宗祇《そうぎ》の風骨を伝えると賞された谷宗養《たにそうよう》に心酔し、一緒に連歌撰集を編纂しようとしたが、それは叶わなかった。長慶の連歌は「いかにも案じてしたる連歌」で、弟の安宅冬康が「はなり《花》としたる事はありしが、しおとし《為落》ありし」であったのに対し、「ちゝ《遅々》にはありしが、能く習ひたる連歌にて、しなよかり《品良》しなり」といい〔耳底記〕、冷静沈着で思慮深い人柄がうかがえる。

このような長慶は、江戸時代前期、二十余年の間「天下（畿内）」を治めたと評される〔甲陽軍鑑、北条五代記、当代記、武辺咄聞書)。また、ジョアン・ロドリゲスもTencaを治めたとし(日本教会史)、アビラ・ヒロンはTencaの首領となろうと決心し実現させたとする(日本王国記)。二人は長慶がキリスト教の布教を公認したことから、高く評価した側面もあるが、十八世紀初頭のフランスの歴史地理学者シャトランも「日本の統治者の変遷」として、MIOXINDONO(三好殿)が将軍より政権を奪ったと記している(歴史地図帳)。

(天野忠幸)

【主要参考文献】

天野忠幸『三好長慶』(ミネルヴァ書房、二〇一四年)
天野忠幸『増補版　戦国期三好政権の研究』(清文堂出版、二〇一五年)
天野忠幸『三好一族』(中央公論新社、二〇二一年)
天野忠幸「三好長慶と足利義維・義栄親子」(堺市博物館編『堺と武将　三好一族の足跡』二〇二二年)
木下昌規『足利義晴と三好一族』(戎光祥出版、二〇二一年)
田中信司「江口合戦」(黒嶋敏編『戦国合戦〈大敗〉の歴史学』山川出版社、二〇一九年)
鶴崎裕雄「「瀧山千句」と三好長慶」(『中世文学』三四、一九八九年)
馬部隆弘「三好長慶の越水入城と摂津下郡段銭」(中井均先生退職記念論集刊行会編『城郭研究と考古学　中井均先生退職記念論集』サンライズ出版、二〇二一年a)
馬部隆弘「天文十七年の細川邸御成と江口合戦」(『年報中世史研究』四六、二〇二一年b)
馬部隆弘「江口合戦への道程」(『大阪大谷大学歴史文化研究』二一、二〇二一年c)
馬部隆弘「六角定頼の対京都外交とその展開」(『日本史研究』七一〇、二〇二一年d)

馬部隆弘「細川晴元内衆の内訌と山城下郡支配」（『大阪大谷大学紀要』五六、二〇二二年ａ）
馬部隆弘「江口合戦後の細川晴元」（石井伸夫・重見高博・長谷川賢二編『戦国期阿波国のいくさ・信仰・都市』戎光祥出版、二〇二二年ｂ）
村井祐樹『六角定頼』（ミネルヴァ書房、二〇一九年）
村井祐樹「三好にまつわる諸々事」（『東京大学史料編纂所研究紀要』三一、二〇二一年）

三好義興・義継
——長慶の後継者としての重圧

三好長慶の嫡男に生まれる

三好義興《みよしよしおき》は三好長慶《ながよし》と波多野秀忠《はたのひでただ》の娘の子として、天文十一年（一五四二）に生まれた。幼名は「千《せん》熊《くま》」（言継卿記）、仮名《けみょう》は「孫次郎《まごじろう》」（天文日記）で、いずれも父長慶と同じである。初名は「義長《よしなが》」で、永禄二年（一五五九）十二月に将軍足利義輝《あしかがよしてる》より偏諱《へんき》を授与された（雑々聞検書）。永禄三年正月二十一日に「筑前守《ちくぜんのかみ》」に任じられ（永禄年中晴豊公綸旨案）、二月一日に重臣の松永久秀《まつながひさひで》とともに御供衆《おともしゅう》に加えられる。永禄四年正月二十三日に御相伴衆《ごしょうばんしゅう》に就任した御礼を義輝に行い、二十八日には義輝と同じ従四位下に叙せられた。二月一日に久秀とともに桐御紋《きりのごもん》を義輝より免許された。永禄五年三月までは「義長《よしなが》」を使用するが（妙国寺文書）、六月には「義興」を用いている（古簡雑纂）。よく義興の初名として「慶興」が挙げられているが、同時代史料で確認できない。

天文八年、三好長慶は越水《こしみず》城（兵庫県西宮市）の城主となり、摂津に基盤を得ると、天文九年十二月十五日に、丹波の八上《やかみ》城（兵庫県丹波篠山市）主である波多野秀忠の娘と祝言を挙げた（天文日記）。天文十一年に義興が誕生すると、本願寺証如《ほんがんじしょうにょ》は九月六日に長慶へ祝儀を贈っている（音信御日記）。

三好義興画像　京都大学総合博物館蔵

ところが、天文十七年七月か八月頃に波多野秀忠が死去すると、長慶はその娘を離縁した。その背景に細川晴元《ほそかわはるもと》や三好宗三《そうさん》に対して挙兵したことがある。長慶は細川氏綱《うじつな》を擁する河内守護代遊佐長教《ゆざながのり》の養女を室に迎え、同盟を強化した。ただ、義興に兄弟はおらず、廃嫡されることはなかった。天文二十一年正月、京都を占領する長慶と朽木《くつき》（滋賀県高島市）の将軍足利義輝の間で和睦が成立すると、少年の義興（千熊）と細川晴元の長男信良《のぶよし》（聡明《そうめい》）が揃って上洛する義輝を迎えるなど、三好氏を代表して行動した。十二月二十五日には、義興が「烏帽子着」を行い、「孫次郎」を名乗ったので、本願寺証如が長慶らに祝儀を贈っている〔天文日記〕。翌年に長慶は芥川《あくたがわ》城（大阪府高槻市）に移るが、弘治二年（一五五六）正月一日の火事で、義興や松永久秀らの陣所が焼失しているので〔厳助往年記〕、義興たちも芥川城に同居していたようだ。

永禄元年に朽木の足利義輝が京都奪還を企て挙兵すると、義興も長慶とともに出陣した。五月上旬に京都近郊に布陣しているが、親子で出陣争いをしており〔東寺百合文書〕、初陣の義興が血気にはやっていたようだ。九月には、長慶・義興親子と長慶の兄弟である三好実休《じっきゅう》・安宅冬康《あたぎふゆやす》・十河一存《そごうかずまさ》が尼崎《あまがさき》

（兵庫県尼崎市）で会談し、和睦に向けた協議がなされたが、長慶の後継者として意思を表明できるまでになっていた。

足利義輝との協調関係

三好義興は、永禄二年（一五五九）十二月に足利義輝より偏諱を与えられ「義長」を名乗ると、翌年正月には正親町天皇《おおぎまちてんのう》の綸旨《りんじ》によって、三好氏歴代当主の官途である「筑前守」に任じられた。義輝より将軍家の通字である義字の偏諱を与えられたのは、古河公方《こがくぼう》足利義氏《よしうじ》や、代々守護職を継承してきた赤《あか》松義祐《まつよしすけ》・大内義長《おおうちよしなが》・武田義信《たけだよしのぶ》、そして、国主となって数代を経た朝倉義景《あさくらよしかげ》・尼子義久《あまごよしひさ》らであった。数年前まで陪臣であった義興と一色義龍《いっしきよしたつ》は極めて異例で、輝字を与えられた上杉輝虎《うえすぎてるとら》（謙信《けんしん》）や毛利輝元《もうりてるもと》より格上だったのである。家格秩序を乱す偏諱に、公家の吉田兼右《よしだかねみぎ》は「末世《まっせ》」と嘆いている。

こうして、義興が父長慶の後継者としての地位を公認されていく中、永禄三年十一月に長慶が河内や大和を平定して、飯盛城《いいもり》（大阪府大東市、四條畷市）に移り、義興が芥川城の城主となった。永禄四年八月には、義興が長慶に代わって判物《はんもつ》の発給を始める〔若宮八幡宮文書〕。永禄五年に義輝が礼拝講の費用を国役《くにやく》として賦課した際には、長慶が河内、義興が摂津の担当となっている〔木下二〇二二〕。費用は納められなかったが、義興は摂津の国主と認識されていた。こうして、義興は長慶より家督を継承した。

義興は自らを厚遇する義輝に対する返礼として御成《おなり》を請い、京都の立売《たちうり》（京都市上京区）にあった細川晴元被官の古津元幸邸跡に、急遽冠木門や主殿などを構えた〔河内二〇一二〕。そして、永禄四年三月三十日に義輝の御成が行われた〔永禄四年三好亭御成記、三好筑前守義長朝臣亭江御成之記〕。これにより、義輝は細川・畠山《はたけやま》両管領家の分国を支配下に収めた三好氏との主従関係を確認した。一方、もともと陪臣であった者への将軍の御成は例がなく、義興もその力を誇示する好機となった。この御成の際に、義興の室が簾越しに猿楽能を鑑賞しているが、その出自は不明である。

足利義輝画像　国立歴史民俗博物館蔵

義輝は閏三月に朝倉義景へ長慶・義興親子や松永久秀と諸事相談するよう求めており〔竹内文平氏所蔵文書〕、洛中の相論も義興と久秀に処理させている〔北野天満宮文書〕。義興と久秀も、室町幕府奉行人奉書に対応する形で、両者がそれぞれ安堵を行ったり、鳥養貞長《とりかいさだなが》と奈良《なら》長高《ながたか》による三好氏奉行人連署奉書を発給したりした。久秀は義興の後見人とみなされていた。なお、鳥養貞長は長慶に登用された摂津国人であるのに対し、奈良長高は細川京兆《けいちょう》家《け》の有力内衆《うちしゅう》奈良氏の出身である可能性が高い。こうして義興は、義輝との蜜月関係を築いていった。

ただ、そうした義興に対して、長慶は永禄五年八月に、摂津国人の渡辺《わたなべ》氏と堺の豪商池永《いけなが》氏の相論について解決案を示し、三好長逸《ながやす》と奈良長高の二人へ、義興に申し入れよと命じている〔松雲公採集遺編類纂所収渡辺文書〕。義興の上に、大御所である長慶が君臨していたのである。

教興寺の戦い

三好義興が単独で義輝を支える体制となったことで、幕府から排除された六角承禎《ろっかくじょうてい》と畠山高政《たかまさ》は、永禄四年（一五六一）七月に挙兵する。これに対し、義興と松永久秀が京都で承禎に対峙し、三好実休が和泉で高政や根来寺《ねごろでら》を防ぐ作戦を採った。

ところが、永禄五年三月五日の久米田《くめだ》（大阪府岸和田市）の戦いで、三好実休が討ち死にする。義興は京都の放棄を決断し、義輝を石清水《いわしみず》（京都府八幡市）に退去させた。このとき、政所執事《まんどころしつじ》の伊勢貞孝《いせさだたか》は六角方に寝返っている。畠山高政はこの勝利の後、上杉謙信に一年遅れの関東管領《かんとうかんれい》就任の祝儀を贈るなど、かつて二度も義輝に謁見するため上洛した謙信と連携を深めていく。

義興は窮地に立たされるも、三月十六日には三好実休の家臣で堺に踏みとどまっていた吉成信長《よしなりのぶなが》の軍功を褒め、弔い合戦の覚悟を告げるなど〔妙国寺文書〕、反撃の準備を進めた。五月十日に阿波に撤退していた実休の副将三好康長《やすなが》らが尼崎に渡海すると、すぐさま合流し、父長慶が籠城する飯盛城を攻囲する畠山・根来寺連合軍を後巻《うしろまき》にする。そして、五月二十日の教興寺《きょうこうじ》（大阪府八尾市）の戦いで、紀伊国人の湯河直光《ゆかわなおみつ》を討ち取る大勝利を収めた。三好氏から離反した和泉松浦《まつら》氏の軍勢が義興の攻撃によって崩れ、それを見た長慶が飯盛城を出て挟撃したため、畠山・根来寺連合軍は総崩れになった〔大舘記〕。畠山高政は大和の宇智《うち》郡へ敗走した。さらに、六角承禎に味方した義輝の伯父の大覚寺義俊《だいかくじぎしゅん》が朝倉義景のもとへ逃れ、伊勢貞孝だけでなく、他の義輝の奉公衆までも近江へ退去している。そもそも承禎は、義興に意趣はあるが義輝に遺恨はないと伝えていた〔河野文書〕。つまり、教興寺の戦いは、三好氏対畠山氏・六角氏・根来寺ではなく、三好氏対将軍義輝・畠山氏・六角氏・上杉氏・朝倉氏・根来寺という戦いだったのである。

その結果、三好氏と義輝の蜜月関係は崩れ、対立は先鋭化していく。義興がこの頃「義長」から「義興」と改名したのは示唆的である。もし義輝からの偏諱が輝字であれば、かつて関白近衛前久《このえさきひさ》が足利義晴《よしはる》・義輝親子との関係を解消するため、義晴の偏諱を受けた「晴嗣《はるつぐ》」から「前嗣《さきつぐ》」と改名したように、偏諱そのものを解消したであろう。しかし、義字は将軍家の通字であったので三好氏の家格を示すため残す一方、改名自体により義輝個人との関係が大きく変化したことを示した。義興は六月には美濃の一色義《よし》紀《のり》(斎藤龍興《さいとうたつおき》)と同盟の交渉を進めており、六角承禎を挟撃できる体制を整えていく〔古簡雑纂〕。また、相論の裁許をめぐって、義興と義輝が頻繁に対立するようになった挙句、永禄六年(一五六三)三月には、義輝の八歳になる娘(総持寺殿《そうじじどの》)を、久秀のもとに人質として徴収した〔言継卿記〕。

緊張が高まっていた六月、義興は病床に伏した。祇園社《ぎおんしゃ》や醍醐寺《だいごじ》、吉田兼右だけでなく、正親町天皇も平癒を祈願させたが、八月二十五日に芥川城で死去した。これにより、義興の後見人であった松永久秀も、閏十二月に嫡男久通《ひさみち》に家督を譲り政務を退いた。

義興の葬礼は、長慶が帰依する臨済宗大徳寺《だいとくじ》派の大林宗套《だいりんそうとう》が中心になって、十一月十五日に催された〔長享年後畿内兵乱記〕。大徳寺紫衣衆だけでなく、五山の禅僧も参列し諸仏事を勤仕したので、前代未聞と衝撃を与えた。将軍が住持を任命し、将軍の葬礼を主催する五山は事実上の官寺であり、林下《りんか》の大徳寺などの僧侶と同席することすらありえなかった。ところが、義興の葬礼は大徳寺が五山を従える形で執り行われたため、世間の人々は三好氏が将軍を超える勢威を誇示したと驚愕したのである。

三好義興は晩年の一年を除き、将軍義輝と協調関係を築いた。永禄十一年、足利義昭を奉ずる織田信長は三好三人衆を京都より駆逐すると、長慶の飯盛城ではなく、義興の居城であった芥川城に入城する。その後上洛すると、義興が将軍義輝を迎えた宿所（旧古津元幸邸）へ移った。信長は義興と義輝の関係を自らと義昭の関係に重ね合わせ、継承しようとしたのであろう。

三好義継の家督継承

三好義興の死去により、三好長慶の後継者と定められたのが、長慶の末弟十河一存の長男三好義継《よしつぐ》である。義継は一存と前関白九条稙通《くじょうたねみち》の養女の子として、天文二十年（一五五一）に生まれた〔京都市立芸術大学芸術資料館所蔵三好義継画像〕。仮名は「孫六郎《まごろくろう》」（「九条文書」）で、初名として「重存《しげまさ》」が永禄五年（一五六二）九月二十二日に家原寺《えばらじ》（堺市堺区）に発給された禁制より確認できる〔家原寺久

三好義継画像　京都市立芸術大学芸術資料館蔵

蔵院文書〕。義継の仮名は実父一存と同じで、実名もその一字を継承しており、当初は十河氏の家督を継ぐはずであった。永禄八年五月一日に、足利義輝から偏諱を拝領して「義重《よししげ》」と名を改め、「左京大夫」の官途を授与された〔雑々聞検書〕。その後、七月四日までの間に「義継」と改名している〔東寺文書〕。

なお、義継の弟は和泉守護代松浦氏の家督を継いだ松浦光《ひかる》である。幼名は「萬満」〔九条文書〕で、仮名は「孫八《まごはち》郎《ろう》」〔九条家文書〕、実名は「光」〔かりそめのひとりごと〕、官途は「肥前守」〔広島大学所蔵猪熊文書〕である〔馬部二〇〇七、二〇〇九、嶋中二〇二二〕。

永禄四年四月、岸和田城《きしわだ》（大阪府岸和田市）を守る十河一存が死去すると、長慶は遺された義継・光兄弟について、同名年寄に一存が在世中と同様に馳走せよと命じている〔九条文書〕。義継・光兄弟は本来、和泉を支配する予定であった。ところが、義興が亡くなった際、三好実休に三好長治《ながはる》・三好義堅《よしかた》（十河孫六郎―三好存康―三好義堅―三好存保―十河存保）・安宅神五郎《じんごろう》と三人も子がいたにもかかわらず、長慶は義継を養子としたことから、十河氏の継承者がいなくなり、義堅が十河氏の家督を継いでいる。この不自然な後継者選びの背景には、義継の母が養女とはいえ、摂関家の九条家出身という由緒がある。義輝の母および室は近衛家の出身であり、二代にわたって「足利―近衛体制」が形成されていた。長慶は「三好―九条体制」をつくり、義継に義輝の克服を託したのである。

義継は、永禄七年六月二十二日に、将軍義輝より家督相続を許された御礼のため上洛している〔言継卿記〕。その直後の七月四日に、養父の長慶が死去するが、その死は秘匿された。

永禄の変

永禄八年（一五六五）五月一日、三好義継は三好長逸や松永久通等を率いて上洛し、足利義輝に出仕すると、長慶の修理大夫や義興の筑前守より格上の左京大夫の官途を与えられるとともに、偏諱を受け、義継は「重存」から「義重」に、久通は「久通」から「義久《よしひさ》」に改名した。これにより、教興寺の戦い以来の緊張が緩和されるかに見えたが、十九日に義継は訴訟と号して将軍御所を襲い、義輝を殺害してしまった〔言継卿記、上杉家文書〕。いわゆる「永禄の変」である。この事件により、義輝の弟の鹿苑《ろくおん》院周暠《いんしゅうこう》や進士晴舎《しんじはるいえ》をはじめ多くの奉公衆が討たれ、母の慶寿院《けいじゅいん》が自害した。二十四日には義輝の側室である小侍従《こじじゅうの》局《つぼね》も殺された。

永禄の変の原因として、御所巻《ごしょまき》によって義輝の側近で三好氏担当の申次である進士晴舎と晴舎の娘の小侍従局を排除することが目的で、義輝の死は偶発的であったとする見解〔木下二〇二一〕と、当初より義輝の殺害を意図していたとする見解〔天野二〇二一〕がある。いずれにせよ、室町初期に頻発した御所巻で将軍が側近を庇って殺されたことはなく、戦国期においても足利義稙《よしたね》や足利義維《よしつな》が捕虜になることはあっても殺されてはいないことを踏まえると、前代未聞の大事件であったことは間違いない。

ところが、二十一日に三好長逸が参内し、正親町天皇より小御所の庭で酒を下賜されると、翌日には将軍の直臣らが義継のもとに御礼に赴いており、騒動は収束した。

義継がどのような構想を持っていたのかは不明な点が多いが、事件直後に「義重」から「義継」と改名し、久通に偏諱を解消させたのは示唆的である。三好義興も教興寺の戦いで義輝との関係が大きく変化した際に改名しており、義継が義字を通字とする将軍家を継ぐという主張のように見える。ただ、「義重」は当座の諱で改名自体は既定路線であったとする見解もある〔馬部二〇一九〕。

七月には、三好長逸らが、正親町天皇が義継と久秀・久通親子に禁裏の修理を命じるよう画策している〔京都東山御文庫所蔵文書〕。これは、かつて義輝を追放し、足利将軍家を擁立せず京都を支配した長慶と久秀が、後奈良《ごなら》天皇より禁裏の修理を命じられた先例に倣うものであった。また十月二十六日には、久秀とその義兄の武家伝奏広橋国光《ぶけてんそうひろはしくにみつ》が、足利将軍家重代の家宝でその家督を象徴するものと神聖視されていた御小袖《おんこそで》の唐櫃《からびつ》の下賜を請い、天皇に認められている〔お湯殿の上の日記〕。さらに、天皇は十二月十一日に関白近衛前久に改元を諮っていた〔お湯殿の上の日記〕。将軍が改元の相談にあずかり、費用を調達するのが慣例であったが、天皇は義継が調達することをあてにしたのであろう。永禄改元も義輝への相談も費用調達もないまま、長慶を頼んで行われた。すなわち、義継は長慶の先例にならい、足利将軍家を擁立せず首都京都を支配するだけでなく、義字を含む諱や御小袖の唐櫃の継承を踏まえると、自らを将軍に代わる存在として位置づけようとしていた。

ただ、久秀が当初、奈良で義輝の弟足利義昭《よしあき》を助命したように、三好氏全体で意思統一ができていたわけではなかった。また、六月には、畠山高政の弟秋高《あきたか》や義輝の叔父大覚寺義俊が、武田義統《よしむね》・朝倉義景・上杉謙信・織田信長《おだのぶなが》と連携して、三好氏包囲網を画策しようとしていた〔長岡市立科学博物館所蔵河田文書〕。八月上旬には、朝倉義景と大覚寺義俊が調略によって久秀を欺き、義昭を陣営に加えることに成功している〔上杉家文書〕。同じ時期に、久秀の弟内藤宗勝《ないとうそうしょう》が丹波国人の荻野直正《おぎのなおまさ》に討たれたことが契機となり、松永兄弟が支配した大和と丹波で反三好の挙兵が相次ぐなど、三好氏包囲網の動きが活発化した。

相次ぐ久秀の失態に業を煮やした三好長逸は、三好宗渭《そうい》や石成友通《いわなりともみち》と語らい、十一月十六日に飯盛城に入ると、義継の側近である長松軒《ちょうしょうけん》淳世と金山長信《かなやまながのぶ》を斬り、久秀を見放すよう義継に迫った〔多聞院日記〕。側近を失った義継は従わざるをえなかった。金山長信の出自は幕府奉公衆であるが〔馬部二〇二二〕、義継付きの奉行人として活動し、発給文書において義継に敬意を示す欠字を用いるなど〔常光寺文書〕、結びつきが強く、久秀・久通親子を義継に取り次ぐ存在であった。

失脚した久秀らは生き残るため、三好氏包囲網に加わっていく。

足利義昭陣営として

永禄九年（一五六六）、三好義継・三好三人衆（三好長逸、三好宗渭、石成友通）と松永久秀・久通親子による内紛が始まったが、義継の弟松浦光は松永方に属した。

この内紛の帰趨を決したのは、阿波から渡海した三好長治の宿老篠原長房《しのはらながふさ》であった。長房はかつての堺公方足利義維の子義栄《よしひで》を擁し、三人衆方として参戦した。義継と三好長逸は六月二十四日に真観寺《しんかんじ》（大阪府八尾市）において、養父長慶の葬礼を催し〔鹿苑日録〕、畿内の平和を回復したことを宣言した。母方の祖父九条稙通の仲介もあり松浦光や、畠山秋高との和睦も進んでいく〔馬部二〇〇七、二〇〇九〕。九月に畿内に渡海した足利義栄は、年末から永禄十年正月にかけて、左馬頭、そして従五位下に叙せられ、公家の山科言継《やましなときつぐ》が将軍宣下を担当するよう打診されるなど、将軍就任が決定的となった。

義継・三人衆方が優勢に進めているかに見えたが、この状況に反比例するかのように、義継の地位は低下していく。永禄九年後半には、義継やその奉行人の発給文書はほとんどなくなっていた。三人衆の多数派工作により、足利義昭と結んだ松永方を圧倒することはできたが、肝心の義継が埋没してしまったのである。そもそも、自ら将軍に代わる地位を占めようとした義継にとって、足利義栄の将軍就任は受け入れることができなかった。

永禄十年二月、義継は突如出奔し、没落していた久秀と結んだ。義継と久秀の間を仲介したのは、義継の側近の金山信貞《のぶさだ》であった。義継は三好三人衆を「悪逆無道」「前代未聞」と非難し、久秀こそが「大忠」であると宣言して、山城の椿井《つばい》氏や大和の古市《ふるいち》氏に味方するよう求めている〔小林凱之氏所蔵文書、宮坂伊兵衛氏所蔵文書〕。そもそも三人衆が久秀を排斥したのであって、義継は久秀に遺恨はなかった。

八月に織田信長が美濃を平定し、十月に東大寺大仏殿《とうだいじだいぶつでん》の戦いで久秀が三人衆を破ると、足利義昭の上洛に向けた動きは活発化する。永禄十一年初頭になると、義継も九条稙通や畠山秋高、細川刑部少輔、松浦光など和泉の諸勢力と連携を深めるなど〔三浦家文書所収関本氏古文書模本〕、役割を果たしている。そして、十月に義昭が将軍に就任すると、信長や久秀、秋高とともに義昭幕府の重要な構成員となった。義継は河内北部と摂津欠郡《かけのこおり》（東成郡《ひがしなり》、住吉郡《すみよし》）を支配し〔四天王寺文書、山崎文書〕、翌年には山城の飯盛城から平城の若江城《わかえ》（大阪府東大阪市）に居城を移している。

永禄十二年正月に三好三人衆が義昭の籠もる洛中の本国寺《ほんこくじ》を攻撃した際も、義継は三人衆を退ける軍功を挙げた。これにより、三月二十七日に義昭の妹の宝鏡寺理源《ほうきょうじりげん》が還俗し、義昭より「御父」と称された信長を媒酌人として、義継の室となっている〔言継卿記〕。将軍が妹を大名に嫁がせるのは、室町時代を通しても、武田義統と義継のわずか二例しか例がない厚遇であった。またこの頃、久秀の娘も信長の嫡男信忠《のぶただ》の室となる約束があり、義昭幕府の中枢は擬似的なものも含めて、縁戚関係が作られていたのである。そして、義昭・義継・久秀・信長の被官によって構成された軍勢が、三人衆に奪われた河内・和泉・摂津の各所を奪還していった。

ところが、信長は永禄十三年正月の「五か条の条書」によって、義昭の独占を図り、義継や久秀らを下位に位置づけるなど、関係が変化していく〔天野二〇二一〕。

三好氏の再興に向けて

元亀元年（一五七〇）、足利義昭と織田信長は三好三人衆と朝倉義景の討伐に乗り出したが、逆に本願寺や延暦寺の支援を受けた三人衆や義景の挟撃に苦しみ、和睦を模索せざるをえなくる。松永久秀の説得を受けた三好長逸や篠原長房はこれを承諾し、十一月十八日に若江城の三好義継のもとへ御礼に赴いた〔二条宴乗記〕。五年ぶりに三好氏家臣団の和解までも成立したのである。義継と久秀にとっては良いことづくめであったが、三好三人衆の脅威にさらされることになったのは、将軍義昭の直臣として摂津支配を担当する和田惟政《わだこれまさ》と河内南部を治める畠山秋高である。彼らは久秀に不満を抱いた。

元亀二年、和田惟政と畠山秋高が手を結び、久秀・久通親子と対立すると、義継や三好長逸が松永親子を支援したのである。こうして、義継や久秀は義昭や信長と袂を分かった。義継は三好長治の宿老三好康長や篠原長房も動員し、前関白近衛前久・信尹《のぶただ》親子を庇護するなど、公武ともに陣容を整えると、大阪平野と奈良盆地を制圧して、山城南部にも進出し、京都をうかがうようになった。阿波には足利義栄の父義維や弟義助《よしすけ》がいたが、彼らを擁することはなかった。元亀三年（一五七二）になると、義継は義昭と決戦の覚悟を固め〔誓願寺文書〕、四月十六日に淡路の安宅監物丞へ軍勢催促を行った〔刑部家文書」。この際、久秀と長逸が取次を行っている。これは実父長慶段階の体制への回帰であり、義継は三好氏の再興を目指していたと言えよう。

義昭はこうした義弟義継や武田信玄を頼みとして、元亀四年初頭に信長を見限る。興福寺《こうふくじ》の大乗院《だいじょういん》尋憲《じんけん》などは、義継や久秀が圧倒的優位と見ていた。ところが、信長は四月に上京《かみぎょう》を焼き払い、義昭を降伏させた。このとき、義継が義昭を支援した形跡は見えない。理由はいくつかある。三好長逸がこの頃に死去したと推測されること。久秀と義昭に与する石成友通が山城南部で利害が競合する関係にあったこと。主戦派の篠原長房が三好長治に討たれたこと。さらには、義継の実弟松浦光や三好義堅（十河存康）が信長と結ぼうとしていたこと（「山崎文書」）が挙げられる。結局、義昭は七月に槇島城《まきしま》（京都府宇治市）で再度挙兵するが鎮圧され、義継のもとに放逐された。

毛利輝元が義昭と信長の和睦の仲介に乗り出すが、義昭の強硬姿勢で交渉は決裂し、義昭は由良《ゆら》（和歌山県由良町）へ退去した。信長は義昭の子の義尋《ぎじん》を足利将軍家の当主として、幕府を再建する意向を示し、宿老の佐久間信盛《さくまのぶもり》に義継を攻めるよう命じた。若江城では長慶以来の被官である池田教正《いけだのりまさ》・野間康久《のまやすひさ》・多羅尾綱知《たらおつなとも》が、金山信貞を君側の奸として自害させ、信盛の軍勢を城内に招き入れたことで勝敗は決した。十一月十六日、義継は妻子を殺害して切腹し（「信長公記」）、同月に久秀も信長に降った。

激変する畿内情勢を毛利輝元に伝えた安国寺恵瓊《あんこくじえけい》は、義継の最期について「さりとてハの腹を仕候と申候」と称え、信長は五年ほどしたら「高ころひにあをのけにころはれ候」とし、羽柴秀吉《はしばひでよし》を「さりとてハの者ニて候」と義継と同じ表現でその才能に注目している〔吉川家文書〕。
義継は決して無能な傀儡ではなかった。甘い予測であったが、誰もが常識に囚われ成し得なかった将軍に代わろうとした。それが潰えた後も、久秀を救い出し、義昭と結んで義弟として重んじられた。そして、長逸を従えると将軍から自立して、三好氏再興を目指し、将軍を奉じる信長と戦いながら、京都を除く畿内を平定する。しかし、常に一族や家臣団の不和に悩まされた。実休の子供たちを出し抜く形で家督を継いだが、長慶の後見を十分に受けることができず、自身の側近を育てる時間がなかった。義継が心を許せたのは、松永久秀・久通と金山長信・信貞ぐらいであろう。長慶が遺した家臣団は大きくなり、利害関係もあったため、その統制に苦しめられ続けたのである。

（天野忠幸）

【主要参考文献】
天野忠幸『三好長慶』（ミネルヴァ書房、二〇一四年）
天野忠幸『増補版　戦国期三好政権の研究』（清文堂出版、二〇一五年）
天野忠幸『三好一族と織田信長』（戎光祥出版、二〇一六年）
天野忠幸「織田信長の上洛と三好氏の動向」（『日本歴史』八一五、二〇一六年）
天野忠幸「信長と畿内大名」（藤田達生編『織田政権と本能寺の変』塙書房、二〇二一年）
天野忠幸『三好一族』（中央公論新社、二〇二一年）
河内将芳「永禄十一年上洛時における織田信長の宿所について　―「古津所をめぐって」（『戦国史研究』八四、二〇二二年）
木下昌規『足利義輝と三好一族』（戎光祥出版、二〇二一年）

嶋中佳輝「織田信長と和泉松浦氏の動向」（『十六世紀史論叢』一六、二〇二二年）
馬部隆弘「永禄九年の畿内和平と信長の上洛」（『史敏』四、二〇〇七年）
馬部隆弘「信長上洛前夜の畿内情勢」（『日本歴史』七三六、二〇〇九年）
馬部隆弘「足利義輝殺害前の三好義継」（『戦国史研究』七八、二〇一九年）
馬部隆弘「内藤宗勝の丹後・若狭侵攻と逸見昌経の乱」（『地方史研究』四一五、二〇二二年）

三好実休——兄長慶を支える阿波三好家当主

「阿波三好家」を継ぐ

三好《みよし》実休《じっきゅう》は、細川晴元《ほそかわはるもと》の重臣である三好元長《もとなが》の二男として誕生した。生年は同時代史料では不明だが、近世初頭に成立した軍記物では天文二十二年（一五五三）前後に二十七歳、かつ戌年の生まれとされる（みよしき）。この説を採れば、生まれは大永六年（丙戌・一五二六）とみられ、兄の長慶《ながよし》とは四歳差となる。当時、父の元長は主君晴元とともに阿波に逼塞していたため、出生は阿波と考えてよいだろう。幼名は「千満丸」（見性寺文書）。母の素性は不明である。

元長は実休の生後まもない大永七年に畿内へと復帰し、京兆家《けいちょうけ》当主の座をめぐって晴元と争う細川高国《たかくに》の打倒、阿波に没落していた足利義維《あしかがよしつな》を擁する「堺幕府」の運営などで活躍をみせる（今谷一九八五）。しかし、たびたびの専横行為が晴元との関係悪化を招き、享禄五年（天文元・一五三二）六月、晴元の扇動した一向一揆に攻められ、堺の顕本寺《けんぽんじ》で自刃を遂げた。

同年の八月、阿波勝瑞《しょうずい》（徳島県藍住町）にある三好氏の菩提寺見性寺《けんしょうじ》には、元長の永代供養のための料所が寄進されている（見性寺文書）。元長の四十九日法要にともなうものとみられるが、この寄進

三好実休画像　堺市堺区・妙國寺蔵　堺市博物館寄託

状では元長嫡男の長慶（千熊丸）とともに、実休（千満丸）が署名に加わっている。当時実休は七歳、これが活動初見となる。

翌天文二年（一五三三）、長慶は細川晴元と和解して畿内へと復帰する。このとき、実休は兄と同行することなく阿波に残留し、三好氏本来の主家にあたる阿波守護細川家の細川氏之《うじゆき》に仕える道を選ぶ。氏之は、先年晴元と元長の関係が悪化した際に両者の仲裁を試み、元長没後は遺族を阿波で庇護するなど、一貫して三好氏に好意的な立場にあった。実休の出仕はその恩義に報い、関係維持をはかる意図を含んでいたとみられる。なお、氏之は近世以来「持隆《もちたか》」の名で知られ、晴元の従兄弟とされてきた人物だが、近年発給文書から実名が判明し、晴元との関係も実弟との説が有力となっている〔馬部二〇一六、森脇二〇二二〕。

これ以降、畿内で地歩を築いていく長慶に対して、実休は三好氏発祥の地である阿波に基盤を置き続け、両者はそれぞれを当主とする権力体を形成していく。研究史上、これら二つの三好家は協力関係にあるものの自立した存在とみなされ、「三好本宗家」「阿波三好家」と呼称される〔天野二〇一〇ａ〕。両三好家が分割された時期の特定は難しいが、先の寄進状が長慶の単独発給でなく連署とされたことに鑑みると、分割構想自体はかなり早期から存在していたと考えられるだろう。

阿波守護家の重臣として

天文八年（一五三九）冬、細川氏之は山陽道に進出する出雲尼子《あまご》氏との対決のため、阿波勢を率いて備中へと出陣する。出兵途上の十月、讃岐の白峯寺《しろみねじ》（香川県坂出市）には「彦次郎之相《ひこじろうゆきすけ》」と署名した実休の禁制《きんぜい》が、主君氏之の禁制と並んで発給されており、実休がこの出兵に同行していたこと、元服を果たしていたことが確認される〔白峯寺文書〕。三好氏と交流を持つ本願寺証如《ほんがんじしょうにょ》の日記によると、同年六月二十七日時点では実休を「三好千満」と記しており、元服はこれ以降だろう〔証如上人日記〕。実名の之相は主君氏之から一字を拝領したものとみられる。しかし、この出兵は阿波勢の敗軍に終わる〔蜷川親俊日記〕。近世初頭に成立した『昔阿波物語《むかしあわものがたり》』には、備中に出陣した若年期の実休が敗北を喫し、身分を隠して家臣の護衛を受けながらようやく生還した逸話がみえるが、事実とすればこのときの出来事だろう〔昔阿波物語〕。

その後、畿内では細川高国の後継勢力にあたる細川氏綱《うじつな》が蜂起し、天文十二年以降、晴元との抗争を繰り広げていく。天文十五年十月、実休は氏之とともに四国衆二万余を率い畿内へ渡海した〔細川両家記〕。出兵は一年半にも及び、四国衆は天文十六年二月に摂津原田城《はらだ》（大阪府豊中市）、二月から三月にかけ同三宅《みやけ》城（同茨木市）、同五月から六月にかけ同芥川《あくたがわ》城（同高槻市）を攻略、さらに同七月には摂津舎利寺《しゃりじ》合戦に参加し、最終的に河内若林《わかばやし》（同松原市）に在陣した〔細川両家記〕。なお、畿内各地を転戦する中で実休は各所に禁制を発給するが、その署判はすべて「豊前守《ぶぜんのかみ》」となっており、畿内出兵までに受領《ずりょう》名を名乗り始めていたことがわかる〔離宮八幡宮文書ほか〕。結局、このときの晴元陣営と氏綱陣営の対立は、天文十七年四月に至って和睦が結ばれ、氏之・実休らも久々に阿波へと下国することとなる。

ところが同年後半に入ると、実休の兄長慶と晴元側近の三好政長《まさなが》の反目が表面化したことで畿内は再び不穏に陥り、ついには長慶が晴元に反旗を翻す事態が発生する。晴元と決別した長慶は、旧敵の氏綱陣営と協力関係を結ぶ。そして翌天文十八年六月、摂津江口《えぐち》城（大阪市東淀川区）をめぐる合戦に勝利をおさめ、三好政長を敗死させるとともに、晴元や彼を支持する将軍足利義輝《よしてる》を京都から追い落とした。この晴元と長慶の対立に際し、「阿波」は長慶与党に属していたとされるが、具体的な行動はみられない〔細川両家記〕。

天文二十年九月、実休は軍勢を引き連れて畿内へと渡海し、京都の東寺《とうじ》や讃州寺《さんしゅうじ》（京都市上京区）に禁制を発給する〔東寺百合文書、讃州寺文書〕。直前の七月には近江六角《ろっかく》氏のもとに没落していた晴元勢が京都に乱入しており〔馬部二〇二二〕、この渡海は晴元勢の再攻勢を警戒する長慶の要請によるものとみられる。その後、実休は同年冬にかけて堺に逗留するが〔宗達自会記〕、十二月中旬に下国の途に就く〔証如上人日記〕。翌年正月には足利義輝が長慶と和睦することから、長慶と義輝との交渉進展を確認し、推戴対象を失う晴元陣営の反攻が下火になると見越しての帰還だろう。ところで、天文二十年の畿内渡海では、主君氏之の同行は確認できない。単に長期の分国不在を忌避して実休に指揮権を委ねたとも考えられるが、あるいは実兄晴元と直接干戈を交える事態に躊躇があったのかもしれない。

「勝瑞事件」の勃発

天文二十一年（一五五二）七月、実休は当時長慶から離反していた摂津国人の小河式部丞《おがわしきぶのじょう》に対し、長慶への取り成しを約束する〔宮内庁書陵部所蔵文書〕。ここでは「三好豊前守之虎《ゆきとら》」と名乗っており、前年九月以降に之相から改名を行っていたことがわかる。引き続き偏諱《へんき》を戴くことから、主君氏之との関係は、少なくとも表面上は良好だったとみられる。

ところが翌天文二十二年六月、実休は氏之を自刃へと追い込む「勝瑞事件」を引き起こす〔細川両家記、昔阿波物語〕。事件の経緯は『昔阿波物語』の記述によると、かねて氏之の企てていた実休粛清の謀略が露見し、先手を打った実休が軍勢を動員して勝瑞を攻囲、そして進退窮まった氏之に実休の弟である十河一存《そごうかずまさ》が切腹を迫ったというものである。事実関係の面では一定の信憑性を認めてよいと思われるが、もともと三好氏に好意的だったはずの氏之が、なぜ実休粛清を画策したかについては判然としない。

事件の背景を考える上で注目されるのは、氏之の兄である細川晴元が天文二十二年七月頃から一時期出家していたことを指摘し、これを氏之横死に対する追悼と位置付ける見解である〔馬部二〇二二〕。この年、畿内では将軍義輝が長慶と決別し、それに呼応して晴元陣営も京都復帰を目論む軍事行動を活発化させていた。勝瑞事件に先立ち、氏之が晴元陣営と水面下で連携を図っていた可能性も想定できるのではないだろうか。

事件の後、実休は氏之の遺児である真之《さねゆき》を推戴し、阿波守護家を存続させた。しかし、主君を自害させた実休に反感を抱く阿波守護家被官も存在し、その中心となったのは実休の舅とされる久米《くめ》安芸守だった。久米ら一党は、実休の妹を室とする有力国衆一宮《いちのみや》長門守の居城一宮城（徳島市）を襲撃し、さらに別宮川《べっくがわ》（現吉野川《よしのがわ》本流）の河畔で実休率いる軍勢と対決する〔昔阿波物語〕。だが、実休への反発は大きな広がりとならず、久米一党の敗北によって内紛は収拾される。その要因としては、真之擁立による正統性の確保に加え、先述の一宮氏をはじめ阿波西部の大西《おおにし》氏、南部の海部《かいふ》氏など、国内の有力領主が婚姻関係により阿波三好家の与党となっていたことが想定される〔新見二〇〇六〕。

勝瑞事件と、それに続く久米安芸守らの蜂起鎮圧を経て、実休は阿波の実権を掌握するに至った。なお、久米安芸守との決別を機に実休はその娘である前室と離縁したとみられ、新たな伴侶に氏之側室で真之の生母と伝わる小少将《こしょうしょう》（岡本《おかもと》美作守娘）を迎える。後に実休の後継者となる長治《ながはる》は、この小少将との間の子とされている〔昔阿波物語〕。

阿波の統率者として

天文二十二年（一五五三）八月、三好長慶は対立していた将軍義輝を近江へと敗走させた。以降、三好氏権力は本格的に畿内支配の体制を整えていくが、そこで施政を担ったのは長慶を頂点とする三好本宗家の面々であり、実休当主期の阿波三好家は軍事的協力を除くと基本的に関与は見出せない。ただし、天文二十三年十月に長慶・実休が淡路洲本《すもと》（兵庫県洲本市）で、弟の安宅冬康《あたぎふゆやす》・十河一存も交えた内談の場を設けたように〔細川両家記〕、一門として重要事案の相談を受け、また意見することはあったと思われる。

天文二十三年十一月、麾下国人の反乱に苦しむ赤松《あかまつ》氏の要請により、阿波勢は播磨へと出兵する。実休は合戦の始まる翌年初頭から出馬して指揮をとり、安宅冬康の淡路勢、長慶率いる摂津勢とともに正月中に明石《あかし》城（兵庫県明石市）を攻略、次いで翌二月には別所《べっしょ》氏の三木《みき》城（同三木市）を攻めるも、月末には和議が成立して帰国している〔細川両家記〕。

弘治年間に入ると、しばらく軍事行動のない平穏な時期が続き、実休は基本的に阿波に在国していたとみられる。弘治二年（一五五六）冬に堺商人の津田宗達《つだそうたつ》が阿波へと下向した際には、実休の屋敷を訪問し懇談している〔宗達他会記〕。場所はおそらく守護所勝瑞だろう。氏之の死後、勝瑞では池泉式庭園の廃絶など大規模な改変が行われており、新たな権力者である実休の意向を反映した整備が進められていた〔重見二〇一二〕。ちなみに、宗達と実休は茶の湯を通じた知己にあたる。実休の茶の湯に対する造詣は深く、葉茶壷「三日月《みかづき》」、茶入「珠光小茄子《じゅこうこなす》」をはじめ多数の名物茶器を所持しており、後代の茶人・山上宗二《やまのうえそうじ》からは「武士にて数寄者なり」と高く評価されている〔山上宗二記〕。

永禄元年（一五五八）五月、京都を逐われていた将軍義輝は、細川晴元や近江六角氏と協力し、長慶打倒を目指す軍事行動を起こす。これを受けて阿波三好家は、一門重臣の三好康長《やすなが》が阿波勢を率いて出陣し、八月に摂津尼崎《あまがさき》（兵庫県尼崎市）に布陣する。また、実休自身は八月末に渡海、九月初頭に長慶・冬康・一存、それに長慶嫡子の義興《よしおき》も交えて尼崎で合議が持たれた〔細川両家記〕。その後も実休と阿波勢は畿内に滞在するが大きな合戦はなく、同年十一月末に長慶と義輝の和睦が成立したことを受け翌月に帰国している。

この年、三好氏と義輝との戦いの最中に実休は出家する。戒名は「物外軒実休《ぶつがいけん》」〔屋代島村上文書〕。「実休」署名は永禄元年八月の禁制が初見で、六月段階の禁制はいまだ「豊前守」署名のため、出家はこの間とみられる〔本興寺文書、大覚寺文書〕。突如出家した契機は定かでないものの、翌永禄二年六月には実休嫡子の千鶴丸（後の長治）による徳政免除の判物《はんもつ》が、重臣連署の副状とともに阿波で発給されている〔木戸太平氏所蔵文書〕。出家を機として、長治への権限移譲が図られていたことは間違いないだろう。なお、実休に関しては近世以来「義賢《よしかた》」を実名とする言説が広まっているが、出家に至るまでこの実名を用いた痕跡は確認できず、近年では疑問視されている〔天野二〇一〇b〕

勢力拡張と突然の最期

永禄三年（一五六〇）前半、それまで協力関係を築いてきた三好長慶と河内守護畠山高政《はたけやまたかまさ》の関係が悪化し、五月には決裂に至る。開戦に先立つ四月、長慶と実休は淡路洲本で合議を持っており〔細川両家記〕、阿波三好家の参戦はこの段階で決したようだ。実休は四国衆を率いて畿内に渡海し、六月末に河内へと出陣する。そして畿内勢と協力しつつ、十月末までに北河内の拠点城郭である飯盛城《いいもり》（大阪府大東市、四條畷市）、南河内にある畠山氏の守護所高屋城《たかや》（同羽曳野市）を攻略した。結果、畠山氏は領国を逐われ、長慶は飯盛城、実休は高屋城を新たな居城として、河内は両三好家により分有されることとなる〔細川両家記〕。

阿波三好家の勢力拡張は、南河内の獲得だけではない。永禄三年後半、四国では実休宿老の篠原長房《しのはらながふさ》が讃岐へと侵攻し、西讃守護代の系譜をひく香川《かがわ》氏を攻撃している。香川氏はかねて細川晴元陣営と通じ、阿波三好家の背後を脅かしていた〔馬部二〇二二〕。篠原長房の讃岐攻撃には、伊予の水軍衆である能島村上《のしまむらかみ》氏・来島《くるしま》村上氏も同調しており、長房より報告を受けた実休は両氏に書状を送って協力を謝している〔東京大学史料編纂所所蔵村上文書、屋代島村上文書〕。このときは香川氏排斥には至らなかったものの、讃岐に勢力を扶植した阿波三好家の侵攻は以降も続き、後年の分国化へとつながっていく。

そうした中、長慶との和睦により京都復帰を果たしていた将軍足利義輝は、永禄四年閏三月に実休を御相伴衆《ごしょうばんしゅう》に任じた〔後鑑所収伊勢貞助記〕。将軍の御成《おなり》や宴席で供を務める御相伴衆は、本来管領家一門や有力守護家の地位標章であり、背景には三好氏の懐柔を図る義輝の意図があったと思われる。三好氏から御相伴衆への就任は、長慶・義興父子に次ぐ。実休と阿波三好家が、三好本宗家に並び立つ存在として評価されていたことをうかがい知れよう。

しかし、実休の最期は絶頂期に唐突に訪れる。永禄四年四月、和泉岸和田城《きしわだ》（大阪府岸和田市）を拠点に三好氏勢力圏南端の抑え役となっていた十河一存が急死した。すると紀伊に落ち延びて河内奪還の機を狙っていた畠山高政は、同盟する根来寺《ねごろでら》（和歌山県岩出市）の軍勢と共に和泉への侵攻をうかがい始める。実休は同年冬頃から高屋城を出て和泉久米田《くめだ》（大阪府岸和田市）に在陣し、来たる対決に備えている〔己行記、細川両家記〕。そして翌永禄五年三月五日、攻め寄せた畠山・根来寺勢と阿波三好勢との間で、久米田の合戦が勃発する。当初、三好方は篠原長房らの奮闘で優勢に戦いを進めていたが、攻勢に出たことで実休本陣の警衛が手薄となり、そこを敵勢に急襲され討ち死にを遂げたという〔昔阿波物語、細川両家記〕。生年が正しければ、享年は三十七歳とみられる。

実休の死により、動揺した阿波三好勢は総崩れとなり、その多くは堺を経て阿波へと撤退した。勢いに乗る畠山・根来寺勢は高屋城を奪還、さらに北河内の飯盛城までも攻囲し、三好陣営は壊滅の瀬戸際に追い込まれる。しかし、態勢を立て直した阿波勢は五月に再び畿内へ渡海、同月二十日に行われた河内教興寺《きょうこうじ》（大阪府八尾市）の合戦では畿内勢と協力して畠山・根来寺勢を撃破した〔細川両家記〕。これにより三好陣営は窮地を脱し、阿波三好家は篠原長房・三好康長ら有力家臣たちが、若年の長治を支える体制が敷かれることとなる。

なお、実休には長治の他に少なくとも二人の男子がいた。うち一人は十河氏を継ぎ十河存保《まさやす》（後に阿波三好家に戻り三好義堅《よしかた》）、もう一人は安宅氏に養子入りし安宅神五郎《じんごろう》を名乗る〔天野二〇一三〕。次世代の三好一門は、実休の血統によって支えられていくのである。

（森脇崇文）

【主要参考文献】
天野忠幸「三好氏の権力基盤と阿波国人」（同『戦国期三好政権の研究』清文堂出版、二〇一〇年a）
天野忠幸「三好一族の人名比定について」（同『戦国期三好政権の研究』清文堂出版、二〇一〇年b）
天野忠幸「三好長治・存保・神五郎兄弟小考」（『鳴門史学』二六、二〇一三年）
今谷　明『室町幕府解体過程の研究』（岩波書店、一九八五年）
重見髙博「勝瑞城館の池庭の栄枯とその背景」（石井伸夫・重見髙博・長谷川賢二編著『戦国期阿波国のいくさ・信仰・都市』戎光祥出版、二〇二二年）
新見明生「勝瑞騒動以後の阿波三好氏権力について」（『鳴門史学』二〇、二〇〇六年）
馬部隆弘「細川澄元陣営の再編と上洛戦」（同『戦国期細川権力の研究』吉川弘文館、二〇一八年、初出二〇一六年）
馬部隆弘「江口合戦後の細川晴元」（石井伸夫・重見髙博・長谷川賢二編『戦国期阿波国のいくさ・信仰・都市』戎光祥出版、二〇二二年）
森脇崇文「戦国期阿波守護細川家関係者「氏之」の素性について」（『史窓』五二、二〇二二年）

安宅冬康——兄長慶の畿内制覇を支えた淡路水軍の長

淡路国衆・洲本安宅氏の相続

安宅冬康《あたぎふゆやす》は三好元長《みよしもとなが》の三男にあたり、淡路国衆の安宅氏の家督を相続した。長慶《ながよし》（元長の嫡子）の畿内制覇を支えた三人の弟の一人としても知られている。

淡路安宅氏は、紀伊国牟婁《むろ》郡の安宅（和歌山県白浜町）を名字の地とした国人から分出した勢力であった。安宅の地は、日置川《ひきがわ》の河口部左岸のうち、安宅川の合流点に位置しており、紀伊半島の沖合を航行する船舶の寄港地や、日置川上流から切り出した木材などの集積地になっていたと考えられている。こうした環境で、安宅氏は海上勢力として存立し、熊野水軍《くまのすいぐん》の一角を占めたという。

紀伊安宅氏は、南北朝動乱の中で、備後守頼藤《よりふじ》が活躍して、より広範に勢力を広げている。頼藤は情勢に応じて、あるときは室町幕府、あるときは南朝方に与同しながら、紀伊・阿波両国に勢力を扶植し、淡路島にも進出していった。足利義詮《あしかがよしあきら》（二代将軍）から淡路島南方に浮かぶ沼島《ぬしま》（兵庫県南あわじ市）などを拠点とする海賊の退治を命じられたこともあった。

しかし、安宅氏の勢力は、やがて分立に向かい、紀伊・阿波・淡路の三国で別個に活動するようになっ

安宅冬康画像 「続英雄百首」 当社蔵

た。さらに淡路島の安宅氏についても、洲本《すもと》・由良《ゆら》・千草《ちぐさ》・炬口《たけのくち》・安乎《あいが》・三野畑《みのはた》（いずれも兵庫県洲本市）・岩屋《いわや》（同淡路市）・湊《みなと》（同南あわじ市）の八家に分かれていたとされる。洲本・由良・千草・炬口・安乎は東岸、湊は西岸、岩屋は北岸、三野畑は内陸に立地した。安宅氏が東岸を中心にしながら、西岸・北岸にも勢力を展開させた構図がみえてくる。紀伊水道の一帯に勢力を広げた時期の名残だが、相対的には、紀淡海峡を扼して、大阪湾の海上交通に影響力（保護・襲撃を交えた利益取得）を及ぼそうとする志向性が強かったこともうかがえる。

冬康が相続したのは、淡路安宅氏のうちの洲本家だった。その確実な時期と経緯は不明だが、阿波三好氏の淡路島進出を背景にした縁組とみられる。

淡路島では、南北朝期から細川《ほそかわ》一族が守護をつとめており、淡路細川氏は戦国期にも勢力を保っていた。しかし、阿波三好氏の之長《ゆきなが》（冬康の曾祖父）は、細川澄元《すみもと》（阿波守護家から宗家に養子入り）を補佐して、畿内の細川高国《たかくに》（澄元の政敵）と対峙する中で、永正十四年（一五一七）に淡路島に出兵し、高国方に与同していた淡路守護家の細川尚春《ひさはる》を没落させた。以後、細川澄元・晴元《はるもと》父子や阿波三好氏は、四国から畿内へ出動する足掛かり、あるいは両地域の連絡を円滑にする中継地として、淡路島を活用していくことになる。その過程で、淡路安宅一族も澄元・晴元や三好氏の傘下に入ったのであろう。

冬康の養父にあたるという安宅治興《はるおき》（隠岐守）は、大永六年（一五二六）に洲本城を築いたとされる。同年は、細川晴元や三好元長が足利義維《よしつな》（後の堺公方《さかいくぼう》）を擁し、淡路国衆も動員したうえで、阿波から畿内に出兵した時期と重なる。この晴元派の軍勢は、洲本を経由して、堺に渡海したという記録もある〔足利季世記〕。洲本城の大永六年築城説について、積極的な意味を見出すならば、当初から四国・畿内の中継拠点として整備されたことを示しているのかもしれない。

ところが、大永八年には、炬口城の安宅次郎三郎が謀叛を起こしており、三好元長が対応のために一時的に畿内から離れる事態となっている。洲本城からみて、炬口城は洲本川河口を挟んだ対岸に位置した。あるいは、洲本川下流域の交易利権などをめぐる洲本安宅氏と炬口安宅氏の競合関係を前提とした事件であろうか。

そして、この謀叛事件を経て、四国・畿内の接続をより万全とするうえで、安宅一族や淡路島の支配をより強化することが課題になり、やがて冬康が洲本安宅氏に入嗣するに至ったとみられる。洲本安宅氏にとっても、冬康を当主に迎えることで、阿波三好氏の勢威を利用し、他の安宅一族や淡路国衆に対する優位を確保できるメリットがあった。

本願寺《ほんがんじ》証如《しょうにょ》の日記によると、三好長慶は天文六年（一五三七）九月に「あたき」を連れて、堺から淡路島に渡海している。その後、長慶は十一月に畿内に再度出陣するが、引率した一門・被官の中に、弟の「安宅千々世」の名を見出せる〔天文日記〕。この「あたき」と「安宅千々世」こそ、後の冬康であった。天文六年までに冬康が安宅氏の家督を相続しており、長慶の畿内における活動を補佐・支援していたことがうかがえる。

長慶・冬康の父元長は、細川晴元と対立して、享禄五年（一五三二）に討たれていたが、長慶は天文二年に阿波から淡路島に渡り、本願寺に敗れて同地に退避していた細川晴元の畿内復帰を援助した。もっとも、晴元・長慶の主従関係も安定しておらず、天文六年の長慶の淡路島渡海にしても、晴元との確執を起因としていた。視点を変えれば、長慶にとって、淡路島は阿波と並び、畿内で政治的困難に陥った場合に、信頼しうる兵力を調達して、危地を打開するための地盤となっていたのであろう。そして、洲本安宅氏を相続した冬康こそは、淡路国衆で最も恃みとすべき存在だったのである。

舎利寺合戦・江口合戦への参戦

安宅冬康の生年は享禄元年（一五二八）とされ、父の三好元長が戦没した享禄五年の段階ではまだ五歳、兄の長慶とともに畿内・淡路を往来した天文六年（一五三七）の段階でも十歳だった。当然、軍事行動について、満足に指揮能力を発揮しうる年齢ではなかった。

三好長慶は天文八年から摂津越水城《こしみず》（兵庫県西宮市）を居城として、その南方の西宮《にしのみや》を外港として、しばしば淡路島や同島を経由した阿波・讃岐両国からの支援を得ることで、越水領を維持しつつ、繰り返される畿内の動乱（および細川家中の内訌）に対処したが、冬康参戦の有無はしばらく不分明である。

安宅冬康が明確に参戦した最初の戦役は、天文十五年から翌年にかけて進行した舎利寺《しゃりじ》合戦であった。戦役の序盤（天文十五年八月）において、三好長慶は細川晴元と敵対関係にあった細川氏綱《うじつな》・遊佐長教《ゆざながのり》（河内畠山《はたけやま》氏重臣）を討つべく、堺から河内に出陣しようとしたが、兵力不足で後退を余儀無くされたところ、冬康は弟の十河一存《そごうかずまさ》（讃岐国衆）とともに救援のために畿内に出動したという〔細川両家記〕。

以後、安宅冬康は摂津を転戦して、とくに氏綱方の池田《いけだ》氏（摂津国衆）に対する攻撃（九月）では、冬康率いる淡路衆が二番目に城内に突入した。さらに氏綱方との決戦になった舎利寺合戦（天文十六年七月）では、安宅佐渡守や安宅左京亮が討ち死にしている〔波多野家文書、足利季世記〕。洲本家当主である冬康のもとに、安宅一族が結集して、畿内の戦争に参加していたことがうかがえる。

冬康は天文十五年に十九歳となっており、心身ともに相応に成熟したことを前提として、一族・被官を統率して、初陣を飾ったのではないだろうか。冬康は『安宅冬康句集』『冬康独吟何路百韻』などの連歌集がある歌人としても知られているが、本人は二十歳（天文十六年）から連歌を嗜むようになったと述懐している。初めて攻城野戦を経験したことについて、何かしら思うところがあり、連歌を始めたのかもしれない。

また、三好長慶が細川晴元・三好政長と対決した天文十七・十八年の江口《えぐち》合戦でも、安宅冬康は重要な役割を果たしている。この戦役の中盤（天文十八年四月）において、淡路衆は摂津の尼崎《あまがさき》（兵庫県尼崎市）に布陣していたが、三好政長《まさなが》が攻勢に出て、西宮に放火すると、淡路衆は長慶本拠の越水城に合流した（細川両家記）。四国・淡路との連絡を確保するうえで、沿岸の拠点を守衛することも、有事に冬康や淡路国衆が求められた役割だったのだろう。

そして、終盤（天文十八年六月）の攻防では、安宅冬康と十河一存が別府川《べっぷがわ》の河畔に布陣することで、江口城（大阪市東淀川区）の三好政長と、三宅城《みやけ》（大阪府茨木市）の細川晴元の連携を断つという重責を担った（細川両家記）。淀川《よどがわ》と神崎川《かんざきがわ》に挟まれたデルタ地帯に築かれた江口城に対する総攻撃の火蓋を切ったのも、冬康・一存の配下にあった四国海賊二十余騎だったという（足利季世記）。渡河戦闘に際して、安宅氏（淡路国衆）・十河氏（讃岐国衆）の家中に蓄積されていた船舶運用の経験が活かされたものとみられる。

なお、江口城が陥落して、大勢が決すると、細川晴元は三宅城から退去するが、京都まで淡路衆に護送されたという（細川両家記）。長慶・冬康の兄弟関係を前提として、長慶の陣営に与同したものの、安宅一族や淡路国衆（あるいは冬康本人）には、晴元を主筋として尊重する意識も残っていたのだろうか。

三好長慶の畿内経略と安宅冬康

三好長慶は、これまで四国や淡路島から出動する弟たち（三好実休《じっきゅう》・安宅冬康・十河一存）の軍事力に助けられてきたが、江口合戦の後は、畿内の経略を進めていくうえで、弟たちをより長期的・安定的に畿内で活動させ、畿内・四国にまたがる勢力圏を有機的に結合することが課題となった。そして、安宅冬康の場合は、摂津榎並《えなみ》城（大阪市城東区）を畿内における拠点として提供された。

榎並城は淀川と大和川《やまとがわ》に挟まれた低湿地に築かれた城郭で、江口合戦の段階では、三好政長・政勝《まさかつ》父子が拠点としており、長慶方の攻勢を退けるほどの堅固さを備えていた〔細川両家記〕。大阪湾と淀川周辺の水上交通の接続点の一つであり、安宅氏や淡路国衆の持船を収容するうえで、適当な地所と判断されたのであろう。実際、冬康は海賊の系譜と思しい梶原《かじわら》三河守・菅《かん》若狭守などを榎並の代官に起用している〔天文日記〕。

もっとも、江口合戦を経て、すぐに安宅冬康が榎並城を拠点としたわけではなく、まずは弟の十河一存が榎並に入り、天文二十一年（一五五二）頃までに冬康と交代している。安宅氏と十河氏の間に、畿内における拠点の確保をめぐる競合があったことを示唆する経緯でもある。

その一方で、榎並においては、三好長慶に直属する被官も知行地を給付されて、帳面まで作成されていた。安宅冬康は榎並城とその周辺を排他的な領域として把握したわけではなく、あくまでも城郭を中心とした局所的支配を委ねられた模様である。

また、安宅冬康は四国と畿内の間を往来するうえで、尼崎や堺をたびたび出入港の場とした。そして、法華門徒《ほっけもんと》（尼崎では本興寺《ほんこうじ》、堺では顕本寺《けんぽんじ》）の後援を通じて、尼崎・堺への影響力を深めつつ、大阪湾に広がる法華宗のネットワークを利用しようとする志向性を有していた。長兄の三好長慶（摂津）、次兄の三好実休（阿波）、弟の十河一存も、同様の姿勢をとっており、長慶兄弟の間で、畿内・四国の勢力圏を結合させるための方法論を共有させていたとみられる。

畿内・四国の結合については、安宅冬康の本拠である洲本も重要であった。すなわち、三好長慶・三好実休・十河一存は、しばしば淡路島に渡海し、洲本に赴き、冬康も交えて、政戦両略に関する談合を行っていたのである。大阪湾に浮かぶ淡路島の地域的特性は、長慶兄弟が意見調整を行う場の提供者という役割も冬康に担わせたのだった。

なお、若年期の安宅冬康は、「神太郎《じんたろう》」の仮名《けみょう》と、「鴨冬」の実名を称していたが〔東寺百合文書〕、やがて「摂津守《せっつのかみ》」の受領名《ずりょうめい》を名乗り、天文二十四年（一五五五）には「冬康」の実名に改めている〔顕本寺文書〕。三好長慶が江口合戦以降に形成していった領国の中核というべき摂津の受領名を名乗ったことに、長慶の冬康に対する信頼・期待、あるいは長慶の補佐役としての冬康の自負を読み取れよう。

水軍としての淡路安宅氏の実像

冬康以降の淡路安宅氏（洲本安宅氏）は、大阪湾地域で最大規模の水軍として存立したが、意外なことに、冬康自身が海上戦闘を指揮した具体的な事例は見出し難い。これは、冬康が活動していた時期において、大阪湾周辺に三好氏（長慶）・安宅氏に海上戦略で対抗しうる勢力がほとんど存在しなかったことを逆説的に物語っている。よって、冬康期の安宅氏や淡路海賊（菅氏・梶原氏など）の操船能力などは、円滑な渡海行動や、江口合戦のような渡河戦闘で発揮されることになった。

また、安宅冬康の歌には、航海を題材としたものを少なからず見出せる〔安宅冬康百首・同句集〕。

まよひこし舟ちの末によは明て　心は下に猶くたきつゝ

友ふねのこきをくれぬるほと遠み　いたくなふきそ秋風のこゑ

波をまくらあらしをとこの浜ひさし　うらみすてゝそ心をみん

これらは、淡路島と畿内を往復する船路での体験に基づく作品だろう。とくに「友ふね」（供船）という表現は、船団による航行も行っていたことを示している。海上戦闘の機会は少なかったとしても、冬康が三好長慶の軍事行動を支えるべく、安宅一族や淡路海賊を束ね、相応の水軍を編成していた情景が思い浮かぶ。

もっとも、冬康と安宅氏が長慶期三好氏の水軍を一手に握っていたわけではなく、阿波三好氏（実休）や讃岐十河氏（一存）も、個別に水軍の編成能力を備えていた。長慶期三好氏の水軍は、多元的な構造となっており、冬康と安宅氏の水軍は、随一の実力を誇っていたとしても、けっして唯一の存在ではなかった。

そもそも、淡路島においても、安宅冬康ではなく、三好実休によって動員される勢力が南部を中心に存在していた。たとえば、三好実休が天文二十二年（一五五三）に細川氏之《うじゆき》を討滅した際には、淡路島から野口《のぐち》肥前守などが参戦したという〔昔阿波物語〕。野口氏は内陸部の志知《しち》（兵庫県南あわじ市）を拠点にしていたとされるが、大日川《だいにちがわ》の上流から木材などを廻漕する拠点を押さえることで、湊（淡路島西岸の要港）に影響力を及ぼし、水軍の編成を可能にしていたとみられる。湊には、安宅氏庶流が存立していたとされるが、具体的な動向（とくに冬康期）は不分明である。むしろ、阿波三好氏や志知野口氏の拠点となっていたのではないだろうか。

教興寺合戦と安宅冬康

三好長慶は永禄三年（一五六〇）以降に河内の領国化を進めるようになり、同年十一月に居城を芥《あく》川《た》城《がわ》（大阪府高槻市）から河内飯盛城《いいもり》（同大東市、四條畷市）に移した。飯盛城の西麓には、淡水湖の深《ふこ》野《の》池《いけ》・新開池《しんかいいけ》が存在して、飯盛川（現寝屋川《ねやがわ》）を通じて淀川や大阪湾ともつながり、飯盛城周辺の水運は活況を呈したとされる。

そして、安宅冬康が畿内で拠点とした榎並城も、榎並川によって、深野池・新開池と大阪湾をつなぐ水系につらなっており、その水上軍事力は、三好長慶の畿内経略において、より重要性を増したとみられる。永禄四年五月に飯盛城の連歌会に参加した冬康が「こぬ秋や月に吹井の沖つ風」と歌ったことも〔飯盛千句〕、飯盛城周辺の内海世界と大阪湾の海上世界を接続させる自己の役割を意識したものではないだろうか（吹井は和泉南部の港町である深日《ふけ》にかかる）。

その永禄四年に、飯盛城を中核とする三好氏領国の新体制は大きな危機を迎える。その発端は、河内から紀伊に逃れていた畠山高政《たかまさ》が近江六角《ろっかく》氏と結び、和泉に侵入してきたことであった。そこで、三好方は実休を大将として、十一月に和泉に派兵し、安宅冬康も従軍した。ところが、翌年三月に畠山方が攻勢に出て、久米田《くめだ》合戦で実休を戦死させ、配下の四国衆・淡路衆は畿内からいったん撤退した。

こうした中で、安宅冬康は岸和田《きしわだ》城（大阪府岸和田市）に籠もり、しばらくは持久したとされる〔細川両家記〕。結局、独力では岸和田城を維持できず、畠山方に明け渡して撤退したものの、三好方の総崩れを防ぎつつ、主力の阿波三好家の軍勢が後退する時間を稼いだのである。

この後、畠山方は三好長慶が在城する飯盛城をも攻囲したが、阿波三好家の再起に合わせて、長慶の嫡子義興《よしおき》などが反攻に出て、安宅冬康も合流し、五月二十日の教興寺《きょうこうじ》合戦で畠山方に大勝した。なお、畠山方の戦死者には、熊野の新宮堀内《しんぐうほりうち》氏の名代である安宅神助がいたという〔足利季世記〕。紀伊で活動を継続していた安宅一族の一部が堀内氏の配下に組み込まれて、淡路安宅氏の敵に回ったかたちであった。

教興寺合戦の後、安宅冬康は再び岸和田城に入り、和泉の経略を指導した。同国の経略は、これまで弟の十河一存が担当してきたが、永禄四年四月に病死していたため、冬康が引き継いだのである。さらに冬康は、十河氏の兵力も指揮下に組み込み、永禄六年には、十河勢とともに大和に出陣して、松永久《まつながひさ》秀《ひで》の同国平定を支援した〔柳生文書〕。十河氏の当主重存《しげまさ》（一存の嫡子）がまだ年少で、満足に指揮を執れなかったことによる措置だった。

三好長慶の畿内制覇を支えてきた弟のうち、三好実休と十河一存が相前後して世を去ったことで、ただ一人残った安宅冬康の存在感は一層高まろうとしていた。

なぜ冬康は誅殺されたのか

しかし、安宅冬康は永禄七年（一五六四）五月九日に飯盛城で誅殺された。さらに三好長慶も同年七月四日に病死した。冬康の死を歎いた結果ともされる〔細川両家記〕。

誅殺の理由について、公家の山科言継《やましなときつぐ》は、「逆心悪行《ぎゃくしんあくぎょう》」のためという風聞を日記に書き留めている〔言継卿記〕。また、松永久秀が長慶に冬康の叛意を讒言して、誅殺に誘導したとする伝承も、江戸時代の初期から存在した〔当代記、太閤様軍記のうち〕。

あるいは、誅殺の謀議は、松永久秀と三好宗渭《そうい》などが行い、吉成勘助《よしなりかんすけ》が討手をつとめたという記録もある〔三好別記〕。三好宗渭は江口合戦で敗死した政長の後継者（政勝の後身）で、後の三好三人衆の一人である。また、吉成勘助は阿波三好家の重臣である出雲守信長《のぶなが》と同一人物とみられる。さらに「安宅貞宗《さだむね》」という太刀には、やはり後の三人衆である石成友通《いわなりともみち》が冬康を斬ったことを銘の由来としたとの伝承がある〔享保名物帳〕。

現在、松永久秀が下剋上の野心によって、安宅冬康を非業の死に追いやったという見方は否定されている。むしろ、三好氏の家中において、より多くの人間が冬康の排除を望み、誅殺に関わったという構図が想定される。

そこで注目されるのは、この粛清事件に先行して、三好長慶の嫡子義興が永禄六年八月に病死して、翌年正月頃に十河重存（後の三好義継《よしつぐ》）が宗家の新たな後継者に設定されたことである。冬康は一存死後に和泉経略を引き継ぎ、十河勢の指揮も託されていたが、十河家中には少なからぬ反抗もみられた。また、摂津榎並の支配が一存（重存の父）から冬康に代わった経緯も、安宅氏・十河氏の競合を示唆している。

そもそも、榎並城については、三好宗渭が江口合戦まで城主の立場にあり、宗渭・冬康の間にも競合が潜在していた。また、天文二十一年（一五五二）には、榎並の地で長慶被官と冬康被官に紛争も生じている。三好氏の家中には、榎並をめぐって、権益が複雑に交錯しており、長慶・重存の養子縁組を機に、冬康を排除するという力学が生じたのではないだろうか。

こうした大小さまざまな矛盾を調整するためにも、長慶兄弟は洲本や尼崎で会合を繰り返してきたのだろうが、実休・一存が死去して、長慶の健康も悪化している状況では、調整の機会がなく、暴力的な手法がとられたと理解しておきたい。

冬康の死後、子息の神太郎が安宅氏の家督を相続して、三好氏宗家との関係を維持したものの、やがて阿波三好家出身の神五郎に取って代わられた。冬康誅殺に阿波三好家被官の吉成氏が参加したように、淡路島の支配でも、何らかの競合が存在したのだろう。
なお、石田三成《いしだみつなり》（羽柴秀吉《はしばひでよし》側近）に仕え、薩摩島津《しまづ》氏との交渉を担った安宅秀安《ひでやす》は、神太郎の後身、あるいは弟とされる。関ヶ原合戦で三成が滅びた後、秀安の子長康《ながやす》は、加賀前田《まえだ》氏に仕え、冬康の血脈を近世武家社会でともかくも存続させたという。

（小川雄）

【主要参考文献】

天野忠幸「戦国淡路安宅水軍」（日本史史料研究会編『日本史のまめまめしい知識』岩田書院、二〇一六年）
天野忠幸「三好氏の本拠地としての河内」（小谷利明・弓倉弘年編『南近畿の戦国時代―躍動する武士・寺社・民衆』戎光祥出版、二〇一七年）
天野忠幸『三好一族―戦国最初の「天下人」』（中央公論新社、二〇二一年）
弓倉弘年「紀伊守護と紀南の水軍領主」（『神奈川大学日本常民文化研究所調査報告』第二九号、二〇二二年）

十河一存——早世した「鬼十河」の異名を持つ猛将

放埒でやんちゃな末弟

十河一存《そごうかずまさ》は、三好長慶《みよしながよし》・三好実休《じっきゅう》・安宅冬康《あたぎふゆやす》に次ぐ四兄弟の末弟であり、もともと細川京兆家《ほそかわけいちょうけ》の内《うち》衆《しゅう》であった讃岐の有力国人の十河氏に養子入りした人物である。「十河」の表記は他にも「十川」（蜷川家文書、九条家文書）、「砥河」（服部玄三氏所蔵文書）、「そかわ」（醍醐寺文書）などもある。一般的に勇猛果敢で、兄長慶を軍事面から支えたといわれる。讃岐の勇壮な兵を率いて長慶に従い、常に長慶軍の先鋒を務める、剛直な武将というようなイメージが定着している。その代表例が、戦傷を負っても塩を押し込めて意に介さなかったという「鬼十河」の逸話（南海治乱記）や、「十河額」といった容貌（南海通紀）である。

しかし、一次史料上の一存はイメージ以上に曲者で、やんちゃである。一存の行動の多くは長慶の関知しないことであったし、それどころか長慶の望んでいないことすらあった。各地の押領を企んで、「若いので善悪に注意が及ばなかった」と言い訳するなど（東寺百合文書）、「わがまま放題な末っ子」とでもいうべき意外な一面を一存は持っていたのである。このような一存の実像との乖離は、史料解析の未達もちろん一因だが、弟が兄に従うというありがちな構図の当てはめや、後世から見た長慶の強権さと細川氏綱《うじつな》の没個性感など、さまざまな固定観念の作用が大きいように思われる。実際には独立独歩の気質が強く、ある意味ではきわめて「戦国武将」らしく生きた一存が、戦国期畿内の動乱の中でどのような足跡を遺したのか。その奥にある一存の行動原理を読み解くことで、一存の実像に近づいていきたい。

鮮烈なデビュー戦

天文十年代（一五四一～五〇）半ば、細川晴元《はるもと》は京兆家分国である讃岐からの報に接した。十河城（高松市）に「十河孫六郎《まごろくろう》」が討ち入って晴元配下を撃破し、城を占拠しているのだという。これに激怒した晴元は、東讃岐の守護代安富《やすとみ》氏や十河氏同族の殖田《うえた》氏に対し、孫六郎を「退治」せよと命じた（服部玄三氏所蔵文書）。この孫六郎の反乱こそ、若き十河一存が戦国史に名を現した瞬間だった。ただし、一存が晴元に逆らったのはこれが初めてではない。このとき、晴元が殖田氏に宛てた書状には、一存が以前も下知に背いて成敗されたことが記されている。一度目の背反の詳細は明らかでないが、天文八年（一五三九）に兄の三好長慶が晴元に対して挙兵しており、兄に同調した咎で成敗されていたのであろうか。

一存の十河城奪還は、遅くとも天文十六年までに実行されている。この頃、晴元と対立する細川氏綱の断続的な軍事行動によって、畿内は騒然としていた。実際、一存も天文十五年九月には晴元方として、長慶や安宅冬康らと共に畿内に在陣している〔天文日記〕。このような不穏な畿内情勢を肌で感じ取った一存は、晴元の手が四国にまで回らないと踏んで十河城襲撃に踏み切ったのだろう。しかし、京兆家の壁はあまりに高かった。前述の安富氏や殖田氏のみならず、西讃岐の守護代家である香川《かがわ》氏や、十河氏一族の十河又四郎《またしろう》が晴元方としてこの後も活動している〔天野二〇〇六、馬部二〇二二〕。一時は一存のもとに奔った十河盛重《もりしげ》も、天文二十二年までには晴元に帰参した。一存の十河氏内部での立場や養子に入った経緯は明らかでないが、一族は一枚岩でなかった。京兆家の影響力が強く残る讃岐では、一存に与同する者などほとんどいなかったのである。孤立を深めた一存がこの後に版図を広げた形跡はなく、結局讃岐一円を支配するには至らなかった。讃岐の在地の寺社や国人に対して、一存の文書はほとんど発給されていなかったようで、現存していない。

孤立しながらも城を奪還し晴元に一矢報いた一存であったが、ほどなくして晴元から反撃の手が打たれた。天文十七年八月、長慶との対立が再燃化していた晴元は、一存を懐柔すべく書状を送ったのである〔大東急記念文庫所蔵文書〕。自身に二度逆らい、かつ長慶の弟でもある一存を狙うという大胆不敵な調略だったが、驚くべきことに一存は晴元の要請に応じている。その後、一存は晴元方の重要拠点である河内十七ヶ所（大阪府寝屋川市、門真市、守口市など）や榎並《えなみ》城（大阪市城東区）に入り、十一月にも晴元方として本願寺《ほんがんじ》からの贈物を受け取っている〔細川両家記、天文日記〕。この調略に際して恩賞として提示されたのが本知《ほんち》、すなわち十河氏旧来の領地の保証であった。当然そこには十河城も含まれていただろう。勢力基盤の不安定な一存の弱みをついた、晴元の見事な一手だった。独力で十河城を奪取してしまうほどの軍事力を誇る一存の加勢は、晴元にとって頼もしかったに違いない。

ところが、一存が晴元に加勢したのはごく短期間で、最終的に長慶の属する氏綱方についている。一存がどこまで計画的に動いたのかはわからないが、結果として晴元は一存の強かさに翻弄され、本知を認めさせられただけに終わった。

なお、この晴元書状を初見として、一存は「民部大夫《みんぶのたいふ》」の官途を名乗っており、翌年末までには実名の「一存」使用も確認できる〔九条家文書〕。これ以降、「民部大夫一存」の名を一存は生涯用いていくことになる。

そして天文十八年六月、晴元権力の崩壊を決定づけた江口《えぐち》の戦いの際、一存は氏綱方に身を置いていた。決戦前、晴元方が三宅《みやけ》城（大阪府茨木市）や江口（大阪市東淀川区）に陣取ると、すかさず氏綱方は一存と冬康の兄弟を差し向けて、三宅・江口間の通路を遮断し、江口を包囲している〔細川両家記〕。そのわずか七日後の六月二十四日、氏綱方の長慶や遊佐長教《ゆざながのり》が江口を一気に攻めると、瞬く間に趨勢は決したのである。

京兆家被官として畿内に進出

畿内への出兵を経つつ、細川氏綱の被官となった一存は、次なる勢力拡大の標的を畿内に定めた。竹《たけ》田《だ》三ヶ庄（京都市伏見区）や西九条《にしくじょう》縄（同南区）といった京都近郊を中心に、畿内各所に進出し押領や違乱に及んだのである。また、天王寺《てんのうじ》（大阪市天王寺区）には一存被官の岡《おか》氏の居所があり、一存も堺に拠点を持つなど、都市部にも勢力を広げていった。一存は、天文二十一年（一五五二）時点で摂津上郡（大阪府高槻市、茨木市、摂津市など）から「帰陣」したことを理由に本願寺から贈物を受け取っており、また晩年に岸和田《きしわだ》城（大阪府岸和田市）に入る前から、「泉州へ御帰」ったという記述もある〔天文日記、細川両家記〕。つまり、岸和田入城のはるか前から、畿内に常時もしくは長期的に滞在していたことがうかがえる。一存が十河城を手放したとは考えにくいが、勢力基盤や活動の軸足は畿内に移していったようである。

また、一存はこの他にも収入源の確保に努めた。強い軍事力を持っていたことは先に述べたが、一存はこれを交渉のカードとしても巧みに利用している。天文十九年十月、一存は東寺《とうじ》に対し、陣取免除を通達した〔東寺百合文書〕。戦時、寺社や村落は兵士の狼藉などを防ぐべく、軍勢の指揮官に申請して陣を構えないことを確約してもらうことがあり、その際は礼銭の授受を伴った。こうした陣取免除そのものは珍しくないが、一存はこの過程で礼銭の追加要求をしていたことが確認できる。一存は東寺への「存分（恨み）」をちらつかせ、安全保障の対価に三千疋という多額の礼銭を追加で引き出したのである。この礼銭を工面するために東寺側は田地を売却したほどであり、一存がきわめて優位に交渉を進めていたことがわかる。裏を返せば、東寺を強請る必要があるほどに、一存の財政は差し迫るものがあったということでもある。讃岐を広く支配することができなかった一存にとって、畿内での活動は大きな財源となっていたはずである。

畿内で足場を固めつつ、一存は氏綱被官としての活動を開始した。天文十八年八月、真乗院《しんじょういん》末寺栄《えい》松寺《しょうじ》領深草《ふかくさ》（京都市伏見区）において氏綱被官の今村慶満《いまむらよしみつ》の違乱があった際には、一存寄子《よりこ》の松田守興《まつだもりおき》を窓口に、一存方に訴えが寄せられている〔真乗院文書〕。同じ頃に慶満と一存は一組となって各地で違乱を働いていた事例もあり、一存ならば慶満を掣肘できると南禅寺《なんぜんじ》塔頭真乗院（京都市左京区）は判断したのだろう。実際、これを受けた一存は深草の百姓中に向けて、無事に氏綱の「御下知」が出た旨を伝えている。一存が氏綱権力内で一定の発言力を持ち、領主層からも期待を寄せられていたことがうかがえる。

また、天文十九年五月には、一存は京都三条御蔵町《さんじょうみくらちょう》（京都市中京区）の地子銭《じしせん》について、「御屋形様（氏綱）」から氏綱配下の芳松軒《ほうしょうけん》に与えられたとして、百姓中に納入を命じた〔鹿王院文書〕。天文十八～二十二年頃は氏綱権力が京都支配を本格化させ、段米《たんまい》・棟別銭《むなべつせん》の賦課を実施していた時期であり、一存もこの氏綱権力の活動の一翼を担ったことが確認できる。さらにこの事案に関しては、兄の長慶も一存と同様、氏綱の命に準じて地子銭を納入するよう伝えている。このとき、一存と長慶が扱った地子銭の案件は、微妙に対象範囲が異なっていた。これは、両者がそれぞれ独立して氏綱からの命令を受ける、ほぼ同格の存在であったことを意味する。一存は決して長慶の支配下にあったのではなく、あくまで氏綱の下で協業や分業をしていたにすぎない。

しかし、この御蔵町の事案は一存・長慶のその後を暗示する過程を経た。領主の鹿王院《ろくおういん》（京都市右京区）は、地子銭の徴収を不当として長慶に訴え出た。一度は氏綱の命に従った長慶だったが、最終的に氏綱の決定を覆し、芳松軒の行いを不法行為と裁決している。氏綱権力から長慶権力への移行を象徴しているといえよう。一方の一存は鹿王院の訴えに対応した形跡がなく、領主層の期待に応えきることができなかった。氏綱権力に身を置き、畿内秩序の維持を期待されたという点で、この時期の一存・長慶はきわめて似た立場にあった。しかし、氏綱から長慶へ時代の転換が起こりつつある中で、兄弟の進む道も徐々に枝分かれしていった。情勢の変化に応じるように、一存も変容を遂げていくことになる。

京兆家からの脱却

天文二十二年（一五五三）六月、一存は阿波において、兄の三好実休とともに細川讃州家《さんしゅうけ》（阿波守護家）当主の氏之《うじゆき》を殺害した（賜蘆文庫文書）。氏之は細川晴元の実弟であり、折に触れて京兆家当主の晴元を支援してきた重要人物であった。この時点の氏之は、晴元を失脚させた細川氏綱とその立役者である三好氏に対しては隔意があった模様だが、依然実休の上位者として権威を保持していた。結果として実休は大きな反発を受けず、阿波の実権を握ることに成功したものの、氏之に服する勢力との抗争も当然想定していただろう。そこで武勇に優れる一存の助力を得て、万一に備えておきたかったと思われる。

この事件について、一存がどれほど主体的であったかは不明だが、細川氏にまたも牙を剝いたという事実は大きい。あくまで京兆家当主氏綱の被官である一存にとって、敵対する晴元の弟であり、直属の主でもない氏之の存在は、重要でなかったかもしれない。しかし、細川権力の枠組みから逸脱した行為であることは明らかだった。事実、京兆家被官という点で一存と同じ立場であった長慶は、氏之殺害に積極的な関与がみられない。長慶の目には、一存の行動は軽挙に映っただろう。

そして、永禄元年（一五五八）十一月、ついに決定的な事件が起こる。氏綱被官である福家《ふけ》氏の一族、孫右衛門尉が死去したのに乗じて、その請地《うけち》があった東寺領西九条縄に一存が被官の窪存重《くぼまさしげ》を差し向け、押領しようとしたのである〔東寺百合文書〕。請地とは年貢納入を領主から請け負う代わりに支配を任された土地のことで、領主の東寺は当然窪氏の違乱に反発した。翌年十月には幕府から窪氏の違乱を停止するよう命令が下っている〔東寺百合文書〕。

この間、長慶や福家氏も東寺の訴えを受け、対応している。実は福家氏には一存寄子の福家長顕《ながあき》がおり、先に述べた今村慶満の違乱への対処や、陣取免除の礼銭交渉にも関与していた。しかし、長らく一存方として活動した長顕もさすがに一存に味方できなかったようで、訴えを長慶や松永久秀《まつながひさひで》に取り次いでいる。さらに今村慶満も東寺の訴えを聞き、一存の行いを非難している。慶満はこれ以前に、一存とともに西九条縄を押領していた。そのときに一度停止された後、再度一存が押領を企んだのが本件であったが、今回慶満は一存と立場を異にしている。一存の強引な振る舞いは、畿内秩序を乱し長慶・氏綱・幕府との衝突に発展しかねないものであった。

一存による東寺領への違乱はこれだけではない。同じ頃、一存被官の宮野《みやの》与《よ》十郎《じゅうろう》もまた東寺領西九条（京都市南区）で違乱を働いている。宮野氏はかつて東寺の財政などを掌る公文《くもん》を務めた宮野浄忠《じょうちゅう》の一族であり、東寺寺僧と相論に及んで弘治三年（一五五七）に敗訴し、逐電《ちくでん》していた〔高橋一九九九〕。この宮野氏を被官化することで一存は東寺領進出の足掛かりを得ようとしたのであり、計画的であることがわかる。東寺はこれらの所業について、空海《くうかい》以来八百年に及ぶ伽藍が「滅亡」してしまう、と長慶や長顕に訴えるほど深刻視している〔東寺百合文書〕。

つまり一存は、長慶権力の確立期に至って、氏綱を寄るべき大樹ではないとみなし、かつての同輩すらも押領の標的としたのである。しかし、大規模な西九条近辺への違乱にみられるように、一存の行動はまったくの無軌道ではなかった。その裏には、元関白九条稙通《くじょうたねみち》の存在が見え隠れしている。永禄三年九月、一存は法隆寺《ほうりゅうじ》領の和泉珍南荘《ちぬみなみのしょう》（大阪府泉大津市）を差し押さえた〔法隆寺文書〕。このとき、稙通の口添えによって差し押さえが実現している。直後に法隆寺は不当だと訴え、差し押さえは解除されたものの、九条家による一存への支援が確認できる。

そもそも一存と稙通の関係は、天文十八年頃に稙通の養女を一存が娶ったことに始まる〔馬部二〇〇九〕。それからまもなく、後に三好氏の本宗家を継承する長男義継《よしつぐ》が誕生した。以後、本願寺への使者も務めた九条家家僕《かぼく》の矢野《やの》氏出身である矢野以清が一存の寄子となっている。いわば一存は、九条・本願寺・十河・三好を結ぶ大同盟の紐帯であった。さらに、この姻戚関係を梃子に稙通は九条家領を一存経由で維持し、一存も珍南荘の押領のように口添えなどの助力を受け、勢力を広げていったのである。一存の西九条への執着ぶりも、寺社領や九条家領の錯綜する東西九条の集約を目指したものであろうか。氏綱と決別した一存は、九条家との連携を一層強め、長慶・氏綱・幕府とも異なる独自の路線を開拓しつつあった。

和泉戦線と突然の死

独自色を強める一存であったが、長慶ら兄たちと仲違いしたわけではなかった。永禄元年（一五五八）九月には四兄弟と長慶の嫡男義興《よしおき》が尼崎《あまがさき》（兵庫県尼崎市）に集い、会談が行われている〔細川両家記〕。議題の一つは、不安定化していた和泉情勢についてと思われる。この頃、天文年間には長慶方であった和泉守護代の松浦《まつら》氏が反長慶方に転じ、紀伊の根来寺《ねごろでら》もそれを支援していた〔村井二〇一二〕。さらに尼崎会談の後、同年十一月には河内で安見宗房《やすみむねふさ》が守護の畠山高政《はたけやまたかまさ》を逐い、松浦・根来寺の反長慶連合に加わっている。反長慶方の勢力が糾合し巨大になりつつあり、十二月には一存と松浦・根来寺は一触即発の状態に至った〔大村市立史料館所蔵大村家史料〕。

翌二年、長慶は亡命してきた畠山高政の復権を名目に反長慶連合の打倒を掲げた。しかし、五月に一存が長慶の加勢を得て、根来寺との戦闘に及ぶも敗北してしまう〔細川両家記〕。これにより泉南の戦線は膠着状態に陥った。状況を打開すべく、長慶は攻撃目標を安見宗房に絞り、六月には早くも二万余りの大軍を動員、八月までに宗房を飯盛城《いいもり》（大阪府大東市、四條畷市）に敗走させて、河内の混乱を収束させた。このとき一存は河内に出陣しておらず、泉南戦線に張り付きであったとみられる。

永禄三年二月、長慶方は再び和泉に出陣した。安見宗房との連携を絶たれた松浦氏は長慶勢に敗北し、一存の次男萬満を松浦氏後継に据えることを条件に和平が成立したとみられる。一存は和泉守護代後継者の父として、和泉支配の正当性を得たのである。一方、河内では復権を果たした畠山高政が安見宗房と和睦し、にわかに長慶との戦端を開いた。だが、六月から三好勢の総攻撃に晒され、十月には根来寺も敗れたことで河内から退去した。この間、七月には一存も河内に出陣し、興正寺《こうしょうじ》別院（大阪府富田林市）や観心寺《かんしんじ》（同河内長野市）に禁制《きんぜい》を発給している〔興正寺文書、観心寺文書〕。一存が和泉を留守にできるほど、情勢が落ち着いたことがうかがえる。

和泉・河内の動乱に一応の終止符が打たれたことを機に、一存は岸和田城に入った。和泉支配の本格化と、畠山氏や根来寺などの脅威への防備のためとみられる。勇猛にして、九条家の支援も期待できる一存は、政治・経済・軍事上の要地である和泉を治める人物として最適であった。

しかし、その約半年後、三好一族に衝撃が走った。一存が急死したのである。永禄四年四月二十三日のことであった〔南宗寺宝篋印塔銘、己行記〕。同日付で長慶から萬満に、父の代と変わらず和泉を統治するよう書状が出されている。和泉支配の屋台骨を突如失ったことによる動揺がうかがえ、残された兄たちや松浦氏らも秩序維持に奔走することを余儀なくされた。

その後、一存の子である三好義継・松浦萬満（孫八郎、後の光ヵ）は、織田信長《おだのぶなが》の台頭とともに時代の波に飲まれていくこととなる。

一存は、勢力基盤の確立と拡張を目指して、生涯のほとんどを闘争に費やした。時に主君に背き、兄と諍い、権威を借りてでも自らの拠って立つ基盤を貪欲に求め続けた。その欲求の源泉は、讃岐時代の十河城からの没落と奪還、そしてその後の孤立に求められよう。挽回を期す一存のもとには、家領維持と政争のため各地を渡り歩いた九条稙通、東寺に敗れ逐電した宮野氏、氏綱権力の中枢から外れた松田守興など、故あって時局の本流から逸れた者や、再起を志す者が辿り着いた。一存の畿内での復活は、十河方の各々が持ち寄ったリソースを最大限活用した賜物だった。

あくなき一存の拡大欲には長慶も頭を悩ませていただろうが、一存は決して武勇一辺倒で政局が見えない猪武者ではなかった。九条家との連帯や、三好氏全体の協調という堅持すべき大方針を決して違えず、畿内政治史に存在感を発揮した。惜しむらくは早世したために、和泉支配において政治手腕を示すだけの時間が与えられなかったことである。はたして一存は、三好氏当主の父にふさわしい未完の大器であったのか。それを推し量る術すらないほどに、一存の死はあまりに早かった。

（阿部匡伯）

【主要参考文献】

阿部匡伯「十河一存の畿内活動と三好権力」(『龍谷大学大学院文学研究科紀要』四一、二〇一九年)
天野忠幸「三好氏の権力基盤と阿波国人」(同『戦国期三好政権の研究』(清文堂出版、二〇一〇年、増補版二〇一五年、初出二〇〇六年)
天野忠幸『三好長慶　―諸人之を仰ぐこと北斗泰山―』(ミネルヴァ書房、二〇一四年)
高橋敏子「東寺寺僧と公文所との相論にみる三好政権」(東寺文書研究会編『東寺文書にみる中世社会』東京堂出版、一九九九年)
高橋　遼「三好本宗家と阿波三好家―洲本・尼崎会談を事例として―」(『日本歴史』八一四、二〇一六年)
馬部隆弘「信長上洛前夜の畿内情勢―九条稙通と三好一族の関係を中心に―」(『日本歴史』七三六、二〇〇九年)
馬部隆弘『戦国期細川権力の研究』(吉川弘文館、二〇一八年)
馬部隆弘「江口合戦後の細川晴元」(石井伸夫、重見高博、長谷川賢二編著『戦国期阿波国のいくさ・信仰・都市』、戎光祥出版、二〇二二年)
廣田浩治「中世後期の九条家家僕と九条家領荘園―九条政基・尚経期を中心に―」(『国立歴史民俗博物館研究報告』一〇四、二〇〇三年)
水野智之「室町・戦国期の本願寺と公家勢力」(新行紀一編『戦国期の真宗と一向一揆』、吉川弘文館、二〇一〇年)
村井祐樹「三好にまつわる諸々事　―『戦国遺文　三好氏編』より―」(『東京大学史料編纂所研究紀要』三一、二〇二一年)

三好長逸・生長
——本宗家の信頼厚い長老にして三好三人衆筆頭

三好長逸とその家族

三好長逸《みよしながやす》は三好一族の長老として、三好長慶《ながよし》の畿内支配を支え、長慶の死後は三好三人衆を結成して、足利義昭《あしかがよしあき》や織田信長《おだのぶなが》が上洛するまでの間、畿内を支配した。その後も元亀争乱で朝倉義景《あさくらよしかげ》らとともに、義昭・信長を挟撃し苦しめる。

長逸の仮名は「久介」（緒方文書）・「久助」（私心記）と記されるが、「弓介」の可能性が高い。初名は「長縁《ながより》」で、官途は一貫して「日向守」である。天文二十三年（一五五四）六月に清原枝賢《きよはらのしげかた》が記した『建武式目注《けんむしきもくちゅう》』の奥書に「長縁」とあり、弘治二年（一五五六）五月には「長逸」を用いているので（石清水文書）、この間に改名したようだ。その後、永禄十二年（一五六九）正月初旬以前に入道して「宗功《そうこう》」と名乗る（成就院文書）。同じ頃より「北斎《ほくさい》」と号した。

なお、「長逸」は古い人名辞典では「ながゆき」とされることが多いが、実際は振り仮名から「ながやす」と呼ばれていた（言継卿記、本圀寺年譜）。

長慶の曽祖父である三好之長《ゆきなが》には、長秀《ながひで》・長光《ながみつ》・長則《ながのり》といった子どもがいたが、『細川両家記《ほそかわりょうけき》』の傍注などから、長逸の父は長則と考えられてきた。しかし、「京都大学総合博物館所蔵三好長光画像模本」には「為孝子長逸朝臣賛」と記されていることから、長逸の父は長光であり、長則は阿波国人の芥川《あくたがわ》氏を継いだことが判明する。三好長光は永正十七年（一五二〇）に父之長とともに細川高国《ほそかわたかくに》と戦って敗死しているので、長逸の生年はそれ以前である。長逸の母の出自は不明であるが、法名は「玉屋妙珍大膳定尼」で天文十九年十月六日に死去した〔如意寺過去帳〕。

長逸の子として、生長《なりなが》が確認される。永禄四年三月に将軍足利義輝《よしてる》が三好邸に御成《おなり》した際には、生長は仮名の「弓介」を称していたが、永禄十年十月の普賢寺谷《ふげんじだに》（京都府京田辺市）の戦いでは、「兵庫助」の官途を名乗っている〔春日大社文書〕。実名の「生」は長逸と同じ三好三人衆の構成員である三好宗渭《そうい》（政勝《まさかつ》、政生《まさなり》）の偏諱《へんき》と考えられるので、永禄元年以降に名乗ったのであろう。

三好長光画像　京都大学総合博物館蔵

また、生長と同じ仮名の「弓介」を称した三好一族として、天文十八年七月頃から活動し始め、天文二十年九月に死去した「長虎《ながとら》」〔宮内庁書陵部所蔵土御門家文書〕がいる。長虎と生長は同一人物と考えられてきたが〔天野二〇一三〕、別人物であり、長逸の仮名はまず長虎が受け継ぎ、その死により生長へ継承された〔馬部二〇二二〕。

長逸の甥として、ルイス＝フロイスの書簡などに、革島《かわしま》ジョアンが見える。革島氏は西岡《にしのおか》（京都市西京区、京都府長岡京市、同向日市）の国人で、長逸の姉妹が嫁いだのであろう。長慶や長逸が本拠とする摂津から上洛する際、西岡は避けては通れない交通の要所であり、西岡で結成される惣国一揆《そうこくいっき》は、京都近郊の重要な軍事力でもあった。ただ、革島氏側には記録がない。また、長逸自身はキリシタンではなかったが、フロイスより「生来善良な人であり教会の友人」と評されている。

三好長慶の副将として

三好長逸が登場するのは、三好長慶の父元長《もとなが》が主家の細川晴元や一向一揆に敗れて滅亡した後の天文三年（一五三四）のことである。畿内では、三好元長や堺公方足利義維《よしつな》を失脚させた細川晴元が、将軍足利義晴《よしはる》と連携を深める一方、本願寺証如《ほんがんじしょうにょ》や細川晴国《はるくに》、畠山稙長《はたけやまたねなが》は義晴の上洛を阻止しようと駆け引きが続いていた〔馬部二〇一八〕。そうした最中の六月に、少年長慶の後見人とも言える三好伊賀守連《つら》盛《もり》と三好久介（長逸）が、本願寺に同調し、晴元方の椋橋城《むくはし》（大阪府豊中市）を攻撃したのである〔緒方文書、私心記〕。足利義維を支えてきた元長の被官としては、義晴の上洛はとても容認できなかったのであろう。ただ、しばらくの後、晴元方に復帰している。

天文八年、長慶は越水城《こしみず》（兵庫県西宮市）の城主となるが、同年に三好連盛は離反し、翌年には戦死した。この時期、長逸の姿は見えず、代わって、三好左衛門尉祐長《すけなが》が長慶の副状《そえじょう》を発給したり、松永久秀《ひさひで》と連署状を出したりしているが〔極井文書〕、ほとんど活動が不明のまま消えている。三好一族のうち、三好宗三《そうさん》（政長《まさなが》）・宗渭親子は細川晴元の側近となっていた。芥川長則の子である孫十郎も、最終的には晴元を選択する。また基本的に、長慶の長弟三好実休《じっきゅう》は阿波、次弟安宅冬康《あたぎふゆやす》は淡路、末弟十河一存《そごうかずまさ》は讃岐に在国していたので、長逸は長慶にとって、畿内で唯一頼ることができる一族になっていく。

長逸の活動が本格的に史料で確認できるようになるのは、天文十八年に長慶と細川晴元の戦いが激化してからである。五月には総持寺《そうじじ》（大阪府茨木市）の西河原で、長逸は晴元方の香西元成《こうざいもとなり》を破って、晴元と三好宗三の連携を断つことに成功し、六月の江口《えぐち》（大阪市東淀川区）の戦いに勝つ御膳立てをしている。そして、この勝利によって、長逸も寺社や公家より長慶の宿老として認められるようになり、長逸や長虎が文書を発給するようになった。

天文十九年には、将軍足利義輝や晴元と京都をめぐる戦いが始まる。七月十四日、長慶は山崎《やまざき》（京都府大山崎町）に本陣を置き、長逸・長虎親子や十河一存に一万八千の軍勢を与え、中尾《なかお》城（京都市左京区）から出撃した義輝方を一条《いちじょう》で迎え撃たせた。このとき、長虎の与力が鉄炮で撃たれて死んでいる〔言継卿記〕。十月二十二日にも、長逸や一存が鴨川《かもがわ》で義輝方を撃退した。この戦いは、義輝を支えてきた六角定頼《ろっかくさだより》が天文二十一年正月に死去したことで、和睦が成立する。京都に戻る義輝を二十八日に逢坂《おうさか》（大

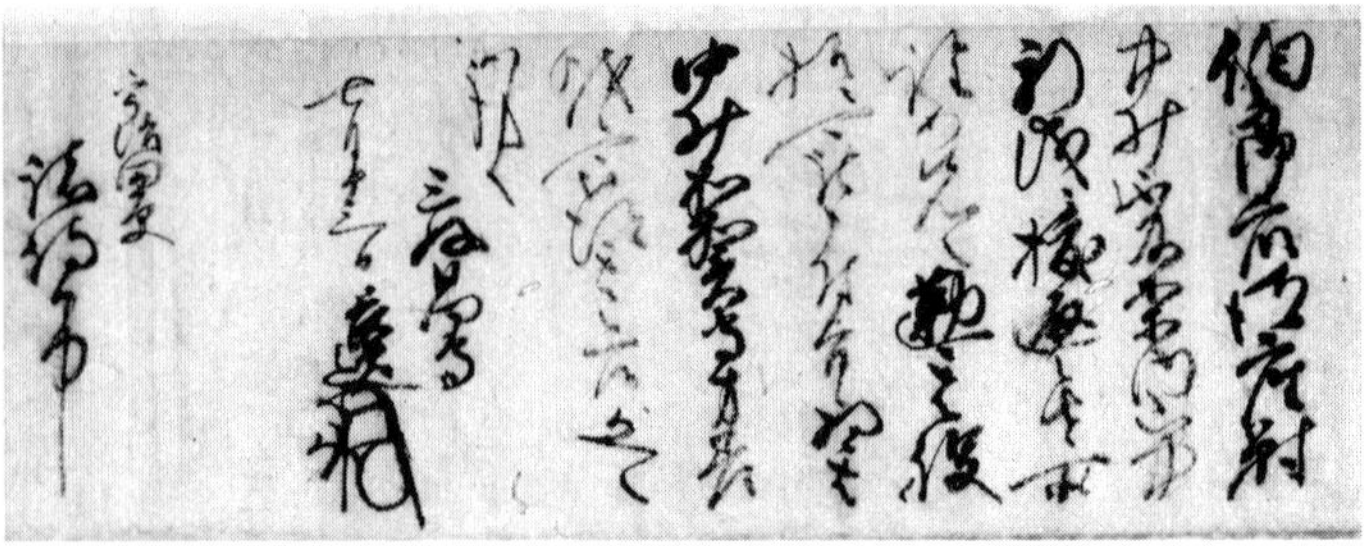

三好長逸書状　馬の博物館蔵

津市）で迎えたのが、長逸と松永久秀であった。

　天文二十三年八月には、長逸が摂津国人を率いて播磨に進攻した。九月一日には播磨東部八郡の守護代で三木《みき》城（兵庫県三木市）を居城とする別《べっ》所《しょ》村治《むらはる》の城を七つも攻略する戦果をあげて、十二日には帰陣している〔細川両家記〕。翌月には長慶兄弟が、播磨攻めを決定し出兵した。このように、総大将の長慶に対して、長逸は前線の指揮官としての役割を果たしたのである。

　そして、長慶の地位が向上するに従い、長逸は「代々長慶申次」と称して〔賀茂別雷神社文書〕、その政務を補佐していくようになる。公家や寺社が長慶に安堵や裁許を願う際、ほぼすべてが長逸と松永久秀の両方、あるいはどちらか一方が取次となるが、長逸のほうが門跡や大名、将軍直臣など、久秀より相手の地位が高い傾向がある。また、洛中で地子銭《じしせん》を徴する際には、長逸が久秀の弟長頼《ながより》や鳥養貞長《とりかいさだなが》など、長慶が新たに取り立てた被官と連署し、彼らの地位を保障した。また、三好氏にとっては主家である細川氏綱《うじつな》が賀茂《かも》別雷《わけいかづち》神社に竹を賦課した際、長逸が守護不入を根拠に氏綱の命令を破棄するなど〔賀茂別雷神社文書〕、長逸は長慶に次ぐ実力者として振る舞った。

そのような長逸の地位を示す一つの指標が、従四位下への叙位である。長逸は永禄三年（一五六〇）九月五日に従四位下に叙せられるが〔歴名土代〕、従四位下は歴代の管領が叙せられる官位であり、将軍義輝や主君の長慶に並んだことになる。長慶の嫡男義興《よしおき》や久秀が従四位下になるのは翌年なので、朝廷からも長慶に次ぐ地位が公認されていた。

長慶が永禄三年に家督と芥川城（大阪府高槻市）を三好義興に譲与すると、長逸は義興付きの奉行人である奈良長高《ならながたか》とともに義興を補佐した。伊予河野《こうの》氏との交渉などでは、長慶に続いて義興の副状を発給している。永禄五年五月二十日の教興寺《きょうこうじ》（大阪府八尾市）の戦いでも、長逸・生長親子は義興を支え、三好宗渭や松永久秀、松山重治《まつやましげはる》、池田長正《いけだながまさ》とともに、畠山高政《はたけやまたかまさ》・根来寺《ねごろでら》連合軍を打ち破った。

三好義継の後見人

永禄六年（一五六三）は、三好氏の権力構造が大きく変化した年であった。八月に三好義興が死去すると、その後見人であった松永久秀が閏十二月に子の久通《ひさみち》に家督を譲ったのである。

三好長慶の新たな後継者と定められたのは、十河一存の長男の三好義継《よしつぐ》で、長慶の甥にあたる。永禄七年正月二十三日、上洛した義継は三好長逸や松永久通を率い足利義輝に対面した〔雑々聞検書〕。六月二十二日にも、義継は家督を相続した御礼のため、長逸や久通とともに上洛し義輝に謁見している〔言継卿記』)。

永禄八年三月から四月にかけて、京都浄福寺《じょうふくじ》の寮舎を保護する際、義継の命令を奉じる形で、長《ちょう》松軒《しょうけん》淳世、奈良長高と某元清《もときよ》の連署、長逸と三好宗渭の連署、松永久通という四通の安堵状が発給されている〔浄福寺文書〕。長慶側近の淳世や義興側近の奈良長高、そして松永久秀の家督を継いだ久通に対し、長逸は長く細川晴元方であったが同族の三好宗渭を取り立てることで、家臣団内部の融和を図り、少年の義継を盛り立てる体制を作ろうとしたのである。

そして、五月十九日、義継・長逸・久通らは義輝を討ち取った。嘉吉の乱以来、約百二十年ぶりの将軍殺害事件に京都は大混乱に陥るかと思われたが、二十一日に長逸が参内し、正親町天皇《おおぎまちてんのう》より小御所の庭で酒を下賜されるなど、天皇が三好方の行動を公認すると大きな騒ぎもなく収束に向かった。翌日には奉公衆や奉行衆が、義継のもとに御礼に赴いているので、長逸の影響力は大きかった。

その一方、久秀は奈良に監禁していた義輝の弟義昭の脱走を許し、朝倉義景・武田義統《たけだよしむね》・上杉謙信《うえすぎけんしん》・織田信長ら反三好陣営に大義名分を与えるという失態を犯してしまった。

三好三人衆の筆頭

三好長逸は三好宗渭や石成友通《いわなりともみち》らと相談した上で、永禄八年(一五六五)十一月十六日に飯盛城《いいもり》(大阪府大東市、四條畷市)を急襲すると、三好義継に松永久秀・久通親子の排斥を迫り、これを認めさせた〔多聞院日記』。こうして、三好三人衆が形成される。

従来は、長慶の在世中より、重臣集団として三好三人衆が存在し、専横な振る舞いをする久秀と対立していたかのように描かれてきたが、同時代の史料からは確認できない。そもそも三好宗渭は長慶の下では重用されておらず、権利を安堵・保障する文書を発給できるようになったのは、義継の時代になってからである。長逸は、いわば分家の十河家から本家を継ぐ一方、大御所である長慶の後見をうけることができなかった義継の権力基盤を安定させるため、細川晴元系の被官たちとの融和を図り、その代表格である宗渭を取り込んだ。また、石成友通は久秀と同じく、長慶が畿内で新たに取り立てた被官であり、その代表としての地位を久秀より継承したのである。

このクーデタにより、畿内では三好三人衆と久秀の戦いが始まった。三人衆方はかつて長慶が居城とした芥川城や飯盛城に加え、京都や堺を確保した。そして、阿波を治める三好実休の長男長治《ながはる》をはじめ、淡路国人で安宅冬康の子神太郎《じんたろう》や摂津国人の池田勝正《かつまさ》（三好宗渭の妹の孫）、細川晴元の子信良《のぶよし》（昭元）を味方に付け、大和国人の筒井順慶《つついじゅんけい》や和泉国人の松浦虎《まつらとら》、美濃の大名である一色義紀《いっしきよしのり》（斎藤龍興《さいとうたつおき》）と同盟した。これに対し、久秀は三好義継の弟である松浦光《ひかる》とその母の養父九条稙通《くじょうたねみち》をはじめ、足利義昭を奉じる畠山秋高《あきたか》や織田信長、そして、細川氏綱の弟藤賢《ふじかた》と結んだ〔馬部二〇〇七、二〇〇九〕。

両者の抗争は、永禄九年六月に三好長治の宿老篠原長房《しのはらながふさ》が畿内に渡海したことで、三好三人衆の圧勝に終わった。同月二十四日には、義継と長逸が真観寺《しんかんじ》（大阪府八尾市）において、長慶の葬礼を催しており〔鹿苑日録〕、義継が養父長慶の正統な後継者として、畿内を平定したことが喧伝された。長逸はこの葬礼にあたって、中国の二十四人の孝子《こうし》の絵図と惟高妙安《いこうみょうあん》・仁如集堯《にんじょしゅうぎょう》・策彦周良《さくげんしゅうりょう》の三人の五山禅僧による七言絶句《しちごんぜっく》の賛を配した屏風を作成させたようだ〔橋本草子二〇二〇〕。

ところが、ここで大きな誤算が生じてくる。篠原長房が堺公方足利義維《よしつな》の子で長く阿波に在国していた足利義栄《よしひで》の将軍就任に執心し、義継がこれを忌避したのである。結局、永禄十年二月、義継は長房を切れなかった長逸らを批判し、久秀と結んだ。

長逸は狼狽することなく、三月六日には公家で神道家の吉田兼右《よしだかねみぎ》から、唐の太宗《たいそう》（李世民《りせいみん》）が臣下と行った政治問答で帝王学の教科書とされる『太宗問答《たいそうもんどう》（貞観政要《じょうがんせいよう》）』をはじめ、『呉子《ごし》』や『司馬法《しばほう》』『六韜《りくとう》』といった兵書を学び、為政者としての意識を高めている。長逸は自らが三好本宗家の当主に就いたり、義継に代わる新たな当主を立てたりしないまでも、自身が主導して政務を取る決意を固めたのであろう。そうして選択されたのが、三好三人衆と、三好長治のもとで四国支配を担当し分国法「新加制式《しんかせいしき》」を制定した篠原長房、及び河内南部の支配を担当する「高屋衆《たかやしゅう》」の三好康長《やすなが》・三好盛政《もりまさ》・矢野虎村《やのとらむら》が、さまざまな組合せで連署状を発給して、畿内を支配していく集団指導体制であった。

三好三人衆や三好生長、池田勝正は、義継を奉じて復活した久秀を追って大和へ攻め込み、東大寺に陣取ると、筒井順慶の加勢を得て、多聞山城《たもんやま》（奈良市）を包囲し、奈良で市街地戦を半年にわたって繰り返した。十月十日に久秀が夜襲を仕掛けた、いわゆる東大寺大仏殿の戦いに敗れはしたが、三好三人衆の優勢は変わらなかった。その結果、永禄十一年二月、三好三人衆や篠原長房が擁する足利義栄が将軍に就任した。義栄のもとには、足利義輝によって政所執事《まんどころしつじ》の座を追われた伊勢貞為《いせさだため》が復帰しており、長逸らに将軍直臣の御供衆として参勤を命じるなど、長逸を取り込もうと腐心していた。ただ、長逸は将軍となった義栄を上洛させたり、三好氏の本拠地である芥川城に入れたりすることなく、御料所《ごりょうしょ》の普門寺《ふもんじ》（大阪府高槻市）に留め置くなど、一定の距離を取り続けた。その上、長逸は四月に、三好氏の元被官で当時は織田方に属していた美濃国人の稲葉一鉄《いなばいってつ》に仕える斎藤利三《としみつ》を介して、足利義昭を擁する信長と交渉しようとしており（保阪潤治氏所蔵文書）、義栄や篠原長房との間には大きな温度差があったのである。

五月には、正親町天皇が東大寺大仏殿の再興を、各地域の有力大名である上杉謙信・今川氏真《いまがわうじざね》・織田信長・三好長逸・毛利元就《もうりもとなり》に命じている。長逸は間違いなく、畿内最大の有力者として公認されていたが、そうした長逸に義栄を支える気は薄かったのである。さらに義栄自身がやがて病床に伏したため、篠原長房の士気も低下してった。

三好三人衆は、七月になると近江に赴き、六角承禎《じょうてい》を味方につけたが、九月に義昭や信長が京都に迫っても、まったく京都を守る素振りを見せず、石成友通が勝龍寺城《しょうりゅうじ》（京都府長岡京市）、三好宗渭が木津《きづ》平城《ひら》（京都府木津川市）、長逸が芥川城、篠原長房が越水城と、京都より西側の諸城をそれぞれ守るのみであった。

織田信長への反攻

三好三人衆は足利義昭や織田信長とほとんど戦うことなく、山城や摂津の諸城から退去している。従来はこれを信長の破竹の勢いと解釈し、信長の圧勝により、意気地のない三好三人衆は葬り去られたと評価されてきた。しかし、三好三人衆の軍勢はほぼ完全に温存された形になり、信長との戦いはむしろこれから始まる。

入道して「北斎宗功」と称した三好長逸をはじめ三好三人衆や小笠原貞慶《おがさわらさだよし》、一色義紀らは、永禄十二年（一五六九）正月四日に京都を急襲し、東山《ひがしやま》を焼いて美濃の信長との連絡を絶つと、義昭の住む本国寺《ほんこくじ》（現在の本圀寺、当時は京都市下京区）に殺到した。ただ、このときも会戦を避け、援軍が駆けつけると兵をまとめて引き揚げるなど、兵力の温存を図っている。

一方、阿波に退いた三人衆のうち、三好宗渭が五月三日に死去し（『二条宴乗記』）、その弟の為三が跡を継いだ。この後、三好為三や石成友通が信長に降り、長逸一人になっても、当時の史料では「三人衆」と記されている。

元亀元年（一五七〇）、義昭と信長は三好三人衆と朝倉義景の征討を目指す。四月になると、信長は若狭へ出陣し越前をうかがうが、その頃にはすでに三好三人衆・六角承禎・浅井長政《あざいながまさ》・朝倉義景の同盟が成立していた。六月には摂津の池田氏も三人衆方に属す。三人衆は堺から北上して、七月二十一日には天満森《てんまもり》（大阪市北区）に陣取り、やがて野田《のだ》・福島《ふくしま》（大阪市福島区）に移った。これを見た大山崎（京都府大山崎町、大阪府島本町）は、三好長逸（宗功）・石成友通（長信）・塩田長隆《しおたながたか》・奈良長高（宗保《そうほう》）・加地久勝《かじひさかつ》・三好為三より、以前獲得した禁制に相違ないという連署状を八月二日付で得て安全を保障してもらった〔離宮八幡宮文書〕。彼ら以外にも三好三人衆方には、高屋衆や長逸の子生長、三好帯刀左衛門、三好久助、松山彦十郎、三好長治の弟義堅《よしかた》率いる讃岐十河勢、阿波衆の伊沢氏・逸見氏・市原氏・牟岐勘右衛門・三木半大夫、雑賀（鈴木）孫一など一万三千の軍勢に〔細川両家記〕、さらに細川信良、一色義紀、そして前関白の近衛前久《このえさきひさ》までも加わっていた。しかし、烏合の衆であったことも事実で、八月二十日には信長は早々に三好為三や塩田長隆を寝返らせることに成功している〔尋憲記〕。信長が勝利するかに見えたが、九月十二日に本願寺顕如がようやく三好三人衆方として参戦したので、義昭や信長は敗走した。

そして、元亀二年に大きな転機を迎える。義昭や信長が松永久秀を介して、長逸に和睦を求めたことで、永禄八年以来の対立が解消し、長逸と久秀が揃って、若江城《わかえ》（大阪府東大阪市）の三好義継のもとに参会する状況が生まれたのである。その結果、四月には、義継と久秀が義昭から離反し、長逸と合流を果たした。元亀三年四月には、義継が信長との決戦のため、淡路国人の安宅監物丞へ軍勢を率いて渡海するよう命じたが、それを取り次いだのが、久秀と長逸であった〔刑部家文書〕。つまり、長慶時代の三好本宗家が復活したのである。ただ、久秀を追い落として、三好三人衆の一角を占めていた石成友通や三好氏の旧主家である細川信良は、同年正月に義昭・信長方に降っているので、長逸は友通を切り捨て、三好三人衆体制を破棄し、久秀と結んで、長慶段階の体制に復帰することを選択したことになる。義継を擁する長逸と久秀は、大阪平野と奈良盆地を制圧し、山城南部へも進出していく。義継や長逸は、阿波に足利義栄の父義維や弟義助《よしすけ》がいたが、彼らを擁することなく、元亀争乱の一方の主役となっていった。

義昭・信長方は摂津の豊島郡を三好為三に、石成友通に淀城《よど》（京都市伏見区）、細川信良に中島城《なかじま》（大阪市淀川区）を与え、この動きに対抗しようとしている。

元亀四年二月、長逸（Sanninxu）・久秀・義継・顕如は中島城を攻略して、細川信良を堺に追放した〔フロイス書簡〕。これが、長逸が見える最後の史料である。将軍義昭は信長を見限り、義継や武田信玄を頼った。畿内の戦況は義継の圧倒的優位に見えた。しかし、義継が義昭を援助することはなかった。義昭に属す友通と、義継を支える久秀の対立もあったであろうが、長逸の動きがまったく見えなくなるのは極めて不審で、この頃に長逸は死去したのであろう。五月には対信長主戦派であった篠原長房が、阿波で三好長治に討たれている。絶体絶命の状況にあった信長は、武田信玄だけでなく、長逸や篠原長房の死によって、危機を脱したのである。

十一月、義継は萱振寺内町《かやふりじないまち》（大阪府八尾市）に三好帯刀左衛門尉と「三好弓之助」を入れて、信長方の細川藤孝《ふじたか》・丹羽長秀《にわながひで》・佐久間信盛《さくまのぶもり》を迎え撃たせたが〔細川家譜、松井家譜〕、二人は敗れて自害する。

この弓之助は三好生長かその子であろう。十六日に義継も若江城で切腹した。

三好長逸は三好長慶から織田信長へと畿内の支配者が変わりゆく中で、三好三人衆の結成や三好義継の擁立により、足利将軍家と戦い続けたのである。

（天野忠幸）

【主要参考文献】

天野忠幸『三好長慶』（ミネルヴァ書房、二〇一四年）
天野忠幸『増補版　戦国期三好政権の研究』（清文堂出版、二〇一五年）
天野忠幸「三好長逸の息子『弓介』について」（『戦国史研究』六六、二〇一三年）
天野忠幸「三好長逸にみる三好氏の権力構造」（『十六世紀史論叢』六、二〇一六年）
天野忠幸『三好一族と織田信長』（戎光祥出版、二〇一六年）
橋本草子「再び関西大学図書館所蔵手鑑『二十四孝』について」（『汲古』七八、二〇二〇年）
馬部隆弘「永禄九年の畿内和平と信長の上洛」（『史敏』四、二〇〇七年）
馬部隆弘「信長上洛前夜の畿内情勢」（『日本歴史』七三六、二〇〇九年）
馬部隆弘『戦国期細川権力の研究』（吉川弘文館、二〇一八年）
馬部隆弘「丹波山国荘の代官設置と三好長尚」（『大阪大谷大学歴史文化研究』二二、二〇二二年）
若松和三郎『篠原長房』（原田印刷出版、一九八九年。二〇一三年に戎光祥出版から『戦国三好氏と篠原長房』として再刊）

三好宗渭 ——細川晴元の重臣から三好三人衆へ

解明された実名と出自

三好宗渭《みよしそうい》は、三好三人衆の一人として知られる。三好三人衆自体が一括して語られがちな存在であり、宗渭も三好政権を支えた有力一族がそのまま三人衆にスライドしたというイメージが強いかもしれない。しかし、実際の宗渭は三好長慶《ながよし》に対立する三好一族から三人衆に参加したという特異な経歴を持っている。

かつて三好宗渭は「政康《まさやす》」を実名とし、父は三好之長《ゆきなが》の子・頼澄《よりずみ》であるとされた。ところが、宗渭の実名として「政康」は一次史料で一切確認できず、三好宗三《そうさん》（政長《まさなが》）の子である政勝《まさかつ》と同一人物であることが指摘された〔天野二〇一五〕。

鍵となるのは、三好政勝の経歴と花押の形状にある。通称を「右衛門大夫《うえもんのたいふ》（大輔）」としても知られる政勝は、天文二十年（一五五一）七月には「政生《まさなり》」と改名し、永禄元年（一五五八）には確実に「下《しも》野守《つけのかみ》」を称するようになる〔馬部二〇二二〕。さらに永禄八年三月には「下野入道宗渭」と署名している。これらの署名に据えられた花押の形状は一致する。よって、三好政勝と宗渭が連続性を有するのは

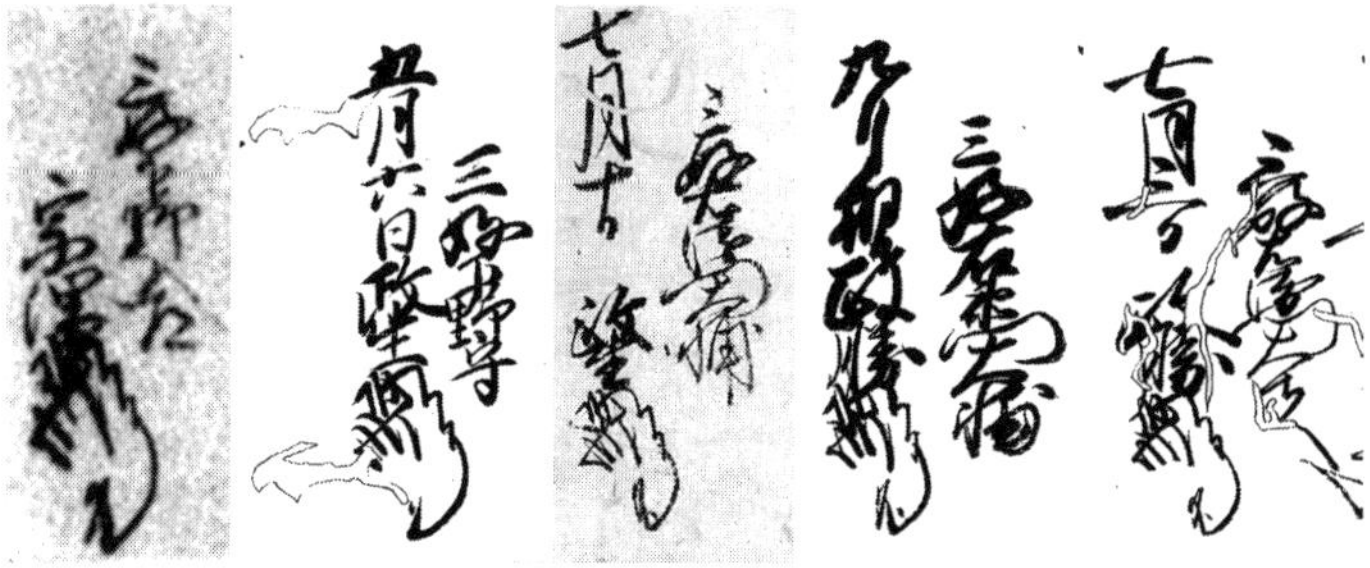

⑤　④　③　②　①

三好宗渭前期花押集　①葛野郡梅原村共有文書、②京都市右京区・広隆寺蔵、③京都府蔵（京都文化博物館管理）、④京都市北区・金蓮寺蔵、⑤京都市上京区・浄福寺蔵
①②④は東京大学史料編纂所提供、⑤は『京都浄土宗寺院文書』（同朋舎）より転載

明らかである。

三好宗三は之長の弟・長尚《ながひさ》の子であり、長慶から見て宗渭は七親等も離れている一族であった。なお、本稿では呼称を宗渭で統一するが、出家が確認されるのは永禄八年からで、それ以前は俗体であることに留意されたい。

父宗三が三好長慶の軍勢に討ち取られる

天文十三年（一五四四）五月、本願寺《ほんがんじ》は三好新三郎《しんざぶろう》が結婚した際に宗三に、また同月に宗三が隠居すると三好新三郎に音信を贈っている〔天文日記〕。宗三と密接な関係を持つことから、この新三郎が宗渭と見られ、仮名《けみょう》が「新三郎」であることが判明する。このときの宗渭の結婚相手は不明だが、この年四月に細川《ほそかわ》晴元《はるもと》と波多野秀忠《はたのひでただ》が宗三の居城である榎並《えなみ》城（大阪市城東区）を訪れている。彼らは宗三の隠居と宗渭の結婚について相談していたと思われ、宗渭の結婚相手は波多野秀忠の娘かもしれない。

ただし、宗渭は自身を「若年」〔水無瀬神宮文書〕と称し、その家督継承は榎並城を譲られるに留まった。晴元権力において晴元を補佐していたのは変わらず父宗三であった。ところが、宗三の権力は宗渭の行動も一因となって躓くことになる。細川氏綱《うじつな》の乱の際に、宗三の「女婿」である池田信正《いけだのぶまさ》が晴元を裏切ったため、戦後の天文十七年四月に宗三は信正を切腹させた。さらに、宗三は自身の孫にあたる長正《ながまさ》を池田氏の家督に就けることで、池田氏への統制強化を目論む。しかし、これに反発が集まり、この機を捉えた三好長慶が宗三・宗渭父子の排除を訴えたのである。長慶の弾劾によると、氏綱の乱の中で宗渭が放火し、長慶を殺そうとしたともいう〔後鑑所収古文書〕。ちなみに、この頃にはすでに宗渭は「右衛門大夫」を通称にしている。

宗三・宗渭父子の排除を晴元は受容せず、晴元に謀反した長慶は宗渭の榎並城を攻撃対象とする。榎並城は長慶に包囲され、晴元と宗三は六角《ろっかく》氏の援軍を頼みつつ、榎並城の救援に向かうことになる。天文十八年六月、宗三と長慶は江口《えぐち》（大阪市東淀川区）で交戦し、長慶は宗三をはじめ晴元権力の要人を討ち取った。これを見た晴元は摂津から逃亡し、宗渭も榎並城を放棄して晴元の逃避行に加わった。宗三を失い摂津を失陥した晴元の権力は打撃を受け、三好長慶は宗渭の親の仇となった。

細川晴元の重臣として

三好長慶によって地位を追われる形になった細川晴元は、復権を期して反三好闘争を展開する。晴元の勢力には波多野元秀《もとひで》や塩川国満《しおかわくにみつ》、柳本元俊《やなぎもともととし》、宇津秀信《うつひでのぶ》らが武将として加わってもいたが、宗渭と香《こう》西元成《ざいもとなり》が連署して禁制《きんぜい》を発給している例が多く、その中核を形成していたのは宗渭と元成であった〔馬部二〇二二〕。

天文二十年（一五五一）に入ると、晴元方の動きは活発化する。三月十四日、幕臣進士賢光《しんじかたみつ》が伊勢貞孝《いせさだたか》邸にて長慶を暗殺しようとすると、翌日には宗渭・元成らが伊勢邸を焼き討ちしている。宗渭・元成は七月にも京都に進出し、相国寺《しょうこくじ》に籠もるが、三好方は相国寺ごと焼き討ちし、宗渭らは敗走した。

宗渭と元成は天文二十一年十月にも京都近郊に進出し、放火を繰り返した。

天文二十二年には、三好長慶と和睦して在京していた将軍足利義輝《あしかがよしてる》を晴元支持に翻意させ、七月末に宗渭と香西元成らは入京、義輝から酒を下賜された。ところが、八月一日には三好長慶が二万を超える兵を率いて上洛すると、晴元残党と幕府の軍勢は合わせて四千程度であり、またも交戦せずに没落せざるをえなかった。

九月に三好方が丹波の波多野秀親《ひでちか》を攻めた際は宗渭と元成が援軍に現れ、内藤国貞《ないとうくにさだ》・永貞《ながさだ》父子を討ち取る戦果を挙げている。当主親子を失った内藤氏は大混乱に陥ったが、国貞の娘婿であった松永長頼《まつながながより》が内藤氏を後見することで態勢を立て直し、宗渭らは退いた。

三好宗渭ら晴元方の活動は三好長慶に一時の打撃を与えることができても、それを持続させることはできなかった。その一方、三好長慶は将軍を失い、有力な同盟者を失いつつもそれをカバーすることで権力体制を整えていった。ある意味では敵対する面から宗渭は三好権力を形成したとも言える。

こうした中、宗渭は父宗三所持の名物茶器・松島《まつしま》を売却してしまっている〔茶器名物集〕。身分としては牢人でしかない宗渭は、徐々に窮乏していったのではないだろうか。

晴元と決別し長慶に従う

永禄元年（一五五八）、将軍足利義輝は細川晴元とともに挙兵し軍勢を京都近郊に進めた。しかし、軍勢を見聞した者によると香西元成の兵が六二五人、宗渭の兵が三一五人で晴元与党の軍勢は計千人ほど、幕府軍を合わせても三千人程度であった〔言継卿記〕。三好長慶が六月に一万五千の軍勢を動員すると、九日の戦いで三好方は勝利する。しかし、義輝を没落させるに至らず、和睦交渉が持たれるようになる。

九月十三日には、吉田兼右《よしだかねみぎ》邸で宗渭は三好方の石成友通《いわなりともみち》と談合に及んでいる〔兼右卿記〕。おそらく晴元の側近として和睦交渉を持ったのであろうが、晴元はあくまで和睦に反対し、義輝の和睦交渉から外されている。結果的に長慶と義輝は和睦し、十一月に義輝の帰京が実現するが、晴元は出奔した。

その一方、宗渭は晴元と決別する。親の仇である長慶に従うことになった宗渭の心情は不明であるが、晴元与党としての抵抗に限界を感じていたのではないか。永禄年間になると長慶は畿内政治の第一人者となっており、宗渭を排除しなければならない現実的な理由もなくなっていた。宗渭にとっては、非現実的な親の仇討ちより地位の確保のほうが切実な願望であったのかもしれない。

そして、宗渭は三好権力の中でも一定の地位を認められた。宗渭は永禄三年の三好氏の河内侵攻の際に禁制を発給しているが、このとき三好長慶とその弟以外で禁制を独自に発給した三好一族は宗渭と康《やす》長《なが》のみであった。また、永禄四年に将軍足利義輝が三好邸に御成《おなり》した際、列席した三好一族の中で宗渭は三好権力の長老・三好長逸《ながやす》に次ぐ位置を与えられている。宗渭は阿波の三好勢とも協力し、永禄五年の久米田《くめだ》（大阪府岸和田市）の戦いにも参加している。

ただし、宗渭は三好長慶存命中は行政に関与することはなく、三好一族としての地位は儀礼と軍事のみにあった。また、宗渭は細川氏綱の寵臣・多羅尾綱知《たらおつなとも》と三好氏の娘の子・三好善元《ぜんげん》を養育していたという〔広島藩士三好氏系図〕。宗渭に子は確認できず、善元は宗渭の養子だったのではないか（なお、善元は「永運院文書」「池田伊予文書」にて「善元」と署名しているが、系図では実名を「生勝《なりかつ》」とされ、子孫も「生」を通字としている。実際に「生勝」であったのなら、それは宗渭の実名・政勝→政生の影響を強く受けており、養子であった蓋然性は高まる）。宗渭は厚遇されてはいたが、将来的にその地位は氏綱寵臣と長慶系の三好氏の血筋に回収されるものとして織り込まれていたのではないだろうか。

三好三人衆の成立

永禄七年（一五六四）、三好長慶が没すると三好権力内部は流動化する。そうした中、翌永禄八年三月に宗渭は三好長逸と連署することで長慶の養嗣子・義継《よしつぐ》の意志を奉じる文書を発給した〔浄福寺文書〕。

⑦　⑥

三好宗渭後期花押集　⑥「東寺百合文書」京都府立京都学・歴彩館蔵、⑦個人蔵　堺市博物館寄託

ここに宗渭は行政への関与を復活させた。五月十九日には、三好義継が将軍足利義輝を殺害する事件〔永禄の変〕が起きるが、翌日宗渭は石成友通らとともに義輝の妹・宝鏡《ほうきょう》寺《じ》理源《りげん》に伺候しており〔言継卿記〕、変にも参戦していた可能性が高い。

その後、内藤宗勝〔松永長頼〕の戦死による丹波支配の崩壊や一乗院覚慶《いちじょういんかくけい》〔足利義昭《よしあき》〕の脱出による幕府再興の動きの活発化を経て、十一月十五日、宗渭は三好長逸や石成友通とともに三好義継に対しクーデタを起こし、政権内から松永久秀《まつながひさひで》・久通《ひさみち》父子を排除した〔多聞院日記〕。ここに宗渭と長逸、友通の三人で三好三人衆が成立した。この前後から宗渭は花押を鴛鴦《えんおう》型のものに変えている。三人衆の結成が花押を改めた契機と見られ、これは宗渭なりの天下を治める決意の表れかもしれない。なお、この花押は、初期は横長で鴛鴦もスマートだが、徐々に身体部分が太っていく。

三人衆は永禄九年二月、畠山《はたけやま》氏の軍勢を大敗させると、六月には松永久秀を没落させて、八月には畿内和平を実現する〔馬部二〇〇七〕。ところが永禄十年二月、三好義継は三人衆を糾弾して松永久秀支持を鮮明にする。ここに義継を仰ぎつつ権力を差配する三人衆という体制は崩れた。なお、義継―三人衆体制の時期には義継は長逸や友通を取次に用いているが、宗渭が取次となることはなかった。宗渭は三人衆として三好権力の幹部となったが、元は三好権力に敵対しており、義継からはあまり信頼されていなかったのかもしれない。

三好氏の当主たる義継が離反しても、三人衆が別の当主を擁立することはなかった。三人衆は三好康長や篠原長房《しのはらながふさ》とも協働して権力を動かしていくことになる。こうした中で、宗渭の活動として注目されるのが反キリシタンとしての側面である。キリスト教の布教は足利義輝・三好長慶以来保護されてきたが、永禄の変を機に義継は禁教令に転じた。しかし、三好家臣にもキリシタンはすでに一定数おり、彼らや宣教師は禁教令の解除を求めた。実際に永禄十年八月には実際に三好長逸・宗渭・篠原長房が朝廷に禁教令の撤回を要請している〔御湯殿上日記〕。

ところが、三人衆が松永氏を攻めるため布陣していた奈良で三好家臣の三木《みき》半大夫が神鹿を殺す事件や、長逸の甥で宗渭の従兄弟にあたる革島《かわしま》ジョアンが西宮《にしのみや》（兵庫県西宮市）の神像に小便をする事件が起きると、宗渭は態度を硬化させる。宗渭について「もっとも残忍なキリシタンの敵」「もっとも（キリシタン宗門に）敵意をもっていた下野殿」〔日本史（フロイス著）〕という評価もあるが、宗渭は禁教令の撤回には同意したこともあり、単に反キリシタンだったというわけでもあるまい。

では、一体何が問題であったのか。まず、三木半大夫の件であるが、実は三人衆方の三好生長《なりなが》（長逸の子）

は春日《かすが》社に神木と神鹿の保護を約束していた〔春日大社文書〕。すなわち、半大夫が鹿を殺したのはこれに違反する案件であった。

第二の事件も、西宮は三好氏にとって重要な港湾拠点であり、西宮の寺社の活動は三好氏に保護され、同時に三好氏の経済を支えていた点が重要である。革島ジョアンによる神像への侮辱は、三好氏と西宮の寺社との連携を動揺させるものと言える。キリシタン武士らによる既存の有力寺社へ喧嘩を売るかのような言動は、三人衆による都市・寺社統制に悪影響が出かねない危険な行動であった。そのために宗渭は反キリシタン側に回り、禁教令の撤回を認めなくなったのであろう。

足利義昭の襲撃に失敗し、阿波で死去

永禄十一年(一五六八)五月、三好宗渭は篠原長房とともに一万五千の軍勢で山城を打ち回り、その後、松永氏との対陣が続く奈良に入った。この際、長房とともに春日社に詣でている〔多聞院日記〕。三人衆が奈良の宗教的庇護者であることを改めてアピールしたのであろう。

しかし、東方では松永久秀と結ぶ織田信長《おだのぶなが》が足利義昭を受け入れ、義昭の上洛戦を支援するべく動き出していた。三人衆は八月に南近江の六角承禎《じょうてい》と談合して義昭の上洛を防ごうとするが、九月には六角軍は退散し、三人衆の援軍も間に合わなかった〔言継卿記〕。このような中、宗渭は松永氏の北上を防ぐために南山城の木津平城(京都府木津川市)に入っており〔狛文書〕、織田軍の上洛を防ぐべくもなかっ

た。石成友通が守る勝龍寺《しょうりゅうじ》城（同長岡京市）が落城すると、三人衆は抵抗を諦め阿波へ逃れれた。

その間に足利義昭は征夷大将軍に就任し、織田信長、三好義継、松永久秀らが義昭に従う形で幕府は再興された。

ただ、三人衆の軍勢は退散しただけで温存されていた。織田信長が早々に美濃に帰国すると、十二月末に三人衆の軍勢は堺に渡海し始め、京都を目指す。新年早々に上洛を果たした三人衆の軍勢一万は東山に放火して義昭の退路を断ち、義昭の御所である本国寺《ほんこくじ》を包囲する。しかし、明智光秀《あけちみつひで》らがよく守っているうちに、三好義継・池田勝正《かつまさ》・伊丹忠親《いたみただちか》らの軍勢が義昭救援に駆け付け、桂川《かつらがわ》で決戦が行われる（信長公記など）。戦闘の勝敗の情報はかなり錯綜していたようだが、三人衆は義昭を討ち取る（あるいは拉致）か、畿内の大名格を味方にできなかった時点で負けていたと言える。三人衆は再び阿波へと逃れるほかなかった。

そして、永禄十二年五月三日、三好宗渭は阿波で死去したという（二条宴乗記）。永禄十二年以降の宗渭の発給文書は確認できず、同年末より宗渭の弟・為三《いさん》が三人衆方の文書に連署するようになる。また、後に足利義昭は為三に「舎兄下野守跡職」を与えている（狩野享吉氏蒐集文書）。元亀年間に入るとすでに、宗渭の不在は三人衆にもその敵対者にも自明となっていた。よって、永禄十二年のいずれかの時期に宗渭が死去した蓋然性は高い。

宗渭の死について「下野殿は奇禍に遭い、哀れな死を遂げた」（日本史（フロイス著））とする記述もある。しかし、暗殺や粛清は想定し難い。であれば、本国寺・桂川での戦いによる戦傷の悪化によって亡くなった可能性も考えられる（宣教師の記述であるので、反キリシタン言動を持った宗渭の死に実情以上に因果応報のニュアンスを持たせている可能性もある）。

宗渭は死去したが、弟の為三は最終的に徳川家康《とくがわいえやす》に仕え、子孫は江戸幕府の旗本として続いていくことになった。

文化人として高名を馳せる

三好宗渭は、刀剣の目利きとしても名を残している。松永久秀が粟田口吉光《あわたぐちよしみつ》に似た刀を入手し、三好長慶に見せようとした際には宗渭に鑑定が依頼されている。宗渭はその刀に丸嶺があることに気付き、丸嶺があるのは粟田口吉光ではなく延寿国吉《えんじゅくによし》の刀であると看破した。宗渭は大いに面目を施したという〔三好下野入道口聞書〕。宗渭の刀剣の目利きぶりをよく伝える逸話である。

宗渭の刀剣目利きの弟子としては細川藤孝《ふじたか》、篠原長房、松永久通、宮木豊盛《みやぎとよもり》などが挙げられ、その見聞した刀も三好氏はもちろん細川氏、畠山氏、阿波海部《かいふ》氏のものが含まれ人脈は広かったようだ。ただし、朝倉《あさくら》氏に粟田口吉光の一期一振を見せてもらおうとした際は断られている。

宗渭は刀剣として大般若長光《だいはんにゃながみつ》〔当代記〕や六角氏旧蔵の国行《くにゆき》〔天王寺屋会記〕、西方江《にしかたごう》を、刀剣書としては『永禄銘尽《えいろくめいづくし》』、『秘談抄《ひだんしょう》』、『如手引抄《にょてびきしょう》』、『能阿弥本銘尽《のうあみぼんめいづくし》』などを所持していたことが伝承されている。また、豊臣秀吉《とよとみひでよし》が毛利秀元《もうりひでもと》に刀を下賜した際に宗渭旧蔵であることに言及した逸話もあり〔毛利秀元記〕、宗渭が所持していたかどうかに一種のブランドとしての認知があったのかもしれない。『永禄銘尽』には宗三所持の奥書もあり、宗三が宗三左文字《さもんじ》の原蔵者であったことからすると、宗渭の刀剣への教養は父からの賜物であろう。宗渭は足利義輝から直々に指名されて能の大鼓を担当することもあった〔貞助記〕。津田宗達《つだそうたつ》の茶会にも出席しているので、父と同様に茶の湯への技量もあったと思しい。こうした高い文化素養が三好権力でも一定の地位を認められた一因であろう。

（嶋中佳輝）

【主要参考文献】
天野忠幸『増補版戦国期三好政権の研究』（清文堂出版、二〇一五年）
生野　勇「戦国武将目利者　三好釣閑斎の研究」（『刀剣美術』三八七、一九八九年）
得能一男『刀剣書事典』（宮帯出版、二〇一六年）
馬部隆弘「永禄九年の畿内和平と信長の上洛」（『史敏』四、二〇〇七年）
馬部隆弘「江口合戦後の細川晴元」（石井伸夫・重見高博・長谷川賢二編著『戦国期阿波国のいくさ・信仰・都市』戎光祥出版、二〇二二年）
『三好下野入道口聞書』（刀剣博物館所蔵）

石成友通——実務官僚から三好三人衆への出世

三好長慶による取立

石成友通《いわなりともみち》は、阿波から摂津に進出した三好長慶《みよしながよし》によって取り立てられ、松永久秀《まつながひさひで》の失脚後に、三好長逸《ながやす》や三好宗渭《そうい》とともに三好三人衆を構成した。仮名《けみょう》は不明で、官途は「主税介」である。永禄十二年（一五六九）十二月までには「知斎《ちさい》」と号し〔赤井龍男氏所蔵文書〕、元亀元年（一五七〇）六月までに花押を変更し、「長信《ながのぶ》」と改名している〔福地源一郎氏所蔵文書〕。一次史料では自称が「石成」で、他称でも「岩成」と書かれることは少ない。江戸時代末の浮世絵で「岩成左道」と書かれたことが、現在まで「岩成」という呼称が広がった原因であろう。読み方は「いわなり」である〔お湯殿の上の日記〕。

石成氏の出自は不明であるが、妙玄院《みょうげんいん》領西九条《にしくじょう》（京都市南区）を下司《げし》の「岩成」が請文《うけぶみ》に背いて押領していることを非難する旨の室町幕府奉行人連署奉書が永正十三年（一五一六）五月に東寺雑掌《とうじざっしょう》へ発給されている〔東寺百合文書〕。これに関連して、享禄元年（一五二八）十二月十日付で、三好長慶の父元長《もとなが》の被官で、山城国愛宕《あたご》郡代となり洛中支配も担当した塩田胤光《しおたたねみつ》が、元長が正覚院《しょうがくいん》分を「岩成」に与えたので入部すると、東寺方に通知している〔東寺百合文書〕。この「岩成」と友通との関係は不明であるが、石成氏は三好氏が阿波から連れてきた被官ではなく、京都近郊で荘園代官を務める一族であったようだ。

友通本人が長慶の家臣として初めて見えるのは、天文十九年（一五五〇）十二月に京都北野社《きたのしゃ》の大工職をめぐる相論において、弁慶《べんけい》次郎左衛門について照会を受け回答したときである（佛教大学図書館所蔵文書）。天文二十年十一月二十一日には、堺の豪商である天王寺屋津田宗達《てんのうじやつだそうたつ》の茶会に松山重治《まつやましげはる》とともに出席した（天王寺屋津田宗達茶湯日記自会記）。江口《えぐち》（大阪市東淀川区）の戦いで長慶が細川晴元《ほそかわはるもと》を打ち破って以降、長慶の地位は上昇し、公家や寺社は長慶に安堵や裁許を求めるようになった。そうした中、長慶への取次を行う被官たちの姿が史料に頻出するようになる。特に長慶が越水《こしみず》城（兵庫県西宮市）の城主になって以降に新たに取り立てた松永久秀・石成友通・松山重治・鳥養貞長《とりかいさだなが》・狩野宣政《かのうのぶまさ》らは、譜代の塩田氏や加地《かじ》氏に代わって台頭していくことになった。

石成友通画像　「太平記英雄伝」　東京都立中央図書館蔵

長慶は天文二十二年に芥川《あくたがわ》城（大阪府高槻市）に居城を移すが、友通をはじめ、摂津守護代薬《やく》師寺《しじ》氏の「物書《ものかき》」を務めた一族で淀《よど》（京都市伏見区）に権益を有した藤岡直綱《ふじおかなおつな》、そして松永久秀夫妻もともに在城していた〔北野社家日記〕。そうした中で、友通は北野社を担当する寺奉行を務めた。また、寺町《てらまち》通以・米村治清《よねむらはるきよ》・北瓦長盛《きたがわらながもり》とともに、淀川沿いの三島江《みしまえ》や柱本《はしらもと》（大阪府高槻市）の堤を管掌しており、摂津支配を担う奉行衆として活動している〔葉間家文書〕。

同年には長慶と将軍足利義輝《あしかがよしてる》・細川晴元の戦いが激化し、晴元に味方する丹波の波多野《はたの》氏を攻めるべく、松永久秀・長頼《ながより》兄弟が派遣された。しかし、久秀らは数掛山《かずけやま》城（京都府亀岡市）で大敗を喫した。この際、友通や松山重治が討ち死にしたとの噂が流れている〔言継卿記〕。友通は一軍の将としても知られる存在となっていた。

このようにして見ると、友通はその出自は独自に城や領、家臣団を持たない階層であること、その一方で茶湯など文化的素養があり、取次や奉行といった実務を担えること、軍勢を預けられ一軍の将として統率できることなど、松永久秀・長頼兄弟や松山重治との共通性がうかがえる。

長慶の側近として台頭

永禄元年（一五五八）、足利義輝と細川晴元が京都奪還を目指して動き始めた。六月二日、石成友通は松山重治や寺町通昭《みちあき》とともに「三人衆」として、三好長慶に味方する政所執事《まんどころしつじ》伊勢貞孝《いせさだたか》と連携し勝《しょう》軍地蔵山《ぐんじぞうやま》城（京都市左京区）を占領するなど〔厳助往年記〕、活躍している。その一方で九月十三日には、

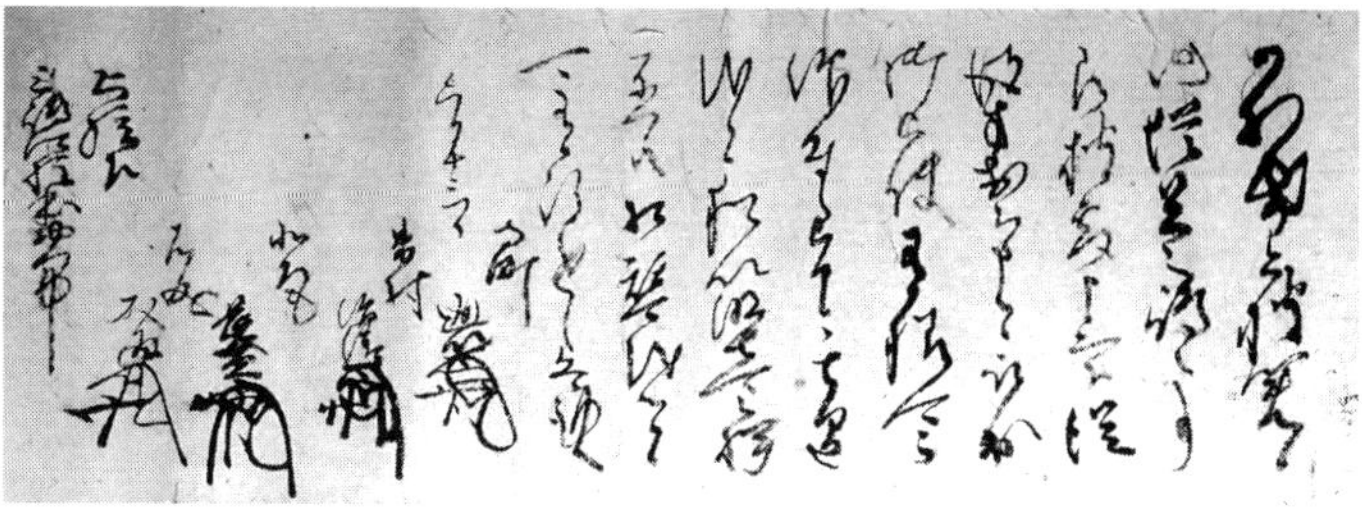

三好長慶奉行人連署書状　個人蔵　高槻市立しろあと歴史館寄託

晴元方の主力である三好宗渭と友通が、公家の神祇《じんぎ》大副《だいふく》吉田兼右《よしだかねみぎ》の邸宅で談合しており、和睦に向けた実務者協議を進めていた。この後、宗渭は晴元のもとを離れ、長慶に降っている。

長慶は義輝と和睦すると、永禄二年六月に自身は安見宗房《やすみむねふさ》を攻めるため河内に兵を進め、松永久秀・今村慶満《いまむらよしみつ》・松山重治・石成友通らに二万の兵を与えて、宗房方の筒井《つつい》順慶《じゅんけい》を討つため大和に攻め込ませた〔一因違四奥書〕。その後、友通が大和に留まった形跡はないので、久秀の与力という立場であった。

京都では、永禄三年二月六日に義輝が参内し、長慶の嫡男である三好義興とその後見人の久秀が祇候した際、友通をはじめ、寺町通昭・狩野宣政・篠《しの》原《はら》左近大夫が警固役を務めた。永禄四年三月に義輝が三好義興《よしおき》邸に御成《おなり》したときには、三好一族の長慶・長逸・宗渭・生長（長逸の子）・帯刀左衛門尉に続いて、篠原左近大夫・加地久勝・塩田高景・奈良長高《ならながたか》・石成友通・牟岐《むぎ》因幡守・野間長久《のまながひさ》・和久基房《わくもとふさ》・鳥養貞長・寺町通昭が太刀を献上している〔三好筑前守義長朝臣亭江御成之記〕。篠原・加地・塩田の三氏は譜代の被官で、奈良長高は三好義興の奉行人である。牟岐因幡守は阿波国海部《かいふ》郡の国人であるが、永禄年間は長慶の側近として畿内で活動した。野間長久は摂津国川辺《かわべ》郡の国人で、長慶が越水城主になるとその被官になり、松永久秀の娘婿となった。和久基房は狩野宣政とともに長慶の取次として働き、長慶の甥である三好義継《よしつぐ》にも仕えた。鳥養貞長は摂津国島下《しましも》郡の国人で能筆家の鳥養宗慶《そうけい》の一族と考えられ、故実に詳しい伊勢貞助《さだすけ》とともに、長慶の文書の作成にあたり、奉行人としても活躍した。寺町通昭は友通とともに働くことが多いが、奈良長高とともに、先祖は細川京兆家《けいちょうけ》の内衆《うちしゅう》であったと考えられる。長慶のもとでは三好長逸と松永久秀が宿老として抜きんでた地位を占めるが、友通はそれらに次ぐ重臣集団を構成していた。

このような友通は、永禄五年五月二十日に三好義興や久秀が中心となって、畠山高政《はたけやまたかまさ》・根来寺《ねごろでら》連合軍を大いに破った教興寺《きょうこうじ》（大阪府八尾市）の戦いにおいても、松山重治や寺町通昭、阿波衆の吉成信長《よしなりのぶなが》の四名とともに抜きんでた軍功を挙げている〔大舘記〕。この戦いの勝利で、三好氏の河内・大和支配は確定する。久秀は長慶に近侍するのではなく、大和に在国するようになった。その結果、久秀は永禄六年正月の多武峰《とうのみね》（当時は妙楽寺《みょうらくじ》、現在の談山《たんざん》神社、奈良県桜井市）との戦いについて、芥川城の義興に近侍する友通や三好長逸、寺町通昭へ報告している〔柳生文書〕。その後は友通だけが久秀に対する取次を行うようになっていった。八月に義興が死去すると、飯盛《いいもり》城（大阪府大東市、四條畷市）の長慶に近侍した。永禄七年六月には、友通は死の床に付した長慶の症状を久秀に知らせ、死去の際には秘匿することや御小姓衆が殉死しないよう制止することなどを指示されている〔村井二〇一二〕。三好氏家臣団の中で最上位を占めていた久秀が大和支配を担当し、当主である長慶・義興親子に近侍できなくなる中、台頭してきたのが友通であった。特に長慶の死は秘匿され、遠国では数年にわたって知られていなかった。そうした秘事を管掌する立場にあったのである。

三好三人衆を結成

永禄八年（一五六五）五月、三好長慶の甥三好義継は足利義輝に出仕し左京大夫に任官した直後、義輝を殺害してしまう。友通もこれに従軍した。

ところが七月下旬に、義輝の弟義昭《よしあき》が松永久秀の監視を逃れて奈良から近江に逃れ、久秀の弟内藤宗勝《ないとうそうしょう》が討ち死にして丹波を失うと、畠山氏や根来寺、波多野氏、朝倉《あさくら》氏など反三好陣営の動きが活発化する。そうした中で、友通は久秀の失脚を画策する。十月下旬には、友通は大和国人の井戸良弘《いどよしひろ》や柳生《やぎゅう》宗巌《むねよし》に調略を仕掛けている〔柳生文書〕。そして、十一月十五日に友通と三好長逸・三好宗渭は軍勢を率いて飯盛城に入り、三好義継側近の長松軒淳世《ちょうしょうけん》と金山長信《かなやまながのぶ》を殺害して、義継に久秀を見放すよう迫ったのである〔多聞院日記〕。

ここで史料上初めて、三好長逸・三好宗渭・石成友通を「三人衆」とする呼称が現れる〔多聞院日記〕。友通は久秀を追放することで、畿内で新たに長慶に取り立てられた被官たちの代表となった。長逸は久秀とともに長く長慶を支えてきた宿老であり、宗渭は永禄元年以降に長慶に服属した旧細川晴元の被官たちを代表している。すなわち、三人はそれぞれ異なる出自の被官たちを代表する形で、三好三人衆を構成したのである。

永禄九年二月十七日、久秀は畠山秋高《あきたか》や足利義昭と結んで、堺郊外の上芝《うえのしば》（堺市西区）で三好義継・三好三人衆・筒井順慶連合軍と戦ったが、義継方が圧勝し、友通は義継に次いで首十四を取る軍功を挙げた〔細川両家記〕。一方、敗れた久秀は潰走し、行方をくらましている。

勝龍寺城城主として西岡を支配

三好三人衆と松永久秀・畠山秋高の戦いは、永禄九年（一五六六）六月に阿波を治める三好長慶の甥長治《ながはる》の重臣篠原長房《ながふさ》が畿内に渡海し、三人衆方として参戦したことで大勢は決した。三人衆と長房は七月十三日に滝山城《たきやまじょう》（神戸市中央区）と越水城、十七日には勝龍寺城《しょうりゅうじじょう》（京都府長岡京市）と淀城《よどじょう》（京都市伏見区）など、松永方の諸城を接収した。そして、勝龍寺城には石成友通が、淀城には三好長逸の被官金子《かねこ》氏が入城する。

友通が居城とした勝龍寺城は、西岡地域《にしのおかちいき》（長岡京市、向日市、京都市西京区）の国人たちの結集核であり、彼らは京都近郊で戦争を行う際には重要な軍事力になった。そうした勝龍寺城を居城とすることで、友通は西岡の正当な領主として支配を展開していく〔仁木二〇〇四〕。まず、友通は敵対した国人の諸職を没収した。そのため、革嶋一宣《かわしまかずのぶ》は丹後に逃れた。永禄十年三月上旬頃には、追放されたり没落したりして無主となっている西岡の土地へ、勝龍寺城より友通が一斉に新しい領主を任命しようとする〔随心院文書〕。

そして、五月には摂津国人の池田勝正《いけだかつまさ》とともに大和に攻め込み、東大寺《とうだいじ》に陣取った。久秀の居城である多聞山城《たもんやまじょう》（奈良市）の目の前であり、市街地戦が繰り返された。この三好三人衆・筒井順慶連合軍と松永親子の戦いは、十月十日の東大寺大仏殿の戦いまで続くことになる。畿内の情勢は三好三人衆が圧倒的に優勢であった。河内の法隆寺《ほうりゅうじ》領弓削《ゆげ》荘（大阪府八尾市）には、友通が一族の石成弥介盛友《もりとも》や摂津国人の郡《こおり》兵大夫を配置している。

ところが、永禄十一年九月に、足利義昭・織田信長連合軍が畿内に攻め入った。二月に将軍に就任したばかりの足利義栄《よしひで》は死の床にあり、義栄擁立に積極的であった篠原長房ら阿波衆の士気は上がらなかった。そのため、三好三人衆は京都防衛を当初から考えず、西岡から摂津の諸城に陣取った。これを見た信長は洛中に入ることなく、二十七日には西岡の各地を放火しながら、勝龍寺城に進んだ。このとき、友通は細川玄蕃頭や物集女《もずめ》氏ら西岡国人とともに勝龍寺城を守った〔足利義昭入洛記〕。細川玄蕃頭はかつて勝龍寺城主であった細川国慶《くによし》の後継者であり、友通はその由緒を踏まえ推戴したとされる〔馬部二〇二〇〕。しかし、二十九日夕方に友通は城を明け渡して退去した。義昭や信長に抗戦の意志を示したのは、友通と十月二日に降伏した池田勝正のみであった。

三好三人衆の反転攻勢

永禄十一年（一五六八）十月、足利義昭が将軍に就任した。しかし、永禄十二年正月初頭には三好三人衆が洛中にまで攻め込み、義昭のいた本国寺《ほんこくじ》（現在の本圀寺、当時は京都市下京区）を攻撃した。この戦いで、石成盛友が討ち死にしている〔信長公記〕。石成友通は閏六月に細川晴元の嫡男信良《のぶよし》（昭元《あきもと》、信元《のぶもと》）を推戴して、丹波国人の荻野直正《おぎのなおまさ》を調略するにあたり、取次を務めている〔赤井龍男氏所蔵文書〕。将軍義昭の畿内支配ははなはだ不安定なものであった。

元亀元年（一五七〇）になると、三好三人衆は前年のような強襲策ではなく、大阪湾岸において持久戦を展開する。二月より本願寺《ほんがんじ》と交渉し、四月には友通と阿波で死去した三好宗渭の跡を継いだ三好為《い》三《さん》が渡海すると、大和の西大寺《さいだいじ》と音信を交わしている〔西大寺旧記所収筒井氏代々旧記并宝来等旧記〕。七月になると、大坂寺内町の西側の野田《のだ》・福島《ふくしま》（大阪市福島区）に陣を移した。

三人衆方の上洛に備え、その通路に当たる大山崎《おおやまざき》（京都府大山崎町、大阪府島本町）は、三好長逸（宗《そう》功《こう》）・石成友通（長信）・塩田長隆《ながたか》・奈良長高（宗保）・加地久勝《ひさかつ》・三好為三より、以前の禁制《きんぜい》に相違ないという連署状を八月二日付で獲得した〔離宮八幡宮文書〕。友通が改名した時期は不明だが、永禄十二年の可能性もある。「長」は三好一族や重臣層がよく用いた字であり、義昭と戦う上で改めて友通の地位を上昇させたとも言える。九月十三日、本願寺顕如《けんにょ》は挙兵して三人衆方として参戦したことで、義昭と信長は敗走した。義昭は南方からは三好三人衆と本願寺、北方からは朝倉義景《よしかげ》・浅井長政《あざいながまさ》・延暦寺《えんりゃくじ》に挟撃されることになり、和睦を請うことになった。

元亀二年三月二十二日、和睦の成立を祝し、若江《わかえ》城（大阪府東大阪市）の三好義継のもとに五年間も敵味方として戦った三好康長《やすなが》・三好長逸・石成友通・加地久勝・松永久通《ひさみち》が参集し御礼を行った〔二条宴乗記〕。この結果、六月に三好義継と松永親子が義昭幕府から離脱し、三好三人衆と合流した。彼らは長慶以来の三好氏の再興を目指し、大阪平野や奈良盆地を支配下に置き、山城南部へと戦線を拡大していく。

足利義昭・織田信長陣営に属して

足利義昭と織田信長は、三好義継陣営の切り崩しを図り、元亀三年（一五七二）正月には石成友通を寝返らせることに成功する。二十六日、信長は将軍義昭の命令により友通へ、普賢寺《ふげんじ》（京都府京田辺市）・山田郷《やまだ》（同精華町）・上植野《かみうえの》（同向日市）・富野郷《とみの》（同城陽市）・壬生縄内《みぶなわうち》（京都市中京区）を与え、内野《うちの》（内裏跡、京都市上京区）の代官や「山城郡司」に任じた〔古典籍下見展観大入札会目録〕。山城郡司の内容は不明であるが、友通が二月に、かつて細川政元《まさもと》に取り立てられ山城上三郡（久世《くぜ》、綴喜《つづき》、相楽《さがら》）守護代になった赤沢朝経《あかざわともつね》や細川氏綱《うじつな》が居城とした由緒を持つ淀城に入城することから、実態は山城上三郡守護代と考えられる。義昭や信長は、元亀元年九月に寝返らせた三好為三に摂津の豊島《としま》郡を与え、三好長逸や友通に対抗させたように、今回も友通を使って、山城南部への拡大を目論む松永久秀に対抗させようとしたのであろう。三好氏をもって三好氏を制す手法である。そもそも、友通は畿内出身の被官代表という地位を久秀から奪って三好三人衆の一人となったが、久秀が三好義継のもとに復帰したことで居場所をなくしたのが義昭や信長に味方した背景であろう。

さらに、友通は十一月に賀茂《かも》領を与えられるなど、信長に厚遇されている〔大徳寺文書〕。この頃より、義昭が頼みとする武田信玄《たけだしんげん》が信長と同盟する徳川家康《とくがわいえやす》と交戦状態となり、三方ヶ原《みかたがはら》（浜松市北区）の戦いに勝利すると、義昭と信長の対立は決定的となった。そして、元亀四年（天正元年、一五七三）初頭、将軍義昭は三好義継や本願寺顕如、朝倉義景との同盟に踏み切った。圧倒的劣勢に陥った信長が、京都近郊で期待を寄せていたのが、坂本《さかもと》城（大津市）の明智光秀《あけちみつひで》、勝龍寺城の細川藤孝《ふじたか》、淀城の石成友通であった。二月二十三日に信長が藤孝へ宛てた書状の中で、友通を「表裏無き仁」と評するなど、信頼を寄せていた〔細川家文書〕。信長は義昭との和睦を望んでいたが拒否されると、京都へ向けて進軍し、明智光秀や細川藤孝だけでなく、三好方として摂津北部を押さえていた荒木村重《あらきむらしげ》までも味方につけ、四月七日に義昭を降伏させた。この間、友通がどう動いたのかわからない。

義昭は七月三日に槇嶋《まきしま》城（京都府宇治市）で再び挙兵するが、十八日には開城し、三好義継のもとに退去する。このときには友通も旗幟を明らかにし義昭に味方したため、信長は羽柴秀吉《はしばひでよし》と細川藤孝に淀城攻めを命じた。八月二日、秀吉は淀城の坂東信秀《ばんどうのぶひで》と諏訪行成《すわゆきなり》を調略することに成功し、友通は藤孝の被官である下津権内に討ち取られた〔信長公記〕。将軍義昭と信長の戦いにおいて、友通や三好義継、松永久秀の動きは極めて消極的であった。その背景には、友通の処遇があったのではないか。つまり、それまで友通をもって、利害が競合する久秀に対抗させてきたことが仇となった。友通の山城郡司と淀城主の地位こそが、義継や久秀の援軍を得る上で障害になったのであろう。そして、それは元亀争乱に苦しんできた信長の窮地を救うことになったのである。

（天野忠幸）

【主要参考文献】

天野忠幸『三好長慶』（ミネルヴァ書房、二〇一四年）
天野忠幸『三好一族と織田信長』（戎光祥出版、二〇一六年）
天野忠幸『三好一族』（中央公論新社、二〇二一年）
仁木　宏「戦国期京郊における地域社会と支配 ―西岡勝龍寺城と「一職」支配をめぐって」（本多隆成編『戦国・織豊期の権力と社会』吉川弘文館、一九九九年）
仁木　宏『戦国時代、村と町のかたち』（山川出版社、二〇〇四年）
馬部隆弘「西岡国人と勝龍寺城の関係」（『長岡京市歴史資料集成1　勝龍寺城関係資料集』長岡京市教育委員会、二〇二〇年）
村井祐樹「三好にまつわる諸々事」（『東京大学史料編纂所研究紀要』三一、二〇二一年）

松永久秀——覆された〝梟雄〟イメージ

久秀の出自と家族・子孫

松永久秀《まつながひさひで》の出自には諸説あるが、近年では、軍記物語『陰徳太平記《いんとくたいへいき》』などに記された摂津五百住《よすみ》（大阪府高槻市）出身説が、いくつかの証拠を備えたものとして有力視されている。そのひとつである十八世紀前半に作成された「郡家村・東五百住村境見分絵図」には、「松永屋敷跡畑田」なるものが描かれ、それは土豪クラスの中世城館跡と評価されている〔中西二〇一七〕。これによるならば、久秀は五百住の土豪の生まれということになる。

久秀の父は不明である。母は、堺南荘で暮らしたこと、永禄七年（一五六四）には久秀の肝煎で和解した法華宗勝劣派《しょうれつは》と一致派《いっちは》の僧が「松永老母宿所」に参会し、久秀の母が饗応したことがわかる〔永禄之旧規勝劣一致和睦之次第案文など〕。久秀の母と法華宗との深い関係もあってか、久秀も法華宗徒として周知されていた〔日本史（フロイス著）〕。久秀の母は永禄十一年、堺にて八十四歳で亡くなったが、これを伝える『多聞院日記《たもんいんにっき》』の記事では同時に久秀の年齢にも触れ、「当年六十一才」（数え年）とあるため、久秀の生年は永正五年（一五〇八）とわかる。

久秀は二人ないし三人の妻をもったとされるが、素性が明らかなのが広橋国光《ひろはしくにみつ》（権大納言・武家伝奏）の妹保子である。保子は最初の夫一条兼冬《いちじょうかねふゆ》（関白・左大臣）と死別した後、後奈良天皇《ごならてんのう》の後宮に出仕したが、弘治三年（一五五七）に天皇が亡くなると退出して久秀に嫁した。永禄三年、将軍足利義輝《あしかがよしてる》は内侍所《ないしどころ》臨時神楽《かぐら》の差配を「松長女房」（お湯殿上日記）に申し付けたが、これが保子にあたるという（神田二〇一七）。保子は永禄七年に死去した。

久秀の子は、おそらく正妻との間に生まれ、久秀を継ぐ久通《ひさみち》（彦六《ひころく》、右衛門佐）が有名だが、それ以外にも子がいた。ただ、系図や所伝により異同があり、その履歴は明確でない。

久秀には弟が二人いたとされ、ひとりは三好《みよし》家の武将として丹波などで活躍した長頼《ながより》である。もうひとりは実名不詳だが、その子とされる松永孫六《まごろく》も三好氏に仕えた。

また、貞門俳諧《ていもんはいかい》で知られる江戸時代初期の歌人松永貞徳《ていとく》は、その子で朱子学者の松永尺五《せきご》に、そのルーツに久秀がある（貞徳の曽祖母と久秀が親戚）とする家譜を作成させている（天野二〇一八）。

久秀の登場

天文八年（一五三九）、摂津越水城《こしみず》（兵庫県西宮市）に、三好長慶《ながよし》（当時は孫次郎、利長《としなが》など、ここでは長慶に統一）が入った。以降、長慶は細川晴元《ほそかわはるもと》の重臣として頭角をあらわしていくこととなる。そして久秀は、長慶の家臣として歴史の表舞台に登場するのだが、仕官の経緯や時期はわかっていない。

松永久秀画像　高槻市立しろあと歴史館蔵

　天文九年六月十七日に、久秀が奉行となり摂津西宮《にしのみや》の諸寺院に発した文書〔岡本文書〕が、現時点での久秀初出史料で、すでに「弾正忠《だんじょうのじょう》」の官途を称していたこともわかる。ときに久秀は三十三歳であった。また、天文十一年には久秀を将とする三好氏の軍勢が大和に攻め入る風聞が立っており〔多聞院日記〕、久秀が武将の顔も持ち合わせていたことをうかがわせる。ただ、天文九年に本願寺《ほんがんじ》証如《しょうにょ》が、長慶および「内者《うちもの》」と称される家臣数名に礼物を贈った際には、そこに久秀の名はなかった〔天文日記〕。「内者」は「重臣、家臣の中枢」を意味するが、この時期の久秀はそこまでの存在ではなかったようである。

　やがて三好長慶は細川晴元と訣別し、天文十八年の江口《えぐち》合戦でこれを没落させ、代わって細川京兆家の家督となる細川氏綱《うじつな》に属した〔田中二〇一九〕。この合戦での久秀の武将としての働きは不明だが、合戦後の天文十九年には、三好家の「内者」の筆頭に久秀の名が記されたこと〔言継卿記〕や、本願寺証如が記録上はじめて久秀に礼物を贈ったこと〔天文日記〕がある。久秀の史料上の初出から江口合戦に至るおよそ十年間の久秀の動向は必ずしも明らかではないが、三好家中における久秀の地位は確かに高まっていた。

三好政権の要

ところで、ときの将軍足利義晴《よしはる》は江口合戦で細川晴元を支持したがその敗北により京を落ち、近江六《ろっ》角《かく》氏に庇護された。そのため合戦後は、三好氏と京都復帰を目指す足利（義晴は近江で死去し将軍は義輝）・六角氏、および細川晴元との間で断続的な紛争となった。天文二十年（一五五一）二月、久秀は弟長頼と近江に攻め入り敗北するも、七月には京に攻め入った晴元の軍勢を破るなど、緒戦で武将として起用された〔厳助往年記など〕。この争いは翌年初頭の足利・三好氏の和睦で終息したが、京都に帰還する将軍義輝を逢坂《おうさか》（大津市）で出迎えたのが三好一門の重鎮三好長逸《ながやす》と久秀であった〔厳助往年記〕ことは、両人が三好長慶配下の双璧であったことを示唆して余りある。やがて、義輝を擁した長慶は幕府奉《ほう》公衆《こうしゅう》・御供衆《おともしゅう》に任じられ、将軍直臣の格を手に入れてその権勢を強めた。久秀も長慶の重臣として京都の諸政への影響力を増し、久秀との関係を深めようとする京都権門の動きも各史料に頻出するようになる。

しかし、この和睦は天文二十二年に破綻し、義輝は再び近江に落ち、京都は長慶の手に帰した。いわゆる三好政権の成立である。長慶は新たな本拠として摂津芥川城《あくたがわ》（大阪府高槻市）に入ったが、久秀も長慶とともに同城に住み〔厳助往年記〕、裁許の取次を務めるなど政権の中枢を担った。また、久秀には摂津滝山城《たきやま》（神戸市中央区）が与えられたが、弘治二年（一五五六）七月には久秀が長慶らを同城に招き、「滝山千句」と称される連歌会を催した。これは、長慶の本拠の摂津から招かれた有力者が、摂津の名所を詠むことで、長慶の支配を讃えて忠誠を示す場であったと評価される〔天野二〇一八〕。三好政権の隆盛を象徴する行事を久秀が挙行したことも、久秀の政権内での重要さを物語る。

また、この時期の久秀はもっぱら政治・外交で活躍するが、天文二十二年九月、中納言山科言継《やましなときつぐ》が家来に命じて松永方を訪問させたところ、久秀は丹波数掛山城《かずけやまじょう》（京都府亀岡市）攻めに出陣したため不在で、代わりに久秀の妻（正妻と思われる）が応対している〔言継卿記〕。同様に、久秀が政治の案件を抱えながら軍陣のため居所を不在にして対応が延期している事例は、他にもみられる〔石清水文書〕。久秀が政務の傍ら武将としても多忙を極めたことを想像させる。

幕臣久秀と大和入り

三好政権成立から五年ほど経た永禄元年（一五五八）五月、近江で足利義輝が挙兵し京都への侵入を試みた。当初三好方はこれを防ごうとし、久秀は中納言勧修寺晴秀《かじゅうじはるひで》を通じて京都の警固に問題ないことを正親町《おおぎまち》天皇に奏上させ、六月には防戦のため松永長頼らとともに京都東山如意嶽《ひがしやまにょいがたけ》（京都市左京区）に出陣し、白川口《しらかわぐち》付近で足利方の軍勢と戦いこれを破る〔惟房公記〕など武将の片鱗をみせた。この後両者は和睦し、再び京に戻った将軍義輝を長慶が支える体制が生まれ、長慶は幕府が大名に与える最高位の格式である御相伴衆《ごしょうばんしゅう》となり、官途も修理大夫《しゅりのだいぶ》に進んだが、それ以上に特異ともいえる地位の上昇を果たしたのが久秀であった。永禄三年二月に久秀は御供衆に任じられ、長慶の家来でありながら幕府直臣の地位を得、正式に「弾正少弼《だんじょうしょうひつ》」にも任官された。さらに翌年には従四位下に叙せられ、将軍義輝から足利家の家紋のひとつである桐御紋を拝領し、塗輿《ぬりごし》の使用を許されるなどした〔雑々聞検書〕。

久秀が源氏の紋である桐御紋を拝領するにあたり、それまでの藤原姓から源姓に改めた〔雑々聞検書〕ことなどは興味深いが、より注意すべきは、任御供衆や桐御紋拝領が、父長慶から筑前守の官途と三好家家督を継いだ三好義興《よしおき》とともになされたことだろう。なぜなら、今回と似た例として、細川氏の家臣だった三好長慶が将軍直臣の格を得たことがあるものの、義輝が主従の関係にある義興と久秀を等しく遇したことは異例といえ、久秀が三好家と同格で将軍を支える存在として公認されたことを意味するからである。そして、久秀は定期的に義興とともに義輝に出仕し〔雑々聞検書〕、ともに義輝のもとで諸政を担うなど、将軍直臣、あるいは三好義興の後見人〔天野二〇一八〕とみなせる足跡を残した。事例は枚挙に暇がないが、永禄四年、義輝が京都立売の三好義興亭に御成《おなり》（訪問）した際、久秀は三好家の一員として義輝を接待しつつ、義輝の御供衆としての所作もみせた〔田中二〇一七〕ことなどは、義輝・義興・久秀の間の友好的連携をうかがわせる。

一方、三好長慶は河内飯盛《いいもり》城（大阪府大東市、四條畷市）に拠点を移し、自身が京に出ることは少なくなった。長慶には、義輝との関係構築は義興・久秀に任せ、将軍権威を利用して他大名に対する優位性を確保しようとするなど、あくまで三好氏権力の拡張を目指す意図があったとされる〔天野二〇一八〕が、この長慶の意向を戴し久秀を中心に進められたのが、永禄二年の大和侵攻であった。大和は当時、隣国の河内守護畠山高政《はたけやまたかまさ》とその重臣安見宗房《やすみむねふさ》（美作守）の内紛に巻き込まれ、有力国人の筒井《つつい》氏などは安見氏に通じていた。一方、長慶は畠山高政と結んだため、久秀に命じて筒井氏など大和の反三好勢力を討たせたのである。同年八月に大和に入った久秀を総大将とする三好軍は、筒井城（奈良県大和郡山市）、井戸《いど》城（同天理市）、万歳《まんざい》城（同大和高田市）などを攻略し、越智《おち》氏などの国人衆も三好方に与した〔享禄天文之記〕。また、久秀は当初大和の拠点を信貴山《しぎさん》城（同平群町）に置いたが、永禄四年には、奈良の中心部に多聞山《たもんやま》城（奈良市）の建築を始めた〔多聞院日記〕。

以後、久秀は京都の政務と大和経営に忙殺されるが、そこにみえるのは、長慶や義輝のもとで、臣下として担うべき職務を遂行する官僚・武将の姿である。このころの久秀について、宣教師フロイスは「彼が絶対命令を下す以外何事も行われぬ」と書いた〔日本史（フロイス著）〕。官僚・武将にすぎない久秀への評価としては誇大だが、八面六臂の活躍をするこの時期の久秀は、確かに人生の絶頂を迎えていた。

久秀の引退

ただ、義輝が三好氏を取り込んで幕府再建を目指す〔木下二〇二一〕一方で、長慶が義輝を利用して三好家の成長を追求する有様は、両者の関係を歪ませていった。永禄四年（一五六一）には、加賀富墓《とみつか》荘（石川県加賀市）の所領訴訟で久秀が義輝に意見したことが義輝を激怒させ、義輝側近の上野《うえの》信孝《のぶたか》・進士《しんじ》晴舎《はるいえ》が久秀を非難した〔蜷川文書〕。一方、その二年後に清水寺《きよみずでら》成就院《じょうじゅいん》と本圀寺《ほんこくじ》が争った訴訟では、久秀が上野・進士の処理の不手際を詰《なじ》り、久秀の意向に沿い本圀寺の勝訴となった〔成就院文書など〕。

また、永禄五年五月の教興寺《きょうこうじ》合戦では、近江六角氏が河内畠山氏と結び三好氏を攻め、三好方は一時苦境に陥りながらもこれを打ち破ったが、伊勢貞孝《いせさだたか》ら一部の幕臣や義輝の縁者が六角・畠山方に通じ、三好氏と敵対した。この合戦で久秀は、当初西院《さいいん》（京都市右京区）に布陣し近江勢と対峙したようだが〔細川両家記〕、河内方面での三好勢の大敗を受けて京都を一時的に六角氏に明け渡し、河内教興寺（大阪府八尾市）の戦いにも加わって畠山勢を破り〔大館記〕、京都も奪回した。そして同年九月、義興とともに山城杉坂《すぎさか》（京都市北区）で伊勢貞孝らを討ち取った〔お湯殿の上の日記など〕。当時の幕府内部では、新興勢力の三好・松永氏と古くからの義輝側近層との亀裂が確かに深まっていたのである。

ところで、教興寺合戦の勝利で久秀の大和支配は強まった。合戦直後の久秀は大和に反三好の国人衆を掃討する一方、同年八月には多聞山城上棟式が「奈良中見物」のなか催された〔享禄天文之記〕。「四階ヤクラ（櫓）」〔多聞院日記〕を備えた同城は、外装は白壁と指二本の厚さの黒瓦で統一され、内装には障壁画や鍍金・彫刻の施された柱が使われたという〔日本史（フロイス著）〕。久秀は、上棟に合わせ大和と山城南部に徳政令《とくせいれい》を発し、同年末には春日社の臨時祭礼である七ケ夜陪従《べいじゅう》神楽を催行した〔享禄天文之記〕が、これらは久秀が大和の支配者たることを印象づけるに十分であった。また、同城には茶室が設えられ、久秀は記録に残るだけでも四回、ここに千利休《せんのりきゅう》らを招き茶会を催している〔天王寺屋会記など〕。

しかし、永禄六年になると、多武峰《とうのみね》宗徒との合戦で久秀が敗北したことを受け、義輝が朝廷に要請し、（まるで久秀を救うかのように）多武峰（奈良県桜井市）に久秀との停戦を命じる勅使を派遣させた〔お湯殿の上の日記〕一方、義輝の子が久秀のもとへ「人質」として下向する〔言継卿記〕などの事例がある。一見、三好・松永氏と幕府は連携しているようだが、将軍が人質を出して信頼を担保しなければならないほど、両者の関係は冷却していたと考えられる。また、同年八月には、久秀とともに義輝を支えた三好義興が亡くなり、年末には久秀も家督を久通に譲った。久秀はこのとき五十六歳であった。さらに翌年には三好長慶も世を去り、長慶甥の三好義継《よしつぐ》（十河重存《そごうしげまさ》）が跡を襲うなど、三好氏権力はひとつの区切りを迎えた。

将軍殺害・大仏焼亡・久秀の苦境

永禄八年（一五六五）五月、三好義継・松永久通らが引き起こした足利義輝殺害事件（永禄の変）は、京都政局に新たな混乱を招いたが、いわば隠居の立場にあった久秀の義輝殺害への直接的関与は史料上認められない。ただ、事件は歴史の表舞台から久秀を退場させるのを許さなかった。このときの久秀の特筆すべき動向として、奈良興福寺一乗院《こうふくじいちじょういん》で僧籍にあった義輝弟の覚慶《かくけい》（足利義昭《よしあき》）に対して、生命の保障を約し〔円満院文書〕、その座所を警固し、越前朝倉《あさくら》氏と談じて奈良から脱出させたことがある〔上杉家文書〕。義昭助命の意図は明確ではないが、結果として義昭は将軍家再興運動を始め、畠山氏ら反三好勢力がこれに応じたため三好氏は苦境に立たされることとなった。三好政権の中枢も乱れ、同年末には、いわゆる三好三人衆（三好長逸・三好宗渭《そうい》・石成友通《いわなりともみち》）の要求で、義継は松永氏と手を切った〔多聞院日記〕。以後、久秀・久通父子は畠山氏と結び―ゆえに久秀は義昭の上洛運動に加担したことになる―、三好三人衆や筒井氏らとの紛争が続いた。しかし、永禄九年には堺などで敗戦を重ね、本拠の多聞山城では筒井氏相手に籠城戦を強いられる〔多聞院日記〕など、久秀は劣勢であった。

ところが、永禄十年に入り三好三人衆と対立した義継が松永氏と結び、三好家当主を擁する形となった久秀は力を盛り返した。久秀は三好三人衆と奈良やその周辺で争い、五月には東大寺《とうだいじ》で合戦となった。久秀は戒壇院《かいだんいん》に布陣し、その周辺を焼き払い、十月には三好三人衆の籠もる大仏殿を襲った〔多聞院日記〕。この際大仏殿が焼亡したことは有名だが、久秀の放火を証明する史料はなく、これをその「悪行」に数えるのは早計だろう。一方、永禄九年時点から義昭の上洛運動に加担していた織田信長《おだのぶなが》は久秀と連絡を重ね、松永氏を見放さないことを約している〔柳生文書〕。そして永禄十一年に義昭は越前から信長が平定した美濃に移り、信長に擁されて上洛を果たした。久秀は娘（保子との子）を信長に差し出す〔多聞院日記〕とともに、無双の名物とされた付藻茄子《つくもなす》の茶入を献上し〔信長公記〕、信長は久秀に大和一国の支配権を与えた〔多聞院日記〕。この時期の久秀の動向は、上洛を目指す義昭・信長らと連携したものであることに注目すべきであろう。

最初で最後の謀叛

永禄十一年（一五六八）十月、義昭は征夷大将軍に任官され、久秀もその政権に名を連ねた。久秀は久通や三好義継と行動をともにすることが多くなるが、永禄十二年に義昭が安芸毛利《もうり》氏に御内書《ごないしょ》を宛てた際、その副状《そえじょう》を久秀が発給する〔吉川家文書〕など、往年の幕臣のような働きをみせた。一方、多聞山城下に市《いち》を開設する〔多聞院日記〕など大和経営も進んだ。これとともに、筒井氏など大和の反義昭・信長勢力との戦いや元亀元年（一五七〇）の信長の越前朝倉氏攻めへの従軍〔二条宴乗記〕など、武将としても起用された。なお、この頃久秀は、信長（弾正忠）に配慮して官途を弾正少弼から「山城守《やましろのかみ》」に改めた〔多聞院日記〕。

ところで、信長の朝倉攻めは近江浅井《あざい》氏の離反を招き、三好三人衆ら信長の抵抗勢力も活気づいた。これに対し久秀は、元亀元年七月に信貴山城に入り三好三人衆に備えたが、このとき八千人の大軍を率いたという〔多聞院日記〕。そして、十一月に信長と三好三人衆との和睦交渉に移ると久秀がそれを主導し、信長のもとにいた久秀の娘を信長の養女として三好三人衆が擁する阿波三好家に嫁がせると約し、それまではその妹を三好方に人質に出すことで和睦を取りまとめるなど〔尋憲記〕、その手腕を発揮している。

しかし元亀二年、義昭が筒井順慶《じゅんけい》を赦免したことは久秀の大和支配を動揺させた。八月、勢いを得た筒井氏と松永氏は辰市《たついち》（奈良市）で激戦となり、久秀は「城州（山城守）の一期《いちご》にもこれ無き程」の惨敗を喫した〔多聞院日記〕。結果的に久秀は三好氏とともに義昭・信長から離反し、朝倉・浅井・甲斐武田《たけだ》氏らといわゆる信長包囲網を形成する格好となったが、辰市合戦に至る経緯を踏まえれば、久秀の自発的な反逆とは呼び難い。そして、元亀四年になると信長と決別した義昭は包囲網側の諸勢力と結び、久秀も義昭の「御一味」〔尋憲記〕として信長に敵対した。しかし、この情勢下でも久秀が主体的に信長に反抗したわけではない。

同年八月に挙兵した義昭は信長に鎮圧されて京を逐われ、浅井・朝倉氏に続き、三好義継も滅亡した。松永氏も信長に降り、多聞山城などの居城も織田方に引き渡され、大和守護には塙直政《ばんなおまさ》（のち原田《はらだ》氏、備中守）が任じられた。久秀は出家して法名「道意《どうい》」を名乗り〔多聞院日記〕、その活動もあまりみられなくなる。ところが、天正四年（一五七六）五月の本願寺攻めで大和衆を率いた直政が戦死したことで、久秀は再び戦線に復帰し本願寺相手に先陣を務め、天王寺の付城《つけじろ》に入った〔多聞院日記など〕。そして翌天正五年八月、久秀はにわかに久通とともにそこを脱して信貴山城に籠もり、初めて主家に弓を引いたのである。その理由は史料上明確でないが、信長が直政死後の大和支配を筒井順慶に任せたり、多聞山城を破却したりしたことなどが久秀の不満を募らせたとされる〔天野二〇一八〕。信長もその真意を測り兼ね、当初は久秀との対話を試みたが、織田信忠《のぶただ》・筒井順慶らに命じ信貴山城を攻めた〔信長公記〕。

十月一日に始まった戦は十日に決し、久秀父子は同城で自害し、十一日には信長に首が届いた（多聞院日記）。久秀は七十歳であった。最期に及んだ久秀が平蜘蛛《ひらぐも》の茶釜とともに爆死したという逸話は、近世以降の俗説である。

以上、主に一次史料からみえる松永久秀の生涯を駆け足で辿ったが、浮かんでくるのは主家のために粉骨する官僚・武将の像であり、流布されている「梟雄」「下剋上」「謀反」などの要素は、後世の付会によるところが大きい。特異にみえる久秀の生涯は、実は、そのような生涯を演じる舞台を久秀に与えた、三好・足利・織田氏の人材登用や政権機構の特異な有様を映す鏡なのかもしれない。（田中信司）

【主要参考文献】

天野忠幸『松永久秀と下剋上』（平凡社、二〇一八年）
木下昌規『足利義輝と三好一族』（戎光祥出版、二〇二一年）
神田裕理「久秀の義兄・武家伝奏広橋国光と朝廷」（天野忠幸編『松永久秀』、宮帯出版社、二〇一七年）
田中信司「松永久秀と将軍足利義輝」（天野忠幸編『松永久秀』、宮帯出版社、二〇一七年）
田中信司「江口合戦―細川氏・室町幕府将軍の「大敗」とは―」（黒嶋敏編『戦国合戦〈大敗〉の歴史学』、山川出版社、二〇一九年）
中西裕樹「松永久秀の出自と末裔」（天野忠幸編『松永久秀』、宮帯出版社、二〇一七年）

松永長頼
――丹波支配を目論んだ松永久秀の弟

松永長頼の登場

松永久秀《まつながひさひで》の弟である長頼《ながより》の初見は、『厳助往年記《げんじょおうねんき》』の天文十八年（一五四九）十月十四日条に見える「三好方松永甚介《じんすけ》」が山科《やましな》七郷（京都市山科区）の知行を細川氏綱《ほそかわうじつな》から与えられたという記事である。同記事には、続けて石田《いしだ》・小栗栖《おぐるす》の進士《しんじ》分を松永甚介と今村源介《いまむらげんすけ》が知行したとある。

同年十月二十日には松永長頼は天龍寺《てんりゅうじ》に対して西岡《にしのおか》内長井《ながい》庄（京都府長岡京市）下司職《げししき》の請書を発給し〔天龍寺文書〕、三好長縁《みよしながより》（後の長逸《ながやす》）と連署で、洛中洛外の「下京中」に対し守護家上使と三好長慶《ながよし》の折紙にもとづいて地子銭《じしせん》や諸成物《なりもの》を納めるよう命じている〔京都上京文書〕。長頼が三好長慶軍として、京都周辺の広い範囲を実効支配し、洛中へも影響力を及ぼしていた様子がうかがえる。

三好長慶は、天文十八年の江口合戦で細川氏綱軍に属し、波多野元秀《はたのもとひで》・秀親《ひでちか》や香西元成《こうざいもとなり》らを含む細川晴元《はるもと》軍に勝利し、京都・畿内で支配を進めていた。松永長頼による山城南部や西部の実効支配もこの一環であったといえる。

しかし、天文二十二年九月、晴元軍の急先鋒である波多野秀親の立て籠もる数掛山《かずけやま》城（京都府亀岡市）

の攻防戦で氏綱軍は敗戦し、内藤《ないとう》備前守国貞《くにさだ》や池田《いけだ》氏、堀内《ほりうち》氏ら氏綱軍が大勢討ち死にした。松永兄弟は敗走し、その途中で長頼が内藤氏の拠点としていた八木《やぎ》城（京都府南丹市、亀岡市）へ入城したとされる〔細川両家記〕。

八木城跡は平成五年（一九九三）に発掘調査が実施されており、石垣や井戸跡を含む遺構や十六世紀後葉の土師器と中国製磁器が出土している（京都府埋蔵文化財調査研究センター一九九五）。福島克彦氏は、縄張りや遺構の分析から松永長頼の時期までに城郭が整備された可能性を指摘する〔福島二〇〇〇〕。八木城は、丹波の守護所と評価されているが〔今谷一九八六〕、居城として整備されたのは長頼の時期であり、それまでは有事の際に使用されることはあっても恒常的に使用されていなかったと考えられる。

内藤家の家督相続問題

丹波守護代内藤国貞らの討ち死ににより、内藤家の家督相続問題が起きた。

天文二十三年（一五五四）三月二十日付で船井《ふない》郡和知《わち》北庄（京都府京丹波町）を拠点とする片山《かたやま》氏に宛てられた細川氏綱書状には、「内藤家督については、国貞と甚介で契約したのだが、長頼の分別によって、息千勝が相続することになったので、これまでの通り、内藤と相談して忠節に励むように」とあり、「契約」に基づき松永長頼が内藤家家督を継承しようとしたが、片山氏らの反対があったため、息の千勝が継承することで事態の収拾が図られたことが読み取れる。同じ内容の文書が、船井郡の領主である粟野《あわの》氏や桐村《きりむら》氏宛にも発給されており〔湯浅文書・桐村家文書〕、内藤家の家督を長頼が継承することについて、多くの領主層から抵抗されたことが推測できる。

千勝については、国貞の聟〔細川両家記〕である長頼の息子とする説があるが、史料的に実証されているわけではない。先の細川氏綱書状でも、千勝は長頼の子息とも読めるが、内藤国貞の子息とも解釈できる。また近年の研究で、国貞の後継者として、永貞《ながさだ》という人物が丹波守護代として権限を行使していたことがわかっており〔馬部二〇一九、飛鳥井二〇一九〕、国貞と長頼の間で守護代後継者に関する契約があったとするのも疑わしい。領主層が抵抗したのは、「契約」と称して松永長頼が守護代内藤家の家督を簒奪しようとしたからであり〔馬部二〇一九〕、それは女系男子である長頼の息を立てたところで解決するとは考えにくい。

三好・松永氏側としても、当時波多野軍に敗走して劣勢な情勢下で、丹波国の領主層を敵に回すのは大きなリスクを伴うものだっただろう。松永長頼の家督簒奪を先送りとし、内藤家の子息を家督に据えることで、領主層の協力を取り付けたと理解しておきたい。

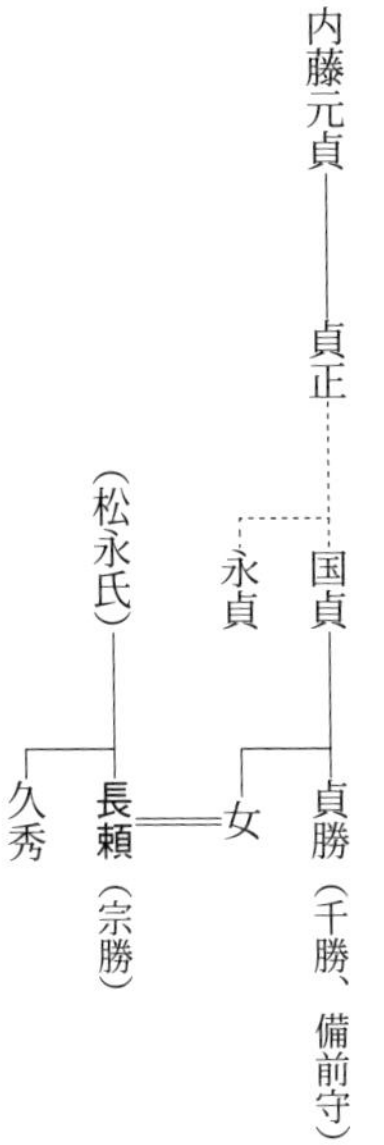

内藤氏略系図（…は不明）

こうして松永長頼は、内藤氏の家督は千勝に譲り、自らは出家をして後見人となり松永蓬雲《ほううん》（法雲）軒宗勝《けんそうしょう》と名乗った。松永蓬雲軒の史料上の初見は、弘治二年（一五五六）五月に「松永法雲、宇津《うつ》退治のため丹波へ入国」したとする記事である（細川両家記）。文書のうえでも、同年九月二十八日付の大谷《おおたに》村名主百姓中宛（実質の宛所は加地《かじ》氏）の判物《はんもつ》に「宗勝」（佐々木文書）、同年十月六日付小林《こばやし》新左衛門尉宛の判物に「蓬雲軒宗勝」（小林文書）と署判していることから、弘治二年までに「蓬雲軒宗勝」と名乗っていたと考えられる。なお、「宗勝」は「むねかつ」と呼ばれることも多いが、出家後の法号のため「そうしょう」と読むべきである。

内藤家の後見人として

守護代内藤家の家督は千勝（後の貞勝《さだかつ》）が継承したが、丹波国内の軍勢は当初宗勝が指揮していたようである。

弘治三年（一五五七）十月には宿敵である波多野氏の八上《やかみ》城（兵庫県丹波篠山市）に出陣し、龍蔵寺《りゅうぞうじ》を攻め落とし、永禄元年（一五五八）には五月より京に攻め上がり、同月晦日には勝軍山《しょうぐんやま》城（京都市左京区）に陣を張り、如意ケ嶽《にょいがたけ》城（京都市左京区）に陣をおく足利義輝・細川晴元軍と対峙した。六月七日、三好長逸・池田氏・伊丹《いたみ》氏と松永久秀《ひさひで》・長頼兄弟が一万五千の大軍で河原へ出陣。八日には、「松永法雲」が如意ケ嶽を攻め上がって陣を取り、翌日晴元軍が勝軍山に籠城すると如意ケ嶽より攻め寄せ、白河周辺での戦争では公方衆に死者が出ている（長享年後畿内兵乱記）。

翌二年六月には、二千余の軍を率いて山崎《やまざき》(京都府大山崎町)に陣取り、同二十二日には合戦で河内衆の首を取ったという。二十六日には三好長慶の援軍のため河内へ進攻している〔細川両家記〕。同年に、宗勝は八上城を攻略したようで、十二月十一日には、波多野秀親と息次郎に対して、八上城周辺の知行を与えている〔波多野文書〕。同年七月には細川晴元(永川《えいせん》)が両氏に対して「こちらへ忠節を尽くせば先に知行していた所々を与えよう」と述べ、波多野元秀も「帰参すれば、先に仲介した知行地は与える」と述べているが、結果的には波多野秀親と次郎は宗勝に与することを選び、惣領家の本領周辺に知行地を獲得したのだろう。八上城には松永氏の一族である孫六《まごろく》が入城した。

注目されるのは、当該期の松永宗勝の発給文書様式である。弘治年間と推定される小森与介《こもりよすけ》宛の感《かん》状《じょう》は、守護細川氏綱の感状と同日付で発給されており、宗勝の文書中には「先の合戦について神妙であるとの御書が下される」とあり、守護発給の文書を前提とした文書様式となっている〔小森文書〕。また、永禄三年十二月一日には、片山氏に対して「永正二年の御奉書ならびに貞正《さだまさ》遵行に任せて」の文言がある守護代遵行状の様式による判物を発給している〔片山文書〕。このように、この頃に宗勝が発給した文書は、守護代の文書様式を採用しており、この時期に守護代としての地位を表明していたことがうかがえる〔飛鳥井二〇二〇〕。

若狭進攻の検討

永禄三年（一五六〇）の松永宗勝の動向として、若狭進攻が注目されてきたが〔高橋二〇〇五、馬部二〇二一a〕、宗勝が若狭を攻めたのは、従来指摘されるように逸見氏との連携を図ったのではなく、先に若狭から軍勢が桑田郡《くわた》へ攻めてきたためではないだろうか。

永禄三年と推測される六月十四日付の書状で、宗勝は「天田郡《あまた》御馬廻衆」に対して、「丹波の口郡の牢人が若狭の軍勢と合流し、野々村荘《ののむら》（京都府南丹市）へ攻めてきた。野々村のものを仲介として計略・調儀を頼んでいたのに、川勝《かわかつ》氏らがこちらに対峙し、敵方と結束したのは驚いた。（中略）こちらは先に述べた通り、若狭へ攻めるため山内（同京丹波町）へ着陣する」と伝えている〔夜久文書〕。

これと対応するのが、同年七月二十日付の若狭の逸見経貴《へんみつねたか》書状〔大成寺文書〕で、若狭衆による丹波進攻について「丹波の『内藤』が当国を頼んできたため、六月八日に軍勢を集めて、野々村荘のうち河内というところを攻めた。（中略）二回の合戦ではいずれも大勝した。田辺表《たなべ》（京都府舞鶴市）へ『蓬雲』が出陣するとの情報が入ってきているが、まだ動きはない」と述べている。同じ書状で「内藤」と「蓬雲」が出ており、「内藤」とは宗勝ではなく、内藤家の家督を継いだ内藤貞勝を指すと考えられる。「蓬雲」が田辺表へ出陣するという情報も、宗勝の若狭出陣の動向と一致する。

つまり、内藤貞勝の要請によって逸見経貴ら若狭の軍勢が丹波の野々村に進攻したのであり、松永宗勝はこの軍事行動に対応し、貞勝と若狭の連携を阻止するために、若狭進攻を企図したと考えられる。

この段階における宗勝と貞勝は、若狭国内の武田信豊・義統父子の対立と結びつき対立に至ったようであるが、翌年三月には、逸見昌経が「内藤備前守《（貞勝）》申談、可達本意覚悟候、宗勝無御等閑由承及候」「拙者存分対彦次郎更非悪心候」と述べるように〔狩野蒐集文書〕、昌経が貞勝との和談に動き、両者の対立は一時おさまったようだ。これより先の二月には貞勝が細川氏綱の側近として幕府へ出仕し〔雑々聞撿書〕、武田信豊は五月に若狭帰国を果たしている〔木下二〇一六〕。

しかし、六月になると「若州江法雲・粟屋等入国、自旧冬及合戦、自越前武田合力人衆一万千計罷上云々、仍法雲・粟屋・辺見等人衆悉引退」〔厳助往年記〕とあるように、逸見昌経と結んだ松永宗勝と粟屋勝久が若狭へ入り、朝倉義景軍の援軍を得た武田義統軍に撃退されている。一方、近年紹介された『益田實氏所蔵中世文書』所収の（永禄四年）七月二十六日付の尼子義久宛朝倉義景書状〔田中大喜ほか二〇一八〕では「逸見相語内藤備前守彼国江乱入、小浜表之山所ニ陣取之、依被及難儀、合力之事被申之条、旧冬已来武田以申合筋目、去五月下旬差越人数可及行段候之処……」とあって、朝倉軍が「旧冬已来」の「筋目」に基づき、逸見（経貴）・内藤備前守貞勝軍に与したことが記され、『厳助往年記』の記事と対応する。朝倉氏が攻めたのが逸見昌経だったことは、朝倉景紀が同年六月二十二日に「逸見駿河守（昌経）落所慥未相聞之由候」と述べている〔脇坂文書〕点も傍証となる。

つまり、永禄四年五月までには武田信豊と義統の対立はおさまっていたものの、六月に松永宗勝と粟屋勝久、逸見昌経が若狭に攻め入ったため、内藤貞勝・逸見氏と朝倉義景軍が連携し、撃退するに至ったと考えられるのである。

松永宗勝―逸見昌経―粟屋氏―三好長慶
⇔
内藤貞勝―逸見（経貴）―武田氏―朝倉義景

永禄4年6月における対立の構図

内藤貞勝と対立の背景

松永宗勝と内藤貞勝の両者について、先行研究では対立関係をみることはなかったが、永禄三年に始まる若狭進攻に関する動きに注目して史料を見ていくと、同年頃から両者に亀裂が生じ始め、若狭武田の家中の分裂とも結びついて翌年六月には対立関係に至った様子がうかがえる。

ではなぜ両者は対立するに至ったのだろうか。

ひとつは、先述のとおり、松永宗勝は弘治年間から丹波守護代が採用していた文書様式を採用するなど自身が丹波守護代であることを主張していたのであるが、内藤家の家督継承者である貞勝はこれをよく思わなかったであろう。貞勝は、永禄四年六月二十日付で家臣の長尾蔵助に対して「内藤備前守」と署名した判物を発給し〔雨森善四郎所蔵文書〕、これ以前から自ら守護代内藤家の家督継承者として積極的に活動していた。宗勝にとっては、これまで後見役として半ば牛耳っていた守護代家の主導権を奪われることに危機感があったものと推測される。

先述のように、永禄三年六月に「口郡之牢人」らの動きを宗勝は非難したが、背景には貞勝の軍事指揮に従う領主らへの不満があったのではないだろうか。こうして両者の対立関係は深まっていき、若狭における武田家中の分裂に乗じて対立は激化したものと考える。

さて、永禄四年五月、三好軍と対立していた細川晴元は将軍足利義輝の仲介で和議を結んで蟄居するが、六角氏が晴元の次男晴之を担ぎ出したことで、両軍の対立は以後も継続したとみられている〔馬部二〇二一b〕。しかし、永禄五年（一五六二）五月の教興寺の戦において三好軍が畠山・根来寺連合軍を打ち破ったことで、晴之軍の敗北は決した。宗勝は永禄五年十一月以降に発給文書で「備　宗勝」と署判し、「備前守」を名乗るようになるが、このことは、教興寺の戦における三好軍の勝利と晴之軍の敗戦が丹波の動向とも連動していたことを示唆する。すなわち、中央における三好軍の優勢が固まったことで丹波守護代家をめぐる争いにおける宗勝側の勝利が決定的となり、この頃に守護代内藤家も宗勝によって簒奪されたと考えられるのである。

丹波進攻から永禄八年の討ち死にまで

宗勝は、永禄五年（一五六二）以後は丹波国内の制圧に注力することとなる。

永禄五年十一月十三日付書状では、宇津にいる「牢人」も散々に逃げたとの噂を聞きつけ、軍勢を派遣する旨を小林日向守らに伝え、翌六年五月には、貞勝に与した川勝氏から胡麻を取り上げ、船井郡須知《しゅうち》（京都府京丹波町）に進攻し、十勢・志和賀《しわが》・市守《いちもり》までことごとく焼き払った〔小林文書〕。宗勝は、内藤貞勝方に付いた領主を徹底的に攻撃しているのである。

同年十一月には船井郡西端の新江にある両要害と千ケ畑《せんがはた》（京都府亀岡市）の構えを攻略するとともに、船井郡と多紀《たき》郡の境に位置する大芋《おくも》・小原《こはら》・藤坂《ふじさか》を攻め、一人残らず帰参させたと伝える〔小林文書〕。宗勝の戦線は、船井郡から多紀郡へと徐々に伸びつつあったが、戦や焼き払いを進める一方、人質を取ることを忘れずに指示している。一度平定した地域からは人質を徴収し、離反させないように固めていた様子がうかがえる。

一方、晴元軍の主力であった桑田郡宇津を本拠とする宇津氏や「牢人衆十三人」は、降参したのか永禄六年三月より知行地分割に関わる訴訟を芥川城で進めていたようであるが、結局宇津氏との交渉は決裂し、宗勝は軍事行動に移す決意を固め〔湯浅文書〕、戦に移った後は本領である「宇津五郷」さえも認めないと厳しい姿勢で臨んでいる。この結果、丹波国内での戦争は、宗勝が攻める多紀郡・氷上《ひかみ》郡、湯浅《ゆあさ》氏や小林氏の向き合う船井郡、宇津氏の本拠のある桑田郡と広範囲で同時並行的に進行することとなり、軍事力の拡散を招く事態となってしまった。

永禄七年（一五六四）九月には、荻野摂津守らに対して昨日「宮田《みやた》表《おもて》」で敵と戦い、周辺の山地で陣を張る一方、小椋《おぐら》の籠屋奪取後の状況を伝えるよう指示している。氷上郡の様子をよく知りたいから宛所の一人である「稲左」をすぐにこちらへ向かわせてほしいとの文言からは、宗勝の焦りが感じられる〔南丹市文化博物館文書〕。この間、対宇津戦線も動きが活発になっており、十一月二十六日には宇津軍の村山《むらやま》弥七を討ち取ったことを激励し、翌八年三月には手荒く「御さばき」をして敵軍を撤退させたこと、手負死人が多く出たことを喜んでいる〔小林文書〕。

同年正月には、夜久右馬助ら九名の夜久氏一族に対して、雪が解けたら軍事行動に移すので夜久野から攻め寄せるよう指示しており、宗勝の戦陣もついに多紀郡から氷上郡へ移りつつあった〔夜久文書〕。なお、この夜久氏一族は、先に「天田郡御馬廻衆」や「夜久諸侍衆中」として出てきた守護被官だった者たちであるが、この段階では宗勝が直接に軍勢を催促できる関係となっている。

そして、翌永禄八年三月五日にはついに荻野氏との戦が始まったようで、「黒井《くろい》城（兵庫県丹波市）は堅固である」とする一方、多紀郡衆が氷上郡へ出発したことを伝えている。また、同年と思われる書状で、夜久左衛門尉に対して、但馬の守護代家である太田垣《おおたがき》氏に対して書状を渡すよう指示しており、但馬からも加勢を得ようとしている。敵対する荻野《おぎの》連合軍が予想以上に強大で、軍勢が不足したのであろう。〔小林文書〕。

しかし八月二日、宗勝は討ち死にしてしまう。大覚寺義俊《だいかくじぎしゅん》が上杉輝虎《うえすぎてるとら》（後の謙信《けんしん》）へ送った書状によれば、「二日、奥郡荻野惣右衛門尉」の「手前」において、「内藤備前守そのほか七百余人が討ち捕られ」とあり〔上杉家文書〕、宗勝軍の惨敗であった。

敗戦後、波多野氏や須知氏、柳本《やなぎもと》氏が赤井《あかい》方へ寝返ったというから、結局松永宗勝の軍は一時的に付き従った領主層の寄せ集めの軍隊であり、不安定なものだったといえよう。

松永長頼の権力構造

松永長頼の発給文書は、先述した守護代であることを表明するために用いられた遵行状や禁制《きんぜい》以外は、書止文言は原則「恐々謹言」であり、「仍如件」を使用することはない。これは、松永氏の家格の低さに起因するものであろう。

宗勝が「天田郡御馬廻衆」と宛所に「御」を付けて敬ったように、丹波国内の領主は守護直轄の被官であり、松永氏単独の命令で動かせるものではなかった。それが内藤家当主である貞勝の後見人という立場であれば効力も期待できただろうが、永禄三年（一五六〇）頃から貞勝と対立して以降は後ろ盾を失った。それゆえ、改めて守護権力を仰ぎ、守護代の文書様式を採用して正当性をアピールするしかなかった。宗勝が「国主」であったとする議論もあるが〔今谷一九八五〕、むしろ「守護代」でなければ、独自には国内を支配できなかったとみるべきであろう。

松永宗勝の権力の脆弱さは裁判権からもうかがうことができる。弘治二年（一五五六）の大谷村百姓宛判物では「加地氏の支配地であるのに宇津氏へ諸成物を払ったのはよくない、究明するから決着するまで支払いは待つように」と伝え〔佐々木文書〕、同年朝廷の絵所《えどころ》であった土佐《とさ》将監《しょうげん》に対しては「吉《よし》岡《おか》牛右衛門とあなたの訴訟については芥川《あくたがわ》（京都府高槻市）で糾明するので、すぐに決着するだろう」

と伝えたように〔土佐文書〕、丹波の裁判権は三好長慶のもとにあり、長頼は仲介するしかなかった。永禄五年にも「宇津からも種々訴えが来ているが、御身上については心配するな、千に一つでも（宇津氏の）要求を呑んでしまえば『元の木阿弥』になる、理解しているから安心しなさい」と小林氏に伝えており〔小林文書〕、一貫して裁判権は長頼にはなかったと考えられる。

三好長慶権力は裁判権を自らのもとに集中させることで権限強化を果たす一方、分国支配担当者は求心力を維持するのが困難であったと推測する。宗勝が求心力を維持するには、守護代家の家格と、戦争に勝って実効支配を続けることが不可欠であった。永禄五年以後敗死するまで続けられた宗勝の丹波での戦いとは、自らの求心力維持のための戦争だったといえるだろう。

（飛鳥井拓）

【主要参考文献】

飛鳥井拓「内藤永貞の基礎的考察—「龍潭寺文書」所収内藤永貞寺領安堵状の紹介—」（『丹波』二一、二〇一九年）

飛鳥井拓「戦国期丹波国の守護代に関する一考察」（『明智光秀と戦国丹波—丹波進攻前夜—展示会図録』亀岡市文化資料館、二〇二〇年）

今谷　明「畿内近国における守護所の成立」（同『守護領国支配機構の研究』、法政大学出版局、一九八六年）

今谷　明『戦国　三好一族　天下に号令した戦国大名』（洋泉社、二〇〇七年、初出一九八五年）

木下　聡「若狭武田氏の研究史とその系譜・動向」（同編著『若狭武田氏』戎光祥出版、二〇一六年）

京都府埋蔵文化財調査研究センター編『京都府遺跡調査概報　第六二冊』（一九九五年）

高橋成計「松永長頼の動向にみる三好氏の軍事行動（二）—内藤宗勝と称した時期を中心に—」（『丹波』七、二〇〇五年）

田中大喜・中島圭一・中司健一・西田友広・渡邊浩貴「益田實氏所蔵新出中世文書の紹介」(『国立歴史民俗博物館研究報告』二一二、二〇一八年)
馬部隆弘「丹波片山家文書と守護代内藤国貞」(『大阪大谷大学歴史文化研究』一九、二〇一九年)
馬部隆弘「内藤宗勝の丹後・若狭侵攻と逸見昌経の乱」(『地方史研究』四一五、二〇二一年a)
馬部隆弘「三好長慶の台頭」(尾下成敏・馬部隆弘・谷徹也『戦国乱世の都』吉川弘文館、二〇二一年b)
福島克彦『畿内・近国の戦国合戦』(吉川弘文館、二〇〇九年)
福島克彦「八木城跡(神前北山城)」(『新修　亀岡市史』資料編第一巻、二〇〇〇年)

松永久通——父久秀と二人三脚で進めた大和支配

久通、家督を請け取る

松永久通《まつながひさみち》は松永久秀《ひさひで》の嫡男で、三好長慶《みよしながよし》に仕え、大和を中心に活躍した武将である。官位は従五位《じゅごいの》下《げ》、官職は右衛門佐《えもんのすけ》（唐名《とうめい》「金吾《きんご》」）で、仮名《けみょう》は彦六《ひころく》、実名は久通・義久《よしひさ》が確認できる。母は、天文二十二年（一五五三）九月四日に史料に現れる「松永女房」とみられる〔言継卿記〕（以下、〔言〕）。

久秀は、永禄二年（一五五九）八月以来大和侵攻を進め、翌年十一月には大和一国をほぼ手中に治め、大和と河内の境にそびえる信貴山《しぎさん》城（奈良県平群町）を居城とした。ついで永禄四年、久秀は大和の中心である奈良北端の丘陵頂部に多聞山《たもんやま》城（奈良市）を築いた。久通は、父久秀に従って行動を共にしていたとみられる。

永禄六年九月十九日に貴布禰山《きぶねやま》をめぐる京都賀茂別雷《かもわけいかづち》神社と市原野《いちはらの》の相論に際し、「久通」が取次役として前者の訴訟担当者宛てに書状を発給しているのが史料上の初見とみられる〔賀茂別雷神社文書〕。

同年閏十二月一日、「松永源久通」は従五位下に叙され、「右衛門佐」に任じられた〔歴名土代〕。その直後の十四日に「彦六」（久通）は久秀から家督を請け取り、二十一日に京に上り将軍足利義輝《あしかがよしてる》に御礼を申し上げている〔厳助往年記〕。義輝は、斯波《しば》氏や畠山《はたけやま》氏の初官の官職を久通に任ずることで松永氏を足利一門待遇とし、緊張緩和を図った〔天野二〇一八〕。

将軍義輝を殺害する

永禄七年（一五六四）七月四日、主君の三好長慶が飯盛城《いいもり》（大阪府大東市、四條畷市）で病没した。これにより、長慶の養子義継《よしつぐ》が十四歳の若さで家督を継ぎ、久通・三好長逸《ながやす》等が義継を補佐していくこととなった。

永禄八年五月一日、久通は義継に率いられて上洛し、義輝に出仕した。その際、久通は義輝から偏諱《へんき》を受けて「義久」と改名した〔言〕。松永氏の当主として将軍家から厚遇されたといえる。十八日に義継が一万余りの軍勢で再上洛し、久通もこれに従った。そして翌日辰刻（午前八時頃）、義継・久通・長逸等は二条御所《にじょうごしょ》（京都市中京区）を攻撃し、義輝を討ち取った（自害とも伝わる）。母慶寿院《けいじゅいん》、弟鹿苑院《ろくおんいん》周暠《しゅうこう》のほか、奉公衆等を多数討ち取り、もしくは自害へと追いやっている〔言、上杉家文書〕。襲撃の理由は、義継が将軍家の地位を継ぐという目的のもと、義輝を殺害したという説〔天野二〇一八〕、御《ご》所巻《しょまき》により側近等を排除しようとしたがこれを拒否され、衝動的に行われたという説〔木下二〇二一〕がある。これにより、生き残った奉公衆や奉行衆が三好方へ礼に参るなど、三好権力は再度京都支配の足がかりを作った。

このとき、久秀は多聞山城にとどまり、義輝の弟で興福寺《こうふくじ》一乗院《いちじょういん》覚慶《かくけい》（後の義昭《よしあき》、以下義昭）に誓紙を送った上でこれを保護下に置いた。二十二日、義昭はそのことに安堵し、久通に対しひたすら頼むほかない旨、書状にて伝えている〔円満院文書〕。六月、久通は清水寺《きよみずでら》（京都市東山区）の伽藍に鉄炮を放つことなどを禁じ〔成就院文書〕、引き続き京都における治安維持に努めた。なお、八月十日までには実名を「久通」に戻している〔久我家文書〕。

このように、三好権力が勢いを増していくかと思われたが、八月二日には丹波において久秀の弟内藤《ないとう》宗勝《そうしょう》（松永長頼《ながより》）が丹波国人の荻野直正《おぎのなおまさ》に討ち取られた。十一月十一日には久秀と久通は、これまで通り三好方として馳走した丹波国人の小林《こばやし》日向守に対し感状《かんじょう》を発給している〔小林家文書〕。

久秀・久通は三好家内部の主導権を争う中で、十一月には三好三人衆（三好長逸・三好宗渭《そうい》・石成友《いわなりとも》通《みち》）と対立することとなった。そして、久秀・久通は大和国内において、三人衆を味方につけた筒井《つつい》順慶《じゅんけい》と攻防を繰り広げていく。

十二月十四日夜、松永方の井戸《いど》氏が筒井方に寝返り、筒井方の軍勢を井戸城に招き入れたことから、久秀・久通は古市《ふるいち》播磨守に対し、敵が動き次第討ち果たすべき旨を命じている〔日本学士院所蔵文書〕。しかし、十五日には井戸氏の軍勢により古市郷（奈良市）が焼き払われるなど、松永方による大和支配は盤石ではなかった。

三好義継との講和と東大寺大仏殿焼失

永禄九年（一五六六）五月三十日、久秀は堺において三好三人衆方との合戦に敗れ、消息不明になった。代わって久通が多聞山城にてこの難局に対応していくこととなる。これにより、三人衆方がさらに攻勢を強め、六月八日、筒井方は三人衆と結んで断続的に攻撃していた筒井城（奈良県大和郡山市）を調停により奪還した〔多聞院日記〕（以下、〔多〕）。久秀不在のなか、久通は大和において多聞山城は死守していたものの、次第に形勢が不利な状況となっていった。

永禄十年二月十六日、三好義継は三好三人衆と袂を分かち、堺に赴き、久秀を頼ることとなった。四月六日、久秀は義継を擁して堺より信貴山城に入り、大和への復帰を果たすと、十一日に多聞山城に入った。これに対し、十八日に三人衆は一万余りの軍勢を率いて奈良近辺に陣取ると、奈良周辺における長期戦がくり広げられる〔多〕。

そしてこの抗争は激しさを増し、十月十日に久秀が多聞山城攻めのため東大寺《とうだいじ》に拠っていた三人衆を攻め破った際、大仏殿に「兵火の余煙」がかかり、全焼するという事態を招いた〔多〕。十一月、久秀・久通は連名で春日社山内を対象とした禁制を交付し、「神鹿」殺害を禁ずるなど、治安維持に努めている〔多〕。

織田信長との同盟と大和の知行割

久秀・久通が織田信長《おだのぶなが》・足利義昭と同盟を結んだのは、永禄九年（一五六六）とみられる〔天野二〇一八〕。永禄十年十二月一日、大和国人の岡《おか》因幡守が信長から、近日義昭を奉じて上洛するので義昭に対する忠節と、「久秀父子」に対し一層懇意になるべきことを申し付けられている〔岡文書〕。信長はほぼ同一文言の朱印状を興福寺御在陣中・柳生宗厳《やぎゅうむねよし》等の主に大和国人衆へも発していることから、信長は上洛にあたり、久秀・久通との関係を重要視していたことがわかる。久秀も大和支配が不安定であったため、信長との同盟は好機到来であった。

翌永禄十一年二月八日、三好三人衆の推挙により阿波出身の足利義栄《よしひで》が第十四代将軍に就任した。六月二十九日、勢いづいた三人衆方の三好康長《やすなが》により細川藤賢《ほそかわふじかた》が守る信貴山城が囲まれると、大坂本願寺《ほんがんじ》顕如《けんにょ》の斡旋によって藤賢が退城し、高屋《たかや》衆に城を明け渡しており〔細川両家記〕（以下、〔細〕）、久秀・久通は信長の上洛までは苦戦を強いられている。

このような中、九月七日、信長が義昭を奉じて岐阜を出陣し、上洛作戦を展開する。久秀はその動きに対し、二十八日には妻の広橋保子《ひろはしやすこ》との間に生まれた娘を信長の息子との祝言と号して信長に遣わしている〔多〕。二十九日、織田方の軍勢は三好三人衆方の芥川《あくたがわ》・飯盛・高屋の諸城を陥れ、三十日に義昭が芥川城（大阪府高槻市）に入城している。久通は、同年九月付けで大山崎《おおやまざき》（京都府大山崎町）に禁制を交付していることから〔離宮八幡宮文書〕、義昭・信長の上洛作戦に加わっていた可能性が高い。

そして十月四日、久秀と三好義継は芥川城に入った義昭・信長のもとに礼に参り、久秀は大和一国の支配、義継・畠山高政は河内半国ずつの支配を任された〔多、細〕。義昭は、九月三十日に病死した義栄に代わり、十月十八日に第十五代将軍に就任している。

義昭・信長の後ろ盾を得た久通は、十月六日に筒井城を攻め、九日には攻め落とした。ついで信長は佐久間信盛《さくまのぶもり》・細川藤孝《ふじたか》・和田惟政《わだこれまさ》らに久秀救援を命じ、早くも十日には二万と言われる軍勢をもって西京《にしのきょう》・唐招提寺《とうしょうだいじ》辺に出陣し、窪ノ庄《くぼのしょう》城（奈良市）を陥れている。十二月にかけて、松永方は筒井方の井戸・柳本《やなぎもと》・豊田《とよだ》・森屋《もりや》・十市《とおち》・布施《ふせ》・大西《おおにし》・万歳《まんざい》・貝吹《かいぶき》の諸城をめぐって攻防を繰り返し〔多〕、信貴山城の奪還にも成功した。

元亀元年（一五七〇）正月二十三日、久秀・久通は信長より禁中修理、武家御用、天下静謐のために二月中旬に上洛するよう促された。二月十五日、久秀は「和州諸侍衆」を引き連れ、三好義継及び久通等とともに在京衆中に名を連ねている〔二条宴乗記〕（以下、〔二〕）。在京衆中には、伊勢の織田信雄《のぶかつ》・三河の徳川家康《とくがわいえやす》・飛騨の三木《みつき》氏・丹後の一色《いっしき》氏をはじめ、畿内近国の大名や有力国衆が名を連ねている。

このようにして、多聞山城を拠点に反対勢力の駆逐を進めていった久秀・久通父子は七月十八日、知行割と大規模な給人の入れ替えを実施した〔二〕。これを裏付けるように、翌十九日に久通は石橋《いしばし》入道に対し、十市郷内の竹田《たけだ》領と小嶋《こじま》領等の知行を認めている〔奈良大学文学部史学科所蔵文書、河内二〇二二〕。また、十月中旬から十一月下旬までの間に信貴山城が久秀の本拠となり、多聞山城が久通に譲り渡されているのも、この知行割にともなうものとみられる〔中川二〇二一〕。このことは、これまでのように個別に闕所《けっしょ》処分を行って給人を入れ替えたものではなく、大名権力によって一斉に知行割を行ったものとされ〔安国一九九一〕、これにより久秀・久通の大和支配は最盛期を迎えた。

将軍義昭との不和、辰市合戦での大敗

元亀元年（一五七〇）十一月十二日、久秀の仲介により織田信長と三好三人衆・阿波三好家当主長治《ながはる》との和睦交渉が始まり、十二月七日に和睦が成立した。

翌年には、久秀・久通と将軍足利義昭の不和を示す出来事が起こった。元亀二年五月十日、久通は義昭方の和田惟政・畠山秋高《はたけやまあきたか》と申し合わせて敵対を企てた安見右近《やすみうこん》を奈良の西新屋《にしのしんや》で自害させ、十二日にはその居城交野《かたの》城（私部《きさべ》城。大阪府交野市）を攻めたのである。三十日には、三好三人衆がそれに呼応し、秋高の拠る高屋城（大阪府羽曳野市）を攻めた。久通と義継は、六月六日に一万の軍勢を率いて高屋表で合戦し、敵兵を多数討ち取っている〔信貴山文書、多〕。この一件で久秀・久通に対して疑念を抱いた義昭は、六月十一日に養女を筒井順慶に嫁がせている。義昭は久秀・久通を見限り、順慶と誼を通じたのである。

七月十二日、松永方は義昭側近の和田惟政の拠る摂津高槻《たかつき》城（大阪府高槻市）を攻め、続いて木津《きづ》表《おもて》（京都府木津川市）へ打ち寄せた。十五日、久秀・義継も高槻城攻めに合流した。これにより、久秀・久通が義昭政権から離脱したことが明らかとなった。

八月二日、筒井方が辰市《たついち》（奈良市）に「用害」を築いた。これに対し、四日に久秀は同城攻略に向けて信貴山城から出陣、河内若江城《わかえ》（大阪府東大阪市）から出陣した三好義継とともに、千三百ほどの軍勢で南都大安寺《だいあんじ》（奈良市）に入り、久通も多聞山城から出陣しこれに合流すると、そこから一斉に辰市城に攻め掛かった〔多、尋憲記（以下、〔尋〕）〕。しかし、松永方は筒井方に大敗を喫した。これが「辰市合戦」である。

松永方は、久秀の甥松永左馬進と同孫四郎・久通の若衆松永久三郎ら一族をはじめ、麾下の河那邊伊《かわなべ》豆守・渡邊《わたなべ》兵衛尉・松岡《まつおか》左近・竹田《たけだ》対馬守らが討ち死にした。取られた首は合わせて五百、負傷者も重臣竹内秀勝《たけうちひでかつ》をはじめ五百余りという惨敗であった〔多〕。

辰市合戦で松永方を破った順慶は、六日には松永方の手に渡っていた筒井城を再び取り戻した。しかし、久秀は春日山《かすがやま》での事件の検断や奈良市中の小五月銭《こさつきせん》の徴収に関して実権を握り続けるなど、奈良市中の支配権を保ち続けており〔安国一九九一〕、順慶がすぐに大和の支配権を得たわけではなかった。

信長との対決と義昭との和解

元亀三年（一五七二）四月、久秀・久通は織田信長との関係が破綻する。久秀が畠山秋高の家臣安見新七郎の拠る河内交野城を攻めたことが引き金となり、信長が佐久間信盛や公方衆に命じて、久通・三好義継討伐に乗り出している〔信長公記〕（以下、〔信〕）。

四月十六日、佐久間信盛・柴田勝家《しばたかついえ》等が交野に着陣すると、久秀・久通・義継・三好三人衆は交野周辺の城で織田方と一戦に及んだが、久秀は信貴山城、久通は多聞山城、義継は若江城に退いた〔誓願寺文書、信〕。これが、松永方と織田方の最初の本格的な戦いであった。

元亀四年(一五七三)正月一日時点において、筒井順慶が「当国ノ表」と認識されていたこと、「多聞山方」は久通が多聞山城に籠城し、「当方後衆」として、「中坊飛騨・古市・布施・万歳・高田・楢原・龍王十市山城・楊本・細井戸・山田・秋山・柳生・狭川山中衆・簀川山中衆・伊賀仁木」が名を連ねている〔尋〕。このことから、大和は順慶が「表」とされていたこと、久通が多聞山城に籠もり、中坊飛騨をはじめ大和各地の国衆及び伊賀の仁木氏が松永方であったことがわかる。

二月に入り、ついに義昭は信長と表立って敵対すると、久秀・久通は義昭に許され、十四日には公にその一味となった〔尋〕。ここに、大和は義昭・久秀・久通と信長・順慶が対立する図式となった。その後、義昭は織田方と攻防を繰り広げ、七月三日には山城槇島城《まきしま》(京都府宇治市)にて応戦するも、十八日に攻め落とされ、義昭は若江城に追放となった。これにより、久秀・久通はさらに窮地に立たされることになった。

信長に降伏し多聞山城を引き渡す

天正元年(一五七三)十月二十一日、織田信長は賀茂惣中に対し、筒井順慶と相談して多聞山城攻め

多聞山城東端堀切　奈良市　撮影：筆者

の付城《つけじろ》の築城を要請し、織田方は多聞山城攻略を本格化させる。そして十一月四日、三好義継が家臣多羅尾綱知《たらおつなとも》等の寝返りにより佐久間信盛らの軍に攻められ、十六日に若江城で自害に及ぶなど、久秀・久通はますます不利な状況に追い込まれていく。久秀と久通はついに降伏を申し出た。

十一月二十九日、信長は佐久間信盛に対し、多聞山城の引き渡しと久通を信貴山城に入れ、松永支配下の山城の一部（相楽郡周辺）の取り上げを指示している。また、大和知行方の整理を指示し、久通の惣領子を人質として差し出し、詫びを入れるなら赦免する旨を申し付けた〔赤木康夫旧蔵文書〕。

十二月二十六日、ついに松永方は織田方へ多聞山城を明け渡すこととなった。多聞山城には織田方の部将が入城し、久通は嫡男春松《はるまつ》を人質に出し、約束通り信貴山城に移ったようである〔尋〕。これにより、松永方は信長の軍門に下った。多聞山城開城によって松永家の大和支配は終わったといえる。翌天正二年正月二十日、久通はさっそく岐阜城（岐阜市）の信長のもとへ礼に参じ、不動国行《ふどうくにゆき》の刀等を献上し、忠誠を誓っている〔尋〕。

十二月二十四日に久秀は剃髪して「道意《どうい》」と号した〔多〕。以降、久秀は隠居したとみられ、久通が名実ともに松永家を主導していったものとみられる。

織田配下後の動向と多聞山城の破城

天正三年（一五七五）三月二十三日、尾張衆の塙《ばん》（原田《はらだ》）直政《なおまさ》が信長より「当国ノ守護」に任じられた。ここに、織田政権による大和支配は確立していくこととなる。そして四月二十七日、「松永」は直政・十市方（常陸介・十市後室）とともに、信長より十市郷の三分の一を分け与えられた。七月二十五日、久通は龍王山城《りゅうおうざんじょう》（奈良県天理市）において、以前より松永派であった十市後室の娘御なへと祝言をあげている〔多〕。嫡男春松を産んだ妻との関係は不明である。

これを機に、久通は十一月十三日、以前より筒井派であった十市常陸介の拠る十市城（奈良県橿原市）を攻め、ついで柳本城（同天理市）を陥れた。翌天正四年二月、久通は森屋《もりや》城（同田原本町）を攻略し、ついで三月五日には十市城を攻めた。こうしたなか、直政は二十一日に十市城を接収し、十市常陸介は河内へ移った〔多〕。直政は久通より再三攻撃を受けていた常陸介を十市城から追放したことから、久通の十市常陸介へのたび重なる攻撃は直政の命令による可能性がある。これら一連の動向から、このころには久通は龍王山城を居城としていたことがわかり、信貴山城は久秀の居城となっていたと考えられる。

五月三日、久通は織田方として大坂本願寺攻めに参加するが敗れ、直政が戦死した〔多〕。七日、久秀・久通は佐久間信盛に属し、天王寺《てんのうじ》（大阪市天王寺区）の付城に入っている〔信〕。十日、戦死した直政に代わって筒井順慶が信長から「和州一国一円」の支配を任命されることとなった〔多〕。これにより、久秀・久通は佐久間信盛の与力となったようである。長年の宿敵であった順慶の大和国主就任は、久通にとって心中穏やかではなかったであろう。

天正四年六月、織田政権の意向による多聞山城の破却が開始する。多聞山城の建物は京都へ移転させる予定であった〔岡本文書〕。その際、久通は「タモン山家壊奉行」を務めている〔多〕。天正五年六月一日、信長は順慶に対し、「高矢倉《たかやぐら》」（四階櫓）を「此方」（安土《あづち》城。滋賀県近江八幡市）へ移動させるよう命じ、久通を使者に出している〔岐阜市歴史博物館所蔵文書〕。閏七月、多聞山城の破却がほぼ完了した。久通はこの作業を順慶と共同で行ったが、この一件が翌月の久秀・久通による信長からの離反の一つの要因となったとみて間違いなかろう。

久通の最期

天正五年（一五七七）八月十七日、久秀・久通は天王寺の付城の定番として置かれていたが、織田信長に背き信貴山城に立て籠もった。これは、毛利輝元《もうりてるもと》のもとに身を寄せていた将軍足利義昭による反信長包囲網の動きに呼応したものといえる。信長の側近松井友閑《まついゆうかん》が説得に赴くも、久秀は面会を断り、これに応じなかった〔信〕。

九月二十二日、信長は岡周防守に対し、久通が種々の風聞を言い訳にして信貴山城に籠城したことを言語道断とし、その所領を堅く押さえ、その所領の百姓が松永方に年貢を納めたり、周防守らが松永方に与しないよう求めた〔集古文書〕。信長は、このたびの謀叛の首謀者を久通と判断していた。

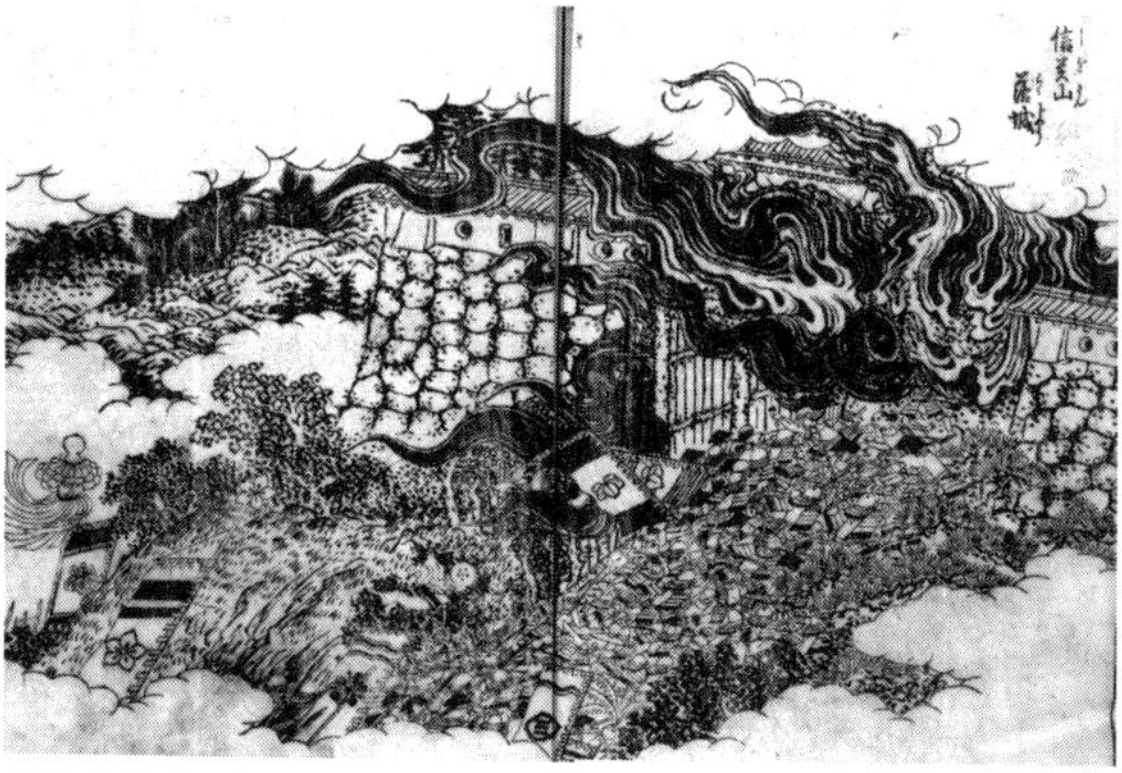

信貴山落城　「画本信長記」　個人蔵

二十九日、信長は信貴山城へ軍勢を派遣し、十月一日、松永方の森《もり》・海老名《えびな》氏は片岡《かたおか》城（奈良県上牧町）に立て籠もっていたが、織田方の細川藤孝・明智光秀《あけちみつひで》・筒井順慶等に攻められ、自害した〔信〕。続いて、同日には「楊本クロツカ《（黒塚）》」（同天理市）も仲間割れし、久通は柳本衆の裏切りにより自害した。翌日、多聞院英俊《たもんいんえいしゅん》は落城した柳本に使者を送り、これを確認した上で「殊無き儀、珍重々々」（この上なくめでたい）と記している〔多〕。久通の死は興福寺側としては喜ばしいこととして受け入れられた。

五日、信長の人質となっていた十二歳と十三歳になる久通の二人の息子が京中を車で引き廻された上、六条河原において自害した〔多〕。なお、そのうちの一人は、久秀の甥である松永孫六の十四歳の息子であったとする説もある〔兼見卿記〕。

そして、十日には「松永父子腹を切り自焼しおわんぬ」〔多〕とあり、信貴山城で「松永父子」も切腹するに至った。この「父子」については、久通には兄弟がいないようなので〔柳生文書〕、久秀と久通と解釈すべきであろうが、先述のとおり久通はすでに自害したとされている。記主の多聞院英俊の書き間違えなのであろうか。一方、『尋憲記』同月十一日条には、「昨夜《十日子丑刻》信貴城落城、松永入道（久秀）祐雪腹切、テンシユ（天主）ニ火懸け死カイ見えざる由也、右衛門介（久通）打死、兵衛大輔（松永秀長カ）同打死也」とある。記主の大乗院門跡尋憲《じんけん》には十月一日の久通自害の情報は伝わらなかったようで、久通は信貴山城で討ち死にしたものとしている。久通の最期については、当時から諸説混在していたようだ。

（金松誠）

【主要参考文献】

朝倉弘『奈良県史』一一　大和武士（名著出版、一九九三年）

天野忠幸『松永久秀と下剋上　室町の身分秩序を覆す』（平凡社、二〇一八年）

金松　誠『松永久秀』（戎光祥出版、二〇一七年）

金松　誠『筒井順慶』（戎光祥出版、二〇一九年）

河内将芳「元亀元年七月十九日松永久通書状」（『奈良史学』三九、二〇二一年）

木下昌規『足利義輝と三好一族　崩壊間際の室町幕府』（戎光祥出版、二〇二一年）

中川貴皓「木沢・松永権力の領域支配と大和信貴城」（中西裕樹編『松永久秀の城郭』、戎光祥出版、二〇二一年、初出は二〇一一年）

安国陽子「戦国期大和の権力と在地構造―興福寺荘園支配の崩壊過程―」（『日本史研究』三四一、一九九一年）

松山重治——長慶に見出され譜代家臣となった文化人

松山氏の出自

松山重治《まつやましげはる》は、阿波から摂津に進出した三好長慶《みよしながよし》によって新たに取り立てられ、その重臣となった。仮《け》名《みょう》を「新介《しんすけ》」といい、「松謙斎《しょうけんさい》」と号した。永禄六年（一五六三）十一月までに出家して「新入斎宗《しんにゅうさいそう》治《ち》」を名乗る〔大徳寺文書〕。永禄九年以降に同じく仮名を「新介」とし、実名で「重」を名乗り、重治とは異なる花押を用いる人物が現れるが、重治が還俗したのか、その後継者であるのか不明である。

戦国時代の史料には、重治より前の松山氏に関する記述はなく、どのような出自なのかまったく不明である。ただ江戸時代に成立した史料では、本願寺《ほんがんじ》の番士《ばんし》〔太閤記〕や堺出身〔和泉名所図会〕であったとされる〔辻田一九九四、岩倉二〇二〇〕。人柄は優美で誠実なだけでなく、小鼓《こつづみ》・尺八《しゃくはち》・早歌《はやうた》などの諸芸に通暁していた上、酒を愛し酒席でも興を添える人であったので、敵味方関係なく堺で酒を飲む際には必ず重治を呼び出すほど愛されていたという〔太閤記〕。また、重治が「早歌」の名手であったことから、堺の法華宗寺院である顕本寺《けんぽんじ》の檀家の高三隆達《たかさぶりゅうたつ》が独特の節付けをして歌い広めた隆達節《りゅうたつぶし》のうち、「草歌」にも影響を与えた可能性があるとされる〔小野二〇一二〕。重治は長慶に仕えたが、長慶は父元長《もとなが》が自害した顕本寺を庇護したという関係もあった。

重治が長慶の被官として見える初見は、天文二十年（一五五一）十一月二十一日に、堺の豪商である天王寺屋津田宗達《てんのうじやつだそうたつ》の催した茶会に石成友通《いわなりともみち》とともに参加したことである。天文十八年の江口《えぐち》（大阪市東淀川区）の戦い以降、松永久秀《まつながひさひで》ら長慶が取り立てた被官の地位は上昇し、公家や寺社の贈答の対象となっていた。天文二十二年十二月二十四日には、本願寺証如《しょうにょ》が沢上江《かすがえ》（大阪市都島区）の所領を返還された礼として、長慶をはじめ、摂津取立の久秀と重治、そして阿波譜代の塩田《しおた》氏に礼物を贈っていることから、長慶の取次として活躍していることが確認される。

重治と茶湯については、名物茶器である初花肩衝《はつはなかたつき》が、京都の大文字屋《だいもんじや》から三好氏の出頭人である重治へ献上されたとする逸話もある〔寒川入道筆記〕。また、京都の池上という町人を介して相国寺《しょうこくじ》より百貫の銭を借り、黄連の茶筒を購入したともいう〔四座役者目録〕。その後の茶会記には、ほとんど見えないが、相応に名物を蒐集した可能性が高い。

松永久秀との連携

天文末年の三好長慶は、将軍足利義輝《あしかがよしてる》を京都から追放し、丹波では細川晴元《ほそかわはるもと》に味方する波多野元秀《はたのもとひで》と戦っていた。そうした中、松山重治の被官である藤田忠正《ふじたただまさ》が、摂津や丹波との国境に近い播磨の清水寺《きよみずでら》（兵庫県加東市）と交渉にあたっている〔清水寺文書〕。重治は清水寺に対して、三好氏に敵対した丹波の大野原《おおのはら》氏より預けられた財物や、摂津の有馬《ありま》郡から逃れてきた牢人の引き渡しを迫った。清水寺はそれらを寺中に抱え置いていないと、重治と松永久秀の両人に対して誓約している。藤田忠正が久秀の居城である滝山《たきやま》城（神戸市中央区）に赴いたり、後に松山一族の松山広勝《ひろかつ》が滝山衆の一員となったりしていることから、久秀と連携して活動していたようだ。こうした藤田氏を介する清水寺との交渉は、永禄元年（一五五八）にも見られるので、重治が担当として固定されていたのであろう。

天文二十二年（一五五三）、松永久秀・長頼《ながより》兄弟は丹波に出陣し、波多野秀親《ひでちか》が籠もる数掛山《かずけやま》城（京都府亀岡市）を囲んだ。しかし、九月十八日に細川晴元の援軍である香西元成《こうざいもとなり》や三好宗渭《そうい》に襲われ、大敗を喫してしまった。このときには、重治や石成友通だけでなく、摂津国人の池田長正《いけだながまさ》までも討ち死にしたとの噂が流れている〔言継卿記〕。敗れたものの、重治は一軍を率いる部将としても頭角を現していたのである。

永禄元年になると、足利義輝が朽木《くつき》（滋賀県高島市）で挙兵し、京都奪還に動き出した。それを迎撃するため、重治も東西九条《とうざいくじょう》（京都市南区）に陣取っている〔東寺百合文書〕。長慶は五月十日に、中沢《なかざわ》狐法《こほう》・野間《のま》又三郎・能勢《のせ》左近大夫・物集女《もずめ》久勝《ひさかつ》・中沢継綱《つぐつな》・寒川運秀《さむかわゆきひで》・小泉秀次《こいずみひでつぐ》・中路光隆《なかみちみつたか》・柏原《かしわばら》源介・木村《きむら》杢左衛門尉・中西《なかにし》備後守・井内蜻介・石原《いしはら》伊豆守・松山守勝《もりかつ》・小野《おの》孫七郎といった西岡《にしのおか》（京都市西京区、京都府向日市、同長岡京市）の国人などへ、重治の与力として出陣するよう命じた〔京都市個人所蔵文書〕。

六月二日、重治は石成友通や寺町通昭《てらまちみちあき》とともに「三人衆」として、政所《まんどころ》執事《しつじ》伊勢貞孝《いせさだたか》と連携して勝《しょう》軍地蔵山《ぐんじぞうやま》城（京都市左京区）を占領するが〔厳助往年記〕、六月七日に自焼《じやき》して東寺《とうじ》に退いている。しかし、九日の白川口《しらかわぐち》（京都市左京区）の戦いでは首五十三を取る戦功をあげて勝利に導き、各所に大いに宣伝している〔清水寺文書〕。この戦い以降、両者は小競り合いに終始していき、十一月には和睦に至る。長慶は足利義輝に還京を許したが、梯子を外された形となった細川晴元の軍勢は瓦解し、丹波や洛北で活動した三好宗渭が長慶に降った。また、波多野元秀も八上《やかみ》城（兵庫県丹波篠山市）から没落する。重治自身も播磨の東条谷《とうじょうだに》（兵庫県加東市）を本拠とする国人の依藤《よりふじ》氏を通じて、奥丹波に対する調略を行っていた〔清水寺文書〕。とにもかくにも、重治が担当していた丹波方面の問題は解消されたことになる。

大和・河内での戦い

河内や紀伊を支配する畠山高政《はたけやまたかまさ》は、三好長慶と長く同盟関係にあった。しかし、高政は台頭する被官の安見宗房《やすみむねふさ》と対立し、永禄元年（一五六八）末に堺へ没落した。永禄二年、長慶は高政を支援するため出兵する。六月、長慶は松永久秀・今村慶満《いまむらよしみつ》・松山重治・石成友通らに二万の兵を与えて、安見宗房に服属していた筒井順慶《つついじゅんけい》を討つため、大和に攻め込ませた〔一因違四奥書〕。翌月には自身が河内に攻め込み、八月に高政を高屋《たかや》城（大阪府羽曳野市）に復帰させると、摂津に帰陣した。一方、久秀と重治も同月には大和北部を制圧したが、伊勢にまで侵攻するという噂が流れたため、北畠《きたばたけ》氏は城を築き迎撃する体勢を整えている〔年代和歌抄上〕。

結局、永禄三年に、長慶と高政は手切れに及び、長慶が河内・大和を領国に加えた。このため、本願寺蓮如《れんにょ》の二十七男にして、教団の有力者で順興寺《じゅんこうじ》(大阪府枚方市)の住持を務めた実従《じつじゅう》は、翌年にかけて、河内や大和で軍事行動を頻繁に繰り返した長慶・久秀・重治に贈答を繰り返し行っている。重治は大和に所領を得たが〔二条宴乗記〕、長慶の奉行人である斎藤基速《さいとうもとはや》と連署し、摂津池田氏の重臣らに在陣を謝すなど〔池田助一氏所蔵文書〕、その地位はあくまでも長慶の直臣であり、三好一族を除く、長慶の被官の序列では、久秀の下、石成友通と同格か少し低いくらいであったようだ。

永禄四年後半から翌年前半にかけて、三好氏は紀伊の畠山高政と近江の六角承禎《ろっかくじょうてい》に挟撃され、二正面作戦を強いられる。この中で、重治は七月に久秀へ、近江への調略の子細を伝え、松山守勝を遣わしている〔今村家文書〕。また、長慶の嫡子である三好義興《よしおき》や久秀、池田氏とともに、大山崎《おおやまざき》(京都府大山崎町、大阪府島本町)から西岡方面を守るなど、京都方面との戦いを担当していた〔長享年後畿内兵乱記〕。永禄五年五月二十日に、三好義興や久秀が率いる摂津衆と三好康長《やすなが》に代表される阿波衆が結集して、畠山氏・根来寺《ねごろでら》連合軍を打ち破った教興寺《きょうこうじ》(大阪府八尾市)の戦いでは、特に戦功のあった者として、永禄元年の京都での戦いでも活躍した三人衆の松山重治・寺町通昭・石成友通と、阿波衆の吉成信長《よしなりのぶなが》の四名が挙げられている〔大舘記〕。永禄六年正月二十七日の多武峰《とうのみね》(談山神社《たんざん》、奈良県桜井市)・筒井順慶・根来寺連合軍との戦いでも、重治は半竹軒《はんちくけん》・池田猪介《いのすけ》・柳生宗厳《やぎゅうむねよし》(石舟斎《せきしゅうさい》)とともに戦功を立てたことが、とが、長慶に報告された〔柳生文書〕。

永禄年間の重治は、久秀や友通とともに、三好氏の軍事力の中核となった。大和の支配を担当した久秀や、後に三好三人衆となる友通と比べると知名度はないが、その活動は比肩するに足る。また、軍事行動だけでなく、足利義輝の直臣である石谷光政《いしがいみつまさ》へ、長慶や久秀の意向を伝え、永禄五年に挙兵した政所執事伊勢貞孝の戦後処理にあたったり〔石谷家文書〕、翌年には大徳寺《だいとくじ》に如意庵《にょいあん》領を安堵する長慶の案文を届けたりするなど〔大徳寺文書〕、取次としての務めも果たしていたのである。

出家と後継者たち

松山重治は永禄六年（一五六三）十一月以前には出家し、「新入斎宗治」を名乗る〔大徳寺文書〕。同年末には松永久秀が家督を嫡子の松永久通《ひさみち》に譲るので、おおむね同世代であろう。同年か翌年の三月には、法隆寺《ほうりゅうじ》の徳蔵院《とくぞういん》と宝光院《ほうこういん》が、慶千代《けいちょ》（後述する松山彦十郎《ひこじゅうろう》か）の元服に当たって、重治へ祝儀を贈っており、松山守勝がそれを謝している〔法隆寺文書〕。松永氏と同様に世代交代のときを迎えていた。

ただ、重治も久秀も完全に隠居したわけではない。両者とも父親の名前は不明で、独自の城や領、家臣団を持たなかったが、三好長慶にその才覚を愛されて、取り立てられた点では同じである。久秀は京都近郊の村落の土豪を被官化していったが、重治の被官は、同時代の史料では、前述した播磨の毘沙門《びしゃもん》城（兵庫県三木市）の藤田氏や、出自不明の梶村《かじむら》氏〔東寺文書〕、水尾貞隆《みずおさだたか》〔法隆寺文書〕、そして、鑓の名手で永禄十年の東大寺大仏殿《とうだいじだいぶつでん》の戦いで討ち死にした中村《なかむら》新兵衛尉〔細川両家記、言継卿記、多聞院日記〕しかわからない（菊地寛の小説「形」の主人公として知られる）。ただ、西岡国人だけでなく、後に明智光秀《あけちみつひで》の重臣となる斎藤利三《さいとうとしみつ》や〔寛政重修諸家譜〕、摂津の郡《こおり》（大阪府茨木市）を本貫地とする郡兵大夫、同じく摂津の小川《おがわ》新右衛門尉〔太閤記〕などを与力としたようだ。

永禄八年五月十九日、前年に死去した長慶の跡を継いだ甥の三好義継《よしつぐ》は、三好長逸《ながやす》や松永久通を率いて、足利義輝とその弟の鹿苑院周暠《ろくおんいんしゅうこう》を討ち取った。このとき、重治も従軍し、義輝方の財物を押収し、落ち武者狩りをしていた。二十四日には、義輝の側室で進士晴舎《しんじはるいえ》の娘であった小侍従局《こじじゅうのつぼね》が、義輝の正室の実家である近衛《このえ》一族の久我《こが》家に潜んでいたところ、重治がこれを受け取り、知恩院《ちおんいん》で殺害している〔言継卿記〕。

十一月、三好長逸が松永久秀を排斥すると、畿内では長逸・三好宗渭・石成友通で構成される三好三人衆と、足利義昭《あしかがよしあき》や織田信長《おだのぶなが》と結ぶ松永親子の争いが激化していく。ただ、この争いの中で重治の姿は見えない。代わりに見えるようになるのが、新たに登場した松山彦十郎（実名は「重」の一字のみ判明）と、長く重治を支えてきた松山守勝（与兵衛尉、安芸守）である。

松山彦十郎は久秀に味方して、三好氏の重要拠点である芥川城《あくたがわ》（大阪府高槻市）へ入った。しかし、三好三人衆が三好義継を擁立すると、これに降ろうとする。そうすると今度は久秀方の摂津国人である伊丹忠親《いたみただちか》の調略を受け、その娘と結婚して、再び久秀に味方した〔細川両家記〕。一方、松山守勝と中

飯盛城跡　大阪府大東市・四條畷市

村新兵衛尉は三好三人衆と起請文を交わし、義継に帰参している〔細川両家記〕。永禄九年五月二十九日から六月一日にかけて、松山彦十郎は伊丹忠親とともに久秀を助けて、堺で三好三人衆と戦ったが大敗を喫した挙句、久秀は行方知れずとなり、彦十郎は尼崎《あまがさき》（兵庫県尼崎市）に敗走した〔多聞院日記、細川両家記〕。その半年後の永禄十年二月、久秀は三人衆に不満を持つ義継を堺に迎えて復活すると、多聞山《たもんやま》城（奈良市）への帰還を果たす。義継が脱出後の飯盛《いいもり》城（大阪府大東市、四條畷市）は、三好三人衆方に留まった松山守勝が守った。

　ところが八月十六日、松山彦十郎は和泉の松浦《まつら》虎《とら》とともに、奈良に侵攻した三好三人衆方へ寝返ると、何も聞かされてなかった松山守勝は激怒し、同月二十五日には久秀方に味方するという逆転現象が起こった〔多聞院日記、言継卿記、細川両家記〕。このため、石成友通と中村新兵衛尉が急遽河内へ引き返し、三人衆方が九月六日に飯盛城を奪還している。

　松山彦十郎はすっかり復権し、三人衆方として、播磨東部を治める三木《みき》城（兵庫県三木市）の別所安《べっしょやす》治《はる》や播磨守護で置塩《おじお》城（兵庫県姫路市）の赤松義祐《あかまつよしすけ》と連携するなど、彦十郎は播磨方面の交渉を担った重治の役割を引き継いだようだ〔今枝氏文書〕。

一方、飯盛城をめぐる攻防戦は終わっておらず、松山守勝は再び久秀方として飯盛城に籠もったため、九月二十二日には、久秀は被官の山口秀勝《やまぐちひでかつ》を援軍として送った。決着がついたのは十月二十一日で、松山守勝と山口秀勝は飯盛城を三人衆方へ明け渡し、堺に退去することになった〔多聞院日記〕。

松山彦十郎はその後も、三人衆方の有力武将として、永禄十二年正月の本国寺《ほんこくじ》（現在の本圀寺、当時は京都市下京区）の戦いや、元亀元年（一五七〇）の野田《のだ》・福島《ふくしま》（大阪市福島区）の戦いで、将軍足利義昭や織田信長と戦っている〔細川両家記〕。三好三人衆が義昭方と和睦した際には、元亀二年三月二十二日に三好康長・三好長逸・石成友通・加地久勝《かじひさかつ》らとともに三好義継のもとに御礼するなど、有力部将としての地位を維持していた〔二条宴乗記〕。義継が滅亡後の天正二年（一五七四）九月にも本願寺とともに、信長方の細川藤孝と戦い続けたようだ〔細川家文書〕。

織田信長旗下として高野山を調略

前述した松山彦十郎とは別に、松山重治の後継者として新介（実名は「重」の一字のみ判明、重治や彦十郎とは花押が異なる）が登場する。重治が還俗したり、彦十郎ないし前述した慶千代と同一人物であったりする可能性もある。

この松山新介は、三好長慶の葬礼が行われた真観寺《しんかんじ》（大阪府八尾市）を「聚光院殿（三好長慶）御墓所」として陣取免除や濫妨狼藉を禁止したり、寺領の百姓に年貢の直納を命じたりするなど、松山氏を取り立ててくれた長慶に尊崇の念を持ち続けた〔真観寺文書〕。

そうした松山新介も、天正三年（一五七五）に河内の三好康長が織田信長に降り、天正五年に大和で松永久秀・久通親子が滅亡する中で、信長に服属したようである。

そして、天正十年正月になると、信長によって高野山《こうやさん》攻めに起用された。高野山が信長に叛いた荒木《あらき》村重《むらしげ》の残党を匿い、信長に改易された佐久間信盛《さくまのぶもり》が預けていた財物の引き渡しに応じなかったためである。信長は紀伊国人の生地（恩地）氏と贄川《にえかわ》氏に松山新介の与力を命じ、伊都《いと》郡に派遣させたが〔紀伊続風土記、二見文書〕、それ以上、大規模な合戦に発展することはなく、本能寺の変で立ち消えとなったようだ。

その後の松山新介の動向は定かではないが、息子の伊之助《いのすけ》が粉河《こかわ》（和歌山県紀の川市）に住んで、紀伊を領した羽柴秀長《はしばひでなが》の被官である藤堂高虎《とうどうたかとら》に仕えた後、牢人となり鈴木与四郎《すずきよしろう》と号した。その子の少三《こさぶ》郎《ろう》は関ヶ原の合戦後に紀伊を与えられた浅野《あさの》家に仕え、伊織《いおり》と改名したという〔紀伊続風土記〕。

延宝八年（一六八〇）に成立した軍記物では、永禄初年の三好長慶に諫言できる重臣として、松山重治と松永久秀が挙げられており、三好家の重臣として、その存在が認識されていた〔武辺咄聞書〕。重治と久秀は、長慶が家格にこだわらず、その才覚を認め登用した者たちであり、その信頼に応え、三好家の譜代家臣化するなど共通項が多くみられる。

（天野忠幸）

【主要参考文献】
天野忠幸『三好長慶』（ミネルヴァ書房、二〇一四年）
天野忠幸『三好一族と織田信長』（戎光祥出版、二〇一六年）
岩倉哲夫「織田信長の高野山攻め」（『南紀徳川氏研究』七、二〇〇一年）
岩倉哲夫「松山新介の人物像と行動」（『和歌山城郭研究』一九、二〇二〇年）
小野恭靖『戦国時代の流行歌　高三隆達の世界』（中央公論新社、二〇一二年）
辻田　豊「松山新介と信長の高野攻め」（『文化橋本』一七、一九九四年）

畠山高政・秋高——管領家畠山氏の終焉

高政の家督相続と安見宗房の台頭

畠山高政《はたけやまたかまさ》は、『寛政重修諸家譜《かんせいちょうしゅうしょかふ》』所収「畠山系図」の死没年から計算すると、大永七年（一五二七）の生まれである。だが、高政の名前が良質の史料で確認できるのは、天文二十一年（一五五二）九月の家督相続のときからである〈天文日記〉。『天文日記』によれば、高政は畠山播磨守政国《まさくに》の嫡子で、当時は「次郎四郎《じろうしろう》」と称していた。高政が「尾張守《おわりのかみ》」の官途を得たのは、天文二十二年三月である〈天文日記〉。高政は、天文初年以来の畿内の戦乱にかかわっていたと考えられるが、史料で確認することはできない。

畠山高政が家督を継いだ当時の政長流《まさなが》畠山氏は、天文二十年五月に三好長慶《みよしながよし》の同盟者の守護代遊佐長教《ゆざながのり》が暗殺されたことで、動揺していた時期である。守護代家は遊佐太藤が継いでいたが、内衆《うちしゅう》の安見宗房《やすみむねふさ》が萱振賢継《かやふりかたつぐ》を殺害するなど、守護代家内部の権力闘争によって、安見宗房が権力を掌握していった。また、宗房とともに台頭した鷹山弘頼《たかやまひろより》は、天文二十二年五月に、高政によって自刃を命じられている。

畠山高政が家督を相続した当時の政治状況を見てみよう。高政の父政国は、遊佐長教らとともに細川氏綱《ほそかわうじつな》の乱を主導していた。だが、天文十八年の摂津江口《えぐち》（大阪市東淀川区）の戦いの後、三好長慶・遊佐長教らは、将軍足利義輝《あしかがよしてる》・細川晴元《はるもと》らを京都から追放した。このような事態の進展に、畠山政国は不満があったらしく、天文二十一年二月には、すでに紀伊国有田《ありだ》郡宮原《みやはら》（和歌山県有田市）に隠居していた。

一方、将軍足利義輝は天文二十一年正月に三好長慶との和睦が成立して帰京した。管領家畠山氏としては、将軍が帰京したにもかかわらず当主が不在では、都合が悪かったのかもしれない。畠山高政の家

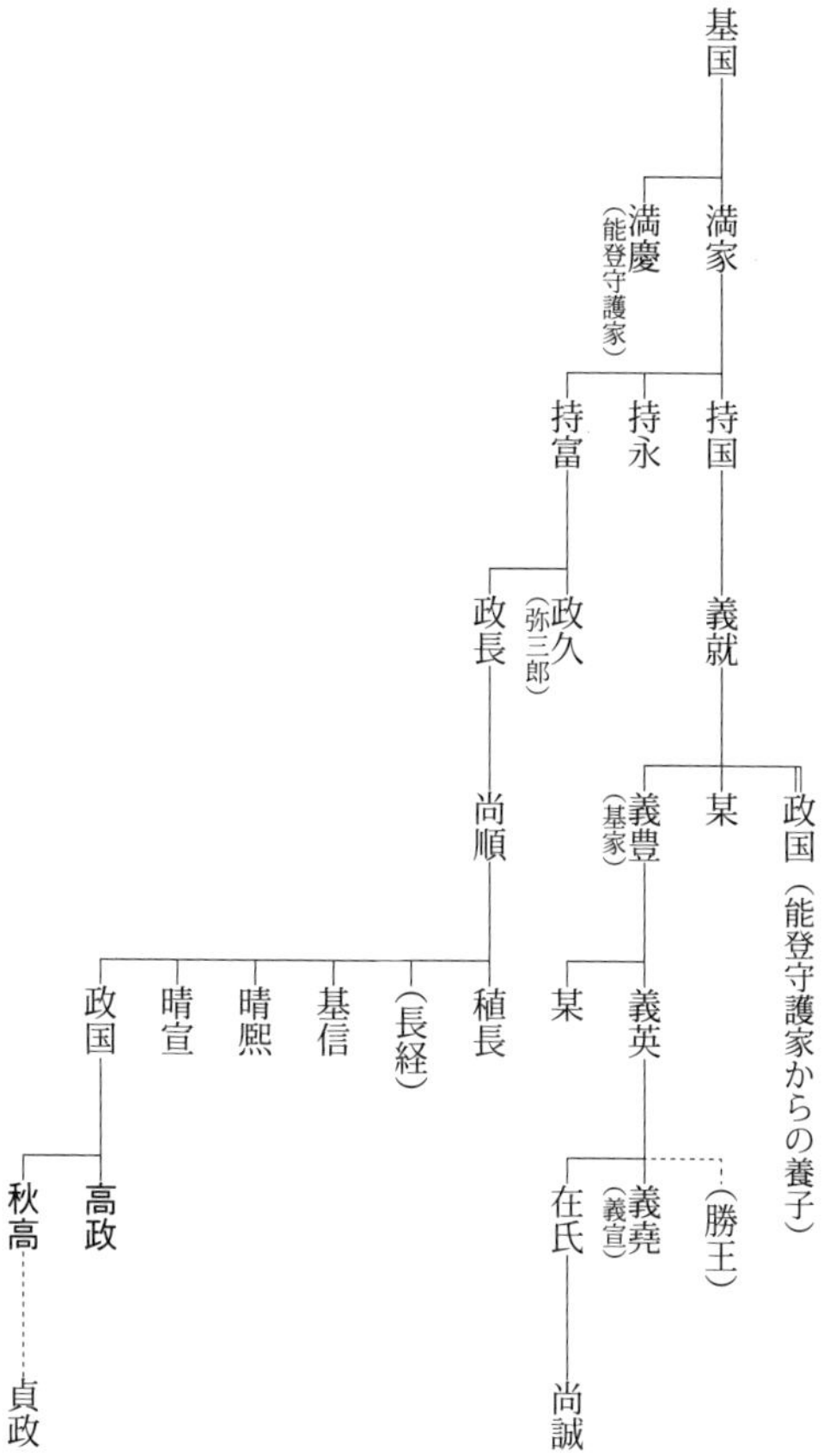

畠山氏略系図

督相続は、そのような状況下に実行されたとみられる。

遊佐太藤は、天文二十二年閏正月には将軍の御供衆《おともしゅう》に取り立てられており〔天文日記〕、畠山氏家中から離れた。守護代家遊佐氏当主には遊佐長教の嫡子教（後の信教《のぶのり》）が就いたと見られるが、まだ幼いこともあって、安見宗房・鷹山弘頼らが中心となって守護代家の権力を掌握していた。

戦国期畠山氏の分国支配においては、重層的な支配体制が行われていた。この場合、守護家と守護代家は、相互補完関係にあるとともに、分国支配の主導権をめぐって緊張関係にもあった。遊佐太藤が御供衆になるなど、守護代家遊佐氏の家格が上昇したことによって、遊佐氏は畠山氏からの自立を図ろうとした。畠山高政と安見宗房の場合、天文二十二年五月に鷹山弘頼が粛清された後も対立は解消されず、弘治三年（一五五七）正月の時点で両者の不和が表面化していた〔厳助往年記〕。

三好氏との河内争奪戦

永禄元年（一五五八）、三好長慶と対立して近江に再度逃亡していた将軍足利義輝が帰京する動きを示した。長慶らはこれを阻止しようとしたが、畠山高政と安見宗房との対立を抱えていた畠山氏は、援軍を出すことができず、長慶方は十分な兵力を投入することができなかった。同年十一月、義輝と長慶の和睦が成立し、義輝は帰京した。長慶は義輝と対峙するため、畿内の領国化を進めることとなった。

この和睦が成立した直後、畠山高政は安見宗房との対立によって、河内高屋城《たかや》（大阪府羽曳野市）を退いて堺から紀伊に没落した。宗房らが河内国人に基盤を置いた支配を行っていたのに対し、高政が必ずしも基盤を置いていたとは言えないことが、高政没落の原因であった。

将軍足利義輝が帰京したにもかかわらず、河内守護が不在で、不安定な状況のままでは都合が悪く、将軍の意向もあって三好長慶は河内の情勢に介入した。五月二十日、畠山高政は大和の十市新次郎《とおちしんじろう》に対し、三好長慶と相談して、河内へ軍事行動を起こすことを連絡している。長慶の全面的な支援を得た高政は、永禄二年八月、湯河直光《ゆかわなおみつ》らとともに河内高屋城に入った。これによって、実質的に畠山氏は三好長慶の影響下に置かれることとなった〔天野二〇一三〕。

高屋城跡　大阪府羽曳野市

高屋城を退いた安見宗房は、北河内の飯盛城《いいもり》（大阪府大東市、四條畷市）に入った〔細川両家記〕。飯盛城は大和との国境にある山城で、三好氏が阿波・摂津から京都へ向かうルートを睨む要衝の城であった。宗房は没落したのではなく、来るべき三好氏との戦いに備えて飯盛城に移った可能性が高いのではないのだろうか。

一方の畠山高政は、遊佐知（紀伊守護代家か）を河内守護代として、守護主導による支配体制の構築をめざした。ただ、天文年間に行われた守護代家主導による河内の支配体制は、在地に根付いたものであり、高政の河内支配は程なくして行き詰まった。高政は、河内の支配体制を安定させるため、安見宗房らとの和睦を模索することとなった。永禄三年三月、宗房は富田林《とんだばやし》寺内《じない》（大阪府富田林市）に対し、寺内特権を認める判物《はんもつ》を発給したが、これは守護畠山高政の承認を得たものであった。したがって、この時点で高政と安見宗房の和睦は、成立していたとみられる〔小谷二〇〇五〕。

畠山高政と安見宗房の和睦の情報は、早い段階で三好長慶の知るところとなり、永禄三年三月に入ると、長慶は河内の領国化を図った。同年五月には高政と宗房の和睦は明らかになり、高政の行為を政権への背信と見た長慶は、六月河内に出兵した。高政が頼りとする紀州衆は、核になる湯河直光が将軍足利義輝からの要請を受けて出陣しなかったこともあり、目立った動きをしていない。畠山軍は各地で敗北を重ね、十一月には飯盛城・高屋城が陥落して、高政は再び紀伊に没落した。三好長慶は飯盛城に入り、河内は高屋城の三好実休《じっきゅう》（長慶の弟）が支配する国となった。

永禄四年四月、三好長慶から和泉を任されていた十河一存《そごうかずまさ》が没した。これによって、和泉守護代家松《まつ》浦《ら》氏家中が動揺し、畠山高政に与する者が出てきた。畠山高政は紀州衆だけでなく、近江の六角義賢《ろっかくよしかた》と同盟を結び、薬師寺弼長《やくしじすけなが》や大和の十市遠勝《とおかつ》とも結んで、反三好戦線を結成した。反三好戦線結成には将軍足利義輝の意向が働いており、義輝の意を受けた伯父の大覚寺義俊《だいかくじぎしゅん》が活動していた。

同年七月、六角義賢が将軍地蔵山《しょうぐんじぞうやま》（京都市左京区）に出陣し、畠山高政も岸和田《きしわだ》（大阪府岸和田市）に軍勢を進めて、三好政権を挟撃する姿勢を示した。六角氏の動きは鈍かったが、畠山氏に与する根来《ねごろ》寺《でら》衆は、十月には家原《えばら》（堺市西区）に進出し、堺を窺う状況となった。畠山勢に対する防戦は、三好実休が中心となって行い、両軍は永禄五年三月、久米田《くめだ》（大阪府岸和田市）で激突した。

戦いは三好方優位に進んだように見えたが、三好実休が討ち死にしたことを契機に形勢が逆転し、三好方が大敗して、畠山高政は高屋城を回復した。三好実休は、根来寺の往来右京《おうらいうきょう》に鉄砲で撃たれたことが原因となって討ち死にしたとされる〔足利季世記〕。根来寺衆の鉄砲活用を伝える逸話である。

久米田の戦いで三好実休が討ち死にしたことで、六角勢の京都進攻を懸念した三好義興《よしおき》（長慶の嫡子）・松永久秀《まつながひさひで》は、将軍足利義輝を飯盛城に近い石清水八幡宮《いわしみずはちまんぐう》（京都府八幡市）に移した。一方、戦勝の勢いに乗る畠山氏の軍勢は、三好長慶が籠もる飯盛城攻略に着手し、根来寺衆は摂津に進出する勢いを示した。

五月に入り、三好康長《やすなが》ら阿波からの援軍を得た三好勢は、教興寺《きょうこうじ》（大阪府八尾市）付近で畠山勢に対して総攻撃を敢行した。畠山勢は、最初に松浦勢が崩れたことをきっかけに動揺が広がり、混乱の中で湯河直光が討ち死にした。紀州衆の中核である湯河直光の戦死によって、畠山勢は収拾がつかなくなり、総崩れとなって敗走した。畠山高政は高屋城を支えることができず、大和の宇智《うち》郡（奈良県五條市）から紀伊へ逃亡した〔大館記〕。

教興寺合戦によって畿内の反三好陣営は崩壊し、畿内はおおむね三好政権の領国となった。一方で、反三好戦線と気脈を通じた将軍足利義輝の立場は、微妙なものとなったのである。

秋高の家督相続

教興寺合戦の勝利によって、三好政権は不動の地位を得たかに見えた。しかし、永禄六年（一五六三）八月に三好義興が没し、翌七年八月に三好長慶が没するなど、政権の中枢にいた人物が相次いで没した。このような中で、後継者の三好義継《よしつぐ》と松永久通《ひさみち》（久秀の子）は、永禄八年五月、将軍足利義輝を殺害した。この事件は各方面に大きな衝撃を与えることとなった。

義輝殺害の後、畠山氏は三好氏打倒の兵を挙げることを各方面に告げたが、実際の軍事行動は和泉・河内南部の局地的なもので、京都の公家の日記にも記載されない規模であった。それほど、教興寺合戦敗北の打撃が大きかったとみられる。

畠山氏では高政に代わって弟秋高《あきたか》が家督を継いだ。秋高は当時「次郎四郎政頼《じろうしろうまさより》」と名乗っていた。畠山政頼は越後の上杉謙信《うえすぎけんしん》に打倒三好を呼びかけたり、河内金剛寺《こんごうじ》（大阪府河内長野市）に寺領を安堵する判物を発給するなど、早速当主として活動している〔金剛寺文書〕。政頼は永禄九年二月、足利義輝の弟一乗院覚慶《いちじょういんかくけい》が還俗して足利義秋《よしあき》（後の義昭《よしあき》）と名乗ると、政頼も偏諱《へんき》を受けて「秋高」と改名した〔粉河寺文書〕。将軍就任以前の人物から偏諱を受けるのは異例であり、これは足利義秋陣営の重要大名である畠山氏の覚悟を示していると言えよう。なお、畠山秋高を「昭高」とする自身の発給文書はなく、後に足利義秋が義昭と改名したことと、将軍就任以前に大名に偏諱を与えることはないとする思い込みからくる誤りである。

畠山政頼の家督相続後、高政は出家して「一空《いっくう》」と称したらしい。出家後も高政は意欲的に活動しており、三好氏に対する軍事動員を高野山《こうやさん》・粉河寺《こかわでら》・根来寺に要請したり〔施無畏寺文書〕、伊都《いと》郡の領主に権利を認める判物を発給したりしている〔中山家文書〕。

永禄八年十二月、三好政権から松永久秀が排除されると、翌九年二月、畠山氏は松永久秀に与して、和泉・河内に出陣した。これは、足利義秋の還俗に対応した行動であろう。『細川両家記』等の軍記物には、畠山高政が松永久秀方に与して和泉・河内に出陣したと記している。これは軍記物の脚色や誤りと言うよりは、畠山政頼が当主として政務・外交を担当し、高政は自ら軍を率いて、和泉・河内で三好方と戦ったからであろう。

畠山氏の目的は足利義秋を上洛させて、幕府を再興することであった。しかし、畠山・松永連合軍は、阿波からの援軍を得た三好三人衆の前に上芝《うえのしば》（堺市西区）・堺などで連敗した。畠山氏は永禄九年七月になると、三好三人衆との和睦を求めるようになった。展望を見いだせなくなった足利義秋は、越前の朝倉義景《あさくらよしかげ》を頼ることとなった〔天野二〇一三〕。

足利義昭の上洛と畠山氏

永禄十一年（一五六八）、足利義昭は尾張の織田信長《おだのぶなが》を頼って、上洛する動きを見せた。義昭は同年六月二十日、紀伊粉河寺惣分沙汰所に対し、近日中に上洛するのでその際、畠山秋高に協力するよう促す御内書《ごないしょ》を発給した〔粉河寺文書〕。その際、義昭は畠山秋高を「左衛門督《さえもんのかみ》」と記していることから、秋高はこれ以前に「左衛門督」の官途を得たとみられる。これも偏諱と同様に異例の事態と言えよう。偏諱・官途成りともに異例なことは、将軍暗殺という事態の深刻さと義昭陣営の覚悟を示していると言えよう。

永禄十一年七月七日には畠山秋高が、同九日には畠山高政が、粉河寺（和歌山県紀の川市）に上洛への助成を求めている〔粉河寺文書〕。足利義昭の上洛は、織田信長の力がなければ実現しなかった。しかし、義昭の上洛には畠山氏等畿内一帯の反三好勢力が加わっており、彼らの力は少なからぬ影響力を有していたとみられる。

永禄十一年九月、足利義昭と織田信長が出陣した。同年十月、畠山氏は芥川城《あくたがわ》（大阪府高槻市）で義昭・信長と対面して、河内半国守護に復帰し、秋高が高屋城に入ったが、一国の支配を任されたわけではなかった〔言継卿記、細川両家記〕。

半国体制であるが、以前は畠山秋高が河内南半国を支配し、三好義継が北半国を支配したとされていた。しかし、『尋憲記《じんけんき》』元亀四年（一五七三）正月一日条に、畠山氏の内衆である草部《くさべ》氏が「上軍《（郡）》代」、野尻《のじり》氏が「下軍《（郡）》代」と記されていることから、南北分割ではなかったことがわかる。畠山氏と三好氏は地域分割ができるほど勢力圏が分かれていたわけではなく、畠山秋高・三好義継をそれぞれ河内守護に任命しただけであった〔弓倉二〇〇六〕。勢力範囲を確定させない中途半端なこの措置は、後の畠山対三好・松永の抗争の一因となった。

さて、畠山高政であるが、足利義昭の上洛後は京都で活動していた〔言継卿記〕。畠山氏では、当主の秋高が河内に在国して分国支配にあたり、高政は在京して幕政にかかわったとみられる。国内に三好氏の勢力が存在している以上、京都から分国を支配できるような状況にはなく、秋高と高政で役割を分担したのであろう〔弓倉二〇〇六〕。

だが、永禄十三年正月に、幕府の体制が有力大名の連合体制から織田信長が単独で将軍を支える体制に変化したことで〔天野二〇一六〕、高政の立場は命令されるものに変化した。これ以降も高政は在京して幕府での役割を果たしていたが、三好三人衆が摂津に進出すると河内に下向し、元亀元年（一五七〇）十月には、烏帽子形城《えぼしがた》（大阪府河内長野市）を拠点にして三好方と戦っている〔言継卿記〕。

畠山氏の内憂外患

元亀元年（一五七〇）五月、織田信長は畠山秋高に対し、三好三人衆の動きに注意するように書状を出している。七月、三好三人衆の軍勢が阿波から摂津に進出し、八月十七日には河内古橋城《ふるはし》（大阪府門真市）を攻略した。このような事態に対し将軍足利義昭は、畿内の与党を招集した。八月二日、将軍の要請を受けた秋高は、分国の河内・紀伊の軍勢を動員して摂津に進出した。九月二十二日に摂津出陣は終了したが、十月に入っても河内の戦乱は続き、高屋城・烏帽子形城をめぐる攻防戦が繰り広げられた

〔言継卿記〕。

元亀年間になると畠山氏内部では、守護畠山秋高と守護代遊佐信教の不和が目立つようになった。守護家畠山氏と守護代家遊佐氏の対立は、畠山高政と安見（遊佐）宗房の対立で表面化し、畠山氏は河内を失うこととなった。両者の対立は、永禄年間に河内を失陥していた時期は目立たなかったが、河内を回復したことで、表面化することとなった。

元亀三年正月、畠山秋高と遊佐信教の不和が表面化すると、将軍足利義昭や織田信長が両者の間を調停し、閏正月に両者は誓詞を義昭に捧げている。義昭としても、三好三人衆との戦いが続き、三好義継・松永久秀も離反する中で、畠山氏権力が分裂することは避けたかったのである。

元亀二年五月、松永久秀が河内交野《かたの》城主安見右近《うこん》を殺害し、交野城（大阪府交野市）を攻撃したことを契機に、三好義継・松永久秀と畠山秋高の戦いが始まっていた。六月にかけて、三好三人衆と松永久秀は、高屋城に秋高を攻め、これ以降、河内は慢性的に戦乱状態となった。戦況が悪化した翌三年四月、織田信長は畠山氏に援軍を派遣し、交野城を救援した。状況が落ち着いた同年六月、畠山秋高・遊佐信教とその有力家臣は、信長に起請文を提出した。三好氏の脅威を前に信長としても、畠山氏の分裂は避けたかったのである。

畿内諸国の戦乱では、第一義的には河内の畠山氏等任国を管轄する大名が対応したが、支えきれない可能性がある場合、織田信長は援軍を派遣した。また、元亀三年正月に信長は、畠山氏の軍勢を率いて三好義継の若江《わかえ》城（大阪府東大阪市）を攻撃するなど、畠山氏に対する軍事指揮権を行使した。さらに信長の軍勢は、一時高屋城に入ることもあるなど、軍事力によって河内支配に対する影響力を行使したのである。

畠山氏の滅亡

元亀四年（一五七三）正月、畠山秋高と遊佐信教が共に高屋城に籠城して、三好勢に対抗していた。ところが三月、将軍足利義昭と織田信長の間が決裂すると状況は一変し、畠山氏はその他畿内の多くの大名らと同様に義昭に与した。しかし、四月に義昭が信長に降伏すると、秋高と信教の関係が決裂することとなった。

足利義昭が再度の挙兵を企てていた六月二十五日、遊佐信教は畠山秋高を殺害した（『大日本史料十編之十六の同日条』）。秋高が信長の娘を妻にしようとしていたと系図類に記されていることから、秋高が信長に与しようとして殺害された可能性もある。だが、信教は秋高を殺害することで、守護代家と守護家の権力を一本化して重層的な支配体制を解消しようとしたのではないか。併せて義昭に与することで、河内支配に対する信長の影響力を排除しようとしたのであろう。

七月、足利義昭が再度挙兵すると遊佐信教は、守護代家系内衆だけでなく、保田知宗《やすだともむね》等守護家系の内衆らとともに義昭に与した。しかし、信長の攻撃を受けて足利義昭が三好義継の若江城に逃れ、天正と改元された後の八月に朝倉義景が、九月に浅井長政《あざいながまさ》が相次いで滅ぼされると、状況が大きく変化した。十一月になって義昭が若江城を出て、堺から紀伊由良《ゆら》(和歌山県由良町)へ逃れると、三好義継が家臣に殺害され、十二月には松永久秀も信長に降伏して、事実上畿内の反信長戦線は崩壊した〔弓倉二〇〇六〕。高屋城には遊佐信教が守護代家系内衆や三好康長と立て籠もったが、天正三年(一五七五)四月には信長に平定された。

天正三年十一月、畠山秋高の有力内衆だった臼井定阿《うすいじょうあ》が、秋高追善のための寄進を墓所である観心寺《かんしんじ》(大阪府河内長野市)に行った〔観心寺文書〕。この行為は、河内の情勢が安定したから可能になったのであろう。高屋城落城後、遊佐信教は大坂本願寺に入って織田信長と戦っていたとみられる。臼井定阿・保田知宗等守護家畠山秋高系の有力内衆は、天正二年には信長の家臣となっていた。根来寺も同様に信長に与した。一方、畠山高政は天正四年十月まで存命したが、もはや家臣をまとめる力はなく、秋高の殺害を以て管領家畠山氏の滅亡としたい。

(弓倉弘年)

【主要参考文献】

天野忠幸『増訂版　戦国期三好政権の研究』(清文堂出版、初版二〇一〇年)

天野忠幸『三好長慶』(ミネルヴァ書房、二〇一四年)

天野忠幸『三好一族と織田信長』(戎光祥出版、二〇一六)

今谷明・天野忠幸編『三好長慶』(宮帯出版社、二〇一三年)

小谷利明『畿内戦国期守護と地域社会』（清文堂出版、二〇〇三年）
小谷利明「畿内戦国期守護と室町幕府」（『日本史研究』五一〇、二〇〇五年）
小谷利明「河内の戦国争乱」（『大阪狭山市史』第一巻本文編通史、二〇一四年）
福島克彦『畿内・近国の戦国合戦』〈戦争の日本史一一〉（吉川弘文館、二〇〇九年）
弓倉弘年『中世後期畿内近国守護の研究』（清文堂出版、二〇〇六年）
大阪狭山市史編さん委員会編集『大阪狭山市史』第一巻本文編通史（二〇一四年）、第二巻史料編古代・中世（二〇〇二年）
東京大学史料編纂所『大日本史料』第十編之十六（東京大学出版会、一九七九年）

遊佐長教——三好長慶を天下に向かわせた舅

遊佐氏について

遊佐《ゆざ》氏は管領家畠山《はたけやま》氏の筆頭の被官人であり、時期にもよるが河内・紀伊・越中などで守護代の地位にあった実力者である。遊佐長教は戦国時代、守護畠山氏を凌ぐ実力を持った人物だが、まだまだ十分な評価を得ていない。まずは、遊佐氏の歴史を簡単に触れておこう。

遊佐氏の出身は山形県遊佐町と想定されるが、よくわからない。読み方は、「由座」などと当て字がされているため、「ユザ」と発音したと思われ、遊佐町も「ユザ」と読むため、ここが本貫地なのかもしれない。

遊佐氏が歴史上に登場するのは、南北朝期に活躍する畠山国清《くにきよ》の執事で伊豆守護代であった遊佐勘解由左衛門尉国重《くにしげ》のころからである。執事を務めていることから、鎌倉時代以来の畠山氏被官人だったのであろう。この後、国清の弟義深《よしふか》が越前守護となると、国重は越前守護代となった。遊佐氏は多くの家を分立させているが、惣領家は勘解由左衛門から河内守を名乗る家で、畠山持国《もちくに》のときに持国を失脚させたことが原因となり滅亡する。さらに畠山義就《よしひろ》・政長《まさなが》の対立時に遊佐家は両派に分裂した。長教は、政長系畠山氏についた家に属す。その初代は遊佐長直《ながなお》で、この人物は明応二年（一四九三）閏四月に河内正覚寺《しょうかくじ》（大阪市平野区）で畠山政長とともに自刃している。このときに遊佐同族で自刃したのは息子又太郎《またたろう》や弟長恒《ながつね》、同名《どうみょう》加賀守などである。加賀守は弟九郎左衛門尉とともに幕政や諸大名との交流で大きな役割を果たしており、惣領家でなくとも重要な分家がいたようである〔金言和歌集〕。

正覚寺合戦のときに畠山尚順《ひさのぶ》とともに紀伊に脱出した遊佐姓の人物としては遊佐九郎次郎《くろうじろう》、又五郎の二人の名前が挙がる。九郎次郎は明応五年九月に戦死しており、又五郎の動向はよくわからないが、二人とも成人に達した武将であろう。一方、長教の父遊佐順盛《のぶもり》の初期の史料は『大友文書』にみえる十月二十一日付遊佐新次郎順盛書状で、敵が河内に入ったが勝利した旨を伝えており、順盛の主人である畠山尚順が河内を確保した明応六年九月以降、尚順が没落する明応八年十二月までのことを指している。明応七年十二月には、順盛は左衛門尉（後の署名は次郎左衛門尉）と署名しているため〔金剛寺文書〕、明応六年か七年の文書と言える。遊佐惣領家は次郎を名乗ることが多く、新次郎と名乗っているのは、順盛・長教・信教の三代であることから、ここで新しい家が形成されたと見るべきだろうか。

順盛は、明応の政変段階では戦闘の中心になるような年齢には達していなかったため、正覚寺合戦時期に名前が挙がらなかったが、河内守家を継ぐ人物であったため、早い段階で文書発給をしたのであろう。

その後、順盛は永正七年（一五一〇）には河内守を名乗り、大永七年（一五二七）まで活動がわかるが、没年がいつなのかわからない。畠山尚順は、京都を嫡男稙長《たねなが》、河内を遊佐長教と稙長の弟播磨守某に任せ、紀伊は尚順自身が支配する体制を取った。このため、順盛は河内支配の中心となり、淀川堤防や大和川堤防などの修築を行い、社会基盤を安定化させた功労者であった。この社会基盤を基礎として、長教の時代に大河川付近で寺内町が発展していく。

長教はいつごろの生まれか

遊佐長教の幼名はわからないが、はじめに「新次郎《しんじろう》」を名乗り、天文十年（一五四一）六月には「次郎左衛門尉」、天文十三年三月には「河内守」を名乗り、天文二十年五月五日に没している。生年がわからないため、実像はもうひとつはっきりしない。今谷明氏は三好長慶《みよしながよし》と比べ、長教のことを老獪な人物と捉えた。これは長教の娘を長慶に嫁がせ、両者が同盟して足利義輝《あしかがよしてる》を京都から追いやったためである〔今谷一九八五〕。しかし、私はこのような評価に初めから違和感があった。まずは、この違和感について説明しておこう。

長教の姿を追う恰好の史料は、本願寺《ほんがんじ》証如《しょうにょ》が書いた『天文日記《てんぶんにっき》』である。大坂本願寺と長教がいた河内高屋《たかや》城（大阪府羽曳野市）の距離は二十キロ足らずで、大変近い場所にある。石川と大和川の川舟を使えば、そのまま一本で行ける場所である。『天文日記』を読むと、本願寺と和睦した長教は、天文五年七月に父遊佐順盛のときと変わらず証如の手紙を所望している。その理由は証如の手紙を重臣たちに見せたいためだという。ここから、長教が本願寺に音信したのはこれが初めてだったとみられる。長らく牢人していたとはいえ、三好長慶（長慶誕生は一五二二年という）と親子ほどの年齢が離れていたならば、大永七年（一五二七）の「堺公方」成立以前に成人していたはずで、河内を実質的に支配していた遊佐順盛の嫡男と音信しないはずがない。さらに天文四年、本願寺は長教と和睦が成立したとき、贈答を行ったが、証如は手紙を送っていなかった。長教との音信の例があったならば、直書を送ったはずである。本願寺は、長教に対して直書を送るような人物と判断していなかったのである。

また、天文七年二月、河内の本願寺の中心寺院である出口（大阪府枚方市）・久宝寺《きゅうほうじ》（同八尾市）の還住について、長教は重臣と相談した上で返事をすると述べている。わざわざ重臣と相談する旨を本願寺に伝えたのは、彼が未熟であることを双方が了解しているからだろう。また、三好長慶よりも相当年長ならば、すでに河内守を名乗ってもよさそうだが、まだ新次郎を名乗っていることも気になる。

ちなみに長教の重臣は、常に本願寺から音信を受け取る走井《はしりい》盛秀《もりひで》が筆頭の年寄で、菱木《ひしき》孫右衛門尉が三番目の年寄と呼ばれている。文書発給からみて二番目の年寄は田河能忠《たがわよしただ》であろう。

以上から、長教が順盛の晩年に生まれたとみる理由である。長教は、三好長慶とほぼ同世代といえるだろう。

政治的な存在だった最初の妻

一方、長教の妻は極めて政治的な存在である。長教と主君畠山稙長との関係は後記するが、稙長と対立した長教は、畠山左京大夫長経《ながつね》を擁立した。しかし、その後の長経の動向はよくわからず、続いて天文五年（一五三六）五月に擁立されたのが畠山播磨守晴熙《はるひろ》である。この擁立は長教妻が「屋形《やかた》」と称して取り立てたという〔天文日記〕。彼女の政治的力量はどこから来るのだろうか。これについて、わずかだがヒントがある。長教の妻は、天文六年五月に重病に罹った。この知らせを本願寺に届けたのは木《き》沢長政《ざわながまさ》であった。早速、本願寺は彼女を大坂に迎えた。しかし、同年十一月二日に没してしまった。

長教に対して見下した態度を取った本願寺が、なぜ長教の妻の病気にこれだけの気遣いをするのだろうか。この時期、本願寺が最大限に気を遣う必要のある人物の一人が木沢長政であった。長政がわざわざ長教の妻の病気を本願寺に伝えて処置させたのは驚きである。考えられるのは、彼女が長政とかかわる人物だったとしか考えられない。彼女は長教よりも年長者で、長政の威光を以て政治的活動をしていたと推測できないだろうか。いずれにしても、若い長教は頼りないのである。

天文の畿内一向一揆

長教の初期の活動がわかる最も古い史料は、渋川郡慈願寺《じがんじ》（大阪府八尾市）に宛てて出された年未詳七月廿八日付遊佐長教書状である。当初、この史料は慈願寺の河内入国史料と理解していたが、天野忠幸氏の指摘通り、遊佐長教の河内入国の史料だろう〔八尾市史編纂委員会二〇一九〕。天野氏は時期を特定していないが、これは享禄五年（一五三二）の史料と考える。一向一揆は当初、細川晴元《はるもと》の要請を受けて、六月十七日に畠山義堯《よしたか》を、続いて二十日に三好元長《もとなが》を攻め滅ぼした。ところが、七月十日には奈良で一揆が蜂起し、暴走し始める。このため八月四日、細川晴元が本願寺と敵対することを決め、木沢長政が出陣した。遊佐長教が晴元派として活動していることを示すのは天文二年（一五三三）と推定される三月四日付足利義晴《よしはる》御内書《ごないしょ》〔大阪青山短期大学旧蔵文書〕であるため、天文二年以降に本願寺方の慈願寺と連絡を取るはずがなく、これは天文元年の武家方と本願寺方の対決前夜の史料といえる。ここで注目されるのは、誉田城主（大阪府羽曳野市）畠山義堯の戦死後、すぐに長教が河内に入ったことである。おそらく、長教の主君である畠山稙長も河内に入ったのであろう。細川晴元と連携した一向一揆が畠山義堯を滅ぼしたとき、稙長と長教は晴元や一向一揆方と連絡を取っていたのであろう。河内一向一揆勢力の中心である慈願寺に入国を伝えたのはこのためだろう。

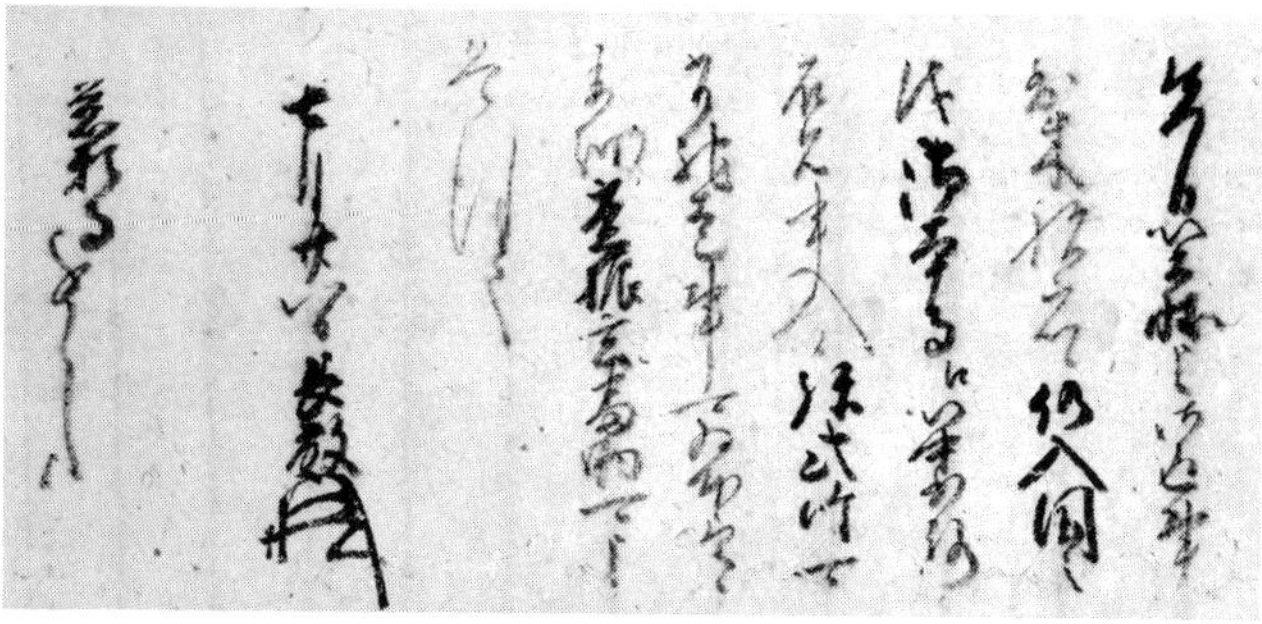

遊佐長教書状　大阪府八尾市・慈願寺蔵

　しかし、稙長と長教は大きな違いがあった。稙長は尚順の時代から在京して幕政に関わる立場であり、遊佐長教は河内支配だけを考える立場だった。稙長は、旧細川高国《たかくに》派として細川晴国《はるくに》や同国慶《くによし》とともに幕政復帰のために本願寺と連携するが、長教は河内支配を確実にする途を選び、細川晴元・木沢長政派として自立しようとする立場だった。主従はこれによって違う道を歩むことになった。

さて、天文の畿内一向一揆で遊佐方がどれだけ活躍したかは、よくわからない。唯一の記録は『私心《ししん》記《き》』天文三年閏正月十六日条に遊佐千々代が陣立する記事である。すでにこの段階で長教と名乗っているため、千々代は長教ではない。長教の弟と考えると後の根来寺《ねごろでら》杉坊明算《すぎのぼうみょうさん》かもしれない。

長教と木沢長政

長教の妻が長政の縁者と推定したように、両者の関係は長政主導のもとに河内支配が行われた模様である。また、長教の重臣である斎藤《さいとう》山城守は長政の弟中務《なかつかさ》の娘を息子の嫁にするなど、両者の結びつきは深いものになっていく。

木沢長政主導で長教を巻き込んで活動していた事例を『天文日記』からみると、ひとつは越中支配の問題がある。長政は畠山在氏《ありうじ》の子息を越中に入れる計画を挙げ、長教方も人を入れるため、本願寺に協力を求めた。長教はすぐには準備できなかったのか、後年に遊佐氏一族の徳松《とくまつ》を入れると報じている。長政が越中支配に関心があったことがわかるが、これに長教も巻き込まれている。

また、前記した出口・久宝寺の還住について、木沢長政はこれらの寺院は細川分国ではないので、畠山在氏と長教に還住の願いを届けるよう本願寺に命じており、主人である在氏を立てるとともに、長教の面子も考えて行動している。なぜ、これほどまでに長教を立てるのか不思議だが、ひとつには長教勢力が紀伊にいる畠山稙長と合体することを警戒したことが挙げられよう。また、大和の筒井順昭《つついじゅんしょう》や十市遠忠《とおちとおただ》など長教と関係の深い勢力と協調できる利点もあったのだろう。長政は、大和守護と号して大和支配に乗り出したところであった。

それでは、遊佐方がなんら新しいことをしていないかというと、そうでもない。ここで注目したいのは、新しい課役の創出である。この時期、杉段米と呼ばれる課役が登場する。『法隆寺文書』の天文八年（一五三九）の河内弓削荘《ゆげ》（大阪府八尾市）の年貢算用状には「杉坊反米」と注記されている。杉反米は杉坊反米のことだった。この算用状では、守護方の課役はこれだけが計上されている。杉坊とは前記した根来寺杉坊と考えられ、杉坊に支出する反米とみられる。このとき、すでに長教の弟が杉坊に入っているかどうかはわからないが、長教方と根来寺杉坊との関係は成立していたものと考える。

話を元に戻し、長政と長教の関係をみてみよう。大きな権力を得た木沢長政であったが、突然その立場が揺らぐ事件が起こる。細川晴元の内衆間の対立が天文十年八月に起こり、やがて木沢長政は晴元と対立する。このため、晴元は長政討伐を決意し、天文十一年三月、木沢長政は遊佐長教の軍勢に敗れ戦死した。

このとき、紀伊にいた畠山稙長及び弟畠山基信《もとのぶ》も合流し、さらに、筒井順昭や十市遠忠も稙長・長教の軍事指揮下に入り、さらに大和の鷹山弘頼《たかやまひろより》が長教の被官となった。再び長教は稙長を主人として迎えるとともに、巨大な軍事力を持つ権力へと変貌したのである。すでに次郎左衛門尉を名乗り、成人した長教は独自の判断を持つ武将になろうとしていた。

畠山稙長と細川氏綱

稙長は、山陰の尼子《あまご》氏と連携してたびたび上洛戦を計画し、天下を窺っていた〔小谷二〇〇四、二〇二二b〕。彼は細川氏綱《うじつな》を擁して天下取りを目指したのである。高屋城に復帰した稙長は早速、氏綱勢力の基盤を確立するため、天文十一年（一五四二）七月には堺攻めを計画する。

ところが、長教のほうはあまり乗り気ではなかったようだ。長教は堺攻めに当たって幕府内談衆《ないだんしゅう》の大舘尚氏《おおだちひさうじ》に宛てて彼が三好宗三《そうさん》に人質を送った旨を伝えている。長教としては、和泉攻めは反義晴・反晴元としての軍事行動ではないと弁明したかったのであろう〔八尾市立歴史民俗資料館文書〕。

細川氏綱は天文十二年七月に挙兵する。しかし、稙長と長教の意見が合わず、稙長が途中で氏綱の支援を止めた。ここで、稙長派と長教派の勢力が共同で連携できる基盤作りが必要となってくる。天文十三年三月二十三日、長教は朝廷から「従五位下河内守」に補任される。さらに同年に畠山尚順の娘と日野内光《ひのうちみつ》との間にできた稙長の姪を長教に嫁がせたのである〔天文日記、系図纂要・日野系図〕。代々の将軍家御台を出した日野家の娘であり、畠山稙長の姪である女性との婚姻は長教にとっても大きな意味があったのではないだろうか。

稙長の姪と長教との間に誕生したのが遊佐信教《のぶのり》であり、彼は遊佐氏が藤原姓であるにもかかわらず源氏を名乗った。足利一門である畠山氏は当然のことながら源氏であり、信教も藤原を改め、あえて源氏を名乗ったのは、彼の取り巻きも含め、強烈な自意識を持ったためだろう。

稙長は、長教との関係づくりに励み、他国衆も含めてさまざまな勢力が結集した畠山氏権力を家中として統一したかったのであろう。しかし、天文十四年五月、畠山稙長とそれを支えた丹下盛賢《たんげもりかた》が没したことで、それは叶わなかった。

第二次細川氏綱の乱と三好長慶との同盟

畠山稙長没後に河内では、稙長が河内に連れてきた大和宇智《うち》郡の平盛知《もりとも》と高野山三宝院快敏《さんぼういんかいびん》の連署奉書と、遊佐長教の年寄吉益匡弼《よします》と萱振賢継《かやふりかたつぐ》の連署奉書がセットで発給される事例が出てくる。それまで稙長に関する文書は丹下盛賢が奉書及び直状《じきじょう》を出していたが、盛賢が没したことで平盛知・三宝院快敏が主導する体制となる。後に盛知は丹下氏を名乗り、盛賢の役割を継いだ。一方、長教方も前記した三人の年寄のうち菱木孫右衛門尉がみられなくなり、吉益匡弼が年寄末席に入った。年寄吉益とともに活躍する萱振賢継は、長教没後に長教の弟根来寺杉坊を擁立した人物で、この時期から台頭してきたのであろう。それまでにない文書発給が登場したことで、稙長亡き後の体制を固めたものとみられる。

『細川両家記《ほそかわりょうけき》』によれば、天文十五年（一五四六）夏のころより遊佐長教は細川氏綱を擁立する評定を行ったという。同年八月、長教は細川氏綱を擁して高屋城で挙兵した。まず堺を攻め、九月には摂津芥川城《あくたがわ》（大阪府高槻市）を落とした。このとき、後に三好長慶と争う安見宗房《やすみむねふさ》もこの合戦に加わっている。十月には、鷹山弘頼と安見宗房に上山城三郡の守護代職を与えた。十二月には近江に逃れた足利義晴の嫡男義藤《よしふじ》（後の義輝《よしてる》）の将軍就任の二日目の役銭を遊佐長教が負担しており、義晴と長教は通じていたとみられる。長教が上山城守護代職補任を二人に行ったのは、義晴と連絡を取っていたためかもしれない。長教は義晴と協調しながら、細川晴元と対決することを選んだことになる。同じころ、畠山政国が惣領名代として高屋城に入った。長教は戦う体制を整えたのである。

一方、細川晴元方は同年十月には阿波勢が畿内に入り、長教が落とした摂津諸城の攻略を始める。そして天文十六年七月、舎利寺《しゃりじ》の戦いと呼ばれた合戦で、両軍二千名が戦死する大合戦が行われた。両軍は相当に被害が出た模様である。長教方は高屋城に引き返したが、晴元方は高屋城を攻略できず、翌年四月まで城を囲んだが、和睦となり、細川方は退却している。十月、長教は三好長慶と同盟し、長教は娘（養女か）を長慶に嫁がせた。長慶も細川氏綱を立てて挙兵することに同意する。長慶は河内勢とともに天文十八年六月、江口《えぐち》の戦いで同族三好宗三を滅ぼし、上洛を果たす。長教は長慶を支援するが、基本的には河内を離れず、河内支配に専念する。彼は、最後まで河内を基盤とした権力でいた。ようやく平和が訪れた河内であったが、天文二十年五月五日、長教は高屋城で京都六条道場《ろくじょうどうじょう》の法師に暗殺された〔興福寺大般若経（良尊一筆経）奥書〕。彼の死によって、河内勢は内部分裂を起こし、時代の中心から外れていく。

（小谷利明）

【主要参考文献】

今谷　明『戦国三好一族』（洋泉社MC文庫、二〇〇七年。初出一九八五年）
天野忠幸『室町幕府分裂と畿内近国の胎動』（吉川弘文館、二〇二〇年）
小谷利明『畿内戦国期守護と地域社会』（清文堂出版、二〇〇三年）
小谷利明「畿内戦国期守護と室町幕府」（『日本史研究』五一〇、二〇〇四年）
小谷利明「畠山氏の権力構造と文書発給」（川岡勉編『中世後期の守護と文書システム』思文閣出版、二〇二二年ａ）
小谷利明「畠山稙長」（天野忠幸編『戦国武将列伝7　畿内編上』戎光祥出版、二〇二二年ｂ）
馬部隆弘『戦国期細川権力の研究』（吉川弘文館、二〇一八年）
弓倉弘年『中世後期畿内近国守護の研究』（清文堂出版、二〇〇六年）
八尾市編纂委員会『新版八尾市史　古代・中世史料編』（八尾市、二〇一九年）

安見宗房——河内交野を領した政長流畠山氏の有力内衆

安見宗房の登場

戦国時代、政長《まさなが》流畠山《はたけやま》氏の有力内衆《うちしゅう》に安見宗房《やすみむねふさ》がいる。安見氏は、宗房以前にはその名を見いだすことができず、最後は守護代家遊佐《ゆざ》氏の一族として室町幕府奉公衆に登用されている、下克上を体現した人物である。安見の読みであるが、『言継卿記《ときつぐきょうき》』天文二十一年（一五五二）十一月三十日条に、「河内八隅《やすみ》」と記されていることから、「やすみ」である。

安見宗房は、以前は諱《いみな》を「直政《なおまさ》」とされ、六角《ろっかく》氏の家臣「安上宗房」とされるなど、正確な事績が明らかにされていたとは言い難かった〔弓倉二〇〇六、二〇一七〕。その際「直政」の諱は、『姓氏家系大辞典』が引用する「安見系譜」によることを明らかにしたが、その後「安見系譜」が、日本最大級の偽文書群と言われる、「椿井文書《つばいもんじょ》」の中にあることが明らかになった。そして、「直政」の名前の起源は、『室町殿物語《むろまちどのものがたり》』であったとされている〔馬部二〇一九〕。

安見宗房の出自はよくわかっていない。「興福寺大般若経《こうふくじだいはんにゃきょう》（良尊一筆経《りょうそんいっぴつきょう》）奥書《おくがき》」には、安見氏は大和越智《おち》氏の「中間《ちゅうげん》」であると記されているが、他に史料はなく、関係はわからない。だが、安見宗房と行動を共にした鷹山《たかやま》氏は越智氏の麾下に属したこともあり、あながち否定はできない。

現在のところ安見宗房の確実な初見は、『天文日記《てんぶんにっき》』天文十五年九月五日条である。『天文日記』で安見宗房は、大和国添下郡鷹山（奈良県生駒市）の国人である鷹山弘頼《ひろより》らとともに本願寺《ほんがんじ》と音信を通じている。鷹山弘頼は河内国交野《かたの》郡私部《きさべ》（大阪府交野市）にも所領を有していた。安見氏の本拠も交野郡にあると言われていることから、ここで両者の関わりが生じたとしても、不思議ではない。また、安見宗房は『言継卿記』天文二十三年三月五日条等に、「遊佐内安見」と記されていることから、畠山氏の中でも守護代家遊佐氏の家中に組み込まれていたことがわかる。

天文十五年八月に始まった第二次細川氏綱《ほそかわうじつな》の乱に際して、安見宗房は鷹山弘頼とともに行動し、山城上三郡（宇治《うじ》・綴喜《つづき》・相楽《そうらく》）「四分の一郡職」を望んだ。この「郡職」とは、南山城三郡の守護代職とみられる。この時期の遊佐長教《ながのり》の有力内衆吉益《よします》匡弼書状には、これ以前から南山城一帯の「諸侍」が、安見宗房・鷹山弘頼を守護代と認識していたと記している。

おそらく天文十年十月の木沢長政《きざわながまさ》の乱を機に、安見宗房・鷹山弘頼は政長流畠山氏の河内守護代遊佐長教の下に帰参し、南山城・北河内・大和一帯に勢力を伸張させたのであろう。ただし、安見宗房・鷹山弘頼の要望は、天文十六年に第二次細川氏綱の乱が失敗したことで、ひとまず潰え去った。

安見宗房は、細川氏綱が発給した文書に「安見与兵衛尉殿」と記され〔興福院所蔵鷹山家文書〕、自身の発給文書にも「安見与兵衛尉宗房」と署名していることから〔北野神社文書〕、当時「与兵衛尉《よひょうえのじょう》」

と称していた。

安見宗房の勢力拡大

遊佐長教は三好長慶《みよしながよし》と同盟を結び、天文十八年(一五四九)六月、摂津江口《えぐち》(大阪市東淀川区)の戦いに勝利して、細川晴元《はるもと》政権を崩壊させた。政長流畠山氏の当主政国《まさくに》は、将軍を近江に追いやったことに不満があったためか、紀伊宮原《みやはら》(和歌山県有田市)に隠居した。このため、河内は事実上、遊佐長教の領国となった。この時期安見宗房は、「興福寺大般若経(良尊一筆経)奥書」によれば、河内下郡代として飯盛城(大阪府大東市、四條畷市)を拠点に、北河内を支配したとする。他に史料がないので断定できないが、状況的にはあり得る話である。

天文二十年五月、河内の最高権力者であった遊佐長教が暗殺された。長教の嫡子信教《のぶのり》が幼少だったこともあって、一族の遊佐太藤が跡を継いだが、内衆間での権力闘争が表面化した。天文二十一年二月、安見宗房は萱振賢継《かやふりかたつぐ》をはじめ、田河純忠《たがわすみただ》・中小路《なかこうじ》氏ら遊佐氏被官を粛清したのである。

萱振氏は、応仁の乱以前からの守護代家遊佐氏被官の有力者である。田河純忠も遊佐長教奉行人として勢力を振るっていた。安見宗房は、そのような萱振氏とその与党を粛清することで、大きく勢力を伸張させることができるようになったのである。

「興福寺大般若経(良尊一筆経)奥書」によれば、安見宗房は萱振氏らを粛清した際、野尻《のじり》氏も粛清したと記している。他の史料で確認できないので事の真偽はわからないが、天文二十三年には、安見宗房が子息の満五郎《みつごろう》を野尻氏の養子にしたことが確認できるので〔言継卿記〕、安見宗房が野尻氏の勢力を手に入れたことは間違いないだろう。

野尻氏は、山城国綴喜郡野尻郷（京都府八幡市）を本拠とする国人で、隣接する河内国交野郡に勢力を伸ばしており、同郡内の招提《しょうだい》（大阪府枚方市）寺内町は、野尻氏の勢力下にあった。野尻氏が河内の有力国人であったことは、天文十四年五月に、細川晴元の求めに応じて五〇〇人の軍勢を動員していることからもわかる〔言継卿記〕。交野郡は安見氏の本拠であり、安見氏と野尻氏の関係ができたのであろう。安見宗房と野尻宗泰《むねやす》が連署した文書も見られる〔養父彦次郎氏所蔵文書〕。これらのことから、安見宗房らが北河内から南山城に勢力を伸張できた背景には、野尻氏等この地域の国人勢力を取り込んだことにあった〔小谷二〇〇三、弓倉二〇〇六〕。

天文二十一年九月、畠山高政《たかまさ》が畠山氏家督に就いた〔天文日記〕。同年十一月、没落していた細川晴元が活動を再開すると、安見宗房は三好長慶に応じて三〇〇〇ばかりの兵を率いて上洛し、西賀茂《にしかも》（京都市北区）あたりを「打廻」り、清水寺《きよみずでら》（京都市東山区）へも参詣している〔言継卿記〕。

安見与兵衛尉宗房が「美作守《みまさかのかみ》」を称した初見は、『天文日記』天文二十一年十二月十日条である。また、遊佐太藤が将軍の御供衆になったことが確認できるのが、天文二十二年閏正月である〔天文日記〕。よって、安見宗房の受領《ずりょう》名拝命《めい》と、遊佐太藤の御供衆就任は関連しているとみられ、この件は、畠山高政の家督相続や安見宗房の上洛とも関係しているとみられる。
この頃には、遊佐太藤・安見宗房と、畠山高政・鷹山弘頼との間に不和が生じていたらしく、天文二十二年五月、鷹山弘頼は河内高屋《たかや》城（大阪府羽曳野市）で自刃させられた。鷹山氏の所領が、私部など安見氏の本拠である交野郡に存在していたこともあり、安見宗房にとって鷹山弘頼は邪魔な存在になっていたのであろう。

萱振賢継らを粛清し、鷹山弘頼を自刃させたことで、安見宗房は対立していた内衆を一掃し、その立場は強化された。ただ、他の内衆と連署で発給した文書を検討してみると、守護家系内衆の丹下《たんげ》盛知《もりとも》や守護代家系内衆の走井《はしりい》盛秀《もりひで》の次位であり、天文末年の時点での安見宗房の地位は、俗説で言われるような河内守護代ではなかった〔弓倉二〇〇六〕。

天文二十二年に入ると、京都奪還を目指す将軍足利義輝《あしかがよしてる》・細川晴元らと、三好長慶の戦闘が激化した。同年七月、安見宗房は三好方に加勢するため、丹下盛知とともに軍勢を率いて上洛した。長坂《ながさか》・船岡《ふなおか》（京都市北区）で細川晴元方の攻撃を防いだ安見宗房は、八月には摂津芥川《あくたがわ》城（大阪府高槻市）を受け取るなど、三好長慶の同盟者である畠山氏の軍勢の中心的存在として活動した〔弓倉二〇一七〕。

弘治二年（一五五六）七月、安見宗房らは大和の万歳《まんざい》氏と布施《ふせ》氏の抗争に、万歳氏方として介入した。翌三年十二月、宗房は筒井《つつい》藤勝《ふじかつ》（後の順慶《じゅんけい》）を飯盛城に同道させて、遊佐氏との姻戚関係を結ばせるなど、大和の情勢に介入した〔幡鎌二〇〇一〕。永禄元年（一五五八）三月、安見宗房が春日《かすが》社（奈良市）に石灯籠を寄進したのは、大和の情勢が安定した証であろう〔小谷二〇一四〕。

このように安見宗房は、天文末年から弘治年間にかけて、大きく権力を伸張させた。推測になるが、弘治年間には、遊佐太藤の名がみえなくなる。安見宗房は遊佐太藤に代わって、守護代家の権力を掌握したのであろう。このように永禄初年までに、安見宗房は大きく権力を伸張させていたのである。ただし、発給文書では走井盛秀の次位に署名しており、家格的には一有力内衆であった〔弓倉二〇〇六〕。

畠山高政との不和

『天文日記』には、本願寺と武将間の音信に関する記事が多く記されており、畠山氏関係の記事も多い。天文二十二年（一五五三）正月では、畠山高政とともに遊佐太藤・丹下盛知・走井盛秀・安見宗房に年始の贈答を行っている。だが、翌二十三年正月には、まず、安見宗房と年始の贈答を行い、後日、畠山高政・遊佐太藤・丹下盛知・走井盛秀と年始の贈答を行っている。また、本願寺からの贈答品は天文二十二年正月には「五種五か《（荷）》」であったが、翌二十三年正月には「五種十か」に変化しており、いずれも畠山高政への「三種三か」よりも多い。

まず、安見宗房に年始の贈答を行うように変化したことは、本願寺が宗房を重視していることを示している。これは、畠山氏内部で安見宗房の立場が変化したことをあらわしていると言えよう。このころから畠山高政と安見宗房の不和が生じていた可能性があったのではないか。

弘治三年（一五五七）になると、安見宗房と畠山高政の不和が伝えられるようになった。そのためか、永禄元年（一五五八）の将軍足利義輝方と三好長慶方の京都攻防戦では、畠山氏は軍勢を派遣していない。同年十一月、安見宗房と畠山高政の不和が表面化し、畠山高政は紀伊へ出奔したのであった。

永禄年間になると、畠山氏内部で遊佐太藤ばかりか丹下盛知の名が見えなくなる。ことによると、この両者は没したのかもしれない。安見宗房は、守護代家ばかりか、守護家系内衆の権力をも掌握しようとしたため、畠山高政と全面的に対立したのであろう。

三好長慶にとって、本国阿波と京都との間に位置する河内の情勢が不安定では、政権が安定しない。そこで長慶は、畠山高政の河内復帰を援助することを口実に、河内に介入することを企図した。永禄二年八月、三好長慶や紀伊の湯河直光《ゆかわなおみつ》の支援を受けた畠山高政は、高屋城に復帰した。この件で安見宗房は、畠山高政の河内支配から排除されたが没落したわけではなく、飯盛城に在城していた。

永禄三年三月、安見宗房は富田林《とんだばやし》（大阪府富田林市）の「大坂並」と呼ばれる寺内特権を承認した。また、守護代家の権力を掌握した安見宗房は、永禄年間に狭山池（大阪府大阪狭山市）の改修を行おうとするほどの権力者であり、宗房抜きでの河内支配は考えられなかった。そのような理由からも、畠山高政は安見宗房と和睦せざるを得なかったのであろう。

三好長慶はこの和睦を口実に河内の領国化をめざして、軍事行動を開始した。激しい攻防戦の末、永禄五年五月の教興寺《きょうこうじ》（大阪府八尾市）合戦で、畠山氏の軍勢が三好方に大敗し、安見宗房は大坂本願寺から紀伊に没落した。

家格の上昇と奉公衆就任

永禄八年（一五六五）五月、将軍足利義輝が三好義継らによって殺害された。同年六月二十四日、安見宗房は上杉《うえすぎ》氏の重臣河田長親《かわだながちか》・直江景綱《なおえかげつな》に宛てて、上杉氏に対し、反三好の挙兵を促す書状を発給した〔長岡市立科学博物館所蔵河田文書〕。その際安見宗房は、遊佐信教を「同名新次郎」と記しており、安見宗房が遊佐氏同名になっていたことがわかる。

管見の限りで安見宗房が遊佐宗房を称した初見は、『奥山文書』永禄三年正月十一日付書状の包み紙である〔東京大学史料編纂所花押データベース〕。安見宗房が富田林寺内の特権を承認したり、狭山池の改修を行おうとしたのも、遊佐氏同名となったことと関係があるだろう。なお、安見宗房が遊佐氏同名となったのは、姻戚関係によると考えられるが、確かな史料は知られていない。

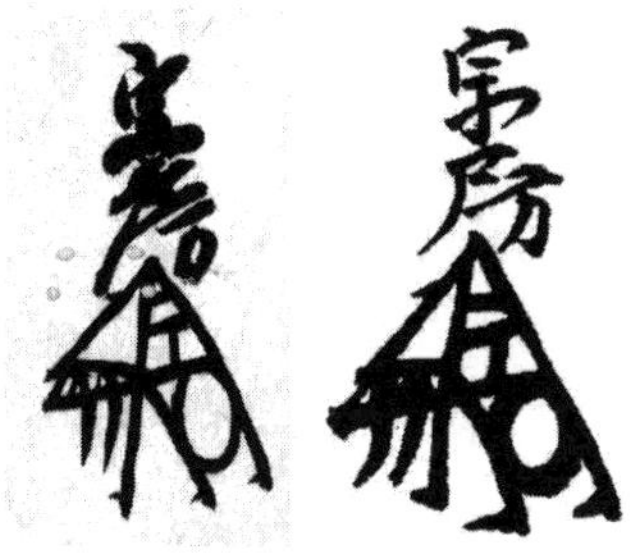
右：安見宗房花押　左：遊佐宗房花押

遊佐氏同名となったことは、遊佐宗房の立場も変えていった。前述したように、宗房は富田林の寺内特権を承認し、狭山池の改修を行おうとしていた。宗房は永禄初年には、守護代家の権力を掌握していたのである。だが、永禄八年十月二十三日付の畠山氏家中奉書では、恩地《おんじ》左近大夫定成《さだなり》・走井左京進慶秀《よしひで》・遊佐宗房の順に署判しており、畠山氏家中での宗房の地位がわかるが、この文書は単独で発給した判物ではない〔金剛寺文書〕。これは遊佐信教の立場が関係していると考えられる。宗房と遊佐信教の関係であるが、宗房が信教の書状を「直書」と呼んでいることから、宗房には越えられない一線があったのである。

宗房が単独ではなく、連署奉書に名を連ねているのは、永禄六年九月に遊佐長教の嫡子信教が成人し、判物を発給し始めたことと関係しているとみられる。守護代家家中で単独で判物を発給できたのは基本的に当主であり、遊佐信教が成人した以上、他の内衆はできなくなったのであろう。

富田林の寺内特権承認と、『金剛寺文書』の「畠山氏家中奉書」では、宗房の地位が低下したと考えることができる。これは、永禄五年の河内失陥が影響しているとみられる。宗房は自身と守護家当主の対立が原因となって三好氏に河内を奪われたことで地位が低下し、畠山氏家中において、守護代家当主遊佐信教の力が必要となったのであろう。

宗房は、天文年間から各地の大名や武将に書状を送るなど、畠山氏の外交を担当していた。これは遊佐信教が成人しても変わらず、各地の大名や武将に単独で署名した書状を送っている。

安見宗房が遊佐姓を名乗った後、安見氏の名跡は一族の右近が継承した。永禄八年十月、畠山高政の軍勢の一員となった安見右近は、大和で活動している。また、安見右近は安見氏の本拠地といわれる交野郡の所領や寺内町に対する権利を、永禄五年の教興寺合戦敗北後も維持していた。永禄年間の安見一族と遊佐宗房の活動は、必ずしも一致していなかったのである。

永禄十一年十月、織田信長が足利義昭とともに上洛し、室町幕府を復活させた。復活した室町幕府で畠山秋高《あきたか》は、正式に河内半国と紀伊・大和宇智《うち》郡の守護となった。将軍足利義昭は遊佐宗房を奉公衆に取り立てた。宗房は永禄十三年五月まで京都で活動したことは知られているが〔言継卿記〕、以後の活動は知られていない。元亀二年(一五七一)から三年にかけて、安見氏の拠点である交野城(大阪府交野市)は、三好・松永の攻撃にさらされたが、この攻防戦と遊佐宗房の関わりはわかっていない。この戦いには奉公衆も出陣しているので、宗房が交野城救援のため、出陣した可能性はある。

天正五年(一五七七)の堺商人津田宗及《つだそうぎゅう》らの茶会で、宗房の遺品が鑑賞されていることから、これ以前に没していた〔馬部二〇一九〕。野尻氏の養子になった宗房の子満五郎と同一人物であるか否かは不明であるが、野尻実堯《さねたか》は遊佐信教の重臣として、元亀年間に河内下郡代であった。安見宗房はかつて下郡代であったことから、宗房の関係者が織田信長上洛後の河内において、同様の職にあったのである。安見宗房の権力基盤は、一族の安見右近だけでなく、子息が養子に入った野尻氏に継承されたと言えるだろう。

(弓倉弘年)

【主要参考文献】
小谷利明『畿内戦国期守護と地域社会』(清文堂出版、二〇〇三年)

小谷利明「畿内戦国期守護と室町幕府」(『日本史研究』五一〇、二〇〇五年)
小谷利明「河内の戦国争乱」(『大阪狭山市史』第一巻、二〇一四年)
幡鎌一弘『衆徒の記録から見た筒井氏』(筒井順慶顕彰会、二〇〇一年)
馬部隆弘『由緒・偽文書と地域社会―北河内を中心に―』(勉誠出版、二〇一九年)
福島克彦『畿内・近国の戦国合戦』〈戦争の日本史一一〉(吉川弘文館、二〇〇九年)
弓倉弘年『中世後期畿内近国守護の研究』(清文堂出版、二〇〇六年)
弓倉弘年「安見宗房と管領畠山氏」(天野忠幸編『松永久秀』宮帯出版社、二〇一七年)

湯河直光——教興寺合戦で散った紀伊の名門奉公衆

奉公衆湯河氏

室町幕府は、将軍直属の軍事力として、各地の国人や守護の一族などからなる奉公衆を編成した。奉公衆は、平時は京都で将軍の護衛や幕府の警備などにあたり、戦時には直属軍として軍事作戦に参加した。その所領は守護から独立した支配を認められており、守護を牽制する役割を有していた。紀伊の国人系奉公衆としては、湯河《ゆかわ》・山本《やまもと》・玉置《たまき》氏が知られ、いずれも四番衆に編成されている。

湯河氏は牟婁《むろ》郡道湯川《どうゆかわ》（和歌山県田辺市）を本貫地とする国人領主で、南北朝期にはすでに日高《ひだか》郡小《こ》松原《まつばら》（同御坊市）に進出し、ここを拠点としていた。室町時代、牟婁郡道湯川の湯河氏は「奥の湯河氏」、日高郡小松原の湯河氏は「端の湯河氏」と呼ばれ、奉公衆になったのは「端の湯河氏」である。以下に記す湯河氏は、「端の湯河氏」のことである。『太平記《たいへいき》』によれば、湯河氏は南北朝の動乱で南朝に与していたが、正平の一統（一三五一年）の後に幕府に帰参したとしている。

湯河氏が奉公衆に編成された事情はわかっていない。康安元年（一三六一）十二月三日付の湯河光種《みつたね》注進状では、湯河光種は紀南の在地領主らを取りまとめ、光種と共に上京する者と、在国して戦う者を振り分けている。このように湯河氏は、南北朝期から紀南の室町幕府直属の武士として活動しており、重要な役割を担っていたことから、奉公衆に編成されたと考えられる。

湯河氏は、小松原・芳養《はや》（和歌山県田辺市）などの所領を有したほか、大野《おおの》（同海南市）・小松原・山東（和歌山市）・親露（田辺市）など熊野街道《くまのかいどう》沿いの関《せき》の支配を幕府から認められており、経済的にも守護から独立した存在であった。湯河氏の所領は、紀伊国内に点在していたらしく、前出の小松原・芳養のほか、日高郡印南《いなみ》（和歌山県印南町）があった。牟婁郡下芳養には一族の式部《しきぶ》家が存在していた。

小松原と芳養の湯河氏の関係だが、幕府への段銭《たんせん》納入は小松原の湯河氏を通して行っている。このことなどから、小松原の湯河氏が惣領家、下芳養の湯河氏が庶家である。明応二年（一四九三）四月、小松原の湯河氏が、式部大輔に対し印南本郷荒れ地の段銭免除を認めている〔湯河家文書〕。戦国時代に至っても庶家の式部家は、惣領家の統制を受けていたのである。

奉公衆が守護を牽制する役割があったとはいえ、常に守護と緊張状態にあったわけではない。湯河式部は、紀伊守護畠山満家《はたけやまみついえ》から「平祝要害」（平須賀城《へいすがじょう》）の守備を任されている。平須賀城（和歌山県みなべ町）は、守護畠山氏の紀南支配の拠点である日高郡南部の高田土居城《たかだどい》（みなべ町）に隣接する山城で、重要な軍事拠点であった。この件は、奉公衆湯河氏と守護畠山氏が、良好な関係を築いていたことを示している。

湯河氏の立場と発展

湯河氏と畠山氏の関係に変化が生じるのは、畠山義就《よしひろ》と弥三郎《やさぶろう》・政長《まさなが》が家督をめぐって争った、応仁の乱以前からである。この頃の湯河氏は、政春《まさはる》が当主であった。応仁の乱に先立つ畠山氏の長禄・寛正の内訌の際、湯河政春は将軍直属の奉公衆として、守護畠山義就に味方した。しかし、応仁の乱に際して政春は、一貫して畠山政長方であった。この背景には、湯河氏と熊野三山との対立があったからと考えられる。

湯河氏と熊野三山との間には、熊野街道沿いの関の支配をめぐる対立があった。湯河氏にとって関は重要な経済基盤であったが、熊野三山にとって関の存在は「煩い」であった。また、日高郡高家荘（和歌山県日高町）の支配権をめぐる対立など、所領をめぐる対立もあった。熊野は南朝勢力が根強く存在した地域であり、畠山氏は持国《もちくに》の頃に、旧南朝の在地領主と深い関わりを持つようになった。そのような事情もあって、熊野三山は畠山義就方に与したのであった。一方の湯河氏は、熊野三山に対抗する必要から、畠山政長方に与したのであろう。緒戦の一時期を除いて、将軍足利義政《あしかがよしまさ》・義尚《よしひさ》が政長方であったことも、湯河氏の奉公衆としての立場と矛盾しないものであったのである。

明応の政変後も湯河政春は、畠山尚順《ひさのぶ》（政長の嫡子）・足利義材《よしき》（後に義尹《よしただ》、義稙《よしたね》）方として活動し、京都の細川政元《ほそかわまさもと》政権とは距離を置いていた。ただ、明応の政変で畠山政長が自刃し、分国支配にかかわる有力内衆《うちしゅう》の多くを失ったことが、湯河氏の立場に変化をもたらすこととなった。明応二年（一四九三）

十一月二日、湯河政春は海部《あま》郡衣奈《えな》荘（日高町）の下司《げし》職《しき》や衣奈八幡宮神職を下司源七《げんしち》に安堵した。湯河氏は明応の政変によって、畠山氏の権力が動揺したのを機に、周辺地域へも権力を伸張していった。また、湯河氏は安芸の毛利《もうり》氏等と同様の「家中」と呼ばれる権力体を、永禄年間には作り上げていた。このように湯河氏は、戦国領主へと成長していったのである〔矢田一九九八〕。

有田《ありだ》郡の在地領主で湯浅党《ゆあさとう》の流れを汲む崎山《さきやま》氏は、天文年間には湯河氏の配下となっていた。雑賀《さいか》衆《しゅう》では、湯河氏の重臣湊《みなと》氏が、雑賀衆の構成員である湊氏と同族であると見られる。湯河氏は雑賀衆の支配領域である名草《なぐさ》郡大野《おおの》（和歌山県海南市）に支配権を有しており、雑賀衆も事実上配下に収めていた。雑賀衆の中には本願寺《ほんがんじ》の門徒も多く存在しており、湊氏も門徒であった。その関係からか、湯河氏も本願寺と深い関わりを持つようになった。本願寺の法主証如《しょうにょ》は、自身の日記である『天文日記《てんぶんにっき》』に、湯河氏を「門徒」と記している。

ところで、奉公衆は在地に所領を有するとともに、京都に館を構えて幕府に出仕している。湯河氏の当主も京都と地元を往来しているが、その際、京都の文化を地元に伝えている。湯河政春は連歌を愛好し、紀伊出身と伝えられる宗祇《そうぎ》と親交を結んだ。政春の句は『新撰菟玖波集《しんせんつくばしゅう》』にも収録されている。湯河氏は奉公衆として、中央（京都）と地方を繋ぐ重要な役割を果たしていた。

湯河氏の本拠である小松原館は、発掘調査が進み、詳細が明らかになってきている。その結果、最終的な館の規模が東西約二二五m、南北約二〇〇mに及ぶ大規模なもので、各地の守護館に匹敵する規模を有することが明らかになった。居館の構造も将軍邸を模した方形居館であり、館の南東部に将軍邸と同様の庭園を有していた。湯河氏は、戦国領主としてだけでなく、奉公衆家として京都の将軍邸を模した館を築造したのであろう〔和歌山県文化財センター二〇一六〕。

湯河氏館跡　和歌山県御坊市　画像提供：和歌山県文化財センター

河内への介入

畠山氏の家督紛争で湯河氏惣領家は、政長流畠山氏の畠山政長・尚順・稙長《たねなが》方であり、これは天文年間になっても変わらなかった。湯河氏と畠山氏の人的関わりを見てみると、『湯河家文書』には、「湯河右馬允《うまのじょう》」の「被官」として「丹下孫四郎《たんげまごしろう》」の名が見える。丹下氏は、政長流畠山氏の有力内衆であり、丹下孫四郎は稙長の重臣丹下盛賢《もりかた》の一族と見られる。湯河氏は政長流畠山氏との人的関係を深めていき、天文年間以降は畠山氏に協力して、河内に出兵するようになった〔弓倉二〇〇六b〕。

天文二年（一五三三）三月四日、将軍足利義晴《よしはる》が湯河光春《みつはる》に対して堺の一向一揆を討つことを命じている。また、「証如上人《しょうにょしょうにん》書札案《しょさつあん》」には、湯河光春を「奉公衆」と註記している。このように湯河氏は、十六世紀半ばに至っても幕府奉公衆としての認識を有しており、この認識は湯河氏の政治的立場に大きな影響を与えることとなった〔弓倉二〇〇六a〕。古記録・古文書には記されていないが、このころから湯河直光《なおみつ》が活動していたと考えられる。

奉公衆家湯河氏の当主は、政春・光春と継承され直光に受け継がれた。初め「弥太郎《やたろう》」と称した直光は、天文十七年（一五四八）十二月に「宮内大輔」に任じられたとする〔湯河家文書〕。天文二十四年六月、直光は貴志兵庫之助《きしひょうごのすけ》に日高郡財荘《たから》（和歌山県御坊市）の権利を認めており、天文末年から当主として活動していたことは間違いない。

湯河直光が当主になった頃は、畠山氏の権力が動揺した時期であった。天文二十年五月、河内守護代遊佐長教《ゆざながのり》が暗殺され、守護代家内部で権力闘争が生じた。その過程で安見宗房《やすみむねふさ》が台頭した。守護家では、天文二十一年九月に畠山高政《たかまさ》が家督を継承したが、次第に安見宗房らと対立するようになった。高政は永禄元年（一五五八）十一月に堺に出奔し、紀伊へ没落した。

将軍足利義輝《よしてる》の意向を受けた湯河直光は、没落した畠山高政を三好長慶《みよしながよし》とともに援助し、永禄二年（一五五九）八月、河内高屋城《たかや》（大阪府羽曳野市）を回復した。直光は恩賞として、畠山中務少輔家の名跡を与えられた〔尊経閣文庫古文書〕。高政は直光に畠山氏一族の家督を与えることで、厚遇の意を示すとともに、一族に加えることで統制しようとしたとみられる。ただし、直光自身が「畠山中務少輔」を称した史料は確認できない。

軍記物をもとにした俗説では、畠山高政が湯河直光を河内守護代に任じたが河内国人が従わず、高政によって解任されたとされていた。しかし、この件は良質な史料で確認できず、事実ではない。戦後処理が一段落した段階で直光が紀伊に帰国したことを捉えて、後世に造られた話であろう〔弓倉二〇〇六a〕。

湯河直光と畿内の合戦

河内の情勢は、畠山高政が安見宗房と和睦したことを契機に三好氏の全面介入を招き、永禄三年(一五六〇)十一月には三好実休《じっきゅう》が河内を支配することとなった。再び紀伊に没落した高政は、永禄四年四月、和泉を支配していた十河一存《そごうかずまさ》の死をきっかけに近江の六角義賢《ろっかくよしかた》らと結び、三好政権の転覆を謀っている〔天野二〇一四〕。

永禄四年七月、六角義賢と結ぶ畠山高政は、岸和田《きしわだ》(大阪府岸和田市)に兵を進めた。高政の陣営には紀伊の根来寺《ねごろでら》衆に加えて、和泉守護代家松浦《まつら》氏の軍勢も加わっていた。松浦氏家中には、十河一存による和泉支配を快く思わない人々もいたらしく、そのような人々が高政の陣営に加わったのである。

将軍足利義輝は湯河直光に対し、表向きは三好政権に与するように御内書《ごないしょ》を発給したが、義輝の伯父である近衛《このえ》家出身の大覚寺《だいかくじ》義俊《ぎしゅん》らが反三好勢力を糾合するため直接働きかけたこともあって、直光は畠山高政らの反三好連合に与することになった。三好氏が河内に存在する湯河氏の所領を押領したことも、直光が高政に与する大きな理由になったと考えられる。

湯河直光ら紀州勢に加えて、薬師寺弼長《やくしじすけなが》など細川氏家臣や大和の十市遠勝《とおちとおかつ》らも加わり、勢いを得た畠山高政の軍勢は、和泉・河内で大規模な攻勢を仕掛けた。一方、三好氏の軍勢は三好実休・安宅冬康《あたぎふゆやす》らが中心となって、畠山高政の軍勢を迎え撃った。永禄五年三月五日、両軍は和泉久米田《くめだ》（大阪府岸和田市）で激突、畠山軍は三好実休を討ち取るなど大勝し、高屋城を回復した。

久米田の戦いで畠山軍が大勝したことで、三好義興《よしおき》らは将軍足利義輝とともに石清水八幡宮《いわしみずはちまんぐう》（京都府八幡市）に退くなど、一時京都を放棄せざるをえなかった。三月八日付の湯河春定《はるさだ》書状では、久米田の戦いの勝利について、「てんか《（天下）》の御かち」〔尾崎家文書〕と記している。これは畠山高政らの目的が、三好長慶を幕府から排除し、新しい政権を樹立することを端的に示している〔小谷二〇〇三〕。

久米田の戦いに勝利した畠山高政は、湯河直光らとともに三好長慶が立て籠もる河内飯盛城《いいもり》（大阪府大東市、四條畷市）を包囲し、約二ヶ月に及ぶ飯盛城攻防戦が始まった。攻撃する畠山側からすれば、大和方面を三好方に押さえられており、飯盛城を攻略することは並大抵のことではなかった。

永禄五年五月、阿波からの援軍が到着した三好方は、三好義興・松永久秀《まつながひさひで》らの軍も加わって反攻作戦に移った。五月二十日、三好氏と畠山氏の軍勢は河内教興寺《きょうこうじ》（大阪府八尾市）で激突し、湯河直光が戦死するなどして畠山氏が大敗した。

戦いの様相について、幕府内談衆《ないだんしゅう》大館晴光《おおだちはるみつ》が越前の朝倉《あさくら》氏や能登畠山氏に宛てた書状には、次のように記されている〔大館記〕。最初に三好義興らと根来寺衆との間で戦闘が始まったが、戦いの最中に松浦勢の陣屋から火が出て、それを契機に飯盛城からも城兵が出て、畠山軍を攻撃した。前後を挟撃された畠山軍は、最初に湯河直光が戦死したこともあって、根来寺衆など紀州勢の統制がとれなくなり、総崩れとなって敗走した。畠山高政は高屋城を持ちこたえることができず、大和宇智《うち》郡に逃れた。安見宗房は堺に、その子野尻孫五郎《のじりまごごろう》は大和の鷹山谷《たかやまだに》(奈良県生駒市)に逃れるなど、畠山氏は大敗北となった〔弓倉二〇〇六a〕。

畠山氏にとって教興寺合戦敗北の衝撃は大きく、畠山氏は再び河内の大半を三好氏に明け渡すことになった。畠山氏当主と有力内衆・根来寺衆の「大将」の大半が無事と伝えられる中で湯河直光が戦死したのは、如何なる理由があったのだろうか。想像の域を出ないが、湯河氏は天文年間以降たびたび畿内に出兵しているが、大規模な野戦は永禄年間まで経験がなかったのではないか。紀伊国内の小規模な戦闘の経験はあっても、大規模な野戦に不慣れであったことが直光の戦死につながったのであろう。

湯河氏にとって、当主直光が教興寺合戦に敗れて戦死したことの影響は大きかった。跡を継いだ湯河直春《なおはる》は、代替わりが行われた直後の永禄五年七月、雑賀衆の有力者との間で起請文を取り交わしている〔湯河家文書〕。永禄年間に至っても、将軍直属を誇りとする奉公衆家湯河氏にとって、在地の小領主の集まりにしかすぎない雑賀衆との間で起請文を取り交わすことは、きわめて異例なことである。そのようなことをしなければならないほど、教興寺合戦敗北の影響は甚大であったと言えよう。

(弓倉弘年)

【主要参考文献】

天野忠幸『増訂版　戦国期三好政権の研究』（清文堂出版、二〇一五年、初版二〇一〇年）
天野忠幸『三好長慶』（ミネルヴァ書房、二〇一四年）
今谷明・天野忠幸編『三好長慶』（宮帯出版社、二〇一三年）
小谷利明『畿内戦国期守護と地域社会』（清文堂出版、二〇〇三年）
小谷利明「畿内戦国期守護と室町幕府」（『日本史研究』五一〇、二〇〇五年）
矢田俊文『日本中世戦国期権力構造の研究』（塙書房、一九九八年）
弓倉弘年『中世後期畿内近国守護の研究』（清文堂出版、二〇〇六年a）
弓倉弘年「畿内に出陣した紀州衆」（小山靖憲編『戦国期畿内の政治社会構造』和泉書院、二〇〇六年b）
和歌山県文化財センター『公開シンポジウム　紀中・紀南の旗頭　湯川氏の城・館・城下町』（二〇一六年）

鈴木孫一――信長の前に立ちはだかった本願寺方の「大将」

雑賀の地

紀伊の北部には、大和の吉野《よしの》から流れる紀ノ川《きのかわ》が流れ、その河口部には和歌山平野が存在している。和歌山平野には国衙《こくが》が置かれており、紀伊の政治・経済の拠点であった。

その和歌山平野は、天正十三年（一五八五）に羽柴秀吉《はしばひでよし》が紀伊に入り、弟の秀長《ひでなが》が和歌山城（和歌山市）を築くまで、「雑賀《さいか》」・「雑賀野《さいかの》」と呼ばれていた。それゆえに、戦国時代、和歌山平野を拠点とする武士団は「雑賀衆《さいかしゅう》」と呼称されている。その雑賀衆の一員として活躍したのが、鈴木孫一《すずきまごいち》である。鈴木孫一について触れる前に、中世後期の和歌山平野の状況を見ておきたい。

中世後期の雑賀

中世後期の和歌山平野の特徴は、守護権力の影響が弱いということがあげられる。十四世紀後半に山名《やまな》氏が紀伊守護に補任されたときの守護所は、国衙があったと想定される名草郡府中（和歌山市）から南東に二キロほど離れた紀ノ川河岸の永穂《なんご》（和歌山市）にあった〔新谷二〇一七〕。その後、南朝勢力への対応のため、守護所は和歌山平野から離れた海草郡の大野《おおの》（和歌山県海南市）に移っている。守護が大内《おおうち》氏や畠山《はたけやま》氏に変わっても、守護所は変わることがなかった。しかし、十五世紀半ば以降、畠山政長《まさなが》と同義就《よしひろ》が家督をめぐって争った際には、さらに南の有田郡《ありだぐん》の広《ひろ》（同広川町）に移っている。和歌山平野は守護の影響力が弱い、権力構造的にはエアポケットのような地域となっていったのである。

一枚岩ではない雑賀惣国一揆

その隙間を埋めるように、村落の土豪や郷荘を治める在地領主が結集した地縁的共同体が形成され、それによる地域支配が行われていた。そのような地域は和歌山平野だけでなく、伊賀や近江南部の甲賀《こうか》郡などでも見られる。和歌山平野の地縁的共同体は「惣国《そうこく》」と呼ばれており、荘園内や村落間の相論の裁定などを行っていた。例えば、弘治二年（一五五六）に和歌山平野にある和佐《わさ》荘と岩橋《いわせ》荘の間で紀ノ川の河川敷に展開していた「芝地《しばち》」（肥料用の草の調達や農耕用の牛馬の放牧に利用した）の用益をめぐって相論が起きたとき、根来寺《ねごろでら》の有力子院泉識坊《せんしきぼう》とともに「惣国」が仲裁をしていたのである〔和佐家文書〕。争いの仲裁などを行う惣国は地域権力として、和歌山平野の人々から認識されており、彼らから年貢を徴収し、根来寺領山東《さんどう》荘の矢田《やた》の観音堂に年貢を預けていた〔間藤家文書〕。

雑賀惣国一揆は「雑賀五組《さいかごくみ》」・「雑賀五搦《さいかごからみ》」とも呼ばれているように、「雑賀荘《さいか》」・「十ケ郷《じっかごう》」・「宮郷《みやごう》（社家郷《しゃけごう》）」・「中郷《なかごう》」・「南郷《みなみごう》」という五つの組から成り立っており、組のなかには複数の荘園・村落を

雑賀五搦分布図

含みこんでいた（図参照）。雑賀五組は決して一枚岩の組織ではない。そのことは、先述の弘治二年に芝地の用益をめぐって相論を起こした和佐荘と岩橋荘が同じ中郷を構成していることからもうかがえる。また、天正五年（一五七七）の織田《おだ》信長《のぶなが》による紀州攻めの際は、雑賀五組のうち宮郷・中郷・南郷が信長方に付いている〔太田家文書〕。雑賀惣国一揆は五組や内部の荘園・村落はその時々の利害関係により協調したり、対立したりしていたのである。

　また先行研究では、雑賀惣国一揆は大坂本願寺に従う一向宗門徒の一揆でもあると考えられていた。しかし、最近の研究では、和歌山平野は一向宗が他の宗派を圧倒しておらず、雑賀惣国一揆を構成する土豪のなかには鈴木孫一のように門徒も存在していたが、全員が門徒というわけではなかったことが明らかにされている〔武内二〇一八〕。天正五年の紀州攻めのときには、大坂本願寺の意向に従わない者も数多く存在した。雑賀衆が一枚岩の存在でないことを確認したうえで、その一員である鈴木孫一の動向を追うことにしたい。

鈴木孫一の実名とその初見

鈴木孫一は雑賀五組の十ヶ郷内の平井村《ひらい》（和歌山市）の土豪である。虚飾入り交じる鈴木孫一はその知名度に比して残る史料は少なく、生年は不明である。また、「雑賀孫一」や「雑賀孫市」などと名乗る戦国期の一次史料はなく、すべて「鈴木孫一」である。孫一の実名は同時代の史料から判明する。天正八年（一五八〇）に織田信長と大坂本願寺が和睦する際、雑賀の有力門徒が四月八日付で宗主顕如《しゅうしゅけんにょ》に忠誠を誓うために作成した連署起請文に「鈴木孫一重秀」と見えることから〔本願寺文書〕、実名が「重秀《しげひで》」であることや、本願寺の門徒であることがわかる。

鈴木孫一の史料上の初見は、雑賀惣国一揆の全容が判明する永禄五年（一五六二）七月付の日高郡《ひだか》の有力武将である湯河直春《ゆかわなおはる》の起請文である〔湯河家文書（東京）〕。代替わりで当主となった直春が和歌山平野の雑賀惣国一揆とこれまで通り、懇意にすることを誓ったもので、その宛所に十ヶ郷の「鈴木孫一殿」と見える。この起請文に見える雑賀惣国一揆の構成員の多くは村名＋通称を名乗っており、村内の有力百姓と思われるが、名字を名乗っている孫一は彼らとは明らかに社会的階層が異なる侍衆であることがうかがえる。

「大坂本願寺合戦」と鈴木孫一

元亀元年（一五七〇）九月十二日、将軍足利義昭《あしかがよしあき》や織田信長と対立していた三好三人衆《みよしさんにんしゅう》（三好長逸《ながやす》・三好宗渭《そうい》・石成友通《いわなりともみち》）に本願寺が加勢し、足かけ十年にわたる信長と本願寺との戦争、いわゆる「大坂本願寺合戦（石山合戦）」が始まった。合戦が始まった頃の雑賀衆は、守護である畠山秋高《あきたか》の軍勢催促に基本的に従っている。秋高をはじめ雑賀惣国一揆衆・門徒衆の多くは、義昭・信長方であった〔弓倉一九九七〕。雑賀の一向宗門徒が本願寺の意向に必ずしも忠実でなかったことは、元亀四年七月に本願寺と結ぶ阿波三好氏の重臣である篠原長房《しのはらながふさ》が、主君の三好長治《ながはる》に居城の上桜《うえざくら》城（徳島県吉野川市）で滅ぼされたとき、雑賀衆が長房を攻撃したことからもうかがえる。

鈴木孫一画像　東京都立中央図書館蔵

そうしたなかで、鈴木孫一は本願寺と結ぶ三好三人衆方として、大坂に近い中島《なかじま》（大阪市西淀川区・淀川区・東淀川区）に出陣しており、雑賀衆の中では特異な存在であることがうかがえる。

元亀四年二月、足利義昭が信長と対立し、六月に畠山秋高が暗殺されて以降、雑賀の一向宗門徒と、雑賀惣国のなかでも一向宗の勢力が比較的強い雑賀荘と十ヶ郷が反信長方として活発に活動するようになる。八月十五日には十ヶ郷の有力者・土橋《つちはし》氏、さらに十月六日には鈴木孫一に足利義昭の近臣から書状が発給されており〔末永雅雄氏旧蔵文書〕、反信長勢力との結びつきが強固になっていることがうかがえる。

雑賀衆の鉄砲と船

本願寺は織田信長と戦う上で、雑賀の門徒衆が所持する鉄砲などの銃火器を重要視しており、調達を命じた史料が残されている。例えば、鷺森別院《さぎのもりべついん》（和歌山市）には、「大筒」や「鉄炮持三百人」・「鉄炮衆三百人」を本願寺まで送るように雑賀の門徒衆に命じた下間頼廉《しもつまらいれん》らの書状が残されている。また、和歌山市内北東部の小豆島《あずしま》の真宗寺院・善勝寺《ぜんしょうじ》には、「鉄炮千丁」を大坂まで送るよう紀州門徒に命じる顕如の書状がある。雑賀衆といえば鉄砲の扱いに熟達した集団というイメージが存在するが、決して荒唐無稽な創作ではなく、史料的な裏付けが存在するのである。鈴木孫一も鉄砲の扱いに長けていた可能性は十分にあるのだ。

雑賀の門徒には鉄砲とともに、警固衆、すなわち船乗りとしての役割も期待されていた。鷺森別院に残る下間頼廉らの書状では、「大船」や「警固船」を大坂まで回漕するように雑賀の門徒に命じている。また鷺森別院には、紀ノ川河口部の港湾の雑賀・湊《みなと》・松江《まつえ》や紀淡海峡《きたんかいきょう》に面した港町の加太《かだ》（いずれも和歌山市）の警固衆に対して、大坂まで参上するよう命じている書状も存在する。毛利《もうり》氏と結ぶ瀬戸内の村上水軍《むらかみすいぐん》が大坂本願寺に兵粮などを送り込んだことは有名であるが、雑賀の門徒衆もまた重要な水軍衆だったのである。鉄砲と船、これらをもって雑賀の門徒は本願寺を支えていたのである。

本願寺方の「大将」

天正四年（一五七六）四月から五月にかけて、織田信長と大坂本願寺は直接的な戦闘が繰り広げられている。信長方の原田直政《はらだなおまさ》が討ち死にし、信長自身も足に銃弾が当たるなど、壮絶なものであった。七月十三日には大阪湾に流れ込む木津川《きづがわ》河口の戦いにおいて、信長方の水軍が毛利・村上水軍や雑賀水軍に大敗し、信長は大阪湾や瀬戸内海、紀淡海峡の制海権を喪失するなど、本願寺方に追い込まれていたと言える。

この頃の孫一は大坂近辺で活躍していた。公家の山科言継《やましなときつぐ》は自身の日記の五月八日条に、下間頼廉と「サイカの孫一」が討ち死にしたと記している（『言継卿記』）。これは誤報であるが、この両人は大坂の「左右之大将」とも記されており、「サイカノ孫一」、すなわち鈴木孫一は信長・本願寺双方から高く評価された武将だったのである。

信長の紀州攻め

信長は本願寺を支える雑賀の門徒を叩くことを考えていた。天正四年（一五七六）五月十六日にはすでに、雑賀惣国一揆の五組のうち宮郷・中郷・南郷を寝返らせていた（太田家文書）。根来寺の杉之坊《すぎのぼう》も味方に付けたうえで、天正五年二月二日に安土《あづち》（滋賀県近江八幡市）を発ち、同月二十二日には和泉と紀伊の国境である信達《しんだつ》（大阪府泉南市）に達した。ここで紀州街道を進む浜手と熊野街道を進む山手に分けて、紀州へと攻め込んだ。

迎え撃つ鈴木孫一ら雑賀の門徒衆は紀州街道沿いの中野《なかの》城（和歌山市）や、『信長公記《しんちょうこうき》』で「鈴木孫一構」と見える弥勒寺山《みろくじさん》城（和歌山市）などに陣を張った。中野城はすぐに落城したため、紀ノ川および和歌川という天然の堀を挟んで信長と対峙できる弥勒寺山城に雑賀の門徒衆は立て籠もるが、三月十五日には信長が雑賀方の鈴木孫一らを赦免することで紀州攻めは終了している（土橋家文書）。鈴木孫一ら雑賀衆が信長に降伏する形で幕引きされているが、雑賀門徒による本願寺への支援はまったく止んでおらず、信長の紀州攻めは成功したとは言いがたい結果になっている。

紀州攻め後の「大坂本願寺合戦」

紀州攻め後も雑賀の門徒は大坂への出兵を繰り返している。天正六年（一五七八）二月には播磨三木《みき》城（兵庫県三木市）の別所長治《べっしょながはる》が、同年十月には摂津有岡《ありおか》城（同伊丹市）の荒木村重《あらきむらしげ》が信長に謀反を起こしており、それらを支援するために、播磨にも雑賀門徒は出兵している。戦線の拡大にともない、雑賀衆の活動もまた範囲が広がっているのである。この頃、鈴木孫一は荒木村重方の花熊《はなくま》城（神戸市中央区）に籠もり戦っている〔中村家文書〕。

しかし、本願寺からのたび重なる出陣命令は、門徒たちを疲弊させた。門徒たちはもともと当番制で大坂などへ出兵していたが、和歌山市内の真宗寺院・念誓寺《ねんせいじ》には「紀伊国内での調整が上手くいかないとのことだから、当番兵ではなく志願兵に播磨へ渡海させるよう頼み入る」という顕如の書状も残されており、雑賀門徒の本願寺に対する協力体制は綻びを見せていた。

これは実際の戦闘にも大きな影響を与えており、十一月六日には本願寺・村上水軍が織田水軍に木津川河口で大敗している。その後も大阪湾の制海権は確保しているものの、本願寺は戦線を縮小させていき、天正八年正月には別所長治が降伏し、同七月には荒木村重も毛利領へ退去した。

戦争の継続が困難と判断した本願寺も、閏三月に信長と和平を結び、顕如は大坂から雑賀の鷺森御坊（現・本願寺鷺森別院）に移ることとなる。その際、先述のように顕如に忠誠を誓った起請文に「鈴木孫一重秀」と見える。

「大坂本願寺合戦」後の孫一

本願寺と信長の戦争が終わったが、雑賀に平和が訪れたわけではなく、鈴木孫一と土橋若大夫《わかだゆう》という雑賀の有力者ふたりの主導権争いが顕在化することとなる。天正九年（一五八一）には当時、雑賀にいた顕如が直々に仲裁に入っているが効果はなく、天正十年正月には鈴木孫一が土橋若大夫を殺害している。『信長公記』には、「内々の上意」を得たうえで土橋を殺害したと記されており、孫一は地域内での主導権を握るためにかつて敵対していた信長と手を結んだのである。だが、六月二日に本能寺の変が起き、信長が明智光秀《あけちみつひで》に殺害されてしまったことにより状況は急変する。翌三日、鈴木孫一は和泉岸和田《きしわだ》城（大阪府岸和田市）に逃走すると〔宇野主水日記〕、二度と雑賀の地に戻ることはなかった。

その後の足取りははっきりとせず、孫一の没年や亡くなった場所もわからない。天正十二年の小牧《こまき》・長久手《ながくて》の戦いの際、羽柴秀吉の陣立書《じんだてがき》に鉄砲衆として「鈴木孫一殿　弐百」とあるものや〔秋田家文書〕、天正十七年の小田原《おだわら》攻めの際の秀吉の陣立書に見える浅野長政《あさのながまさ》旗下の武将に「鈴木孫一郎」と見えることから〔伊達家文書〕、秀吉の家臣に転身したと思われる。

雑賀・大坂本願寺・花熊城と畿内とその近国を股に掛けて、織田信長と華々しく戦った男の結末としては寂しいものである。

（小橋勇介）

【主要参考文献】
川端泰幸『日本中世の地域社会と一揆』（法藏館、二〇〇八年）
新谷和之「紀伊国における守護拠点の形成と展開」（小谷利明・弓倉弘年編『南近畿の戦国時代』戎光祥出版、二〇一七年）
鈴木真哉『紀州雑賀衆鈴木一族』（新人物往来社、一九八四年）
武内善信『雑賀一向一揆と紀伊真宗』（法藏館、二〇一八年）
弓倉弘年「元亀元年の雑賀衆」（『和歌山県立博物館研究紀要』二、一九九七年）

山名祐豊——強かに生き抜いた最後の山名惣領

祐豊登場直前の山名氏

山名《やまな》祐豊《すけとよ》は、享禄～天正年間にかけて山名惣領《そうりょう》家《け》の当主をつとめた人物である。永正八年（一五一一）、祐豊は山名致豊《むねとよ》の子として生まれた。幼名は不明。仮名《けみょう》は「次郎《じろう》」という。祐豊期の山名氏は、尼子《あまご》氏・毛利《もうり》氏・織田《おだ》氏といった周辺勢力の侵攻や介入を招き、天正八年（一五八〇）、祐豊は織田方に居城の有子《ありこ》山《やま》城（兵庫県豊岡市）を開城した直後に亡くなったとされる。有子山城開城と祐豊の死をもって、山名惣領家は事実上滅亡したとされるため、一般的に祐豊の評価は高いとは言えない。しかし、山陰東部地域が大きく変わっていく激動の時代に、祐豊は五十年以上にわたって当主の地位を維持していた点は注目してよい。最近では山名氏当主の権力を再評価する見解も登場している。改めて祐豊の生涯をたどってみよう。

まずは、祐豊が登場する直前の山名氏を見ていく。祐豊の前に当主の座にあったのは祐豊叔父の誠豊《のぶとよ》であった。誠豊期の山名氏は積極的な軍事行動を見せるが、大永二～三年（一五二二～二三）の播磨侵攻に失敗して以降、但馬情勢は不安定化していった。とりわけ重臣の垣屋《かきや》氏は誠豊の行動に不満であったらしく、誠豊と対立するようになった。大永七年初頭には、垣屋氏ら内衆《うちしゅう》の面々が離反し、誠豊と対立する因幡守護山名豊治《とよはる》が但馬に乱入するなど、国内は混乱に陥った。そうした中、大永八年〔享禄元年、一五二八〕二月、誠豊は三十六歳（三十七歳とも）で亡くなってしまうのである〔実隆公記〕。

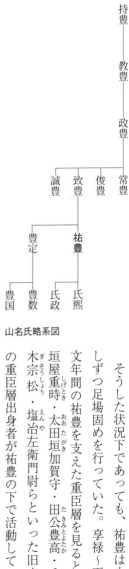

祐豊の家督継承と家臣団の様相

誠豊には実子がおらず、当時十代の祐豊が家督を継ぐことになった。一説に、誠豊は祐豊を猶子《ゆうし》にしていたという。祐豊は誠豊生存中から後継者としての地位は確保していたと見てよいだろう。しかし、誠豊死没直後の但馬は「散々《さんざん》」という情報が京都に伝わっており〔実隆公記〕、翌享禄二年（一五二九）にも「今度再乱」と祐豊自身が述べているように〔橋本文書〕、祐豊は家督継承直後から困難な状況に直面したのである。

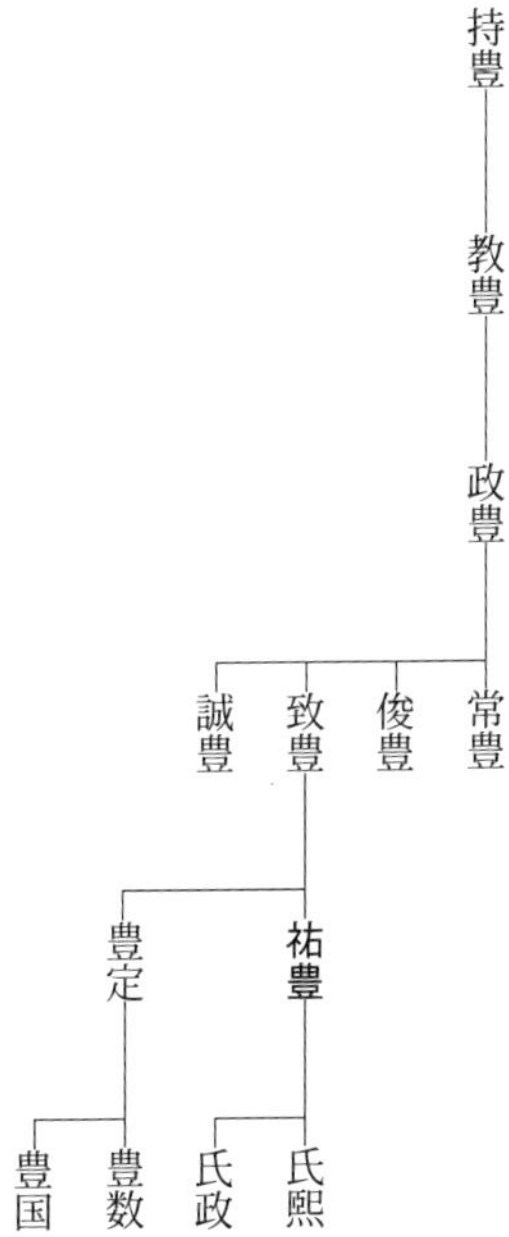

山名氏略系図

そうした状況下であっても、祐豊は少しずつ足場固めを行っていた。享禄～天文年間の祐豊を支えた重臣層を見ると、垣屋重時《しげとき》・太田垣《おおたがき》加賀守・田公豊高《たきみとよたか》・八《や》木《ぎ》宗松《そうしょう》・塩冶《えんや》左衛門尉らといった旧来の重臣層出身者が祐豊の下で活動していた。幸いにも、祐豊は主要な重臣層を自身の権力基盤に組み込むことに成功し、彼らは祐豊の取次役や守護代、軍事行動の中核などとして活躍していくことになる。

さらに、少し目線を変えてあまり使われていない史料をもとに検討すると、祐豊は叔父誠豊の近習集団も継承した様子がわかる。祐豊に近習として仕えた榎並《えなみ》氏や徳丸《とくまる》氏らは、連歌や鷹故実《たかこじつ》に関する史料を残している。これらの文芸史料を読むと、彼らは誠豊期から引き続いて当主近習であったことを示す記述が散見される〔聴言抄、宗養奥書本鷹書など〕。祐豊は新たに近習集団を整備したのではなかった。このように誠豊期からの権力面の断絶はなく、祐豊は叔父の権力基盤をそのまま引き継ぐことができているのも特徴的であった。一方、天文五年（一五三六）七月には父致豊が没した〔宗鏡寺本山名系図〕。祐豊は実父も失い、一人で山名惣領家を背負って立つことになる。

尼子氏の東進と因幡問題

祐豊が自身の権力基盤をようやく固めようとしていた頃、新たな問題が生じた。出雲尼子氏による他国侵攻である。特に天文年間に入ると、尼子氏は山陽地方に進出し、上洛を企図して東進する動きを見せた。但馬も連動して尼子勢力の脅威にさらされることになる。

とりわけ深刻であったのは、尼子氏による因幡守護家への介入である。すでに伯耆を事実上制圧していた尼子氏は、因幡にまで進出してきた。当時の因幡守護山名誠通《のぶみち》（後に久通と改名）は祐豊と対立しており、尼子氏に後ろ盾を求めた。山名惣領家は永正年間以来、因幡に軍事介入を繰り返していたが、制圧するまでには至っておらず、祐豊にとって尼子勢力の排除と因幡問題への対処は喫緊の課題となった。

　祐豊は大きな動きに出た。同じく尼子氏と敵対していた周防大内《おおうち》氏と連携し、尼子方を挟撃する策に打って出たのである。一方、祐豊の行動は大内氏との連携だけでなく、京都の足利義晴《あしかがよしはる》・細川晴元《ほそかわはるもと》政権に接近・参画することで尼子氏に対抗しようと試みていた。天文十年（一五四一）頃の祐豊は在京していたという指摘もあり、久しく京都の中央政界から遠ざかっていた山名氏にとって珍しい動きであった。そうした中、天文九年十二月に祐豊は従五位下、「右衛門督」になっており、山名惣領が伝統的に名乗っていた官途を得ている〔歴名土代〕。

　天文十一年、大内氏が出雲に侵攻する最中、祐豊も連動して因幡に出兵した。敵対する因幡守護山名誠通の守護所である布施《ふせ》天神山《てんじんやま》城（鳥取市）の近くまで攻め込むも、因幡守護勢の反撃も大きく、一進一退の攻防が繰り広げられた。大内氏が出雲侵攻に失敗すると、一時的に因幡では尼子方の勢いが増したようだが、それでも再び因幡に攻め込んだ祐豊は、ようやく誠通の打倒を実現した。一説に祐豊は因幡の立見峠（鳥取市）に誠通を誘い出し、これを謀殺したとされる。誠通の没落は天文十五年頃という。祐豊は長年抱えていた因幡問題の解決に成功したのである。なお、祐豊は少なくとも天文十六年までには出家入道して「宗詮《そうせん》」と名乗っている。

その後、足利義藤《よしふじ》（後に義輝《よしてる》）を擁立する細川氏綱《うじつな》政権が新たに成立すると、中央政権から山名氏は排除された。氏綱方は親尼子であり、天文二十一年には因幡・伯耆・備後といった山名氏の伝統的な分国の守護職がことごとく尼子氏に付与されている〔佐々木文書〕。しかし、伯耆や備後はともかく、因幡に関しては誠通の討滅以降、祐豊による平定が進んでいた。祐豊は自身の弟豊定《とよさだ》を派遣し、事実上、因幡は惣領家分国と化した。守護職が尼子氏に付与されたところで、祐豊の因幡支配には特に変化が見られない。継嗣直後の混乱期を脱した祐豊にとって大きな達成といえるだろう。

生野銀山の発見

ちょうどこの頃、但馬国内では良いニュースが続いた。生野銀山《いくのぎんざん》（兵庫県朝来市）の発見である。後年の史料では天文十一年（一五四二）の発見と伝えられる。天文十五年七月に出された肥後の相良義滋《さがらよししげ》の書状には、但馬で産出される銀鉱石が「但州石」と呼ばれている〔相良家文書〕。少なくとも、この頃には九州でも知られるほどの銀山であったのだろう。

祐豊は生野銀山発見後、銀山を直接経営したとされる。天文二十三年と弘治二年（一五五六）には、祐豊が朝廷に大量の「しろかね（白銀）」を献上している〔御湯殿上日記〕。祐豊の活動を支える財源として、生野銀山は大きく役立ったのであろう。天文末期以降の祐豊は生野に拠点を構えていた形跡があるほか、生野に自分の菩提寺となる銀山寺《ぎんざんじ》を建立している。生野銀山に対する祐豊の思い入れの強さを垣間見ることができる。

十六世紀の日本海側では、各地で銀山が発見される「シルバーラッシュ」が起きたと言われるが、但馬もその例外ではなかった。祐豊はその恩恵を受けた地域権力の一例と見てよい。先に述べた権力基盤の安定化、親尼子勢力の排除、因幡問題の解決をあわせて考えると、この頃の祐豊は政治・経済の両面で最盛期に入ったと評価できる。

永禄初年の但馬・因幡争乱

しかし、そうした状況も長くは続かなかった。再び祐豊を取り巻く政情は不安定化していく。永禄二年（一五五九）、重臣の太田垣氏との間で紛争が起きた。祐豊が重視していた生野周辺でも合戦が行われたようである。少なくとも重臣の中で垣屋氏や八木氏は祐豊方であった。これを生野銀山支配をめぐる争いとする見方もあるが、推測の域を出ておらず、原因は明確ではない。また、永禄六年にも再び惣領家内部で紛争が発生していたことが伝えられており、但馬では不穏な情勢が展開し始めていた〔長府毛利家文書〕。ただし、祐豊の調停により、この内紛は鎮静化したようである。依然、但馬の「屋形」である祐豊が国内の調停者としての役割を維持している点は注目できる。

さらに追い打ちをかけるように、因幡でも永禄六年春、因幡守護山名豊数《とよかず》の重臣で鳥取《とっとり》城主の武田高信《たけだたかのぶ》が謀反を起こした〔横山家文書、中村文書など〕。前年の時点で高信は毛利氏に呼応する動きを示しており、山陰方面に進出していた毛利氏と手を結ぶ行為であった。高信自身は山名一族の豊弘《とよひろ》を擁立しており、山名氏を上位に据えた支配体制を否定していたわけではない。しかし、祐豊は事態を重く見て、但馬の軍勢を因幡国内に派遣したが、こうした行為は高信の後ろ盾であった毛利氏との対立を招いた。尼子氏の脅威を退けたにもかかわらず、また新たな外患が生まれてしまったのである。

毛利氏の強力な援軍を得た高信は、永禄七年、因幡の鹿野城《しかの》（鳥取市）に豊数を追い詰めて没落させた。対する祐豊自身も因幡国内に出陣するも、因幡情勢を立て直すことはできなかった。毛利氏の仲介により、祐豊と高信の間で和平が成立し、ひとまず小康状態になるが、その後も因幡情勢は祐豊を規定していくことになる。

毛利氏との対立局面を打開するため、祐豊は一計を案じた。これまで対立していた尼子氏を背後で支援する動きに出たのである。尼子氏滅亡後、主家の再興を目指していた尼子勝久《かつひさ》・山中幸盛《やまなかゆきもり》らを祐豊は保護し、永禄十二年、毛利氏が制圧していた出雲・隠岐方面に侵入させた。毛利氏の背後を突く作戦であり、旧敵を利用する祐豊の強かな行動が見て取れるが、この動きは裏目に出た。

織田信長の但馬侵攻

祐豊の動きに対抗して、毛利氏は畿内の織田信長《のぶなが》に但馬侵攻を働きかけた。祐豊の動きはかえって新たな勢力の参入を招いてしまったのである。永禄十二年（一五六九）八月、木下秀吉《きのしたひでよし》らの織田方の攻撃により、但馬国内の「銀山《（生野）》（兵庫県朝来市）」・「子盗《（此隅山）》（同豊岡市）」・「垣屋（豊岡市）」など主要な城はことごとく制圧されたという〔益田家文書〕。国内を広範囲に制圧される事態は前代未聞であり、祐豊最大の危機といえる。また、織田・毛利両氏は但馬を織田方分国、因幡を毛利方分国とすることで合意していたようである。祐豊は強かであったが、毛利氏はさらに一枚上手であった。

祐豊は侵攻直前の三月、京都の足利義昭に按察使《あぜち》任官の口入を依頼していた〔兼右卿記〕。侵攻終了後に祐豊が義昭・信長政権に服属したという指摘もあるが、任官は実現しなかったものの、事前に義昭側と接触していたことは確かである。そうした中での電撃的な軍事行動は、祐豊にとって想定外であったのかもしれない。

織田方の但馬侵攻はごく短期間で終了し、八月中に織田方は引き上げた。翌九月、祐豊の子氏熙《うじひろ》が出《いず》石《し》神社（豊岡市）社家の神床《かんどこ》氏に籠城の労をねぎらい、「在所」に復帰するよう伝えている〔神床文書〕。九月には平穏な情勢に向かっていたことがわかるが、祐豊の行方は定かではない。一説に堺に没落したというが、九月時点で子の氏熙が依然在国している点を踏まえると、祐豊の堺滞在説を単に没落と理解してよいか疑問である。

祐豊は堺の有力商人・今井《いまい》宗久《そうきゅう》の援助を得て、同年十二月には岐阜《ぎふ》城（岐阜市）で信長と対面した。信長に赦された祐豊は翌元亀元年（一五七〇）正月までに帰国し、此隅山《このすみやま》城に再び復帰を果たしたようである。信長は祐豊を補佐するように改めて山名重臣たちに伝えている〔今井宗久書札留〕。信長は祐

此隅山城跡　兵庫県豊岡市

豊に但馬を安堵しており、これまで通り祐豊を基軸とした但馬支配の再建が念頭にあった。この点は祐豊にとって不幸中の幸いであった。

なお、但馬侵攻を境に生野銀山が信長に接収されたとする説もあるが、実のところはっきりとはしない。元亀元年七月、生野銀山の権益と思われる吹屋《ふきや》公用銭《こうようせん》の納入について信長方の今井宗久から祐豊家臣に催促されているが〔今井宗久書札留〕、織田方の銀山制圧は天正期の但馬侵攻頃まで遅れる可能性もある。ただし、元亀二年三月、祐豊近習の榎並高能《たかよし》が著した連歌書の奥書には、「金山錯乱」により原本を紛失したと記されている〔聴言抄〕。同じ奥書によると、原本の成立は永禄十年（一五六七）とあるから、この間の大規模争乱は織田方の侵攻が該当する。つまり、祐豊近習は但馬侵攻を「金山錯乱」と認識していた。祐豊の生野銀山に対する関与を考えれば、「金山」は生野銀山を指すと考えてよい。建前としては毛利氏の要請による侵攻だが、生野銀山の権益確保をめぐる問題も少なからず関係しているのだろう。

祐豊復帰直後の元亀元年正月、信長は各地の大名・国人に対して上洛を呼びかけており、この中には祐豊・氏煕父子の名前も見える〔二条宴乗記〕。祐豊自身が上洛することはなかったようだが、同年三月には名代として太田垣兄弟が上洛している〔言継卿記〕。名実ともに祐豊は信長勢力圏に組み込まれていったのである。なお、この頃、祐豊は法名を宗詮から「韶(紹)熙」に変えている。明徳の乱で打撃を受けた山名一族を復興した先祖時熙《ときひろ》の法名常熙《じょうき》を意識したのであろうか。

織田・毛利二大勢力の「境目」——山名分国の崩壊

一方、毛利氏との対立の火種はまだ燻っていた。信長に分国を蹂躙されたにもかかわらず、依然として祐豊は因幡の回復を諦めてはいなかった。またも祐豊は尼子勢力を利用して、因幡国内の毛利勢力を排除しようと試みたのである。

天正元年（一五七三）、但馬に潜伏していた山中幸盛らが因幡に侵入し、やがて隠岐から尼子勝久を迎えて合流すると、武田高信に追い落とされた因幡守護山名豊数の弟豊国《とよくに》を味方に引き入れて毛利勢力と争った。その勢いで同年九月には鳥取城が攻略され、因幡を尼子・豊国勢力が席巻する事態になった。対する毛利氏は信長に再び但馬攻めを依頼し、信長も同意したと伝えたものの、結局依頼は履行されなかった〔小早川家文書〕。この頃、安国寺《あんこくじ》恵瓊《えけい》は秀吉の但馬出陣情報を伝えつつ、山中幸盛が柴田《しばた》勝家《かついえ》経由で信長に取り入ろうとしていると述べており〔吉川家文書〕、毛利・織田両氏の関係も雲行きが怪しくなる時期にさしかかっていた。織田方が期待できない中、毛利氏は自力で因幡方面への攻勢を強めていく。

同年十月、吉川《きっかわ》元春《もとはる》が因幡に進出すると、現地情勢は再び転換していった。天正二年に入ると、最前

有子山城跡　兵庫県豊岡市

線で毛利方と対峙していた豊国が一転して毛利氏と手を結んだのである。続けて元春は但馬にも進出する意向を示し、祐豊に圧力をかけた。こうした情勢を踏まえてか、祐豊は新たに有子山城を築いて軍事対応を強化したが、毛利氏の脅威を前にして但馬国内は動揺し始めた。こうした中、毛利氏と連携した豊国、さらには重臣の垣屋豊続《とよつぐ》からも働きかけがあり、天正三年正月に祐豊は尼子勢力と手を切り、毛利氏と和睦して同盟関係を締結する決断をしたのである〔吉川家文書〕。

いわゆる芸但和睦の成立で祐豊にも見切られた尼子勢力は粘り強く抵抗したものの、天正四年八月までに因幡・但馬両国の尼子方拠点はことごとく制圧された。和睦は長年毛利氏と対立していた山名氏にとって大きな転換であった。しばらくの間、豊国を中心とした因幡支配が展開しており、祐豊の目指した因幡の回復は一応達成できたといえる。

しかし、天正四年に毛利氏が足利義昭と連携して信長との対決を選択すると、再び祐豊は苦境に陥ってしまう。芸但和睦の存在により、今度は但馬が織田方の攻勢にさらされる最前線と化したのである。天正五年十一月、秀吉が但馬南部に侵入し、太田垣氏の拠点竹田《たけだ》城（兵庫県朝来市）や生野銀山を制圧した〔下村文書〕。毛利氏も負けておらず、祐豊や但馬国衆に軍事支援を続けたが、但馬国内の諸勢力は織田・毛利二大勢力の激しい対立の中に引きずり込まれて引き裂かれていった。例えば、山名惣領家を支えてきた重臣垣屋氏は、同族同士で織田方と毛利方に分かれて争っていたように、二大勢力のはざまで板挟みになった祐豊が制御できる状況ではなかった。山名氏分国は確実に崩壊に向かっていった。

天正六年五月、織田方の調略は祐豊にも及んだ。秀吉は出石郡と有子山城の安堵を条件に勧誘している〔書上古文書〕。事実上、但馬守護の立場を失う内容であり、結局祐豊は応じなかったようだが、その一方で同じ頃の元春は祐豊の日和見的な態度に不満を述べている〔牛尾家文書〕。祐豊の心が徐々に毛利氏から離れている様子が見て取れるが、それでもはっきりと織田方に与するわけではなく、国内が混迷を極める中で祐豊は身動きが取れない状態でもあった。

天正七年に入ると、伯耆東部の南条元続《なんじょうもとつぐ》、備前の宇喜多直家《うきたなおいえ》が相次いで織田方に転じた動揺もあり、毛利氏は但馬方面の戦線を支援する余裕がなくなった。元春は、但馬を見捨てることにしたと小早川隆景《こばやかわたかかげ》に伝えているほか〔小早川家文書〕、毛利氏の首脳部も元春の但馬出陣を断念した〔吉川家文書〕。毛利方の垣屋豊続は粘り強く元春に支援を要請したが、毛利氏の有効な援助が見込まれない状況で、但馬の命運はほぼ決まったのも同然であった。

祐豊の死と山名惣領家の滅亡

天正八年（一五八〇）四月、織田方の羽柴秀長《はしばひでなが》・宮部継潤《みやべけいじゅん》が但馬国内に攻め込み、五月にかけて朝《あさ》来《ご》・養父《やぶ》・気多《けた》・出石郡といった各地を制圧していった。織田方の攻勢下で毛利方の但馬国衆たちは次々に降伏し、五月十六日にはついに有子山城も落城した。その直後の二十一日、失意の祐豊は七十歳で病没したという〔宗鏡寺本山名系図〕。法名は「銀山寺殿前右金吾督鉄壁熙公大居士」である。子の氏政《うじまさ》は降伏し、すぐさま他の但馬国衆と同様に因幡の戦線に投入された。ここに南北朝期以来、長らく但馬を支配してきた山名惣領家は事実上滅亡したのである。

一方、因幡には秀吉方が攻め込み、同年六月には、鳥取城の山名豊国も織田方に降伏した。その後、九月になると豊国は毛利方の因幡国衆によって鳥取城を追放されてしまうため、山名氏の山陰東部支配は完全に途絶した。秀吉に従った氏政は播磨国加古郡に所領を与えられるが、祐豊直系の子孫が但馬に復帰を果たすことはできなかった上、江戸時代初期に一時衰えてしまった（その後、氏政の孫が旗本清水氏の養子となる）。一方、徳川家康《とくがわいえやす》と懇意であった豊国は但馬国七美《しつみ》郡を与えられ、豊国の家系が交代寄合の家格に列して存続していくことになる（村岡《むらおか》山名氏）。

（伊藤大貴）

【主要参考文献】

川岡　勉「戦国期の室町幕府と尼子氏」（島根県古代文化センター編『尼子氏の特質と興亡史に関わる比較研究』島根県古代文化センター、二〇一三年）
川岡　勉「山名氏の但馬支配と室町幕府」（市川裕士編『山陰山名氏』戎光祥出版、二〇一八年、初出二〇一四年）
黒嶋　敏「織田信長と銀山・撰銭令」（『歴史学研究』九八八、二〇一九年）

小坂博之『山名豊国』（吉川広昭、一九七三年）
宿南　保『城跡と史料で語る但馬の中世史』（神戸新聞総合出版センター、二〇〇二年）
高橋正弘『因伯の戦国城郭　通史編』（自費出版、一九八六年）
鳥取県立公文書館県史編さん室編『織田VS毛利―鳥取をめぐる攻防―』（鳥取県、二〇〇七年）
鳥取県立公文書館県史編さん室編『尼子氏と戦国時代の鳥取』（鳥取県、二〇一〇年）
永島福太郎「織田信長の但馬経略と今井宗久」（『関西学院史学』五、一九五九年）
山本　一「国立公文書館内閣文庫蔵「宗養奥書本鷹書」（仮称）をめぐって」（『金沢大学人間社会学域学校教育学類紀要』七、二〇一五年）
山本浩樹「戦国期但馬国をめぐる諸勢力の動向」（市川裕士編『山陰山名氏』戎光祥出版、初出二〇〇七年）
渡邊大門『中世後期山名氏の研究』（日本史史料研究会企画部、二〇〇九年）
渡邊大門「織田信長の但馬侵攻と山名氏」（『十六世紀史論叢』七、二〇一六年）

【執筆者一覧】（掲載順）

天野忠幸　別掲

山田康弘
一九六六年生まれ。現在、東京大学史料編纂所学術専門職員。
【主な業績】『戦国時代の足利将軍』（吉川弘文館、二〇一一年）、『足利義稙—戦国に生きた不屈の大将軍』（戎光祥出版、二〇一六年）、『足利義輝・義昭—天下諸侍、御主に候』（ミネルヴァ書房、二〇一九年）

木下昌規
一九七八年生まれ。現在、大正大学文学部准教授。
【主な業績】『戦国期足利将軍家の権力構造』（岩田書院、二〇一四年）、『足利義晴と畿内動乱』（戎光祥出版、二〇二〇年）、『足利義輝と三好一族』（戎光祥出版、二〇二一年）

金子　拓
一九六七年生まれ。現在、東京大学史料編纂所准教授。
【主な業績】『織田信長権力論』（吉川弘文館、二〇一五年）、『信長家臣明智光秀』（平凡社、二〇一九年）、『長篠の戦い　信長が打ち砕いた勝頼の〝覇権〟』（戎光祥出版、二〇二〇年）

徳満　悠
一九八九年生まれ。現在、福井県立若狭歴史博物館学芸員。
【主な業績】『中世若狭の「まち」』（福井県立若狭歴史博物館、二〇二二年）、「十五・六世紀における山城国宇治の都市構造とその変容」（『年報中世史研究』四四、二〇一九年）

新谷和之
一九八五年生まれ。現在、近畿大学文芸学部准教授。
【主な業績】『戦国期六角氏権力と地域社会』（思文閣出版、二〇一八年）、『図説　六角氏と観音寺城』（戎光祥出版、二〇二三年）、『近江六角氏』（編著、戎光祥出版、二〇一五年）

中西裕樹

一九七二年生まれ。現在、京都先端科学大学教育開発センター特任准教授。

【主な業績】『戦国摂津の下克上 高山右近と中川清秀』（戎光祥出版、二〇一九年）、『大阪府中世城館事典』（戎光祥出版、二〇一五年）、『松永久秀の城郭』（編著、戎光祥出版、二〇二一年）

馬部隆弘

一九七六年生まれ。現在、大阪大谷大学文学部准教授。

【主な業績】『戦国期細川権力の研究』（吉川弘文館、二〇一八年）、『由緒・偽文書と地域社会―北河内を中心に―』（勉誠出版、二〇一九年）、『椿井文書―日本最大級の偽文書』（中央公論新社、二〇二〇年）

古野 貢

一九六八年生まれ。現在、武庫川女子大学共通教育部教授。

【主な業績】『中世後期細川氏の権力構造』（吉川弘文館、二〇〇八年）、「伊賀・伊勢・志摩国守護仁木氏」（川岡勉編『中世後期の守護と文書システム』思文閣出版、二〇二二年）、「細川氏・三好氏の権力構造 畿内・阿波からの視点」（石井伸夫・重見髙博・長谷川賢二編『戦国期阿波国のいくさ・信仰・都市』戎光祥出版、二〇二二年）

福島克彦

一九六五年生まれ。現在、大山崎町歴史資料館館長・学芸員。

【主な業績】「明智光秀の丹波攻略と国衆」（渡邊大門編『考証 明智光秀』東京堂出版、二〇二〇年）、「中世都市大山崎と武家権力」（仁木宏編『戦国・織豊期の地域社会と城下町 東国編』戎光祥出版、二〇二一年）、「中近世移行期丹波における陣屋築造と国衆・村落」（『中近世移行期における城・寺・ムラ』武家拠点科研・徳島研究集会実行委員会、二〇二一年）

佐藤稜介
一九九〇年生まれ。現在、京都府京都文化博物館学芸員。
【主な業績】「戦国期における幕府奉行人家の分裂」(『古文書研究』八八、二〇一九年)、「三宝院持厳考」(奈良国立博物館研究紀要『鹿園雑集』二二、二〇二〇年)、「戦国期幕府奉行人の経済基盤」(元木泰雄編『日本中世の政治と制度』吉川弘文館、二〇二〇年)

嶋中佳輝
一九九二年生まれ。現在、戦国史研究会会員。
【主な業績】「松永久秀の甥・左馬進の出自」(『戦国史研究』八一、二〇二一年)、「織田信長と和泉松浦氏の動向」(『十六世紀史論叢』一六、二〇二二年)

森脇崇文
一九八一年生まれ。現在、徳島市立徳島城博物館学芸員。
【主な業績】「豊臣期大名権力の変革過程―備前宇喜多氏の事例から―」(『ヒストリア』二二五、二〇一一年)、「天正初期の備作地域情勢と毛利・織田氏」(『ヒストリア』二五四、二〇一六年)、「足利義昭帰洛戦争の展開と四国情勢」(地方史研究協議会編『徳島発展の歴史的基盤―「地力」と地域社会―』雄山閣、二〇一八年)

小川　雄
一九七九年生まれ。現在、日本大学文理学部准教授。
【主な業績】『徳川水軍関係文書』(戦国史研究会、二〇一五年)、『徳川権力と海上軍事』(岩田書院、二〇一六年)、『水軍と海賊の戦国史』(平凡社、二〇二〇年)

阿部匡伯
一九九五年生まれ。現在、会社員。
【主な業績】「十河一存の畿内活動と三好権力」(『龍谷大学大学院文学研究科紀要』四一、二〇一九年)

田中信司
一九七九年生まれ。現在、河合塾日本史科講師。
【主な業績】「武蔵国北辺の戦国期交通網について」(藤原良章編『中世人の軌跡を歩く』高志書院、二〇一四年)、「松永久秀と将軍足利義輝」(天野忠幸編『松永久秀』宮帯出版社、二〇一七年)、「江口合戦―細川氏・室町幕府将軍の「大敗」とは―」(黒嶋敏編『戦国合戦〈大敗〉の歴史学』山川出版社、二〇一九年)

飛鳥井拓
一九八四年生まれ。現在、亀岡市文化資料館学芸員。
【主な業績】「「片山文書」と丹波和知荘片山氏の動向」(『丹波』二〇、二〇一八年)、「戦国期丹波国の守護代に関する一考察」(亀岡市文化資料館編『第34回特別展展示図録 明智光秀と戦国丹波―丹波進攻前夜―』二〇二〇年)、「天正八年武吉村指出帳と丹波国検地」(『織豊期研究』二三、二〇二一年)

金松 誠
一九七七年生まれ。現在、三木市立みき歴史資料館係長。
【主な業績】『松永久秀』(戎光祥出版、二〇一七年)、『筒井順慶』(戎光祥出版、二〇一九年)、『秀吉の播磨攻めと城郭』(戎光祥出版、二〇二一年)

弓倉弘年

一九五八年生まれ。現在、和歌山県立和歌山工業高校教諭。

【主な業績】『中世後期畿内近国守護の研究』（清文堂出版、二〇〇六年）、『和歌山県の歴史』（共著、山川出版社、二〇〇四年）、『南近畿の戦国時代』（共編著、戎光祥出版、二〇一七年）

小谷利明

一九五八年生まれ。現在、八尾市立歴史民俗資料館長。

【主な業績】『畿内戦国期守護と地域社会』（清文堂出版、二〇〇三年）、『南近畿の戦国時代』（共編著、戎光祥出版、二〇一七年）、「畠山氏の権力構造と文書発給」（川岡勉編『中世後期の守護と文書システム』思文閣出版、二〇二二年）

小橋勇介

一九八三年生まれ。現在、和歌山市立博物館学芸員。

【主な業績】「中世における堤防と河川敷の景観」（荘園・村落史研究会編『中世村落と地域社会』高志書院、二〇一六年）、「和歌山平野の中世文書」（和歌山地方史研究会編『地方史研究の最前線』清文堂出版、二〇二〇年）、「和歌山市立博物館収蔵林家文書中の紀三井寺中之坊関係史料」（『和歌山市立博物館研究紀要』三六、二〇二一年）

伊藤大貴

一九九一年生まれ。現在、島根県立古代出雲歴史博物館主任学芸員。

【主な業績】「応仁・文明の乱と山名氏」（『日本史研究』六六〇、二〇一七年）、「応仁・文明の乱後の山名氏と室町幕府」（『ヒストリア』二七四、二〇一九年）、「山名教豊・是豊兄弟の政治的位置」（『年報中世史研究』四五、二〇二〇年）

【編者略歴】

天野忠幸（あまの・ただゆき）

1976年生まれ。大阪市立大学大学院文学研究科後期博士課程修了。博士（文学）。現在、天理大学文学部准教授。

主な著作に、『三好長慶』（ミネルヴァ書房、2014年）、『増補版　戦国期三好政権の研究』（清文堂出版、2015年）、『三好一族と織田信長』（戎光祥出版、2016年）、『荒木村重』（戎光祥出版、2017年）、『松永久秀と下剋上』（平凡社、2018年）、『列島の戦国史4　室町幕府分裂と畿内近国の胎動』（吉川弘文館、2020年）、『三好一族』（中央公論新社、2021年）、『戦国武将列伝7 畿内編上』（編著、戎光祥出版、2022年）などがある。

戦国武将列伝《せんごくぶしょうれつでん》8　畿内編《きないへん》 下《げ》

2023年3月10日　初版初刷発行

編　者　天野忠幸

発行者　伊藤光祥

発行所　戎光祥出版株式会社

〒102-0083 東京都千代田区麹町1-7 相互半蔵門ビル8F

TEL：03-5275-3361（代表）　FAX：03-5275-3365

https://www.ebisukosyo.co.jp

印刷・製本　モリモト印刷株式会社

装　丁　　堀 立明

ISBN：978-4-86403-447-0